Herman Riegel

Die niederländischen Schulen im herzoglichen Museum zu Braunschweig

Herman Riegel

Die niederländischen Schulen im herzoglichen Museum zu Braunschweig

ISBN/EAN: 9783742893642

Hergestellt in Europa, USA, Kanada, Australien, Japan

Cover: Foto ©ninafisch / pixelio.de

Manufactured and distributed by brebook publishing software
(www.brebook.com)

Herman Riegel

Die niederländischen Schulen im herzoglichen Museum zu Braunschweig

Die

niederländischen Schulen

im herzoglichen Museum

zu

Braunschweig,

kritisch-kunstgeschichtlich bearbeitet

von

Herman Riegel.

Mit 300 Kunstlerbezeichnungen in Holzschnitt.

BERLIN

Weidmannsche Buchhandlung

1882.

Inhalt des zweiten Bandes.

Inhalt des ersten Bandes.

Zustand zu Anfang des XVI Jahrhunderts; Quentin Massys. 4. — Wandlung; Mabuse. 5. — Italienische Einflüsse. 6. — Anfänge derselben in der Architektur und den Ornamenten 7. — Desgleichen in Komposition, Gewandung, Typus u. s. w. 8. - B. van Orley. 10. — J. Schoreel. L. van Leyden. 11. — Wesen der italianisirenden Schule. 12. — Bisherige Beurtheilung derselben. 13. — Bessere Auffassung. 15. — M. Coxcie. 19. — Jan Massys. 21. — Frans Floris. 23. — Krisp. van den Broeck. 24. — Die Francken. 24. — Die Pourbus. 25. — M. de Vos. 26. — L. van Noort. 27. — Die Claeyssens. 27. — Adr. Key. 28 — B. Spranger 28. — G. van Valckenborch. 29. — L. Finsonius. 29. — Die Holländer. 30. — Die Utrechter. 32.

Die Landschaftsmalerei. 33. — Entwickelung derselben in der vlämischen Schule. 34. — Die drei Töne. 36. — Italienische Einflüsse. 37. — A. Elsheimer. 37. — Weitere Entwickelung. 40. — Die holländische Schule. 41.

Otto Venius. 42. — Anhänger desselben. 43. — Adam van Noort. 45. — Schüler desselben. 46. — Rubens. 46. — Bedeutung der akademischen Schule. 47. — Die Holländer. 48. — Gesetz eines Kreislaufes. 49.

I.

DER GESCHICHTLICHE GANG

DER

NIEDERLÄNDISCHEN MALEREI

IM

SECHSZEHNTEN JAHRHUNDERT.

In der Geschichte der niederländischen Malerei treten als grosse Angelpunkte die Namen der Eyck's und die von Rubens und Rembrandt hervor. Die Eyck's und ihre Schule bezeichnen die Blüthe mittelalterlicher Kunst, Rubens und Rembrandt sind moderne Meister. Wie aber hatte sich denn der geschichtliche Verlauf von jenen mittelalterlichen zu diesen modernen Künstlern, während der zwei Jahrhunderte, die beide trennen, entwickelt? Ich will es versuchen in dem Folgenden einen Beitrag zur Beantwortung dieser Frage zu geben, indem ich die in den niederländischen Sammlungen, vorzugsweise in den Museen zu Antwerpen und Brüssel befindlichen Denkmäler aus jener Zeit einer geschichtlichen Betrachtung unterwerfe, wobei ich im allgemeinen nur die mit Meisternamen sicher bestimmten Werke berücksichtige, diejenigen unbekannter Künstler aber möglichst beiseite lasse. Selbstverständlich werde ich auch Werke an anderen Orten, auf welche ein Hinweis angemessen erscheint, anführen. Uebrigens habe ich es keineswegs bei dieser Gelegenheit darauf abgesehen, ein vollständiges Verzeichniss aller diesen Zeitabschnitten angehörenden Künstler zu geben; sondern ich will mich bemühen, an den Denkmälern Geist und Bedeutung der Epoche darzulegen.

Das fünfzehnte Jahrhundert gehört diesseits der Alpen noch ganz dem Mittelalter an. In den Niederlanden wurde die Eyck'sche Schule in ihrem Gange durch nichts gestört: sie füllt, durch vortreffliche Meister getragen, das Jahrhundert aus. Wohl lassen sich an den Denkmälern Wahrnehmungen machen, die auf das Ende dieser Schule bereits andeutend hinweisen, aber

1*

die Wandlung selbst gehört nicht mehr dem fünfzehnten Jahrhundert an. Die gewaltigen Geistesbewegungen dieses Jahrhunderts jedoch, welche im Anfang des folgenden die Reformation herbeiführten, wirkten auch tief auf Geist, Gesinnung
und Gemüth der Künstler ein, und veränderten damit allmälich
die Grundlage der Kunstübung selbst. Die Kunst musste auf
dieser veränderten Grundlage von selbst einen veränderten
Charakter annehmen. Der alte Geist der Malerei erlosch, die
schlichte Frömmigkeit in der altgewohnten kirchlichen Form
verschwand, die Seelen dürsteten nach etwas Neuem. Wenn
sich deshalb bedeutende Talente auch noch so sehr mühten
und wenn sie noch so ernst strebten: die volle Unbefangenheit
der alten Meister blieb ihnen doch verschlossen. Eine gewisse
Absichtlichkeit der Arbeit und Aengstlichkeit der Mache geben
bei allen Vorzügen solchen Werken doch eine gewisse Kälte,
und sie mussten dann sehr bald, trotz der grössten Mühe und
Sorgfalt in der Technik, zur Aeusserlichkeit führen. Noch
einmal suchte die alte Schule in Quentin Massys (Metsys)
(1460—1531), dem Zeitgenossen Dürer's, sich zu neuem Leben
zu erheben; und es ist wahr, die besten Werke dieses Meisters
sind in der That eine letzte Blüthe mittelalterlicher Kunst, ein
letztes Aufleuchten einer untergehenden Sonne. Dies bezeugen
namentlich der mit Recht so berühmte, im Jahre 1508 bestellte
Flügelaltar im Museum zu Antwerpen (No. 245/9), dessen
Mittelbild die „Grablegung Christi" darstellt, sowie der mit
der Jahreszahl 1509 bezeichnete Marienaltar, der 1879 von
der Peterskirche zu Löwen für das Museum zu Brüssel um
200,000 Franken erworben wurde. Beide Werke lassen bei
allen ihren guten Eigenschaften, unter denen besonders eine
tüchtige Charakterisirung, namentlich der männlichen Köpfe
und ein glückliches Streben nach malerischen Feinheiten hervortreten, doch einen Mangel an voller und höchster Innerlichkeit erkennen, der besonders bei eingehender wiederholter
Betrachtung empfindlich wird; man merkt das Modell durch
und spürt in verschiedenen Einzelheiten schon manche
Aeusserlichkeit und Gemachtheit. Hierin aber deutet sich eben,
allgemeinen kunstgeschichtlichen Gesetzen gemäss, der Niedergang einer Kunstschule sicher an, und denselben vermag auch

ein Fleiss, eine Tüchtigkeit und eine Technik nicht zu beseitigen, wie sie Quentin Massys besitzt. Das eigenste Lebens-
prinzip der Kunst beruhte nicht mehr auf unbefangener Anschauung und warmer Empfindung, es ward vielmehr durch
eine unläugbare Ueberlegtheit und Absichtlichkeit bestimmt.
Diese Thatsache blieb den damaligen Künstlern in den Niederlanden nicht verborgen; während aber Massys trotzdem den
Styl und die Ueberlieferungen der Schule fest hielt, suchten andere
Meister mit Bewusstsein und Entschiedenheit andere Wege auf.

Hergebrachtermassen führe ich zuerst Jan Gossaert genannt Mabuse an (1470? — 1532). Mabuse hatte anfangs, wie
Massys, Styl und Ueberlieferung der Schule beibehalten und
sich dabei durchaus als ein Meister bewährt, dem es sogar in
einzelnen Fällen, wie z. B. dem lieblichen Marienbilde des
Hochaltars im Dom zu Xanten, gelang bis zu einem gewissen
Grade die alte Innigkeit des Gefühles festzuhalten. Aber freilich sind dies Ausnahmen. Im allgemeinen zeigt er sich
durchaus als Meister der ausgehenden Schule, der zwar seinen
Werken die alte Erscheinungsweise und eine vortreffliche
Technik verleihen, aber nicht hindern konnte, dass sie immer
kälter und äusserlicher wurden. Man kann sich hiervon unter
andern an den meisten seiner im Museum zu Antwerpen befindlichen Gemälde, namentlich aber sehr deutlich an dem
dortigen Bilde der „vier Marien mit Johannes" (No. 179) überzeugen: dies ist noch ganz in der alten Weise der Eyk'schen
Schule gehalten, aber so äusserlich in der Beseelung, dass die
Frauen nur die Gesichter verziehen und so thun als ob sie
weinten, in der That aber nicht weinen, da ihre Seele keinen
Antheil an der Gebärde ihrer Gesichter hat. Wenn aber selbst
ein so erhebliches Talent wie Mabuse, dem die mittelalterlichen
Kunstformen doch noch so recht im Fleische sassen, in diesem
Style sich nicht wahrhaft lebensvoll mehr aussprechen konnte,
so war die natürliche Folge, dass die italienischen Vorbilder
ihre Kraft äussern mussten.

Die Beziehungen zwischen Flandern und Italien waren
seit Jahrhunderten lebendig, wie schon verschiedene Stellen im
Dante bezeugen. Viele italienische Kunstwerke kamen nach
den Niederlanden, italienische Künstler reisten dahin, ein

Antonello da Messina hielt sich lange in Brügge bei den Eyk's
auf, Niederländer reisten zahlreich nach Italien, die Kenntniss
der italienischen Kunst war eine ganz verbreitete, sie musste
auf Künstler und Kunstfreunde einwirken und endlich zum
Nachstreben auffordern. „Der erste." sagt in dieser Hinsicht
Waagen, „welcher der vaterländischen Kunstweise ungetreu
wurde, war Jan Mabuse."[1]) Dieser Satz ist nur die Steigerung
einer Aeusserung des Vasari, indem dieser sagt: „Mabuse
war gewissermassen (quasi) der erste der aus Italien nach
Flandern die wahre Art, Gemälde voll von nacken Figuren
und voll Poesie zu machen, einführte";[2]) womit es ganz und
gar stimmt, wenn Karel van Mander ihn in demselben Sinn
„wohl einen der ersten" nennt[3]). Durch Hinweglassung dieser
bedeutsamen Bedingungswörter wurde der Satz unwahr, aber
er hat trotzdem in der Kunstgeschichte ein Art dogmatischer
Bedeutung erhalten, und er ist ja auch oft genug vor wiss-
begierigen Jünglingen ex cathedra verkündigt worden. Nicht
minder wird er fort und fort in Büchern wiederholt. H. Taine
weiss es am allergenauesten; er erzählt: „Mabuse ist der erste,
der im Jahre 1513, bei seiner Rückkehr aus Italien, in den alten
Styl den italienischen Styl einführt, und die andern folgen."[4]) Es
fehlt nur noch Tag und Stunde! Und selbst auch J. van Vloten
sagt noch, dass Mabuse „der erste Vertreter dieser Richtung" gewesen sei, zu welcher „man sich durch eine unselbständige Sucht
der Nachmacherei des italienischen Kunstschönen habe verführen
lassen."[5]) Aber dennoch entspricht dieser Satz, wie er auch
immer gefasst sei, nicht den thatsächlichen Vorgängen. Zwar
Mabuse hat von der Anlehnung und Nachahmung der Italiener
eine durchgreifende und umfassende Anwendung gemacht, aber
er ist nicht der erste und nicht der einzige, der sich die Italiener
zum Vorbilde nahm. Die Einwirkung dieser Vorbilder auf die an
innerem Halt verlierende Eyck'sche Schule war zu mächtig, als

---

[1]) Handbuch der deutsch. und niederl. Malerei. I. S. 201.
[2]) Ediz. Le Monnier. XIII. S. 151.
[3]) Het Schilderboek etc. Ausg. v. 1617. Blatt. 146.
[4]) Philosophie de l'art dans les Pays-bas. Paris 1869. S. 106.
[5]) Nederland's Schilderkunst etc. Amsterdam 1874. S. 66.

dass man sie nicht an mehreren Orten gleichzeitig oder doch annähernd gleichzeitig, wenn auch an dem einen stärker, am andern schwächer, hätte spüren sollen. Und in der That ist dem so. Die Einwirkungen der italienischen Vorbilder auf die niederländische Kunst zeigen sich zunächst — wie dies sehr bestimmt eine Reihe von Gemälden des Brüsseler Museums, die ich in folgendem nenne, darthut — in den Formen der Architektur und des Ornaments auf den Malereien und, selbst bei Beibehaltung gothischer Profile und Zierformen, doch schon in der horizontalen Lagerung von Gebälken und den giebelartigen Bekrönungen. Dies kann man z. B. auf der noch ganz im Eyck'schen Style gehaltenen Darstellung des „Abendmahls" von unbekannter Hand, welche aus der Aremberg'schen Sammlung stammt, sehen. Als Beispiel kann auch das Bild des „heiligen Joachim und der heiligen Anna" von Cornelis van Coninxloo (No. 367) von 1526 angeführt werden; die vordere tempelartige Architektur, vor welcher die Eltern der Maria sitzen, ist da noch ganz gothisch, im Hintergrunde rechts aber erscheint das Stadtthor schon ganz in Florentiner Formen, und dabei sind die Typen der Köpfe und der Styl der Gewandung noch ganz Eyckisch. Eine ähnliche eigenthümliche Mischung gothischen Styles mit italienischen Formen bemerkt man auf dem grossen Flügel - Altar des Mabuse selbst, dessen Mittelbild „Christus im Hause Simon's des Pharisäers" (No. 15) darstellt; eine nach italienischer Art angelegte Flügeltreppe ist theils in italienischen, theils in gothischen Profilen und Ornamenten ausgeführt, doch herrscht in den Gewandungen der Eyck'sche Styl noch ganz. Seine grosse Meisterschaft in der Behandlung der Architektur, bei Mischung mittelalterlicher und italienischer Formen, kommt unter andern auch in einer grossen Zeichnung des Kupferstich-Kabinets zu Berlin glänzend zur Anschauung.[1] Ungefähr denselben Standpunkt nimmt L. Blondeel (1495? — 1561) mit seinem „thronenden Petrus" (No. 363) ein; eine überladene gothisch-italianisirende Architektur ist mit Figuren verbunden,

---

[1] In Lichtdruck bei Lippmann, Zeichnungen alter Meister etc. No. 59.

die noch ganz in den Ueberlieferungen der Schule gehalten sind. Als ein Hauptvertreter dieser Richtung oder dieser entscheidenden Wendung in der Umwandlung der niederländischen Malerei zu Anfang des sechszehnten Jahrhunderts muss auch Hendrik met de Blesse (1480—1550?) angesehen werden, den die Italiener Civetta nannten. Auch er entwickelte sich vom Boden der Eyck'schen Schule aus, und zwar unter Einfluss Dürer's und besonders Italien's. Dieser Einfluss fand nicht allein auf figürlichem Gebiete, wie man z. B. auf der „Predigt des Johannes" in der Akademie zu Wien (No. 343) sehen kann, sondern zum Theil auch auf landschaftlichem, ganz besonders aber auf dem Gebiet der in den Bildern vorkommenden Baulichkeiten statt, wie man sehr schlagend auf der „Anbetung der Könige" in München (No. 683) bemerken kann. Italienische Säulen, Pfeiler und Verzierungen sind mit mittelalterlichen Sachen gemischt, aber jene stehen im Vorgrunde und haben das Uebergewicht. Der Typus der Köpfe und Gewandungen, wie die sehr zeichnerische Art des Vortrags entsprechen den Gewohnheiten der Eyck'schen Schule.

Einen weiteren Schritt in dieser Entwicklung nimmt man auf dem Altarwerke des Hemessen vom Jahre 1522, in Brüssel, dessen Mittelbild die „Kreuzabnahme" darstellt, (No. 17) wahr, wo Architektur und Verzierungen schon ganz italienisch sind, und sich dieser Einfluss auch schon in der ruhigeren Lage der Gewänder hie und da ankündigt. Uebrigens ist es dem Meister nicht gelungen in seinen Köpfen die Aeusserlichkeit überkommener Typen zu überwinden, doch ist es immer von Bedeutung zu sehen, wie er und alle diese Männer sich mühten, mit Hülfe Italien's den Fesseln des zum Manierismus gewordenen Eyck'schen Styles sich zu entwinden. Dieses Bestreben zeigt auch der Altar mit der „Anbetung der Könige" (No. 32) von Jan Swart, (1469—1535). Swart verliess zwar den Boden der Schule schon mehr, konnte sich aber von ihrer Ueberlieferung noch keineswegs frei machen: im ganzen erreichte er bei mittlerem Talente einen Standpunkt etwa wie Mabuse. Einen bedeutenden stylistischen Fortschritt wird man auf dem Altar von J. Grimmer mit der „Legende des heiligen Eustachius" (No. 16) erkennen, wo nicht allein

die Gewänder schon einen besseren Fluss haben, die Köpfe
sich von dem Typus der Schule losmachen, sondern auch die
Bewegungen freier und lebensvoller werden, während man in
dem landschaftlichen Theil und Hintergrund ein glückliches Festhalten an den Gewohnheiten der Eyck'schen Schule
sieht. Einen fast ganz italienischen Charakter aber hat der
Altar mit der „Kreuztragung" (No. 18), der dem Hemskerk
(1498—1574) zugeschrieben ist — mit welchem Rechte bleibe
hier dahingestellt; ich glaube jedoch, wie ich nicht verschweigen
will, mit sehr geringem oder besser noch mit gar keinem
Rechte. Die Komposition der Landschaften und der Architekturen im Hintergrunde erinnert an einen Benozzo Gozzoli,
mit dessen Fresken im Camposanto zu Pisa etwa auch die
Farbenhaltung stimmt. Aber die Zeichnung der Figuren
und Köpfe ist zum Theil noch etwas unbeholfen, wenn auch,
nach dem Grade des Talents, über welches der Meister verfügte, der Ausdruck wahr erscheint; die Kompositionen erheben
sich nicht über die Gewohnheiten der Schule, ja die „Flucht
der heiligen Familie" auf der rechten Flügelklappe ist sogar
wieder unter Benutzung des bekannten und oft benutzten
Stiches von Martin Schön angeordnet. Von grosser Bedeutung
erscheint der Altar des Jan van Coninxloo von 1546 mit
der Darstellung der „heiligen Anna und deren Familie" (No. 6),
indem ein Meister der sehr entschieden vom Boden gothischer
Kunstweise ausgegangen war, hier mit Glück, namentlich in dem
Mittelbilde, den Weg italienischer Kunst betreten hat, nicht
allein in Architektur und Ornament, Gewandung und Gesichtstypen, sondern auch in der Composition, die, im Mittelbilde,
nach Art der grossen kirchlichen und monumentalen Malereien
der Italiener symmetrisch angelegt und in wohl geordneten
Gruppen gegliedert ist. Neben dieser stylistischen, freien Entwicklung der Kunst, die sich von Manierirtheit fern hält, bemerkt man aber in diesem Werk auch mancherlei Schattenseiten, die sich aus der geringeren Begabung des Meisters
erklären. Etwas ganz ähnliches in Bezug auf die Komposition,
jedoch durch eine bedeutendere Kraft getragen, sieht man auf
dem „Abendmahle" (No. 20) des Lambert Lombard († 1566),
indem der Künstler sich eng an die toskanischen Vorbilder,

welche diesen Gegenstand behandeln, lehnt.[1] Dabei bemühte sich Lombard seinen Köpfen durch schärfere Charakteristik ein grösseres Leben, sowie seinen Farben durch entschiedene Gegensätze und einen leuchtenden Glanz eine stärkere Wirkung zu verleihen. Wenn er es in jener Hinsicht auch nicht zu einer wirklich tiefen Beseelung brachte und in dieser mit seiner Färbung noch etwas bunt blieb, so muss doch das Bestreben hervorgehoben werden.

Ein glänzendes Beispiel des Ringens nach der Aneignung des neuen Styls bietet das grosse Altarwerk des Barend van Orley († 6. Jan. 1541)[2] vom Jahre 1521, welches die „Schicksale des Hiob" darstellt (No. 368). Dieser Meister stand ursprünglich auch noch ganz auf dem Boden der Eyck'schen Schule, auch blieb er dem Kunstgeiste wie der malerischen Behandlungsweise derselben im allgemeinen treu. Nachdem er aber, wie man an dem Altarwerke mit der „Trauer um den Leichnam Christi" (No. 25) sehen kann, einer nicht geringen Aeusserlichkeit anheim gefallen war, musste er erkennen, dass es mit dem alten Styl so nicht weiter gehen wollte. Der Geist des Künstlers und der Geist dieses Styls deckten sich nicht mehr. Der Mangel an Innerlichkeit trat grell hervor und zwang andere Wege zu suchen. Was dieser Künstler aber leisten konnte in mittelalterlicher Kunstweise, wenn er das Leben unmittelbar wiederzugeben und auszudrücken hatte, zeigt das Bildniss des Georg van Zelle von 1519 (No. 27), das in manchen Stücken an Holbein erinnert. Uebrigens ist auch Mabuse da am tüchtigsten und liebenswürdigsten, wo er sich unmittelbar an die Natur halten, wo er einfache, natürliche Empfindungen schildern kann. Auf dem Hiob-Altar des Orley nun ist namentlich auch das schöne und zahlreiche Renaissance-Ornament anziehend, das mit der grössten Bestimmtheit und Sauberkeit ausgeführt, wie denn überhaupt die ganze Malerei sehr fleissig behandelt ist. Doch ist es besonders bemerkenswerth, dass man bestimmt dasjenige Ornament, welches der Künstler in

---

[1] Vergl. des Verfassers Schrift „Die Darstellung des Abendmahles in der toskanischen Kunst etc.

[2] A. Wauters, B. van Orley etc. Brüssel. 1881. S. 17. u. 39.

Italien nach dortigen Werken kopirt hat, von dem, welches er selbst erfunden und zusammengestellt hatte, unterscheiden kann, indem das letztere noch einen gothischen Beisatz besitzt. Auch andere Studien und Kopien aus Italien verwerthete er unmittelbar. So hat er hier auf der linken Altarklappe, wo der „reiche Mann und Lazarus" dargestellt sind, an der Brüstung der Halle des reichen Mannes Theile von Andrea Mantegna's „Triumphzug" als Erzbildwerk angebracht. Die Gewänder zeigen allerdings noch besonders starke Nachklänge der Eyck'schen Schule. Im allgemeinen aber ist es bewunderungswürdig, wie glücklich Barend van Orley sich in Geist und Styl der italienischen Kunst gefunden hat. Und daneben kündigen sich in einzelnen Lokaltönen und in der Anlage von Halbschatten in den Gesichtern und an den Hälsen koloristische Regungen an, die auf die spätere nationale Entwicklung der niederländischen Malerei bereits andeutend hinweisen. Dass ihm diese Bestrebungen nicht leicht wurden, geht aus mehreren der im Museum zu Antwerpen befindlichen Werke von ihm hervor, wo das Fleisch meist ein kreidiges und zum Theil hartes Ansehen hat: auch zeigt sich in einer dort vorhandenen „Maria mit dem Kinde" (No. 463), wo er dem Vorbilde des Luini folgt, dass ihm die Nachahmung von dessen Färbung nicht gelingt.

Auch Jan Schoreel (1495—1562), der künstlerische Domherr von Utrecht, der sich 1522 in Rom aufhielt, brachte die bestimmteste Neigung zu der italienischen Kunstweise mit in seine Heimath zurück, wie man dies z. B. an seiner „Madonna" im Museum zu Utrecht (No. 76) sehen kann. Er lehnt sich im Styl seiner Figuren ganz eng an die Italiener, namentlich an Rafael selbst, doch wird ihm die Darstellung des Nackten noch schwer, aber er macht dabei schon bedeutende Versuche von Schattenmodellirung. In diesen Hinsichten sind namentlich zwei Bilder in Haarlem „Adam und Eva" und die „Taufe Christi" (No. 105 6) belehrend.

Ja, man kann sogar auch auf den älteren Zeitgenossen dieses Meisters, auf Lukas von Leyden (1492—1533) hinweisen, der eigentlich noch der mittelalterlichen Kunstweise angehört, dessen spätere Werke aber mannigfach und klar den italienischen Einfluss zeigen. Auch nimmt man bei ihm, — schon beim Durchblättern seiner Stiche, — die durch diesen Einfluss angeregte Neigung zu nackten Figuren wahr, der er in bedeutender Weise auf seinem Altarwerke mit dem Weltgerichte. im Museum zu Leyden (No. 1321), Raum gab. Soviel man auch in Hinsicht der dürftigen Erfindung und des unbeholfenen Styles an diesem Werke aussetzen mag, so bekundet doch die freie Behandlung des Nackten in 'grossen Figuren und eine schöne Pracht der Farben, in Verbindung mit Halbschatten, die geschichtliche Bedeutung des Meisters als Vorläufer von Heemskerk, Heinrich Goltzius und Cornelius von Haarlem.

So erkennt man an diesen Beispielen wohl deutlich, dass es nicht Mabuse allein gewesen ist, welcher die Bahn einer neuen Kunstübung gebrochen hatte, sondern dass er noch von einer Menge mitstrebender Genossen begleitet war, welche wie er aus dem Manierismus des mittelalterlichen Styles sich retten wollten, indem sie den Wegen der italienischen Kunst sich anschlossen. Insbesondere war es Barend van Orley der mit demselben Glück wie Mabuse und gleichzeitig mit diesem um 1520 die neue Richtung einschlug, der also gerechterweise als einer der Führer neben jenem genannt werden muss. Nicht mit der gleichen Klarheit des Bewusstseins, der gleichen Sicherheit und dem gleichen Glück traten die meisten übrigen Künstler auf, aber innerhalb eines Zeitraumes von 30 Jahren etwa waren alle Schwankungen überwunden und die Herrschaft des neuen Styles war gesichert. Mabuse starb 1532, Barend van Orley 1541. Um diese Zeit gingen allmälich alle die Meister hin, welche ihre künstlerische Erziehung noch in der alten Schule erhalten hatten. Neue Männer traten auf, die schon unter dem unmittelbaren Einflusse der veränderten Richtung gebildet worden waren: an ihrer Spitze Michiel Coxcie, der Schüler Barend van Orley's und in mancher Hinsicht der Hauptmeister der italianisirenden Schule in den Niederlanden.

Das Wesen dieser Schule ist oft verkannt, ihre Bedeutung missverstanden worden, und doch nimmt sie nicht nur eine kunstgeschichtliche Stellung von hoher Wichtigkeit als Vermittlerin zwischen der alten Schule und den grossen Meistern des siebzehnten Jahrhunderts ein, sondern ihre Denkmäler verdienen auch an und für sich eine gewissenhafte Beachtung. Aber allerdings, es ist zu einer Art Glaubenssatz geworden, auf diese Denkmäler mit Geringschätzung und Widerwillen zu sehen. Sie werden als Zeugnisse der Entartung des nationalen Geistes betrachtet und verworfen, wobei freilich das seltsame Missverständniss, als ob im Jahrhundert Wilhelm von Oranien's überhaupt eine Entartung des nationalen Geistes der Niederlande nur denkbar wäre, den Ton angiebt. Aber die Irrung dauert fort bis auf den heutigen Tag. Einige Beispiele mögen als Beweis dienen.

Camille Lemonnier in Brüssel nannte unlängst diese Epoche „ein wahres Unglücksblatt in der Geschichte der vlämischen Malerei" und er meinte, dass „diese derben vlämischen Naturen plötzlich von einem Idealitätsfieber ergriffen seien", dass ihnen die „italienische Verfeinerung" schlecht zu Gesichte stand. „Man kann behaupten — so schloss er diese Bemerkung, — dass die Reisen nach Italien die vlämische Kunst in einen Todesschweiss versetzt und sie an den Rand des Grabes gebracht haben."[1] Dieser selbe Standpunkt kam auch schon auf eine sehr bezeichnende Weise zum Ausdruck in den Verhandlungen des belgischen Abgeordnetenhauses vom Februar 1863, wo die Ausführung von Wandmalereien auf der Tagesordnung stand, und wo der Berichterstatter Hymans beispielsweise sagte, dass „unter dem Einfluss der italienischen Kunst unsere ruhmreiche vlämische Schule mit Riesenschritten dem Verfall entgegen ging. Wir haben das Recht zu behaupten, dass bis auf Rubens der italienische Einfluss für die vlämische Kunst im höchsten Grade verderblich war."[2]

Selbst die Geschichtsschreiber huldigen solchen Ansichten. W. Burger entledigt sich der Sache kurzer Hand. Für ihn ist die ganze Bewegung „eine Mode, die einen Augenblick im sechszehnten Jahrhundert herrschte"[3], so dass es sich für ihn gar-

---

[1] Chronique des arts. 1877. S. 384.
[2] In den unter dem Titel „Peinture murale etc." herausgegebenen Verhandlungen S. 26.
[3] Musées de la Hollande. I. S. 55.

nicht der Mühe verlohnt, die Ausschreitungen und Nachtheile
derselben zu erörtern, wenn er es auch für angemessen hält,
bei den einzelnen Meistern seiner Geringschätzung in starken
Worten Ausdruck zu geben. J. van Vloten nennt die akademische Malerei der Niederlande eine „unerfreuliche Bastard-
kunst, die weder das eine noch das andere, weder italienisch
noch niederländisch war", eine „zwitterartige Missgeburt" und
dergleichen mehr. Er nennt die ganze Zeit dieser Bestrebungen
wegwerfend „die kurzen Tage des italienischen Schwindels"
und spricht in diesem Sinne davon, dass „der niederländische
Styl durch den italienischen verdrängt worden sei, der mit
Gewalt hier und da sehr zur Unzeit heraufgekommen sei".[1]
Es handelt sich aber in der That garnicht um einen „nieder-
ländischen" Styl, sondern um den Styl der mittelalterlichen
Kunst, der überall und auch in den Niederlanden abstarb.
An Stelle dieses absterbenden Styles die Lebensfähigkeit der
Kunst zu erneuern: das war das innere, geschichtliche Ziel der
Bewegung, worauf wir weiter unten noch zurückkommen
werden. Auch Max Rooses in seiner erst 1879 erschienenen
„Geschichte der Malerei in Antwerpen" hält im Allgemeinen
noch diesen Standpunkt inne, wie er denn beispielsweise sagt:
„Die Nachfolger der Italiener begaben sich auf einen Irrweg,
um ungekannte und ungefühlte Ideale zu erreichen. Es war
keine Wiederbelebung, die sie an unserer Kunst übten, sondern
ein Selbstmord."[2]

Sehen wir endlich, wie G. F. Waagen, der ausgezeichnete
Kenner der niederländischen Malerei, urtheilt. Wenn man
ihm auch zugeben wird, dass es diesen niederländischen
Meistern wegen ihres eigenthümlichen Kunstnaturells nicht
gelang, „in das tiefe Verständniss der Formen einzudringen
oder sich das Gefühl für Schönheit der Linien, für Grazie der
Bewegungen zu eigen zu machen," so wird man ihm doch
lebhaft widersprechen müssen, wenn er ganz allgemein behauptet, dass sie, „in dem Bestreben hiernach, in Unwahrheit
und Hässlichkeit der Charaktere, Uebertreibung der missver-

---

[1] Nederlands Schilderkunst etc. S. 69, 191, 69.
[2] Geschiedenis der Antwerpsche schilderschool. S. 136.

standenen Formen, Gewaltsamkeit und Geschmacklosigkeit der Stellungen verfielen," wenn er als das Charakteristische in den Werken dieser Künstler die „Verzerrung des germanischen Kunstnaturells" bezeichnet.[1]) Fälle, auf welche diese Urtheile passen, liegen vor, aber die besten dieser Werke stehen hoch erhaben über denselben. Das Streben der Schule beruhte darauf, sich von dem hohl gewordenen Styl des Mittelalters zu befreien, und ging dahin dieses Ziel durch Aneignung des italienischen Styles zu erreichen. Die „Verzerrung" lag bereits in dem äusserlich und manierirt gewordenen Styl der Eyck' schen Schule vor, und wir hoben schon hervor, dass diese Verzerrung eintreten musste, da der innere Sinn der Künstler sich mit dem Strome des allgemeinen Geistes der Zeit dem Wesen und Geist jenes Styles entfremdet hatte.

Der allgemeine Zug der Geister und die allgemeine Richtung der Kunst drängten nach Klassizität. Der Geist und die Formenwelt der in Italien zu neuem Leben wiedererstandenen Antike drangen eben mit unüberwindlicher Kraft in alle gebildeten Länder ein. Auch die Niederlande waren reif für die Renaissance. Die humanistische Bildung und die klassische Gelehrsamkeit hatten sie vom Mittelalter abgekehrt. Jene niederländischen Meister handelten daher nach einem inneren Triebe und nach dem Gesetze geschichtlicher Nothwendigkeit, wenn sie sich die Italiener und hiermit inbegriffen die Antike, soweit dieselbe damals bekannt und verstanden war, zum Vorbilde nahmen. Man findet dies Bestreben auch in Bezug auf die Baukunst und vielleicht selbst in Bezug auf die Bildhauerei natürlich und richtig, aber man glaubt, es in Bezug auf die Malerei verurtheilen zu dürfen. Wie denkt man sich denn eigentlich, dass sich die Malerei hätte entwickeln sollen und können? Sollte der mittelalterliche Manierismus fortblühen und den gänzlichen Verfall herbeiführen? Dass die Baukunst Geist und Formen des wiedererstandenen Alterthums auf- und annahm, ist doch durch den ganzen Geisteszustand des sechszehnten Jahrhunderts erklärt und bedingt; und hätte die Malerei in Geist und Formen des Mittelalters, das doch zu Ende

---

[1]) Handbuch d. deutsch. u. niederl. Malerschulen. I. S. 289.

gegangen war, erhalten werden sollen: Der neue Geist war
da, er verlangte seine Verkörperung, sein Kleid: und Niemand
füllt doch neuen Wein in alte Schläuche. Wenn man zugiebt,
dass ein Beharren beim Alten nicht möglich, oder wenigstens
dass doch eine solche Kunstübung, wie die Thatsachen darthun, ganz und gar ohne Lebensfähigkeit gewesen wäre: was
hätte denn geschehen sollen? Wie denkt man sich die Möglichkeit einer anderen geschichtlichen Vermittelung zwischen
Quentin Massys und Rubens, zwischen Lukas von Leyden
und Rembrandt van Ryn? Sie ist undenkbar. Die einzige
Möglichkeit lag darin, dass auch die niederländische Malerei
den nämlichen Weg einschlug, auf dem vor ihr die italienische
dahin gelangt war, den mittelalterlichen Styl abzustreifen und
zu freiester Entfaltung zu erblühen. Diesen Weg schlug sie
ein, als einen nothwendigen, mit vollem Bewusstsein und in
klarer Absicht.

Wenn man den Denkmälern nicht glauben oder deren
Sprache nicht verstehen will, so wird man doch die klaren
literarischen Zeugnisse gelten lassen müssen, wie sie ein Karel
van Mander hinterlassen hat. Man lese doch sein Lehrge-
dicht über den „Grund der edlen, freien Malerkunst." Die
Beispiele, auf die er sich fortwährend bezieht, sind fast ohne
Ausnahme der antiken und italienischen Kunstgeschichte entnommen, seine ganze Darstellung strotzt von der klassischen
Gelehrsamkeit seiner Zeit. Und wie er namentlich über den
Punkt dachte, der hier in Rede steht, so spricht er sich darüber
sehr oft aus, unter anderm mit besonderer Klarheit in dem
„Leben des Lambert Lombardus," von dem er sagt: „Er ist
nicht umsonst und vergeblich in Rom gewesen, denn er ist
ein Vater unserer Zeichen- und Malkunst geworden, indem
er die rohe und ungeschlacht barbarische Weise hinwegge-
nommen und an deren Stelle die schöne antikische aufgerichtet
hat." Im „Leben von Jan Schoreel" bemerkt Mander: dass
„die Italiener durch die ans Licht gekommenen antiken Mar-
mor- und Erzwerke zur rechten Art der Kunstübung gelangt
seien, während die Niederländer, trotz aller Stätigkeit und alles

---

[1] Het Schilder Boek 1617 s. Blatt 142.

Fleisses, bei unvollkommener Kenntniss, im Dunkeln gewandelt. Da nun Schoreel einer der ersten gewesen, die Italien besucht und von da die beste Weise der Kunst gebracht haben, so wurde er von Franz Floris und anderen ein Lichtbringer und Bahnbrecher der Kunst in den Niederlanden genannt." Mander eignet sich auch die von Lampsonius gemachten Verse an, der Schoreel so sprechen lässt: „Ich werde allezeit gerühmt als der erste, der den Niederländern bewiesen hat, dass, wer Maler werden will, muss Rom besuchen gehen." [1] Diese Zeugnisse legen ganz klar und deutlich das künstlerische Bewusstsein der niederländischen Künstler dar, welche die italienische Kunst zu ihrem Vorbilde nahmen.

In diesem Bestreben Erfolge zu erringen, fehlte es ihnen nicht an Mitteln und Gelegenheiten. In der Heimath wurden sie schon durch die daselbst vorhandenen italienischen Werke angeregt und hauptsächlich gewannen sie durch die Studienreisen nach Italien und besonders nach Rom, wo sie gemeinschaftlich mit den Hochdeutschen einen landsmannschaftlichen Verein unter dem Namen „Schilderbent" hatten, auf umfassende Weise die gewünschte Förderung. [2] Von 1517—1519 befanden

---

[1] Daselbst, Blatt 154b u. 156b.

[2] Ueber diesen, von Deutschen und Niederländern gemeinsam gehaltenen Verein, der „Schilderbent" (Malerbande) hiess, berichten S. van Hoogstraeten in seiner „Schilderkonst" (Rotterdam 1678. S. 207 ff.), sowie Houbraken in seiner „Grooten Schouburgh" (II. S. 375 ff.). Nach Michiels, „Hist. de la peint. flam." (VI. S. 130) ist der Verein im Jahre 1720 auf Befehl Clemens XI. wegen seiner Ausschreitungen geschlossen worden. Ein Bild dieser letzteren geben besonders die drei grossen Darstellungen aus „Den Roomsen schilderbent", die nach den zu Rom gemachten Malereien des D. W. Aescanius von W. Pool (geb. 1670) gestochen sind. Jedes Mitglied erhielt bei seiner feierlichen Aufnahme in diese „Malerbande" einen Kneipnamen, den „Bentnamen", der in einzelnen Fällen auch in die Kunstgeschichte übergegangen ist, z. B. Krabbetje für Jan Asselyn, Bokkebart für Karel Dujardin, Archimedes für Abraham Genoels, Zonnebloem für P. Verhulst, Tempesta für P. Molyn den jüngern, Snuffelaer für Otto Marseus, Polidor für Joh. Glauber u. s. w. Zahlreiche Bentnamen aus der

sich auch zu Brüssel die Kartons von Rafael zu den Tapeten, und Barend van Orley, der den grossen Meister in Rom persönlich kennen gelernt hatte, war beauftragt die Weberei-Arbeiten künstlerisch zu überwachen. Sollten diese bewunderungswürdigen Werke in Flandern und Brabant keinen Eindruck gemacht haben? In Italien studierten die Niederländer mit allem Fleisse, sie kopirten auch eine grosse Zahl klassischer Gemälde, und noch manche dieser Kopien ist uns erhalten. Beispielsweise darf als eine ausgezeichnete Arbeit dieser Art die Kopie der „Maria mit dem Kinde" nach Rafael im Museum zu Brügge (No. 73) angeführt werden; sie ist mit grossem Verständniss gemacht, aber ganz unverkennbar eben von einer niederländischen Hand, auch zeigt sie in der Behandlung der Landschaft die Art der Antwerpener Schule des sechszehnten Jahrhunderts. Diese Künstler gaben sich sogar in die Lehre bei Meistern von Ruf und trieben auch mit einander eigene und selbständige Studien. Wie bewusst und sicher sie hierbei verfuhren, geht unter anderm daraus hervor, dass sie bei den nachklassischen Italienern den Mangel an tüchtiger zeichnerischer Durchführung tadelten oder, wie Mander sagt, den Mangel an „Binnenwerk" im Nackten, also an Zeichnung und Modellirung innerhalb der Umrisse.[1] Sie hielten sich desshalb immer mit voller Absicht an die höchsten Vorbilder, an Rafael und Michelangelo. Es liegt nahe, dass alle diese Studien eine Art von wissenschaftlichem Anstrich von selbst gewinnen mussten; sie wurden durch abgeleitete Regeln, durch gleichmässige Unterweisung und methodische Lehre bestimmt und bewegten sich sonach auf denselben Wegen wie die Bestrebungen der Akademiker Italien's. Und wie diesen gegenüber die naturalistische Schule hervortrat, so sehen wir auch in den Niederlanden eine Richtung erstehen, welche jene klassischen Vorbilder nicht befolgte, sondern sich unmittelbar an die Natur hielt. Bei der Gleichartigkeit dieser Erscheinungen werden wir die italianisirende Schule in den Niederlanden auch die

---

Zeit von 1674/5 findet man bei Houbraken (III. S. 101/4), Bildnisse einiger „Bent-Vogels" im Archief v. ned. Kunstgesch. (III. S. 298 ff.)

[1] Het Schilder-Boek. Blatt 158b.

akademische Schule nennen dürfen. In der Bezeichnung dieser Meister als Akademiker liegt es aber schon, dass den Werken derselben im grossen und ganzen nicht die zündende Macht, die nur der Genius verleihen kann, inne wohnt, sondern dass ihnen, wie allen akademischen Leistungen, eine gewisse Kälte eigen ist.

Indem man die Werke dieser Schule überblickt, macht man sogleich die Bemerkung, dass dieselben sich in zwei Gruppen theilen, welche mancherlei Verschiedenheiten zeigen: sie entsprechen den Landestheilen, welche in Folge der politischen Ereignisse sich trennten, und sie bezeugen deutlich die verschiedene Sinnesweise und Begabung, welche den Nord- und Süd-Niederländern, den Holländern und Vlamingen, eigen waren. Während in Flandern und Brabant schon seit langer Zeit ein reger und offener Sinn für Styl und namentlich für Architektur geherrscht hatte, der einen guten Boden für die neue akademische Schule bildete, fehlten in Holland diese Vorbedingungen, und die neue Richtung nahm desshalb einen bei weitem weniger glücklichen Verlauf. Wenn man daher auch die Schule als Ganzes ansehen und behandeln muss, so darf man doch gleichzeitig nicht übersehen, dass innerhalb derselben sich die Holländer und Vlamingen auf eine sehr bestimmte Weise trennen — eine Weise, welche die selbständigen Wege der holländischen und der vlämischen Schule im siebzehnten Jahrhundert bereits klar andeutet.

Werfen wir nun einen Blick auf die hauptsächlichsten Künstler unter diesen Akademikern!

Wohl der vorzüglichste von allen, der bei sehr erfolgreichem Eindringen in den italienischen Styl doch das heimische Kunstnaturell nicht aufgiebt und so eine eigenthümliche Vermittelung beider Elemente sehr glücklich darstellt, ist Michiel Coxcie (1499—1592) aus Mecheln: ein Künstler von grossen Kenntnissen und vieler Sicherheit der Arbeit. Seine Figuren, Köpfe und Gewänder haben immer viel Selbständiges, wenn man auch hie und da unmittelbar an die italienischen Vorbilder erinnert wird. Auch die Farben haben den vlämischen Charakter bewahrt. Es sind dieselben Lokaltöne, besonders der Gewänder, die man fast bei allen Meistern dieser Gruppe

2*

findet, doch ist die Gesammthaltung vergleichsweise ruhig. Auch in der Kenntniss und Darstellung der Architektur ist dieser Künstler besonders stark. Die meisten der in Brüssel und Antwerpen befindlichen Werke des Meisters lassen ihn in diefer seiner Bedeutung erkennen, namentlich dürften die beiden Flügelaltäre mit dem „Abendmahl" und dem „Tode der Maria" in Brüssel, (No. 163 u. 164), wie das „Martyrium des heiligen Sebastian" in Antwerpen (No. 371) hervorzuheben sein. Das letztere Gemälde zeigt die akademische Richtung auf ihrer Höhe, indem es mit einer tüchtig durchgeführten Zeichnung, einer fertigen Malerei, einer tiefen und auch im Fleische warmen Färbung und einem glücklichen Streben nach stylvollen Formen eine gute Beseelung, eine wirkliche Empfindung verbindet. Es ist mit der Jahreszahl 1575 bezeichnet. Am meisten italienisch, im Sinne der römischen Schule, erscheint Coxcie auf der zu Brüssel befindlichen „Dornenkrönung" (No. 165), die beweist, dass Vasari vollkommen Recht hat, wenn er von diesem Meister, den er im Jahre 1532 zu Rom persönlich kennen gelernt hatte, sagt: „er habe sich mit Erfolg der italienischen Kunstweise befleissigt."[1]) Aber freilich in diesem Bilde ist der Kopf des leidenden Heilandes selbst mehr eine Maske als ein lebendig beseeltes Antlitz, was vielleicht die besonders grosse Schwierigkeit des Gegenstandes erklärt.

Die schönsten Werke des Michiel Coxcie aber sind ohne Zweifel jene Glasmalereien im nördlichen Kreuzarm und in der Kapelle des heiligen Sakraments der St. Gudula-Kirche zu Brüssel, die im Auftrage Kaiser Karl's V. und anderer fürstlicher Personen etwa während der Jahre 1540 bis 1550 ausgeführt wurden. Coxcie soll die Zeichnungen in Gemeinschaft mit seinem alten Lehrmeister Barend van Orley, der jedoch schon 1541 gestorben war, entworfen haben. Die Darstellungen sind in das Maasswerk der Fenster mit Hülfe prächtiger Architekturen hinein komponirt, und sie gliedern sich, bewährtem Herkommen gemäss, in eine untere Gruppe, die aus dem fürstlichen Stifter der Malerei mit seinem Gefolge und seinem Schutzheiligen besteht, und eine obere, welche der biblischen

---

[1]) Ediz. Le Monnier. XIII, S. 149.

Geschichte entnommen ist. Die Architektur baut sich in gediegener und verständiger Weise, ohne schwer zu sein, auf. und sie ist mit Ornament, sowie auch vereinzelt mit Blumen- und Obstgewinden, geziert. Die Komposition ist einfach natürlich, sich an die Ueberlieferung haltend, die Zeichnung gediegen und in gutem Styl durchgeführt. Ganz wunderbar aber erscheint die Leuchtkraft und der durchscheinende Glanz der Farben, die jenen eigenthümlichen metallartigen Ton und Zauber haben, der nur den besten alten Werken eigen, ist. Das Gold und die tiefen Töne sind warm und voll. beinahe glühend, während das viele Blau. welches hinter der offenen Architektur die Luft als Hintergrund darstellt, eine gewisse. überaus gut wirkende Kühle besitzt. Wie Visionen, mit denen die Phantasie die offenen Fenster und deren Rahmwerk füllt. erscheinen diese Malereien! Sie bezeichnen in der That die höchste Blüthe der Kunst. im Sinne der Renaissance, in den Niederlanden. Und sie bezeugen dass Coxcie nicht vergeblich in Rom die grossen Meister studirt. nicht vergeblich sich im grossen Styl durch Anfertigung von Freskomalereien daselbst geübt hatte.

Ein Altersgenosse des Michiel Coxcie ist Jan Massys. der Sohn des Quentin Massys; er starb um 1570. In einigen seiner Bilder. wie z. B. der grossen „Heilung des Tobias" vom Jahre 1564 im Museum zu Antwerpen (No. 252). folgt er der Art des Coxcie, in anderen, wie etwa der „Madonna" in der Jacobs-Kirche daselbst. der des Mabuse, doch erreicht er diese Meister nicht. In den beiden Bildern. die das Belvedere zu Wien (II. Stock, II. Saal) besitzt, einem „Loth mit seinen Töchtern" von 1563, (No. 82) und noch mehr in einer „lustigen Gesellschaft" von 1564 (No. 30). sieht man ihn sich ziemlich eng an die Art seines Vaters Quentin lehnen. doch verräth dabei das erstere Bild nicht unglückliche koloristische Neigungen. Selbständiger und bedeutender zeigt er sich in zwei. vor einigen Jahren erst erworbenen Bildern im Museum zu Brüssel, einer „Susanna" und einem „Loth mit seinen Töchtern" (No. 426 u. 427), von denen das eine mit der Jahreszahl 1565 bezeichnet ist. Jan Massys hat mit Erfolg die Venezianer studirt, wie man aus der koloristischen und tiefgestimmten

Behandlung der landschaftlichen und architektonischen Hintergründe dieser Bilder schliessen darf. Das Fleisch der weiblichen Körper, obwohl ausserordentlich fleissig und zart durchgeführt, hat etwas weisses und kreidiges, namentlich bei der „Susanna," während auf dem „Loth" die Tönung etwas rosiger und wärmer ist: er erinnert hierdurch unwillkürlich an die Art seines Vaters Quentin Massys. Die Köpfe sind vlämisch, die der Frauen idealisirt, die der Männer charakteristisch, die Farben der Gewänder haben trotz ihrer vollen und tiefen Töne eine gewisse eigenthümliche Trockenheit, die man bisweilen bei Meistern dieser Gruppe findet.

Ich muss hier eines hervorragenden Bildes gedenken, welches das Museum zu Braunschweig besitzt (No. 237). Es stellt eine lustige Gesellschaft in ganzen, fast lebensgrossen Figuren dar, und führte bisher den Namen des Tintoretto. Offenbar gehört es aber einem vlämischen Akademiker aus der Zeit um 1570 oder etwas später an, der in Venedig sehr erfolgreiche Studien gemacht hat; es ist jedoch, da der Künstler sich hier ganz unmittelbar an die Natur halten konnte und musste, mit grosser Lebendigkeit gemalt. Durch die trockenen Farben der Gewänder erinnert es an Jan Massys, auch haben die Gesichter mit denen auf den Brüsseler Gemälden dieses Meisters manches Verwandte, doch haben sie statt des erwähnten kühleren Tones im Fleisch einen warmen goldigen Ton. Da aber Jan Massys jedenfalls ein sehr gewandter und erfahrener Künstler war, und da er als ein Eklektiker sich ausweist, der bald diesem, bald jenem Vorbilde folgte, so ist die Möglichkeit nahe gelegt, dass er auch das Braunschweiger Bild gemacht haben könnte. Wenigstens stehen seine Bilder unter den bekannten Werken aus der Gruppe der Maler zwischen Barend van Orley und Otto Venius durch einige bezeichnende Züge diesem wichtigen Bilde näher als alle anderen. Nur könnte man noch auf den merkwürdigen St. Eligius-Altar des Monogrammisten L. M. B. G. von 1588 im Museum zu Antwerpen (No. 576—580) hinweisen, der ein ganz hervorragendes und jedenfalls eines der besten Werke der akademischen Richtung ist. Während aber die Akademiker, an ihrer Spitze Coxcie, Floris, Martin de Vos der ältere, eine zum Theil bunte Farbenstellung haben, zeigt dieses Bild vollere, tiefere, wärmere, saftigere, und vergleichsweise ruhigere, stimmendere Töne; doch ist der Gesammthaltung trotzdem noch etwas Buntes und dem Fleische noch bisweilen ein kalter, kreidiger Ton eigen. Denkbar wäre deshalb nur, dass dieser Maler, bei fortgesetzten koloristischen Studien und durch einen Gegenstand aus dem wirklichen Leben begünstigt, dahin gelangt sein könne, ein Bild in der Art des Braunschweiger Stückes gemacht zu haben.

Der einflussreichste unter allen vlämischen Akademikern war ohne Zweifel **Frans de Vriendt** der **ältere**, genannt **Frans Floris**. denn er hat eine sehr grosse Zahl von Schülern gebildet, unter denen Männer von erheblicher Begabung und wohl begründetem Rufe sich befinden. Er war um 1520 geboren und starb 1570. Man kann drei Gruppen unter seinen Werken unterscheiden: die religiösen Gemälde, die mythologischen Darstellungen und die Bildnisse nach dem Leben. Die letzteren, von denen man ein ausgezeichnetes Beispiel, einen „Falkenjäger," von 1558 im Museum zu Braunschweig (No. 101 sehen kann, sind die wahrsten unter allen seinen Werken; sie werden den Meister noch in den fernsten Zeiten als einen ganz hervorragenden Künstler erkennen lassen. Den andern beiden Gruppen dagegen wird nur eine bedingtere Beurtheilung, welche die geschichtlichen Verhältnisse in genaue Berücksichtigung zieht, gerecht werden können. Werden letztere ausser Acht gelassen und wird Frans Floris, wie es geschehen, bedingungslos mit Rafael verglichen, so lassen sich Urtheile wie die Waagen's begreifen, die der Kunstweise des Meisters wiederholt „Geschmacklosigkeit" und eine „ganze Widrigkeit" nachrühmen, die aber offenbar zu weit gehen und die geschichtlichen Bedingungen übersehen.[1] Niemand wird zwar ein Durcheinander von Menschen oder Engeln und teuflischen Ungeheuern, wie man es auf dem „Engelsturze" vom Jahre 1554 in Antwerpen (No. 112 sieht, geschmackvoll oder schön finden; aber man sollte doch auch das grosse Talent, das viele Können und den ernsten Fleiss, die einem in diesem Werke

---

[1] Handbuch etc. I. S. 298.

entgegentreten, nicht unterschätzen. Eine tüchtige Zeichnung verbindet sich mit einer guten Charakteristik bei entschiedenem Streben nach einer Idealisirung der Form und nach Beherrschung der Farbe. In dem eben genannten Bilde, wie auch in dem „Weltgericht" von 1566 zu Brüssel (No. 196), zeigt sich dieses Streben nach entwickelterer Farbenbehandlung in einer Vorliebe für den braunen Ton, der dem Ganzen den Charakter verleiht und der auch den Bildnissen des Floris oft eigen ist; doch weiss er auch mit lebhaften Farben umzugehen, wie dies verschiedene seiner mythologischen Liebesgeschichten darthun. Floris scheint sich neben dem Studium Rafael's insbesondere dem des Michelangelo hingegeben zu haben, wenigstens wollen manche in den genannten beiden Bildern eine Nachahmung dieses Meisters bestimmt erkennen. Unter seinen Zeitgenossen stand er in solchem Ansehen, dass sie ihn, wie Vasari berichtet, den „vlämischen Rafael" nannten[1]) — ein Beiname, der gewiss nicht dazu dienen sollte, in der geschichtlichen Würdigung des Meisters irre zu führen.

Unter den Schülern des Floris, deren man nach Karel van Mander mehr als 120 zählte[2]), strebt dem Meister mit besonderer Treue Krispin van den Broeck (etwa 1530 bis 1601) aus Mecheln nach. Zwei Darstellungen des Weltgerichts von ihm aus den Jahren 1560 und 1571 in Brüssel (No. 411b) und Antwerpen (No. 380) zeigen dies deutlich; doch tritt das nordisch-fratzenhafte Teufelselement sehr zurück, und die malerische Behandlungsweise ist ziemlich breit mit schmutzigen Schatten, zum Theil auch in den Farbenstellungen etwas bunt gehalten.

Die beiden Brüder Ambrosius Francken der jüngere (von etwa 1545—1618) und Franz Francken der ältere (von etwa 1544—1616) waren gleichfalls Schüler des Floris, doch machten sie sich beide selbständiger. Von Ambrosius befinden sich im Museum zu Antwerpen 20 Nummern. Man sieht da, wie er anfangs noch in mancher Hinsicht der mittelalterlichen Kunst nahe steht, wenn auch nicht in der Formengebung, so

---

[1]) Ediz. Le Monnier. XIII. S. 152.
[2]) Het Schilder-Boek. Blatt 161 b.

doch durch die Ueberfüllung der Bilder und die Behandlung
der Hintergründe, wie er aber in seinen besten Sachen der
Art des Coxcie sich mit Glück nähert. Mit diesem Künstler
zusammen malte er im Jahre 1575 den im Museum zu Antwerpen befindlichen Flügelaltar. den die Sebastians-Schützen-
gilde in den Dom daselbst stiftete: Coxcie führte das Mittelbild
mit dem Martyrium des heiligen Sebastian (No. 371), er die
Flügel mit Darstellungen aus dem Leben des Heiligen
(No. 151—154) aus: er steht hier durchaus entsprechend und
ebenbürtig neben jenem. Auch seine beiden Altarflügel mit
der „Grablegung" und der „Erscheinung Christi vor Maria
Magdalena" in einer Kapelle des Chorumganges der Jakobskirche zu Antwerpen verdienen als besonders tüchtige, auch in
der Farbenhaltung ruhigere Werke der Schule hervorgehoben
zu werden. Sein Bruder Franz ist in den niederländischen
Sammlungen nur sehr dürftig vertreten. Er malte fast nur
Bilder kleineren Maasstabs mit meist figurenreichen Darstellungen biblischen oder mythologischen Inhalts in landschaft-
licher Umgebung: doch ist es kaum möglich eine völlig sichere
und klare Vorstellung seiner Kunstweise zu gewinnen, da
man seine Werke schwer von denen seines Sohnes Franz
Francken des jüngern (1581—1642) scheiden kann.[1]

Ein anderer Schüler des Floris. Frans Pourbus der
ältere († spätestens 1579), steht in seinen figürlichen Gemälden im
allgemeinen etwa auf der Stufe des Ambrosius Franken. erreicht
aber in seinem Hauptwerke, dem Altar mit „Jesus unter den
Schriftgelehrten" als Mittelbild. von 1571 im Dome zu Gent,
eine ganz ausserordentliche Höhe, besonders auch in Bezug
auf Farbenstimmung. Ebenfalls in seinen Bildnissen nach dem
Leben erscheint er als ein ausgezeichneter Meister, wie das
schon die Köpfe Karl's V. und Philipp's II. auf diesem Altarwerke, und neben andern Stücken auch das „männliche Bildniss" von 1575 in Braunschweig (No. 102) darthun.

Bereits der Vater dieses Frans, Pieter Pourbus der
jüngere († 1584), der aus Gouda stammte und angeblich in

---

[1] Siehe die Ausführungen über die Francken'schen Bilder zu
Braunschweig weiter unten im II. Bande.

Brügge bei Lanzelot Blondeel gelernt hatte, gab dem Sohne, ehe derselbe zu Floris in die Lehre kam, die Richtung der Kunstübung. Die zahlreichen Werke dieses Meisters in der Gemäldesammlung der Akademie (No. 13—21), wie in den Kirchen zu Brügge sind zum Theil recht achtbare Arbeiten der akademischen Schule. Ganz besondere Hervorhebung dürfte in dieser Hinsicht das „Abendmahl" vom Jahr 1562, in der Liebfrauenkirche beanspruchen. Zwar sind ja die Köpfe, in denen ein idealer Styl angestrebt wird, ziemlich inhaltlos, besonders der des Christus selbst, aber diejenigen, welche ein individuelles Gepräge tragen, sind ausdrucksvoll, besonders die gegen den linken Bildrand hin, und ferner ist die gesammte Farbenhaltung, deren Charakter tief und saftig ist, nicht unbedeutend. Das ganze Werk zeugt von vielen Kenntnissen und grossen Fertigkeiten.[1]) Aber allerdings nicht alle seine Arbeiten stehen auf dieser Höhe. Es scheint vielmehr, dass er in den späteren Jahren schon zu einer manieristischen Uebertreibung des Styles fortgeschritten war, wie das wohl sehr treffend sein „Moses mit den Gesetzestafeln" im Haag (No. 212) darthun dürfte. Und andrerseits sieht man ihn wieder zum alten strengen Styl zurückgreifen. Im Jahre 1583 malte er das Bildniss des Schöffen Jakob van der Gheenste in Brügge, welches jetzt das Museum zu Brüssel (No. 267) besitzt; wie schliesst er sich hier eng an die mittelalterliche Auffassungsart, wie streng ist bei aller Lebenswahrheit der Charakter der Malerei, wie waltet noch die zeichnerische Behandlungsweise vor!

Der fruchtbarste und, wenn man will, der hauptsächlichste unter den Schülern des Floris ist Martin de Vos (1531—1603), von welchem das Museum zu Antwerpen 32 Stücke ausschliesslich kirchlichen Inhaltes besitzt (No. 71—103). Er hatte sich in der Heimath wie in Italien reiche Kenntnisse erworben und arbeitete stets mit Tüchtigkeit und Ernst. Allerdings sind seine Bilder hinter den im Vordergrunde dar-

---

[1]) Vergl. James Weale, Cat. du mus. de l'académie etc. Brügge 1861. S. 34 ff. — und ders., Bruges et ses environs etc. Brügge 1875. S. 142.

gestellten Hauptfiguren oft überfüllt, die Farben sind meist etwas bunt, das Fleisch in den hellen Tönen immer kalt und kreidig, aber das Ganze hat doch stets einen bestimmenden Zug von Gediegenheit, und die Köpfe sind entweder gesunde Charakterköpfe oder gelungene Idealtypen, so dass alles in allem die guten Eigenschaften sich sehr bedeutend geltend machen. Die grosse Erfindungskraft, die stylistische Bedeutung und die zeichnerische Tüchtigkeit des Martin de Vos wird man aber vornehmlich aus den zahlreichen, nach ihm gefertigten Stichen erkennen.

Ein Altersgenosse von Floris war Lambert van Noort (etwa von 1520—1571), der Vater Adam van Noort's, des Naturalisten, welcher einer der Lehrer von Rubens war. Lambert hatte wohl in manchen Stücken, soweit sich die Kunst erlernen lässt, eine angemessene Fertigkeit und regelrechte Sicherheit erlangt, aber sein Talent war nicht gross, und so blieb er im Ausdruck immer schwach, und seine Farben blieben stumpf. Die 16 von ihm herrührenden Stücke im Museum zu Antwerpen (No. 441—456) thun dies sattsam dar, und dasselbe bezeugt auch die „Anbetung der Hirten" von 1568 in Brüssel (No. 257), nur dass bei diesem Bilde die Farben nicht stumpf, sondern recht grell und bunt sind, worin man wohl einen Versuch erkennen muss, einmal auf diese Weise zu einem Erfolge zu kommen. In Folge dieser Eigenschaften haben seine Bilder zwischen denen der übrigen vlämischen Akademiker einen Anflug von Fremdartigkeit, der vielleicht mit seiner nordniederländischen Herkunft — er stammte aus Amersfoort im Bisthum Utrecht — in Verbindung zu bringen ist.

Hier darf auch die Familie der Claeyssens von Brügge (No. 228—231) nicht unerwähnt bleiben: der Vater Pieter der ältere († 1576) und dessen drei Söhne Gilles († 1605 oder 1607), Anthonie († 1613) und Pieter der jüngere († 1612). Unter den Werken derselben treten namentlich die in Brügge an verschiedenen Orten noch vorhandenen Gemälde des Anthonie und Pieter des jüngeren hervor. Die Bilder der beiden letzteren in der Akademie — das sogenannte „Festmahl des Ahasverus" (No. 25) und die „Allegorie auf den Genter

Vertrag vom Jahre 1576" (No. 20) — lassen eine gewisse Uebereinstimmung mit der Art gleichzeitiger Nordniederländer,
namentlich im Charakter der Farben mit den bessern Stücken
des Heemskerk erkennen.[1]

Als ein sehr tüchtiger Künstler erscheint Adriaen Key
(1544?—1590?) auf den zu Antwerpen befindlichen Altarflügeln
mit der Darstellung des „Abendmahls" und der Familie des
Stifters von 1575, jedoch mehr in Hinsicht des Charakteristischen
als des Stylistischen. Das Idealisiren der Formen und Typen
will ihm nicht recht zu Sinne, seine Gewandmotive haben
etwas Kleinliches, und seine Köpfe lehnen sich unmittelbar an
charakteristische Erscheinungen der Wirklichkeit; ja selbst der
Kopf des Christus ist nicht ein Idealtypus nach der Art
Leonardo's und Rafael's, sondern der Kopf eines schönen
Juden, wozu der Maler das Studium ohne Zweifel nach einem
lebenden Vorbilde gemacht hat. Die Darstellungen der Fa-
milienglieder des Stifters dürfen als ganz vorzügliche Bildnisse
im Sinne jener Zeit gelten, und so sieht man denn bei diesem
Meister ein Nachlassen der akademischen Bestrebungen und
ein kräftigeres Hervortreten realistischer Neigungen. In diesem
Sinne kann Key, zumal er auch in der Färbung hellere, wohl-
stimmende Töne liebt, als ein Vorgänger des Cornelius de
Vos angesehen werden.

Während so in Key und einigen anderen Antwerpener
Meistern die Rückkehr zu dem eigentlichen Kunstgeist der
Niederlande, die Umkehr zu einer realistischen Kunstrichtung
sich ankündigte, zeigten andere Künstler der vlämischen Schule
eine manieristische Ausartung, eine Uebertreibung der Form,
die jedem unbefangenen Gefühl auffällig und unangenehm sein
musste und die desshalb der Förderung jener Richtung nur
in die Hände arbeiten konnte. Das Haupt dieser Manieristen
der vlämischen Schule ist Bartholomäus Spranger (1546—
nach 1604). Er zeigt den engsten Anschluss an den italienischen
Manierismus, wie er nach der Richtung der Zierlichkeit, Ver-

---

[1] Wegen der Bedeutung der „Allegorie" vergl. Weale, Cat. de
l'académie etc. S. 45 ff.; ders., Bruges et ses environs etc. S. 74 ff.
und Kramm. I. S. 236.

feinerung und Lüsternheit der Form in Gesuchtheit, Verzerrung und Entartung überging. Er bewegt sich mit Behagen und Sicherheit auf diesem unwahren Boden, zu dem er jedoch sich mit Offenheit und Wahrheit bekennt. Leichtfertigkeit ist das Zeichen dieser Art von Kunst, Aeusserlichkeit und Absichtlichkeit sind die bewegenden Kräfte. Zwar hat seine „Susanna vor Daniel" in Brüssel (No. 446) noch nichts von diesen späteren Ausschreitungen, die man am besten an seinen zahlreichen Werken in Wien wahrnehmen kann; sie zeigt ihn vielmehr noch auf demselben Boden wie Martin de Vos, aber sie lehrt hierdurch eben, von wo Spranger ausgegangen und wohin er, angesichts seiner übrigen Werke, gelangt ist.

Andere Maler, neben und mit ihm, verfolgten dieselben Wege, und gelangten zum Theil zu einer noch grösseren Entartung, zu einer noch weiteren Abirrung von Natur und Wahrheit. Als ein bezeichnendes Beispiel dieser Art kann „die Niederlage Sanherib's" von Gilis van Valckenborch in Braunschweig (No. 421) dienen. In diesem Künstler war die akademische Schule in den südlichen Niederlanden bis an ihre äusserste Grenze gelangt, und wenn die Malerei nicht gänzlich untergehen sollte, so musste etwas Entscheidendes geschehen.

Einzelne Meister suchten sich dadurch zu retten, dass sie sich den Naturalisten Italien's, die sich lebenskräftiger erhalten hatten als die dortigen Akademiker, ohne Weiteres anschlossen, wie dies mit hervorragendem Erfolge Lodewijk Finson (1580—1632), der meist Ludovicus Finsonius genannt wird, aus Brügge that. Aber gerade er hatte sich auch seiner Heimath gänzlich entzogen und sich kunstgeschichtlich ganz und gar zu jener Schule Italien's selbst gestellt. Er starb zu Arles, in dessen Dome sich auch sein Hauptwerk, die „Steinigung des Stephanus" befindet.[1] Ein ähnliches Schicksal würden wohl auch andere Künstler gehabt haben, die da glaubten durch unmittelbaren Anschluss an die naturalistische Schule Italien's

---

[1] Chennevière-Pointel, Rech. s. l. vie de quelques peintres provinciaux. Paris 1847. I. S. 1—40. — A. Michiels, L'art flamand dans l'est et le midi d. l. France. Paris 1877. S. 453—474.

Rettung vor den manieristischen Ausschreitungen der akademischen Schule in den Niederlanden zu finden. Dieser Weg
konnte nicht der richtige sein, um sich vor dem Manierismus zu
schützen. In der That wäre es vielmehr ein auffälliger und
hindernder Umweg gewesen, wenn die Niederländer, mit ihrem
angeborenen Sinn für Natur und Wirklichkeit, statt bei der
Natur selbst, bei den italienischen Naturalisten hätten in die
Schule gehen sollen. Verschiedene Künstler wendeten sich
denn auch, von richtigen Trieben geleitet, an die Natur selbst,
während andere eine strenge Reinigung der akademischen
Wege anstrebten. Wie es gelang, auf die eine und andere
Weise, den Manierismus zu bekämpfen, werden wir weiter
unten erörtern.

In den nördlichen Provinzen verlief die ganze Bewegung
im engeren Kreise und in grösserer Einfachheit. Während die
Anlehnung an die Italiener in der vlämischen Kunst lange
Zeit und überhaupt im allgemeinen von einem lebendigen Sinn
für klassische Formengebung, von einem Gefühl für Maass, von
einem reineren Geschmack gehalten wird, geht sie bei den
Holländern sogleich in einen starken Manierismus über. Eine
übertriebene Zeichnung bei gewöhnlichen Gesichtstypen, eine
Unruhe und Zerrissenheit in der Haltung des Ganzen, unmittelbare Entlehnungen aus den klassischen Vorbildern, gesuchte
und oft genug hölzerne Bewegungen, bunte Farben und andere
Mängel mehr bezeichnen diesen Charakter. Man kann denselben
in ausgiebiger Weise an den Werken des Marten van Heemskerk (1498—1574), die ja ziemlich verbreitet sind, beobachten,
und besonders an denen seiner Nachfolger, des Heinrich
Goltzius (1558—1617) und Cornelius von Haarlem (1562
—1638), von welchen Meistern die Sammlungen zu Utrecht
und im Haag besonders hervorragende Arbeiten besitzen. Wer
aber nicht Gelegenheit hat, diese Werke dort selbst zu sehen,
würde schon in den zahlreichen von und nach diesen beiden
Meistern gemachten Kupferstichen eine ausreichende Bestätigung finden. Auch würden die vielen Stiche nach Heemskerk
die Kenntniss dieses Meisters wesentlich fördern. Uebrigens
böten auch deutsche Sammlungen einige Werke dieser Künstler
zur Betrachtung dar, wie denn das Museum zu Braunschweig

allein von Cornelius von Haarlem ein grösseres Gemälde und
vier kleinere Stücke besitzt. Die Betrachtung der Werke dieser drei Meister und ihrer weniger hervorragenden Genossen
lehrt deutlich und klar, dass der ideale Styl zu der künstlerischen Natur der Holländer nicht passte, dass diese die
akademische Kunstweise nicht innerlich und wahrhaft verstanden; und wenn man auch bedeutende Eigenschaften und
manche Vorzüge, wie namentlich eine lebendige Phantasie,
eine unerschöpfliche Erfindungsgabe, hohe Ziele, eine tüchtige
Gestaltungskraft, einen unermüdlichen Fleiss, ein grosses
Können, und eine im Einzelnen bisweilen ausgezeichnete
Farbenbehandlung anerkennen muss, so sind diese nicht stark
genug, um jenem hochmanieristischen Charakter die Waage
zu halten. Es mangelt dem Streben nach Styl das reine Stylgefühl, dem nach Schönheit der wahre Schönheitssinn. Wollte
man einen beliebten Ausdruck gebrauchen, so müsste man
sagen, es habe der Geschmack gefehlt. Immerhin aber erkennt
man an diesen Denkmälern, trotz der manieristischen Uebertreibung und Ausartung, trotz des Mangels an Stylgefühl und
Schönheitssinn die ungeheure Förderung, welche diese Richtung auch der nordniederländischen Malerei verschafft hatte.
Welch' ein Fortschritt des Wissens und Könnens, des Auf-
fassens und Darstellens gegenüber den älteren Meistern! Zugleich aber lassen diese Werke auch jenes Element schon
erkennen, in welchem die holländische Malerei, neben dem
treffender Charakteristik, später so stark war, das Element der
mannigfaltigsten und bedeutendsten Schatten- und Farbenbehandlung.

In grossen Werken tritt einem die ganze Richtung auf
holländischem Boden nirgends besser und vortheilhafter entgegen, als in den berühmten Glasgemälden der Kirche zu
Gouda. Zwar erreichen dieselben diejenigen von St. Gudula
in Brüssel weder in der Farbenwirkung noch in der Schönheit
der Kompositionen, aber dennoch sind Zeichnung und Ausdruck
meist gut, und die manieristischen Ausschreitungen stören
weniger; sie sind desshalb ein Hauptdenkmal des herrschenden
italienischen Styles in Nordniederland. Sie wurden seit 1555
meist durch die Brüder Crabeth, theils nach eigenen Kar-

tonen, theils nach Zeichnungen von J. Uytewael und Lambert van Noort, sowie auch von einigen anderen Künstlern hergestellt. [1]

Eine eigenthümliche, man könnte beinahe sagen, eine gewisse vermittelnde Stellung zwischen der eigentlich holländischen und der vlämischen Schule nimmt die Schule von Utrecht ein, deren Hauptmeister Abraham Bloemaert (1565 bis um 1657) ist. Er huldigt im allgemeinen einer gemässigten akademischen Richtung, die in Hinsicht der Zeichnung etwa an die Art des Otto Venius erinnert; doch hält er sich in seiner Farbenbehandlung eigenthümlich, indem er lichte und helle Töne, ohne Halbschatten und Helldunkel, liebt. Diese Art entspricht im Wesentlichen der der ganzen Schule, welche letztere erst mit Honthorst und dessen Schülern allmälich in die allgemeine holländische Schule übergeht. [2]

Dieser Utrechter Schule gehört auch ein Meister an, in dessen Werken die ganze akademische Richtung auf dem Boden Nordniederland's sich von einer eigenthümlichen und liebenswürdigen Seite zeigt. Es ist Joachim Uytewael (1566 bis nach 1626). Zwar folgt auch er ja den manieristischen Wegen, doch mit einer gewissen Selbständigkeit. Der kleine Maasstab und die höchst saubere Ausführung der besten seiner Sachen lassen aber diese manieristischen Züge weniger stark und unangenehm erscheinen, wie sie besonders in den meisten grossen Werken der Holländer hervortreten, und so ermangeln denn diese kleineren Stücke nicht einer erheblichen Liebenswürdigkeit und Anziehungskraft. Die Farbenstellung ist jedoch auch bei diesen Bildern noch ziemlich bunt und hart, wie denn z. B. auf dem „Göttermahle" von 1602 in Braunschweig (No. 452) saftgrüne Bäume auf blaugrauer Landschaft vorkommen. Allerdings aber hält sich Uytewael in seinen religiösen Darstellungen, die man leicht aus den Stichen kennen lernen kann, ganz und gar in Uebereinstimmung mit den

---

[1] Chr. Kramm, De Goudsche glazen etc. Gouda 1853.
[2] Vergl. die weiteren Ausführungen über die Utrechter Schule im zweiten Bande.

manieristischen Ausschreitungen der ganzen Richtung; er ist da äusserst übertreibend und unwahr.

So war der Stand der Dinge etwa gegen und um das Jahr 1600 in beiden Zweigen der niederländischen Malerei so ziemlich derselbe: die akademische Richtung war in einen starken Manierismus übergegangen. In Holland nun half sich, wenn man so sagen darf, die Natur selbst. Es standen dort, begünstigt durch die geschichtlichen Ereignisse, Maler auf, welche alles Akademische bis auf die letzte Spur mit aller Entschiedenheit von sich wiesen und, ihrem eigensten Triebe folgend, ganz neue gesunde Bahnen betraten, indem sie sich ausschliesslich an die Natur und die Wirklichkeit hielten. In Brabant aber entwickelten sich die Dinge nicht so einfach.

Ehe wir versuchen wollen dies darzulegen, scheint es angemessen, einen Blick auf einen besonderen Zweig der Malerei zu werfen. Mehrfach schon deuteten wir an oder sagten, dass in beiden Schulen eine starke Gesundheit sich zeige, sobald der Künstler unmittelbar der Natur gegenüber gestellt war, in einer Weise, die keinerlei Aufforderung zur Stylisirung oder etwas dem Aehnlichen enthielt. Darum sind die Bildnisse nach dem Leben, die Darstellungen des Volkslebens so wahr und oft so gediegen und trefflich. Aber auch für die Landschaftsmalerei, welche gerade durch die Künstler dieser Zeit zu einer selbständigen Bedeutung erhoben wurde, erwuchsen aus diesen Umständen grosse Vortheile.

Die landschaftlichen Gründe, welche in der Eyck'schen Schule an Stelle des alt überlieferten Goldgrundes eine so ausgezeichnete Ausbildung erhalten hatten, empfingen nicht selten seit Anfang des sechszehnten Jahrhunderts ein bedeutendes Uebergewicht, derart dass der figürliche Theil des Bildes bisweilen nur die Staffirung der Landschaft wurde. Aber die Gegenstände dieses figürlichen Theiles wurden noch geraume Zeit der heiligen Geschichte entnommen, bis endlich auch hier allmälich eine Aenderung eintrat und die Landschaft durch Loslösung von den heiligen Gegenständen ganz selbständig gemacht wurde. Jedoch zeigte sich die Phantasie, in der Auffassung der Natur, noch erfüllt von den romantischen Vorstellungen des Mittelalters: zerrissene Felsen, wilde Höhlen,

Wasserstürze, Burgen und ähnliche Dinge trifft man fast überall an. Diejenigen Meister, welche in dieser Richtung eine
entscheidende Stellung einnahmen, waren Joachim Patenier
(† 1524) und Hendrik met de Blesse (1480—1550?). Unter
den verschiedenen fördernden Einflüssen, die auf Beide eingewirkt haben, dürfte derjenige Dürer's, der sogar persönlich
mit Patenier befreundet war und dessen Hochzeit mit Johanna
Noyts im Jahre 1521 beiwohnte, obenan stehen.[1]) Nächstdem
aber müssen die Einwirkungen Italien's, seiner Natur und
Kunst, hervorgehoben werden.   Einen ganz verwandten Standpunkt, als Landschafter, nimmt Jan van Schorel (1495—
1562) ein, in dessen ungemein bedeutendem Bilde, der „Taufe
Christi im Jordan," zu Haarlem (No. 106) bei vielen phantasti-
schen Eigenschaften die Landschaft auch klassische Bestand-
theile zeigt.   Mander rühmt auch den Figuren dieses Bildes,
theilweise, geradezu die Anlehnung an Rafael nach.[2])

Ein grossartiges Streben und Vorwärtsdringen ist in den
Werken dieser Meister nicht zu verkennen, aber so erheblich
auch die Ansätze zu fruchtbaren Weiterbildungen waren,
welche man wahrnimmt, so war die Erfindung eben doch
durch jene Phantastik geleitet, welche beengte und namentlich
eine Beschränkung in der Auffassung der Natur bedingte.[3])
Die Befreiung von dieser Phantastik und die Erreichung einer
möglichst unbefangenen Auffassung der Natur war daher das
nächste Ziel, welches die Landschaftsmalerei in ihrer weiteren
Entwickelung anstrebte.   Im Laufe der zweiten Hälfte des
sechszehnten Jahrhunderts gelangte sie auch in der That zu
ganz bedeutenden Erfolgen, durch die Wirksamkeit einer Reihe
ausgezeichneter Meister, als deren reifster Lukas van Valkenborgh gegen den Schluss des Jahrhunderts erscheint.

Unter denjenigen, die ihm voranschritten, zeichnet sich in

---

[1]) Vergl. die Anmerkungen Pinchart's zu Crowe et Cavalca-
selle, Les anc. peintres flam. etc. II. S. CCLXXX ff.

[2]) Het Schilderboeck etc.   Blatt 155b.

[3]) Vergl. weiter unten im II. Bande die Ausführungen zu dem
Gemälde nach Jan Breughel, No. 629, der Braunschweiger Sammlung.

erster Stelle Hans Bol (1534—1593) von Mecheln aus, dessen
Gemälde allerdings überaus selten sind, den man aber aus
eigenen Zeichnungen und Radirungen, wie aus fremden Stichen
nach Werken von ihm als einen erfindungsreichen und hervorragenden Künstler kennt. Im Figürlichen fusst er ursprünglich noch auf Dürer und Holbein, doch geht er später zu der
akademischen Art über, und ebenso berühren sich im Styl der
von ihm dargestellten Gebäude mittelalterliche und italienische
Formen. Bedeutend und geistvoll entwickelt sind die landschaftlichen Theile seiner Blätter. Neben ihm erscheint auch
der alte Peter Breughel in zwei radirten Landschaften, die
mit „Rom 1553" bezeichnet sind, schon sehr beachtenswerth.
Endlich führe ich noch Aegydius Coninxloo (geb. 1544
aus Antwerpen an. Von ihm sagte schon Karel van Mander
(1604): „Um es kurz zu machen, so weiss ich derzeit keinen
bessern Landschaftsmaler;" und er hob dann besonders hervor,
dass in Holland seine Art schon nachgeahmt würde, dass namentlich der Baumschlag, der bis dahin dürr gehalten wurde, von
ihm voller angelegt ward.[1]) Diese Dürrheit sieht man z. B.
noch sehr gepflegt und herrschend auf einigen Landschaften
von Gillis Hondekoeter, die Jan Londerseel gestochen hat.
Dass Aegidius Coninxloo auf David Vinckeboons, der 34
Jahre jünger war als er, ja sogar auf dessen Vorgänger be-
trächtlich eingewirkt hat, möchte ich für sicher halten. Namentlich Lukas van Valkenborgh (1540? — 1625?) selbst dürfte
von ihm wesentlich beeinflusst worden sein. Dieser hervorragende Meister verband mit reicher Phantasie ein reines
Naturgefühl, mit grossen Zielen Sinn für Maass, mit bedeutendem Können Fleiss und Ernst, so dass er weitgehende Aus-
sichten für die Zukunft andeutete.[2])

Aber diese Richtung, welche sich vom Boden des Mittelalters durch die Kraft einer unbefangenen Auffassung der
Natur unter verschiedenen Einwirkungen allmälich entwickelt
hatte, wurde durch den allgemeinen künstlerischen Zug der
Zeit gekreuzt und in den südlichen Niederlanden zu Gunsten

---

[1]) Het Schilderboeck. Blatt 184.
[2]) Weiteres über diesen Meister im zweiten Bande.

der italienisirenden Landschaften verdrängt. Der Vortritt
in dieser Beziehung gebührt dem Matthys Brill (1550—1584)
aus Antwerpen. Er ging schon jung nach Rom und führte
dort seinen jüngern Bruder Paul (1556—1626), der ihm folgte,
in seine Kunst ein. Paul errang, da er seinen Bruder, der
nur 34 Jahre alt ward, um mehr als vierzig Jahre überlebte,
eine kunstgeschichtlich Epoche-machende Stellung, aber Matthaeus hat ihm doch die Wege gebahnt. Zur Beurtheilung des
letzteren, dessen Werke selten sind, ist eine „Landschaft" im
Museum zu Braunschweig (No. 635) sehr geeignet. Sie zeigt,
dass der Maler die italienische Natur und Bevölkerung mit
Verständniss gesehen, dass er aber in der Darstellung, der
Behandlungsweise und zum Theil auch in der Auffassung an
den vlämischen Ueberlieferungen und Gewohnheiten fest gehalten hat. Es ergiebt sich also eine eigenthümliche Mischung.

Er ist es auch, so viel ich beobachten konnte, gewesen,
bei dem zuerst die drei Töne, braun, grün und blau, für
Vorder-, Mittel- und Hintergrund, in völlig bestimmter Unterscheidung auftreten. Diese Töne wurden von da an typisch
in der vlämischen Landschaftsmalerei bis sie endlich durch
Rubens überwunden wurden. Ich vermag nicht sicher zu
erkennen, ob sie italienischen Ursprungs sind, doch möchte
die allgemeine Vermuthung hierfür sprechen. Denn in Italien
kann man dieselben nicht selten wirklich in der landschaftlichen Natur sehen und zwar scharf geschieden nach den drei
Gründen, während in den Niederlanden und auch im wallonischen Maassthale, der Heimath von Patenier und Blesse, soviel ich weiss, eine derartige Erscheinung nicht vorkommt.
In der Eyck'schen Schule ist die Landschaft grün in einem
saftigen frischen Ton und der Himmel blau gehalten, so wie
die flandrische Natur sich im Sommer bei gutem Wetter zeigt.
Wenn sich nun zwar schon Ansätze jener drei Töne bei
Patenier und Blesse, wie auch bei Schoreel finden, so ist
daraus kein Grund gegen die ausgesprochene Vermuthung
abzuleiten, denn Blesse, Patenier und Schoreel waren eben
auch in Italien gewesen.[1] Diese Töne haben in der Wirk-

--- — —

[1] Was Hendrik met de Blesse betrifft, so ist dies eine bekannte

lichkeit etwas ungemein Grossartiges und streng Schönes; sie ziehen mächtig an und mögen jene alten Landschafter unwiderstehlich gereizt haben, sie in ihre Darstellungen aufzunehmen. Sie wurden dann auch in die Niederlande selbst getragen, wo sie schnell allgemeine Anerkennung und Nachahmung fanden. Auch Lukas van Valkenborgh steht schon unter ihrem Bann.

Paul Brill bildete die von seinem Bruder Matthaeus so bedeutsam eingeschlagene Richtung vornehmlich nach der malerischen Seite hin weiter aus. Er strebt nach einer einheitlichen Verschmelzung und Abstimmung jener drei Töne und erreicht dann auch jene grün-braune Gesammthaltung, die Rubens als Landschafter, kunstgeschichtlich, zum Theil vorbereitet. Stücke dieser Art sind beispielsweise die beiden Landschaften mit römischen Ruinen (No. 636 u. 637) in Braunschweig. Doch gelangte er zuletzt auch zu einer bedeutenden stylistischen Entwickelung in der Anlage seiner Bilder, wie das z. B. die ruhige, schöne Landschaft von 1624 in Dresden (No. 784) darthut. Uebrigens blieb auch er, trotz seines langen Aufenthaltes in Rom, Niederländer, was sich ganz besonders in der Auffassung des Volkslebens und in manchen einzelnen Zügen zeigt.

So war ein guter Boden bereitet, auf dem sich die vlämische Landschaftsmalerei unter den Händen einer erheblichen Zahl tüchtiger Künstler nach und nach zu grösserer Freiheit entwickelte.

Bevor wir jedoch diese weitere Entwickelung kurz berühren, müssen wir eines Mannes gedenken, der mit der niederländischen Landschaftsmalerei im engsten Zusammenhange steht: Adam Elsheimer (1578 bis um 1620) von Frankfurt am Main. Man ist daran gewöhnt zu lesen, dass Elsheimer einen sehr maassgebenden Einfluss, besonders durch die Licht- und Schattenbehandlung, die Halbschatten und das

---

Thatsache; er trägt sogar einen italienischen Namen: Civetta. Auch in Betreff Schoreel's ist die Sache offenkundig. Und Patenier wird von Vasari (Ediz. Le Monnier XIII. S. 150) unter den Niederländern mit aufgezählt, „i quali sono stati in Italia“.

Helldunkel in seinen Bildern auf eine grosse Zahl niederländischer Maler ausgeübt habe, und noch neuerdings hat W. Bode in seiner ausgezeichneten Abhandlung über den Meister[1]) diesen Einfluss in erschöpfender Weise geschildert. Allein die Frage ist nie aufgeworfen worden, welche Elemente denn, ausser seinem Lehrer und der heimathlichen deutschen Kunst, ausser Italien und dessen Natur entscheidend auf die Entwickelung Elsheimer's eingewirkt haben. Zu dieser Frage wird man aber nothwendig veranlasst, wenn man sich daran erinnert, dass bedeutende Eigenschaften in Elsheimer's Gemälden bereits in Werken älterer Meister, die vor ihm aufgetreten sind, sich beobachten lassen. Dahin gehört die spitze, zur Feinmalerei neigende Behandlung der Landschaft, die seit den Eyck's in den Niederlanden üblich war, und die eigenthümliche auf starke und bedeutende Gegensätze wie vermittelnde und fein gestimmte Uebergänge beruhende Licht- und Schattenwirkung, zu welcher Cornelius von Haarlem schon eine so ausgesprochene und glückliche Neigung besass. Durch die vlämischen und holländischen Künstler, mit denen Elsheimer landsmannschaftlich in Rom lebte, musste er diese Kunstarten kennen lernen; aber wenn er auch diesen Einfluss selbständig und geistvoll aufnahm, so nahm er ihn eben doch auf, und es scheint mir, dass dieser in einzelnen seiner Werke ganz bestimmt, nicht bloss im Allgemeinen sondern auch nach der besonderen Art einzelner Meister nachzuweisen ist. Wenn deshalb sein Einfluss auf die Niederländer stets und mit Recht hervorgehoben wird, so meine ich sollte auch berücksichtigt werden, wie dieser Einfluss darauf beruht, dass Elsheimer fruchtbare Elemente, welche in der niederländischen Malerei lagen, mit freiem Künstlersinn erfasste und zu einer höheren und vollkommneren Entwickelung führte, welche wieder fördernd und weiter befruchtend in die niederländische Malerei eingriff. Die Beeinflussung deutscher Künstler durch die niederländische Malerei um das Jahr 1600 war eine ziemlich umfängliche, und einzelne deutsche Meister stehen den Nieder-

---

[1]) Jahrbuch der k. preuss. Kunst-Sammlungen. I. S. 51 ff. Berlin 1880.

ländern so nahe, dass ihre Arbeiten ganz oder beinahe wie
niederländische aussehen. Dahin gehören z. B. Johann Rot-
tenhammer (1564—1623), Joseph Heinz (um 1560—1609)
und einige Andere. Elsheimer aber überragt sie Alle dadurch, dass er das Empfangene mit seltener Eigenart und Freiheit weiterbildete und so wieder auf die Schule, von der er
empfangen, bedeutsam zurückwirkte.

Ungefähr von diesem Zeitpunkte ab trennen sich nun die
vlämische und holländische Landschafterei ziemlich scharf.
Der vlämischen Schule ist im Allgemeinen das völlige Verständniss und die freie Wiedergabe der Natur sehr schwer
geworden. Das bezeugen nicht allein jene drei Töne, die
immer und immer wiederholt werden, und deren Abschleifung,
Milderung und Verschmelzung nur sehr langsam erreicht
wurde, sondern es bezeugt dies auch die Zeichnung des Baumschlages in sehr deutlicher Weise. Welche Ungelenkheit in
dieser Hinsicht zeigt sich etwa bei einem Momper! Und wie
bemühen sich so viele andere, ein Jan Breughel, ein Abraham Govaerts, ein Roeland Savery, ein Pieter Schau-
broeck, ein Gillis de Hondekoeter, ein David Vinckeboons, in seiner früheren Zeit, und wie sie sonst heissen des
Gegenstandes Herr zu werden. Aber sie malen mit spitzem
Pinsel, zeichnerisch und fein, und können die Schwierigkeiten
der Rundung und Luftperspektive nicht völlig überwinden.
Erst als man zu der breiten Behandlung übergeht, wie das
z. B. sehr klar auf einem Bilde des P. van Hulst von 1628
in Braunschweig (No. 655) zu erkennen ist, konnte man sich
eines bedeutenderen Gelingens und weiterer Erfolge erfreuen.
In Rubens erreichte die vlämische Landschaftsmalerei ihre
Blüthe, aber fast auch ihr Ende, denn die späteren Leistungen,
die Arbeiten eines A. Genoels des jüngern, eines Goebouw
und Andrer werden nur eine untergeordnetere Bedeutung beanspruchen dürfen.

Rubens selbst folgt Anfangs in seinen Landschaften noch
der herkömmlichen Ueberlieferung der vlämischen Schule,
namentlich wendet er auch noch jene drei Töne, wenngleich
gemildert und verschliffen an. Sehr bezeichnend ist in dieser
Beziehung z. B. die grosse „Landschaft mit der säugenden

Tigerin" in Dresden (No. 834), wo er im Vordergrunde die Tigerin und die andern beiden Raubthiere sehr glücklich dem braunen Ton einverleibt hat, und wo am Himmel sich bereits neue Töne, namentlich röthliche Wolken zeigen. Auch in seiner schönen, schon sehr entwickelten Landschaft der „Heuernte" in München (No. 284) kommen sehr deutlich diese drei Töne vor. So stand Rubens auf den Ueberlieferungen der Schule, der er angehörte, aber er schritt in der Kraft seiner hohen Begabung mächtig weiter und entwickelte auch die Landschaft zu jener vollen und reichen Wahrheit, zu jener Freiheit in Auffassung und Behandlung, die wir an seinen späteren derartigen Werken, wie z. B. den grossen Stücken im Palazzo Pitti und in der Londoner National-Gallerie, bewundern.

Wie sehr jene Ueberlieferungen aber die Schule beherrschten geht noch aus der Thatsache hervor, dass die drei Töne auch die Haltung figürlicher Darstellungen bestimmten, und dass es anderen Meistern, trotz des Vorganges von Rubens, sehr schwer oder unmöglich wurde, sich von ihnen zu befreien. In ersterer Hinsicht will ich auf das Beispiel des Hendrik van Balen (1560—1632) hinweisen, dessen Gemälde das Gesagte reichlich bestätigen. Ein ganz ausgezeichnetes Stück von ihm „die Entführung der Europa" in der Wiener Sammlung (I. Stock VII. No. 55) kann geradezu als Muster, als Grundtypus der vlämischen Schule jener Zeit angesehen werden; doch geben auch schon seine beiden Bilder in Braunschweig (No. 434/5) eine genügende Anschauung der ganzen Art und Richtung. In der anderen Hinsicht verdient namentlich Lukas van Uden (1595—1662) Beachtung. Er ist zwar viel weiter entwickelt als die älteren Meister, aber er hängt doch fest und stark mit ihnen zusammen, so dass er, obwohl 18 Jahre jünger als Rubens, doch wie ein Vermittler zwischen der älteren und der späteren von Rubens eben zur Vollendung gebrachten Art erscheint. In Wahrheit aber dürfte die ältere Art ihm so fest im Fleische gesteckt haben, dass selbst der Vorgang von Rubens ihn nur allmälig und schwer von derselben los machte. Als ein Werk, in welcher er sich der freien Rubens'chen Art mit Glück nähert, kann die grosse „Landschaft mit dem Brautzuge" in Dresden (No. 972) hervorgehoben werden. Auch der berühmte Schlachtenmaler Pieter Snayers (1593—1663) ist einer dieser Spätlinge, indem noch in Werken seiner letzten Zeit, wie z. B. „der Belagerung von Kortrijk" aus dem Jahre 1650 in Brüssel (No. 444) diese drei Töne sehr genau auftreten, wenn auch dadurch, dass hier, und in andern seiner Schlachtenbilder, der Mittelgrund, um die weiten Ebenen darzustellen, perspektivisch sehr auseinander gezogen ist, und danach das Grün vorherrscht.

Die Entwickelung der holländischen Landschaftsmalerei nahm einen leichteren Verlauf, indem ein glücklicherer Blick und ein unbefangeneres Gefühl für Natur und Wirklichkeit Auge und Hand leiteten. Die Erfolge waren unmittelbarere. Die Zeichnung erschien gleich freier, die Farbenstellung wahrer. Der Boden, auf dem die grossen Landschafter des siebzehnten Jahrhunderts dann sich so bewunderungswürdig entfalteten, erschien von vornherein günstiger bereitet. Schon in den Anfängen der selbständigen holländischen Schule kann man dies reinere Naturgefühl und diese freiere Bewegung in Bezug auf die Landschaft wahrnehmen. Die landschaftlichen Theile der Bilder von Heemskerk z. B. zeigen eine überraschende Sicherheit der Auffassung, eine klare Gruppirung des Baumschlages, eine gewandte Vertheilung von Licht- und Schattenmassen und ein erfolgreiches Streben nach Wahrheit der Farbentöne bei verhältnissmässig grosser Breite der Behandlung. Das sind doch wahrlich Eigenschaften, welche diesen Werken eine erhebliche Bedeutung in der Entwickelungsgeschichte der Landschaft sichern, es sind die Elemente, deren spätere Weiterbildung und Vollendung die holländische Landschaftsmalerei so einzig und gross gemacht hat! Und dasselbe wie von Heemskerk lässt sich auch von Cornelius von Haarlem und von andern Meistern jener Zeit sagen. Einen bedeutenden Aufschwung nahm dann die Richtung in Esaias van den Velde, dessen Genossen und Nachfolgern, indem die Landschaft sich von den figürlichen Theilen des Gemäldes mehr und mehr unabhängig machte und endlich der vorherrschende oder ausschliessliche Inhalt der Darstellung wurde. Durch Naturauffassung wie

Vortrag hat sich die Art dieser holländischen Landschafter in einen bestimmten und bedeutenden Gegensatz gesetzt gegen die der vlämischen Schule. Derselbé kann mit Erfolg z. B. auch in der Braunschweiger Gallerie beobachtet und erkannt werden, wo ein bezeichnendes Bild von Heemskerk, mehrere ausgezeichnete Stücke von Cornelius von Haarlem, selbständige Landschaften des Kerrinex und andrer frühzeitiger holländischer Meister, sowie eine erhebliche Anzahl von landschaftlichen Gemälden der vlämischen Schule sich befinden.

Doch kehren wir nunmehr zu den allgemeinen Verhältnissen der vlämischen Schule, wie sie durch die Ausschreitungen des Manierismus bestimmt wurden, zurück.

Zunächst suchte Otto van Veen (1558—1629) mit allem Ernste noch einmal die akademischen Grundsätze zusammenzufassen und sie zur vollen Geltung zu bringen, aber gleichzeitig mit ihm suchte sein Altersgenosse Adam van Noort (1557—1641) neues Leben in die Kunst durch Aufnahme naturalistischer Grundsätze zu bringen. Diese beiden Männer waren die Lehrer von Rubens; sie haben also eine weitgehende kunstgeschichtliche Bedeutung und schliessen die Epoche ab, welche zwischen den Ausgängen der Eyck'schen Schule und Rubens liegt.

Otto Venius hatte versucht den manieristischen Ausschreitungen der italienisch-vlämischen Schule von vornherein die Wege zu verlegen, indem er mit ernstem Nachdruck und mit vielem Glück die strenge akademische Methode sich zur Leiterin erwählte. Er ward auf diese Weise ein Akademiker wie er im Buche steht, immer regelrecht, immer formal tadellos, ja selbst edel, immer in der Malerei sehr tüchtig, in den tiefen, vollen und saftigen Farben nachahmungswerth; aber die innere Wärme, die Unbefangenheit des Gemüths wie des Naturgefühls fehlen, das Studirte herrscht vor. Man kann die Wege des Otto Venius noch jetzt in seinen Werken verfolgen. Zunächst sich an das Vorbild der älteren vlämischen Akademiker, namentlich des Coxcie, lehnend, wie man dies in seinem im Privatbesitze zu Brüssel befindlichen „Segen des Jakob" sehen kann, geht er zum selbständigen Nachfolger der Italiener über, und gewinnt hierbei eine Haltung, die bisweilen kaum noch eine Spur seiner niederländischen Natur zeigt. Dies erscheint um so merkwürdiger, als er von Geburt ein Holländer, aus Leyden stammend, war: aber es erklärt sich doch wieder dadurch, dass er seine Vaterstadt im Alter von vierzehn Jahren bereits verliess, dann im wallonischen Lüttich lebte und mit siebzehn Jahren nach Italien ging, wo er fünf Jahre zubrachte. Mit klarster Absicht und festem Willen befolgte er die italienische Kunstweise, und zwar mit solchem Erfolg, dass seine Werke beinahe wie Arbeiten von Italienern aussehen. So z. B. erinnert er in seinen im Museum zu Brüssel befindlichen Bildern schlagend an das eben da vorhandene grosse Gemälde „Christus mit zwei Aposteln" des Francesco Salviati (No. 284) derart, dass man versucht sein könnte zu glauben, er habe sich dieses oder ein gleichartiges Werk zum unmittelbaren Vorbilde genommen, oder — wenn man nicht das Gegentheil wüsste — er habe dies Bild, das Salviati's Namen trägt, selbst gemalt. Hauptwerke von ihm besitzt das Museum zu Antwerpen. Wenn man nun auch alle seine Vorzüge und Verdienste anerkennt, so kann man sich doch der Wahrnehmung nicht verschliessen, dass in ihm das Element des Kalten und Studirten der Akademiker sehr gesteigert ist, und dass bei ihm, als dem letzten bedeutenden Vertreter des vlämischen Akademienthums, die Nachahmung der Italiener endlich zu demselben Standpunkte der Aeusserlichkeit und Absichtlichkeit gelangt war, den die mittelalterliche Malerei erreicht hatte, als Mabuse, Barend van Orley und Andere der italienischen Bewegung die feste Richtung gaben. Sehr treffend veranschaulicht in dieser Hinsicht die Art und den Standpunkt des Otto Venius seine „Auferweckung des Lazarus" im Dom zu Gent: ein recht gemachtes Kunstwerk, ohne wahre Seele und inneres Leben, aber ein sehr regelrecht, mit voller Kenntniss aller Theile der Kunst gemachtes Werk.

Otto Venius konnte sich bedeutender Erfolge rühmen, als Künstler wie als Lehrer. Die akademische Richtung war von neuem gestützt und sie setzte sich, wenn auch nicht frei von manieristischen Rückfällen, sogar in Meistern fort, welche Zeitgenossen von Rubens selbst waren und zum Theil diesen überlebten. Dahin gehört W. Koeberger (etwa von 1561 bis

1635), von dem das Museum zu Brüssel eine „Grablegung"
aus dem Jahre 1605 besitzt (No. 223). Dieses Werk zeigt eine
Ausartung zum Manierismus, der sich besonders in gekünstelten
Gewandmotiven, hohlen Gesichtern und einer unwahren,
grünlich getönten Färbung ausspricht. Ein einigermassen
besseres Gemälde seiner Hand, ein „grosses Ecce-homo"
besass die Gallerie zu Salzdahlum; es wurde 1806 von den
Franzosen geraubt und befindet sich noch heute in Toulouse
(No. 101). Dahin gehört auch Frans Pourbus der jüngere
(1570—1622), dessen „Abendmahl" von 1618 in Paris (No. 392)
noch als ein ganz tüchtiges Werk der akademischen Schule
erscheint. Auch befleissigte er sich in seinen kleineren Gemälden oft einer sauberen Ausführung und er verlieh hierdurch
verschiedenen seiner Arbeiten einen besonderen Reiz, wie
man dies auf den von ihm gemalten Theilen des „Hofballes beim ,
Erzherzog Albrecht und der Infantin Isabella" im Museum
des Haag (No. 207) wahrnehmen kann. Es gehört dahin ferner
Hendrik de Clerk (1570— um 1629), der sich eng an das Vorbild seines Lehrers Martin de Vos hält, der aber bunter und
also in der Gesammthaltung unruhiger ist, sich dabei auch mit
bemerkbarer Aengstlichkeit an die klassischen Vorbilder lehnt.
Auch Gillis Backereel (geb. um 1572) ist zu nennen, der in
Hinsicht der Formengebung das unmittelbare Studium der
Carracci, in Hinsicht der Färbung das der Venezianer,
namentlich des Tintoretto, verräth; zwei grössere derartige
Werke besitzt die Brüsseler Sammlung (No. 106 u. 107). Endlich muss Deodat van der Mont oder del Monte (1581—
1644) angeführt werden, der mit Rubens, schon in Italien, eng
befreundet war, dessen „Verklärung Christi" im Museum zu
Antwerpen (No. 56) — entstanden im Jahre 1614 oder etwas
später — aber eine akademische Nachahmung Rafael's, besonders
eine enge Anlehnung an die „Transfiguration" des grossen
Meisters, zeigt; seine Farben sind etwa die des Otto Venius.

So schien es, dass der akademischen Richtung die Lebenskraft
versiegt war, und dass keine noch so ernste, von reifer Einsicht geleitete Bemühung ihr neue Frische und Wärme
einhauchen konnte. In dieser Lage bewährten sich die natürlichen Kräfte des niederländischen Kunstgeistes auf eine sehr

erfolgreiche Weise. Schon die Akademiker hatten die Kraft dieses Kunstgeistes bewährt, wenn sie durch bestimmte Aufgaben, wie namentlich durch Aufträge zu Bildnissen, unmittelbar vor die Wirklichkeit gestellt waren. Diese Macht der Wirklichkeit war auf sie stets von solchem Einflusse gewesen, dass sie in ihren derartigen Werken das Akademische meist ganz und gar abstreiften, und dass selbst ein Manierist wie Cornelius von Haarlem in seinen Bildnissen wahr und gesund erscheint. Diese unmittelbare Beziehung zur Wirklichkeit, zu Natur und Leben, wie sie neben den akademischen Bestrebungen als etwas ganz natürliches still herging, bethätigte ihre selbständige und bestimmende Lebensfähigkeit in dem Augenblicke, wo die akademische Richtung ihren Mangel an weiterer Lebensfähigkeit dargethan hatte. Es war nur ein Schritt nöthig, um bei bewusster Verläugnung der akademischen Formen den engsten Anschluss an die Wirklichkeit zum leitenden Grundsatze zu erheben. Diesen Schritt that Adam van Noort, nachdem schon einige ältere Meister, wie z. B. G. Congnet der ältere (1540—1599), von dem man Arbeiten im Museum zu Antwerpen (No. 35/6) sieht, denselben unmittelbar vorbereitet hatten.

Die Werke aus denen man Adam van Noort kennen lernen kann, sind nicht mehr zahlreich. In erster Linie wird man sich immer an das grosse Gemälde der „Berufung Petri" in der Jakobskirche zu Antwerpen halten müssen, welches als sein Hauptwerk anzusehen ist. Es ist ein Werk von entschieden naturalistischem Charakter; aber einige akademische Anklänge verrathen doch den Boden, auf welchem der Meister sich erhob. Das Museum zu Brüssel besitzt ein Bild von ihm, einen „Christus mit den Kindlein" (No. 258), wo er noch ganz auf diesem Boden steht, wo man ihn unter der Herrschaft des italienischen Einflusses sieht, aber zugleich die grosse Aeusserlichkeit in der Beseelung und im Ausdruck wahrnimmt. Diese Unmöglichkeit, sich in dem herrschenden Styl noch innerlich und wahr auszusprechen, mag Adam van Noort auf die naturalistischen Bahnen gedrängt haben, die er, im Besitz einer durchaus fertigen, meisterhaften und selbständigen Technik, wie das erstgenannte Bild lehrt, mit Erfolg inne hielt. Die

Modellirung ist daselbst gewissenhaft und bestimmt, der Vortrag klar und kräftig, das Wesen des Ganzen eine gewisse Frische und Gesundheit, die wohlthut; daneben freilich erscheint die Schattengebung im Nackten etwas derb, und einzelne Figuren sehen recht gewöhnlich, ja roh aus. Man darf hierin einen übertrieben starken Rückgang auf die Natur erkennen, der sich aus der Hohlheit des ausgehenden Akademienthums erklärt. Berücksichtigt man gehörig dieses geschichtliche Verhältniss, so wird man in Adam van Noort doch ein merkwürdig bedeutendes und unbefangenes Talent achten müssen, dessen Schätzung sich besonders noch dadurch steigert, dass Hendrik van Balen, Sebastian Vrancx, Jordaens, Rubens und Andere Schüler dieses Meisters waren. Die gewaltigen Leistungen von Rubens zogen dann allerdings zum Theil diese Männer, einen Hendrik van Balen und einen Jordaens, in ihren Bann, so dass in diesem Betrachte die Bedeutung Adam van Noort's als eine folgenreiche auch wieder verliert. Ja, es ist auch ersichtlich, z. B. an dem Bilde des „heiligen Hieronymus" im bürgerlichen Pflegehause zu Antwerpen, dass er selbst ebenfalls dem überwältigendem Einflusse von Rubens sich fügen musste, dass er später zum Nachahmer seines ehemaligen Schülers wurde.

Der Bruch mit der akademischen Schule, den er vollzog, hat seine vornehmliche Bedeutung darin, dass die Schüler von Noort und insbesondere Rubens bei ihm mit völlig unbefangenem Auge die Natur, das Leben, die Wirklichkeit künstlerisch sehen und verstehen lernten. Das hätten sie in der akademischen Schule nicht gekonnt; aber die naturalistische Richtung Adam van Noorts bereitete sie auch wieder nur in einem Theil ihrer künstlerischen Ausbildung wirksam vor. Für gewisse stylistische Grundsätze hatte der vlämische Kunstgeist immer Neigung und Verständniss gezeigt, und er drängte auch den grössten Genius, den er hervorgebracht, zur Aneignung derselben hin. Rubens that dies allerdings völlig erst in Italien, aber vorbereitet ward er hierzu in folgereicher Weise bereits durch Otto Venius. So fasste er die Richtungen, die in seinen beiden Lehrern einzeln und fremd einander gegenüber standen, in höchster Freiheit versöhnend zusammen, und erhob sich von diesem

Boden aus in der Fülle seines Genius zu den ausserordent
lichen Leistungen, mit denen er die Welt beschenkte.

Erwägt man, dass Adam van Noort ein Zögling der akademischen Schule war, dass er dieser seine künstlerische
Fertigkeit, seine technische Meisterschaft verdankte, dass er
also — obwohl er später die naturalistische Richtung annahm —
mit der künstlerischen Ueberlieferung geschichtlich eng verbunden ist, so wächst hierdurch die Bedeutung der akademischen
Kunstübung für die Beurtheilung von Rubens ungemein. Dieses
Verhältniss wird gleichsam durch ein einziges Wort mit einemmal klar, wenn man fragt: ob Rubens möglich und denkbar
wäre, wenn die Akademiker nicht gelebt, wenn er nur die
Ueberlieferung der Eyck'schen Schule vor sich gehabt hätte?
Nein, das Jahrhundert der Akademiker ist eine Lehrzeit, in
welcher die niederländische Malerei Grosses gelernt hatte, in
der sie den ungeheuren Vorsprung, den im Anfange des sechszehnten Jahrhunderts die italienische Malerei gewonnen, in sofern einholte, als sie die Mittel sich erwarb, welche, getragen
durch einen den grossen Meistern Italien's ebenbürtigen Genius,
sie befähigten, in ihrer Art, mit der Kunst Italien's in einen Wett-
streit zu treten, oder, richtiger noch, die sie befähigten, nach
den unsterblichen Leistungen Italien's in der Geschichte der
Kunst eine neue Stufe zu gewinnen, neue lebensfähige Grundsätze zu verwirklichen, neue gleichfalls unsterbliche Leistungen
hinzustellen.   Soll man jene Mittel einzeln bezeichnen, so steht
natürlich die erlangte künstlerische Beherrschung der menschlichen Gestalt obenan.   Grosse, durchgebildete und in jeder
möglichen Weise bewegte Gestalten, nackt oder bekleidet,
machten keine Schwierigkeiten mehr; sie wurden mit Verständniss, Klarheit und Sicherheit gezeichnet und die Modellirung und Rundung der Formen ward durch Schattengebung
und Färbung zuletzt in einer ausgezeichneten Weise erreicht.
Die Darstellung der Landschaft war zu einer selbständigen
Aufgabe herangewachsen.   Die volle Kenntniss der Perspektive,
der Luftperspektive, der Architektur und aller Hülfswissenschaften der Malerei wurde durch die Akademiker in feste
Methoden gebracht.   Die rein technische Seite der Malerei
ward mit allem Erfolge gepflegt und durch das Studium der

Venezianer, wie des Correggio, zur Vollendung gebracht, so dass die niederländischen Maler eben so gewandt, leicht und sicher den Pinsel führten, ebenso die Schattengebung und die Palette beherrschten wie die Italiener. In den Hülfswissenschaften und in allen technischen Stücken hatte also die niederländische Malerei um das Jahr 1600 die Italiener vollkommen eingeholt; die Bahn war frei und geebnet, auf welcher der Genius eines Rubens schaffen und wirken konnte.

Und ganz ähnlich verhielt es sich auch in Holland. Auch Rembrandt mit seinen unmittelbaren Vorläufern wäre nicht denkbar, wenn er nur Cornelius Engelbrechtsen und Lukas von Leyden geschichtlich vor sich gehabt hätte. Auch für die holländische Schule bilden die Akademiker das unentbehrliche geschichtliche Verbindungsglied, so dass in beiden Zweigen der niederländischen Malerei, gleichzeitig und gleichlaufend, dieselben Kräfte sich wirksam zeigen, wenn auch die Wirkungen durch Besonderheiten bedingt waren.

Indem man nun zunächst Rubens und dessen Schule betrachtet und namentlich die Ausgänge der letzteren im Zusammenhange der vlämischen Malerei seit den Eyk's berücksichtigt, kommt man zu einem merkwürdigen Ergebniss, das wir hier mit einigen Worten andeuten.

Diejenigen Maler, deren Jugend bereits in die Blüthezeit von Rubens fällt, gingen im Allgemeinen ganz dem Vorbilde desselben nach. Die älteren setzten die Ueberlieferung fort, wenn auch mit Wechselungen, Wandlungen und unter gewissen Einflüssen von Rubens. Zu ihnen gehören Hendrik van Balen, Jakob Jordaens, Abraham Janssens, Cornelis de Vos, Geraard Zegers, Theodor Rombouts, Caspar de Craeyer und verschiedene Andere. Sie stellen im mittelbaren Sinne und in ihrer Gesammtheit betrachtet einen Theil der Schule von Rubens dar. Die unmittelbaren, eigentlichen Schüler aber fielen, später oder früher, mehr oder weniger, einer Abirrung von den sichern und gesunden Wegen des grossen Künstlers anheim, wie das natürlich in den menschlichen Dingen und den Gesetzen der Geschichte liegt. Schon van Dyk zeigt in manchen Stücken eine Neigung für den Weg, welchen die nachrubens'sche Malerei einschlug, indem er zierlicheren Formen, besonders in den Händen, und einer gewissen Verschönerung und Verfeinerung zustrebte, die ihre Vorbilder in den Werken der Italiener fanden, die aber bisweilen bereits stark an Manierismus streifen. Nach und neben ihm gingen andere Männer geradezu auf die akademische Bahn über, indem sie dem geistreichen Realismus von Rubens, den sie nicht festhalten und beherrschen konnten, eine feste Grenze setzen wollten und diese nur in der akademischen Regel finden konnten. So sieht man denn verschiedene Meister in dieser Art arbeiten: P. H. Franken, P. Thys den älteren, G. Maes, P. van Mol, P. Ykens und Andere. Einer der letzten Nachfolger von Rubens, B. Beschey 1708—1776, von dem man ebenso wie von den eben genannten Künstlern Werke im Museum zu Antwerpen sehen kann, ist zugleich ein vollendeter Akademiker, und die vlämische Malerei ist bei ihm wieder da angelangt, wo sie bei Otto Venius stand, nur dass sie ungleich lahmer ist.

Da nun aber auch in Holland die spätere Malerei eine ganz gleichlaufende Bewegung machte, und selbst schon die unmittelbaren Schüler von Rembrandt, ein Govert Flinck, ein Ferdinand Bol und Andere auf die klassischen Vorbilder wieder eingingen und neue akademische Wege der Folgezeit eröffneten, so zeigt sich in dem Gange der niederländischen Malerei ein Gesetz merkwürdigen Kreislaufes.

Die Kunst hatte sich aus dem Manierismus des verfallenden mittelalterlichen Styls, der in Flandern durch die Eyck's zur herrlichsten Blüthe gebracht war, nicht dadurch retten können, dass sie sich gewissermassen selbst sammelte und mit neuem Eifer die Nachfolge der schönsten Leistungen der Schule anstrebte, sondern einzig und allein dadurch, dass sie die akademische Methode annahm und auf die klassischen Vorbilder einging. Sie gewann sich hierdurch in der That einen neuen festen Halt und sicherte sich für 70 oder 80 Jahre ein achtungswerthes Dasein. Aber sie verlor sich in überwiegenden Formalismus, in kalte Aeusserlichkeit, in übertreibenden Manierismus. Hiergegen ward ihr das Heilmittel in der strengen Einkehr zu Natur, Leben und Wirklichkeit gegeben, und dadurch jener freie Realismus angebahnt, der in Rubens so wunderbar zur Erscheinung kam. Aber diese realistische Schule, die schon in den ersten Werken des Rubens selbst ein Streben nach Mässigung und Maass durch Beachtung der klassischen Vorbilder darlegte, konnte sich vor den Ausschreitungen ihrer eigenen Richtung nur dadurch retten, dass sie mit Absicht und Nachdruck zu erneuten akademischen Studien zurückkehrte. Und das gleiche geschah in Nordniederland, wo ebenfalls die Malerei von den Akademikern sich lossagte, zum vollendeten Realismus sich entfaltete und dann zum akademischen Studium zurückkehrte. Aehnlich den Schwingungen eines Pendels bewegte sich also die Entwickelung der niederländischen Kunst zwischen den stylistischen und realistischen Grundsätzen hin und her, und sie setzte diese Bewegung auch noch weiter bis in unsere Tage fort. Gegen Ende des vorigen Jahrhunderts war sie im wesentlichen blosse Nachahmerei der Meister des siebzehnten Jahrhunderts, besonders der holländischen Kabinetsmaler geworden, aber sie suchte nun die klassischen Vorbilder wieder auf und entwickelte eine neue akademische Schule, die allerdings nüchtern und schematisch in der Art Fügers blieb, die aber doch ihre Herrschaft bis nach der neuen Trennung von Nord- und Südniederland und der Errichtung des belgischen Staates behauptete. Dieses neue Belgien aber verwarf die altgewordene akademische Kunstweise und schrieb von neuem die realistischen Grundsätze auf seine Fahne: mit welchem Erfolge, weiss alle Welt. Will man diese Bewegungen nicht mit Pendelschwingungen vergleichen, so wird man in ihnen doch ein Gesetz des Kreislaufes erkennen müssen, nach welchem die belebende Kraft bald hier, bald dort in ihrer Stärke sich zeigt, nach welchem die leitenden Grundsätze der Kunstübung von den klassischen Vorbildern zur Natur übergehen und wiederum von der naturalistischen Verwilderung zur Klassizität zurückkehren. Gegen die Herrschaft dieses Gesetzes, dem auch der Genius harmonisch sich einfügt, vermag die vorzeitige Einsicht des Einzelnen nichts auszurichten. Er ist und bleibt in seine Zeit gebannt, und er kann darüber nicht hinaus. Es mag eine drückende Erkenntniss sein, dass der

Einzelne trotz klarer Einsicht und redlichen Willens nichts kann. wenn der Augenblick nicht da ist. Aber andrerseits liegt in dem Bewusstsein, einem grossen Gesetze der Geschichte unterthan zu sein. eine Beruhigung und eine Stütze der Hoffnung. welche die Thätigkeit beleben und fördern müssen, und deren Kenntniss vor unnützen Irrwegen oder fruchtlosen Störungen bewahren muss. Wir meinen. dass das Studium der niederländischen Akademiker des sechszehnten Jahrhunderts besonders dazu beitragen kann. den bestimmenden Geist jenes Gesetzes zu verstehen.

II.

ZUR NATUR UND GESCHICHTE

DER

HOLLÄNDISCHEN KUNST.

———

Um die holländische Kunst richtig zu verstehen, wird man Holland kennen müssen, — nicht bloss das Land in seiner eigenthümlichen Natur, auch das Volk in seinem Leben, seiner Kultur, seiner Geschichte, seinen Eigenthümlichkeiten. Man wird einen Zusammenhang zwischen dem Lande und Volke, wie sie sind und geschichtlich wurden, und den Werken der alten Meister finden. Wer jedoch nach solcher Belehrung strebt, muss sich gewöhnt haben, die Dinge unter künstlerischem Gesichtspunkte zu betrachten, muss sein Auge für die Züge der Schönheit in Natur und Leben geweckt, seinen Geist für die Verknüpfung von Thatsachen, zum Zwecke der Förderung höherer Wahrheiten, geübt haben. Einem solchen Beobachter wird von Tag zu Tag die Erkenntniss deutlicher und fester werden, dass zwischen den Kunstwerken, die er in den Sammlungen sieht, und den Erscheinungen, die ihn sonst in Stadt und Land umgeben, sowie den Ereignissen oder Thaten, von denen die Bücher der Geschichte dieses Volkes uns berichten, eine sehr innige Wechselbeziehung obwaltet, deren Würdigung nach beiden Richtungen gegenseitig Aufschlüsse giebt und das Verständniss fördert.

Wenn man von holländischer Kunst redet, so ist dies fast ganz gleichbedeutend mit Malerei; denn die holländische Kunst ist im wesentlichen Malerei. Baukunst und Bildhauerei haben in der Geschichte der holländischen Kunst nur eine vergleichsweise sehr geringe Bedeutung, und die Denkmäler beider, die noch vorhanden, sind hierfür sprechendes Zeugniss und unmittelbare Bestätigung. Die anziehendsten und merkwürdigsten Bauwerke sind ohne Zweifel die Rathhäuser, welche

grösstentheils während oder bald nach den Unabhängigkeits-
kriegen in vielen Städten entstanden, namentlich die im Haag.
Delft, Leyden, Nymwegen, Alkmar und einige andere; sie zeigen
eine ganz tüchtige Anwendung der baukünstlerischen Formen
der damaligen Zeit und eine hübsche Gesammtwirkung, besonders in malerischer Hinsicht. Auch einige ältere Werke
sind in letzterer Beziehung nicht übel, wie z. B. die
alte Waage in Amsterdam, die Rathhäuser in Gouda, Middelburg und Haarlem und vielleicht noch ein paar andere Denkmäler. Aber die Kirchen, in denen man am ehesten die
frühere baukünstlerische Leistungsfähigkeit eines Volkes erkennen muss, — sie sind gerade am wenigsten geeignet, die
Holländer als grosse Baukünstler auszuweisen. Es ist auf-
fallend und beachtenswerth, dass die Holländer bei ihren kirchlichen Bauten nicht nach wohlgegliederter Raumgestaltung,
nach baukünstlerischer Durchbildung und Schönheit strebten,
sondern fast ausschliesslich nach einer übertriebenen Gross-
räumigkeit. In fast allen ihren Städten treten Einem diese im
nüchternsten Backsteinbau dastehenden Riesen entgegen, die
fast keinerlei andern Vorzug haben, als den ihrer Grösse,
weshalb sie denn auch sehr bezeichnend fast immer „de groote
kerk" genannt werden. Solche Riesenkirchen besitzen Haarlem,
Leyden, Alkmar, Rotterdam, Delft, Gouda und andere Orte.

Mannigfaltiger und reicher erscheint die baukünstlerische
Thätigkeit sogleich, wenn man die Grenzen des eigentlichen
Holland, der jetzigen Provinzen Nord- und Süd-Holland, in
der Richtung auf das deutsche Hinterland überschreitet, und
namentlich hat man noch jetzt Gelegenheit, sich hiervon in
Utrecht zu überzeugen, wo Baukunst und Bildnerei schon in
den Zeiten des romanischen Styles mit Glück ausgeübt wurden,
wo die Gothik in dem stattlichen Dome ihr Hauptdenkmal auf
nordniederländischem Boden besitzt. Jene älteren romanischen
Bauwerke lassen eine enge Anlehnung an die Kunst des
Niederrheins erkennen, ebenso wie der Dom eine enge Verwandtschaft mit dem Dome zu Köln zeigt. Diese Werke bezeichnen also einen Zeitabschnitt, wo Utrecht mit Deutschland
noch eng zusammenhing, auch in kulturlicher und künst-

lerischer Beziehung, sie sind also nicht für die eigentlich holländische Kunst bezeichnend.

Von der Bildhauerei der Holländer lässt sich noch weniger melden. In Bezug auf die älteren Zeiten kann man nur auf Grabdenkmäler hinweisen, doch muss man allerdings berücksichtigen, dass die Bilderstürmer manches Werk kirchlicher Kunst zerstört haben. Nach den Ueberbleibseln zu urtheilen, nimmt auch hier Utrecht die erste Stelle ein. Das vorzüglichste Denkmal aus späterer Zeit aber ist das Grabmal Wilhelm von Oranien's in der grossen Kirche zu Delft, welches die Niederlande ihrem gemordeten Helden errichten liessen. Der Meister des Werkes ist Hendrik de Keyser (1565—1621) aus Utrecht, der seit 1594 Baumeister und Bildhauer der Stadt Amsterdam war und der das Rathhaus in Delft gebaut hatte: er stellte das Grabdenkmal in den Jahren 1609—1621 her.[1] Es ist ein quadratischer, tempelähnlicher Hallenbau, der nach den vier Seiten geöffnet ist und der das eigentliche Grabmal mit der Gestalt Wilhelm's und einer Siegesgöttin überdeckt: auf den Ecken stehen in architektonisch eingeschlossenen Nischen vier sinnbildliche Gestalten. Vier gewaltige Obelisken und anderer Zierrath krönen das Ganze. Die Arbeit als solche ist sehr vorzüglich, der Guss der erzenen Figuren, Wappen und Zierrathen meisterhaft, die edlen Mamorarten, in denen man grossen Aufwand getrieben, sind sauber bearbeitet und hinsichtlich ihrer verschiedenen Farben mit Geschmack zusammengestellt; auch die Figuren und insbesondere die Köpfe sind tüchtig durchgeführt und im Einzelnen fehlt es nicht an geistvollen Zügen und Gedanken, wie denn z. B. die Hollandia mit Freiheitshut und Scepter eine gute sinnbildliche Versöhnung von Herrschaft und Freiheit ist. Ja selbst als Ganzes macht das Werk den Eindruck einer gewissen, ernsten Feierlichkeit. Aber dennoch: es ist uneinheitlich, es ist nur eine mittelmässige Nachahmung italienischer Stylart, es ist im Gedanken und in den Formen des Aufbaues allzu barock. In diesem Werke kann man nicht den eigenthümlichen Charakter, den die

---

[1] D. van Bleyswijck, Beschrijvinge der stadt Delft etc. (Delft 1667.) S. 260 ff.

holländische Malerei sich angeeignet hatte, nicht jene Richtung
wiederfinden, welche zur selben Zeit die Mierevelt, die Ravesteyn, die Franz Hals und andere Meister mit so grossem
Glücke verfolgten! Liegt darin nicht ein Anzeichen, dass Geist
und Art der holländischen Kunst vorzugsweise nur für die
Malerei taugten, dass sie aber dem Wesen und Styl der Bildhauerei und Baukunst sehr viel ferner standen? Und liegt
nicht weiter darin ein Anzeichen, dass den Holländern der
Sinn für die beiden letzteren Künste von der Natur nicht vorzugsweise gegeben war?

Wenn deshalb Kramm sagt: „Was Leo Battista Alberti
für Italien war, das war Hendrik de Keyser für Holland!"[1]
so kann dies nur so verstanden werden, dass Alberti zu Keyser
sich verhält wie der herrliche Aufschwung der Baukunst und
Bildhauerei in Italien während des fünfzehnten und sechszehnten
Jahrhunderts zu den sehr bescheidenen Erscheinungen auf dem
Gebiete dieser beiden Künste in Holland um das Jahr 1600. wie
Michelangelo zu Cornelius von Haarlem, wie das hohe, genia-
lische Vorbild zur mühsamen Nachahmung, wie das helle, weit-
hin leuchtende Licht zu dem fernen Abglanze. Nicht auf diesen
Gebieten lag die künstlerische Kraft und Grösse Holland's. Man
war deshalb oft genöthigt, Fremde besonders Vlamingen heran-
zuziehen, unter denen Arthus Quellinus wohl die erste Stelle
einnehmen dürfte; von ihm rühren unter andern die Bildwerke
am Rathhause zu Amsterdam her. Aehnliche Beispiele hat ebenfalls noch die neuere Zeit geliefert. L. Royer, welcher das eine
Denkmal Wilhelm von Oranien's im Haag, dasjenige Coster's
in Haarlem, das Rembrandt's in Amsterdam modellirt hat,
stammte aus Mecheln; Geefs, von welchem das Standbild
Hogendorp's in Rotterdam herrührt, ist Antwerpener.

Das Gewicht dieser Eigenschaften der Holländer, dieses
Mangels an natürlicher Begabung und ursprünglichem Sinn
für Baukunst und Bildhauerei wird besonders klar und deutlich, wenn man einen vergleichenden Blick auf die Leistungen
der Südniederländer wirft. Hier blühte in den Jahrhunderten
des Mittelalters und später die ausgedehnteste und glücklichste

---

[1] Kramm, De levens en werken u. s. w. III. S. 863.

Thätigkeit auf dem Gebiete beider Künste, namentlich der Baukunst, deren bewunderungswürdige Denkmäler uns noch jetzt fast aller Orten in Flandern und Brabant entgegentreten. Sie sind von den Baudenkmälern in Nordniederland so verschieden, wie die vlämische Landschaft von der holländischen verschieden ist.

Die Eigenart der Holländer, im Gegensatz zu den übrigen niederländischen Stämmen, zeigt sich auch deutlich, wenn man auf die frühere Malerei eingeht. Nicht bloss in den Werken der allgemein bekannten Meister Cornelius Engelbrechtsen und Lukas von Leyden zu Anfang des sechszehnten Jahrhunderts ist sie klar ausgesprochen, sondern sie tritt bereits im fünfzehnten Jahrhundert sehr bezeichnend und bestimmt in andern Werken, namentlich in den Gemälden des Geertgen te Sint Jans von Haarlem auf. Dieser, leider schon in jungen Jahren verstorbene Künstler ist wenig bekannt[1]; aber seine beiden grossen Bilder im Belvedere zu Wien (II. Stock. II. No. 58 u. 60), eine „Trauer um den Leichnam Christi" und eine „Verbrennung der Gebeine Johannes des Täufers", welche die Grundlage zur Beurtheilung seiner Kunst bilden, lassen ihn als einen ganz hervorragenden Meister, als einen bedeutsamen Vorgänger des Lukas von Leyden erkennen und lassen es begreiflich erscheinen, dass Dürer, wie berichtet wird, von ihm gesagt hat: „Wahrlich, er ist ein Maler schon im Mutterleibe gewesen!"[2] Auf dem Boden der flandrischen Schule hat er sich eigenthümlich entwickelt, sowohl hinsichtlich der Farbe, die stumpfer und weniger einheitlich in der Gesammthaltung ist, wie auch in Styl und Zeichnung, die weniger edel und in den Köpfen sehr mannigfach charakteristisch nach der Wirklichkeit gehalten sind. Diese Eigenschaften bezeichnen auch die Art jener beiden Hauptmeister, die auf Geertgen folgten: ein entschiedener Realismus, der für formale Schönheit keinen, aber für treffende Charakteristik einen sehr starken Sinn, dabei aber nur ein noch geringes Gefühl für

---

[1] Nach Karel van Mander (Blatt 129b) ist er etwa 28 Jahre alt geworden.

[2] Ampzing, Beschr. van Haerlem. Haerlem 1628. S. 347.

Farbe und Farbenstimmung hat. Und sie erscheinen ganz besonders bestimmt auch in denjenigen Malern, welche sich, im weiteren Verlaufe des sechszehnten Jahrhunderts, für ihre Bestrebungen die italienische Malerei zum Vorbild nahmen: Schorel, Heemskerk, Cornelius von Haarlem, Heinrich Goltzius und Andere. Diese Männer standen kunstgeschichtlich auf demselben Boden wie ihre vlämischen Genossen, mit denen sie ja auch durch Sprache und Nationalität, wie gemeinsame Staatsangehörigkeit damals eng verbunden waren, aber ihre Werke zeigen dennoch bedeutende und folgenreiche Unterschiede.

Der mittelalterlichen Malerei, die in den Niederlanden durch die Eyck's und deren Schule sich so ruhmvoll entfaltet hatte, war, dem Laufe der allgemeinen Geschichte entsprechend, der innere Gehalt und damit die wahre Lebensquelle verloren gegangen, während andererseits die glänzende Sonne der Kunstübung in Italien alle Blicke dahin zog und die Maler zur Nacheiferung aufforderte. So begegneten sich äussere Einflüsse mit inneren Zuständen. Die Folge war, dass die niederländischen Künstler — ebenso wie es die deutschen gethan hatten: Holbein, Penz. die Beham's und Andere — sich die italienische Kunst zum Vorbilde nahmen und den Styl derselben in ihren eigenen Werken anzuwenden sich bemühten. Wir haben diese Bewegung schon in dem hier voranstehenden Aufsatze darzulegen und zu würdigen gesucht, dabei auf jene Unterschiede hingewiesen und auch bemerkt, wie die holländische Kunst aus ihrer Natur heraus, gleichsam wie von selbst, sich half, um aus den Uebertreibungen und Unwahrheiten, in die sie gerathen war, sich zu befreien.

Schon in manchem der Werke dieser akademischen Schule war bereits die Richtung angedeutet, in welcher auf einen neuen, eigenthümlichen Weg eingelenkt werden konnte. Diese Hindeutung wird zu einem offenkundigen Bekenntnisse, wenn man die Werke einiger Maler beachtet und würdigt, welche Zeitgenossen jener Meister waren, die aber die Nachahmung der Italiener nicht theilten sondern in anderer Weise arbeiteten und strebten. Das sieht man schon auf ein paar Bildern des Jan Mostaert (1474—1555) von Haarlem, dem älteren Zeit-

genossen des Heemskerk, welche Vorkommnisse aus dem
Leben des heiligen Benedictus darstellen und die in Brüssel
sich befinden No. 241 u. 2). Wie eigenthümlich der holländische Kunstgeist, wenn er sich selbst treu folgte, verfuhr,
lehren diese Werke, wo man statt des Eingehens auf die
italienischen Vorbilder ein Eingehen auf die Natur und das
Einzelne des Lebens sieht, ganz schon im Sinne der holländischen Kunst des siebzehnten Jahrhunderts. Mit Verständniss
und Freiheit gemalte Bäume sieht man da und die Darstellung
einer häuslichen Einrichtung: Küche und Speisekammer mit
allem Zubehör. Dazu kommt die Einfachheit der Figuren in
ihrer Haltung und Bewegung und eine unbefangene, wenn auch
nicht tiefe Innerlichkeit im Ausdruck. Das ist Gattungsmalerei,
die freilich dem Gegenstande gegenüber hier noch nicht am
rechten Orte sein mag, die aber die Art und die Kraft des
holländischen Kunstgeistes deutlich bezeichnet.

Noch deutlicher geschieht dies in einem andern Bilde
derselben Sammlung, einer „Köchin" No. 409, in Lebensgrösse von Pieter Aertszen 1507—1572, der wieder ein
jüngerer Zeitgenosse des Heemskerk war. In vollster Lebenswahrheit ist diese Köchin, die gerade eine Ente bratet, mit
Meisterschaft auf der Holztafel in Farben „geschildert", wie
die holländische Sprache sehr bezeichnend für malen sagt. Und
das Mittel dieser Schilderung, die malerische Behandlungsweise
zeigt schon die Anfänge einer reiferen und harmonischeren
Farbenstimmung, insofern ein bräunlicher Ton, der auch
durch die Schatten geht, vorherrscht und wie ein Grundton
die einzelnen Lokaltöne zusammenhält. Die sichere Auffassung
von Natur und Wirklichkeit und die lebensvolle Darstellung
des Gesehenen in einer auf malerische Vollendung eigenthümlich
abzielenden Weise: dieses sind die Elemente, in welchen sich
die Kraft des holländischen Kunstgeistes schon seit der Mitte
des sechszehnten Jahrhunderts mit aller Entschiedenheit ankündigt.

Wie bemerkt deuten auch die Werke der Akademiker
mannigfach diesen Geist an. Namentlich thun dies die nach
dem Leben gemalten Bildnisse. Aber auch die sittenbildlichen
Darstellungen eines Cornelius von Haarlem, eines Hein-

rich Goltzius, wenn sie auch einen sinnbildlichen Beisatz
haben, zeugen von demselben unbefangenen Sinn für die
Natur, der bei andern Meistern und dann in der ganzen
Schule so grosse Erfolge erzielen sollte. Solche Werke liegen
besonders in zahlreichen Stichen vor, und man kann sich da
leicht ein Urtheil selbst bilden.

In jenem Bilde des Pieter Aertzen ist zugleich aber
auch ein wichtiger Zug der späteren Malerei, welcher gerade
nicht deren Stärke und Vorzug ausmacht, angedeutet. So
lebensvoll nämlich die Darstellung ist, so sehr verräth sich
schon eine gewisse Absicht: das Bild ist zusammengestellt, mit
Ueberlegung erfunden oder doch angeordnet. Die Magd hält
unter dem ganz gerade herunterhängenden linken Arme einen
grossen Kohlkopf gegen die Hüfte gedrückt, die rechte Hand
ruht an der Spiessvorrichtung und sie selbst sieht zum Bilde
heraus. Diese Beziehung, in welche hier die Dargestellte zum
Beschauer mit Absicht gesetzt ist, lässt darauf schliessen, dass
der Künstler sie in aller Wirklichkeit, wie in einem ganz charakteristischen Bildnisse, dem Betrachter zur Schau stellen wollte.
Diesem Zuge begegnet man in der holländischen Kunst unzählige Male, und wir werden in einzelnen, besonders bezeich-
nenden Fällen auf ihn zurückkommen.

So entschieden sich nun jener Kunstgeist auch schon damals ankündigte, so dauerte es doch noch geraume Zeit ehe
er zur Entfaltung gelangte. Noch stand ihm die allgemeine
Strömung entgegen, noch war das Verhalten der vlämischen
Meister zu einflussreich, als dass nicht jene italianisirende
Richtung vorläufig die herrschende hätte bleiben sollen. Neben
derselben jedoch wuchsen jene Elemente mehr und mehr; und
als sie dann zu einer grossartigen Bethätigung aufgerufen
wurden, traten sie mit überwältigender Macht auf und führten
zu einer nie geahnten Blüthe der nationalen Kunst.

Dieser Aufruf erfolgte durch den Unabhängigkeitskrieg der
Niederlande, der Holland vom Vlamlande trennte.

Aber man wähne nicht, dass dieser geschichtliche Anlass
Dutzende und Hunderte von Denkmälern und Kriegsbildern,
wie bei uns die letzten Kriege, besonders der französische,
ins Dasein gerufen hätte. Die Holländer verfuhren viel ein-

seitiger, sie gingen viel einfacher zu Werke. Man schaue hin
auf die Bildnisse. die Michiel Janszen Mierevelt, Jan van
Ravesteyn und Andere gemalt haben! Da treten uns die
tapfern Männer. die Helden jener Zeit leibhaftig und charaktervoll entgegen. Man betrachte z. B. die 21 Stücke von der Hand
Ravesteyn's aus den Jahren 1611—1616, welche im Museum
des Haag sich befinden und Hauptleute oder Obristen aus der
Zeit von Moritz von Oranien darstellen (No. 113b—z.). Wie
stehen sie da. Einer neben dem Andern. als sollte man zu
ihnen reden. und sie uns antworten: feste und tapfere Männer,
die im Dienste ihres Landes erprobt sind, ruhige und sichere
Charaktere, die wissen, was sie wollen und sollen. In halber
Figur und in Lebensgrösse sind sie alle fast ganz durchgängig
dargestellt, alle stehen halblinks, den Kopf dreiviertel nach
vorn gewendet, geharnischt, mit den oranischen Feldbinden
über der Brust oder am linken Arm. barhäuptig, die linke
Hand meist am Degen, die rechte in verschiedener Haltung.
bald einen Feldherrnstab haltend, bald in die Hüfte gestemmt,
bald herabhängend oder anders. Am rechten Bildrande, in
der Lücke bis zum linken Arme, ist ein Tischchen mit einer
Decke angebracht. auf dem der Helm mit dem meist auch
oranienfarbigen Federbusch steht. So sind sie alle angeordnet.
und auch an anderen Orten. wie etwa dem Rathhause zu
Delft, sieht man ganz ähnliche Stücke, auch von der Hand
anderer Meister. Verschiedene dieser Bildnisse sind in Kupfer
gestochen worden, und ich führe einige derselben an, besonders
auch deshalb, weil auf diesen Stichen die Jahreszahlen der
Entstehung vermerkt sind. Da ist zunächst Moritz von Oranien
selbst. nach Mierevelt meisterhaft gestochen von Johann
Müller 1608; ferner nach demselben Meister Graf Johann
Ludwig von Nassau von Andreas Stock 1614 und Ambrogio
Spinola von Johann Müller 1615. Auch das Bildniss des
Grafen Ernst Kasimir von Nassau, nach Paul Moreelse
von W. Swanenburg gestochen 1612. wäre wohl zu nennen.
Ueberall dieselbe einfache Anordnung, überall dieselbe treue
und sichere Auffassung. Alles Andere als eine Mannigfaltigkeit
in der Anordnung und Auffassung zeigt sich also hier, aber
das Schema ist immer mit Geist ausgefüllt und der Person,

die treffend erfasst ist, glücklich angepasst. In Folge der
vielen tiefen und schwarzen Töne dienen die farbigen Feldbinden und die Federbüsche sehr zur Belebung, und das
Ganze macht immer einen ruhigen Eindruck, dessen Haupt-
gewicht allerdings in der uns so charaktervoll und meisterlich
vorgeführten Persönlichkeit beruht. Freilich überrascht die
Gleichmässigkeit in der Darstellung aller dieser Persönlichkeiten;
dieselbe hat natürlich ihr Einförmiges und in gewissem Sinne
etwas Langweiliges, aber das ist gewiss eben auch charakteristisch, denn die Leute haben sicher selbst auch was Einförmiges gehabt. Ausnahmen und Missgriffe sind darum nicht
ausgeschlossen, und manches räudige Schaf ist zwischen die
Heerde gekommen. Der Winterkönig von Böhmen, Friedrich
von der Pfalz, in dieser Art und Weise dargestellt, wie er im
Rathhause zu Delft auf einem Bilde des Mierevelt zu sehen
ist, zeigt sich da recht in seiner ganzen Unbedeutendheit. Lässt
man diese Ausnahmen auf sich beruhen, so muss man über
die lange Reihe dieser ernsten charaktersichern Männer doch
erstaunen. Das waren die Männer, die in den schwersten
Zeiten des achtzigjährigen Unabhängigkeitskrieges die Lanze
mit dem Freiheitshute und den Wimpeln, worauf „Aurea
libertas" stand,[1] unbeirrt, stark und sicher aufrecht hielten;
es waren die, welche dem kleinen Volke Selbstgefühl und
Kraft gaben, es in seiner Eigenart und Eigenthümlichkeit
stärkten. Und so geben diese Werke eine Erklärung an die
Hand für manche wichtige Züge im Wesen des holländischen
Volksstammes, die wir in der Geschichte finden, denen wir in
Leben, Sitte und Sprache täglich begegnen.

In diesen Werken war nicht die geringste Spur eines
Strebens nach Styl und Klassizität, wie es gleichzeitig mit
Mierevelt und Ravesteyn Heinrich Goltzius und Corne-
lius von Haarlem noch verfolgten, mehr wahrzunehmen.
Ein ausschliesslicher Realismus, der mit vollem Bewusstsein jede
Nachahmung der Italiener unbedingt ablehnte, hatte sich hier

---

[1] Siehe das Bildniss Wilhelm von Oranien's, welches nach
M. J. Mierevelt von Pieter Tanje gestochen ist. (In Holzschnitt bei
Ch. Blanc und J. van Vloten).

bethätigt, aber im Bunde mit einer ebenso sichern als schlichten Auffassung, mit einem geschickten Vortrage und einem seltenen Sinne für malerische Behandlung, der selbst schon in den Kupferstichen bisweilen glänzend sich bewährt hat. Vor Nichts was wahr und wirklich war, zog sich dieser Realismus zurück: mancher jener Helden erscheint in seiner schweren, meist unverzierten Rüstung oft recht unförmig, aber er erscheint, wie er leibte und lebte. Und wenn er von Natur hässlich war, ist er es im Bilde auch. Diese streng realistische Richtung war im Wesen der Holländer als die eigentlich nationale begründet, und eben darum war sie so lebensfähig und von so grossen Erfolgen begleitet.

Und ebenfalls in Hinsicht des Vortrages stehen diese Werke ganz auf nationalem Boden. Die Malerei sucht hier ihre Stärke nicht in einer Mannigfaltigkeit verschiedener und bestimmter Farben, sondern in einer mehr einförmigen, dunkeln Stimmung des Ganzen, welche allerdings durch die Tracht selbst zunächst bedingt und begünstigt war. Aber die Holländer haben niemals sich durch die Malerei mit bunten Farben ausgezeichnet. Da fehlte allzu oft die Harmonie. Zwar hat der holländische Volksstamm noch heute eine starke Neigung zu bunten Farben, aber er bedient sich ihrer ohne Geschmack, wie man an dem Sonntagsputz der Weiber aus ländlichem und kleinbürgerlichem Stande sattsam sehen kann. Vor dieser Buntheit, welche auch der älteren Malerei, sowie manchen Werken der Akademiker und selbst noch einzelnen der unmittelbaren Vorgänger Rembrandt's eigen war, mochte doch im Grossen und Ganzen das künstlerische Auge der Meister vom Anfange des siebzehnten Jahrhunderts zurückschrecken, während es zugleich überall, wohin es um sich blickte, jenes eigenthümliche Spiel von Licht und Schatten, jene reizvollen Erscheinungen des Helldunkels wahrnahm, welche Landschaft und Binnenhaus in Holland so reichlich bieten. Diese zauberischen Erscheinungen zu sehen, zu empfinden und malerisch wiederzugeben, war die eigenthümlichste Fähigkeit der holländischen Schule, und in dieser vollendeten Wiedergabe besteht ihre eigentliche und höchste Poesie. Jene Meister aber und namentlich auch schon Cornelius von Haarlem strebten

Riegel I.   5

mit sicherem Bewusstsein dieser Richtung nach und bereiteten
der weiteren Entwickelung und Vollendung die Wege. Rembrandt hat keine malerischen Grundsätze aus einem Nichts
erfunden, er hat das Wirkliche mit wunderbarer Genialität
erfasst und hat es mit den malerischen Mitteln, die ihm
schon vorbereitet überliefert wurden, vollendet darzustellen
gewusst.

Jene grossartige streng realistische Auffassung der einzelnen
Persönlichkeit und diese malerische Behandlungsart waren
längst und mannigfach vorbereitet worden. In der Geschichte
ist nichts ohne Voraussetzung und Folge, und das zeigt
sich auch hier in diesem kunstgeschichtlichen Falle sehr deutlich.
Schon die von uns berührten Beispiele des Jan Mostaert und
des Pieter Aertszen weisen zum Theil auf diese Auffassungsart
hin, aber noch bestimmter thut dies die ältere Bildnissmalerei
selbst. Bereits Jan van Schoreel von Utrecht (1495—1562),
der stylistisch noch vielfach das Mittelalter berührt und in
seinen Erfindungen als Nachahmer der Italiener auftritt, zeigt
in seinen Bildnissen diese Richtung deutlich an. Es ist eine
sehr beachtenswerthe Thatsache, die in der Kunstgeschichte
mehrfach ihre Bestätigung findet, dass die Aufgabe, das Bildniss einer bestimmten Person zu malen, für einen begabten
Künstler befreiend wirkt. Aus dem Banne der Vorurtheile
des Geschmacks oder der Mode erlöst sie ihn ganz unmittelbar,
indem sie ihn vor die Natur stellt und deren bestimmte,
charakteristische Wiedergabe verlangt. Da zeigte nun schon
Schoreel eine ganz hervorragende Fähigkeit für die Erfassung
der Individualitäten und zwar in Verbindung mit einer Dar-
stellungsweise, die sehr deutlich eine im engeren Sinne malerische Behandlung ankündigt; starke Schatten thun die Absicht
auf eine malerische Wirkung dar, aber noch fehlen die ver-
mittelnden Töne und das Ganze sieht noch recht hart aus.
Doch die Richtung ist nichtsdestoweniger klar ausgesprochen.
Das Museum zu Utrecht ist der Ort, wo man an einer genü-
genden Zahl von Werken Schoreel's, Bildnissen von Bittfahrern
nach dem heiligen Lande (No. 71—75), diese Beobachtungen
leicht und bequem machen kann. Dieselben Wege, jedoch
schon in höherer Entwickelung, sehen wir Antonis Mor von

Utrecht (1512—1581) wandeln. Neben der ernsten, sichern und charaktervollen Auffassung zeigt sich die Behandlungsweise nach der koloristischen Richtung vorgeschritten, indem sie breiter gehalten ist und die Schatten schon bisweilen mehr in einem warmen Braun angelegt sind. Allerdings gilt dies vorzugsweise von den späteren Werken Mor's, für welche das Bildniss des Hubert Goltzius von 1576 in Brüssel (No. 247) ein ausgezeichnetes Beispiel ist: doch auch die früheren Werke lassen seine künstlerische Richtung nicht verkennen.

In Mierevelt und Ravesteyn erreicht nun diese Richtung ihren ersten Höhepunkt, der mit der Glanzzeit in der Geschichte Holland's eng verknüpft ist. Franz Hals, der grosse Meister des Bildnisses, bezeichnet dann den nächsten Höhepunkt, und in Rembrandt findet diese Richtung ihre Vollendung, wie die holländische Kunst überhaupt · in ihm ihre schönste Blüthe erreicht.

Diese Vollendung des Bildnisses durch Rembrandt besteht in der erschöpfenden charakteristischen Auffassung jeder Individualität nach ihrer Art, sowie in dem höchsten Grad von geschlossener Stimmung der Malerei in Hinsicht von Licht, Ton und Farbe. Eines der glänzendsten Denkmäler dieser Art ist ohne Frage das Bildniss des „Mathematikers" in Kassel No. 350). Das ist der denkende Ingenieur, der überlegt, um dann zu schreiben! Pläne und Schreibzeug liegen und stehen auf dem Tisch; die rechte Hand hält die Feder, die linke lässt das Winkelmaass auf dem Schenkel ruhen. Und im Gesicht ist der Ausdruck des arbeitenden Geistes unübertrefflich dargelegt. Dazu die Reize der Malerei, die sich mit Worten nicht schildern lassen!

Wie sehr aber der Künstler auf jeden Charakter, ja auf jede Stimmung einer und derselben Individualität einzugehen vermochte, lehrt Nichts so schlagend, wie die Folge der zahlreichen Selbstbildnisse Rembrandt's in Oelmalerei wie in Kupferstich. Immer ist er da ein Anderer, je nach der Stimmung, die ihn beherrschte; bald ist er zufrieden, fröhlich, heiter und ausgelassen, bald ernst, düster, traurig und gedrückt. Den leisesten Stimmungen seiner Natur ging er nach, und mit der feinsten künstlerischen Empfindung brachte er sie in all' ihrer

5*

Mannigfaltigkeit dem Auge zur Anschauung. Wie bewunderungswürdig Rembrandt in diesen Darstellungen seiner eigenen Persönlichkeit ist. kann man schon durch die einfachsten Vergleiche erkennen. Halte man z. B. das Dresdener Bild, wo er sich und seine Frau in ausgelassener Lust dargestellt hat, (No. 1225) neben das Bildniss ruhig-heiteren Charakters in Berlin No. 808) und eines jener späteren Bildnisse, die ihn alt und trübselig zeigen, wie z. B. das in Wien (I. Stock. Nied. I. No. 45)! Welch' ein Unterschied ist zwischen diesen Werken, diesen Stimmungen. Besonders leicht und deutlich kann man diese grosse Beweglichkeit Rembrandt's in den beiden Selbstbildnissen der National-Gallerie zu London (No. 672 u. 221) wahrnehmen, die zu einer vergleichenden Betrachtung unmittelbar auffordern, wenn sie auch leider nicht unmittelbar neben einander hängen. In dem einen Bildnisse, das ihn im Alter von 32 Jahren darstellt, erscheint Rembrandt in der Fülle des Lebens; mit unbefangenem, geistvollem Auge, frisch und gesund, zwar gesetzt doch auch heiter blickt er in die Welt hinaus. Und wie anders sieht er aus auf dem andern Bilde, das aus seiner letzten Zeit stammt. Ernste Erfahrungen und schlimme Leiden spiegelt der Ausdruck wieder, doch ist der Künstler als Mann in sich gefasst; zurückhaltend und vorsichtig blickt er in die Welt hinaus. Diesen geistigen Abbildern entspricht nun die technische Darstellung in der vollkommensten, geistvollsten Weise. Dort die höchste Vollendung, die Blüthe malerischen Vortrages in abgemessener, nicht zu feiner, nicht zu breiter Pinselführung. jener zauberische Goldton, der Rembrandt eigen ist, ohne im geringsten der Wahrheit der Natur, besonders des Fleisches im Gesichte mit seinen röthlichen Tönen Eintrag zu thun. Hier ein ganz breiter, zur geistvollsten Eigenthümlichkeit entwickelter Vortrag, mit Lichtern auf Stirn und Backen, und Schatten unter den Augen: so wie auch andere Werke aus der letzten Zeit des Meisters, namentlich das grosse „Familienbild" in Braunschweig (No. 130) gemalt sind. So erzählen die beiden Bildnisse ein Stück Lebens- und Künstlergeschichte von Rembrandt. Welche 25 Jahre sind es, die zwischen Beiden liegen!

Diese Grösse Rembrandt's, Charakteristik und Stimmung

bis in ihre feinsten Züge ganz erschöpfend darzustellen, lehrt besonders auch ein Vergleich seiner Selbstbildnisse mit denen anderer Meister, eines Rubens, eines van Dyk, die ihm doch örtlich und zeitlich nahe stehen. Diese Männer sind in allen ihren Selbstbildnissen immer sie selbst, gewissermassen typisch. Rembrandt ist immer ein Anderer. Dort ist immer noch ein gewisses stylistisches Prinzip wirksam, ihn leiten ausschliesslich die Elemente der Charakteristik und Stimmung. Will man diesen Unterschied in der vlämischen und holländischen Bildnissmalerei weiter verfolgen und den bestimmenden Gründen desselben nachforschen, so wird man sich allerdings vor verwickelte Verhältnisse gestellt sehen, deren Darlegung sehr weitschichtig wäre. Ich darf mich deshalb auf die kurze Andeutung beschränken, dass dieser Unterschied zum Theil in dem verschiedenen Charakter der dargestellten Persönlichkeiten liegt, besonders insofern als diese Vlamen oder Holländer sind, denn der holländische und der vlämische Nationalcharakter trennten sich damals in einschneidender Weise, — zum Theil in der verschiedenen Kunstrichtung, welche die vlämische und die holländische Schule verfolgten. Weiter zu gehen, ohne ausführlich zu sein, müsste allzu leicht zu Missverständnissen führen, und zu einer ausführlichen Untersuchung ist hier der Anlass nicht gegeben; wir verlassen also diesen Gegenstand.

Nicht allein das einzelne Bildniss oder die Bildnisse von Ehepaaren, von Brüdern, wie wir deren etwa im Haag in ausgezeichneten Beispielen antreffen, waren der Gegenstand dieser Darstellungen; auch die Bildnisse ganzer Genossenschaften, auf einer Leinwand vereinigt, wurden häufig gemalt. Das sind die berühmten Schütter- und Regentenstücke, die man nirgend anders als in Holland selbst kennen lernen kann, in Sammlungen, in Rathhäusern, in Krankenhäusern und an anderen Orten. Eine ausführliche Untersuchung über diese merkwürdigen Werke geben wir weiter unten in dem hier zunächst folgenden, besonderen Aufsatze. Wie verschieden auch die Zusammenstellung dieser Malereien sein mag, ihr künstlerischer Schwerpunkt liegt fast ausnahmelos in der treffenden und charakteristischen Wiedergabe der einzelnen dargestellten Personen. In diesem Betrachte also muss man sie der holländischen Bildnissmalerei einfügen, und da die Sitte, solche Stücke zu malen, ebenfalls mit dem politischen Aufschwung der Nation zusammenhing, so finden die Gesichtspunkte, welche die geschichtliche Betrachtung des Einzelbildnisses an die Hand giebt, hier ihre natürliche Ergänzung.

In diesen Bildnisswerken waltet lebendig ein Zug jener Zeit, ein ernster und grosser historischer Zug. Dem ruhmvollen Unabhängigkeitskampfe der sieben Provinzen hat die Kunst in den Bildnissen der bedeutendsten Führer und vieler Mithelfer dieser Ereignisse das herrlichste Denkmal gesetzt. Die Charaktere in ihrer Grösse, Tüchtigkeit und Eigenart hat sie mit Geist und Sicherheit wiedergegeben; aber wie verwandt dieselben waren, wie sehr sie auf Ein Ziel und zwar in verhältnissmässiger Einschränkung hinarbeiteten, lehrt die übereinstimmende oder ähnliche Auffassung so vieler dieser Gestalten, der einzelnen wie der zu grösserer Zahl in den Schützenstücken vereinigten.

Neben diesem historischen Zuge geht immerfort die alte Neigung für das Kleine, Alltägliche, Gattungshafte her; er hat nicht den eigentlichen Kunstgeist der Holländer verändert, denn er ist nur den Werken eigen, die durch ihren Gegenstand, die dargestellten Personen, mit den grossen Augenblicken der holländischen Geschichte zusammenhängen. Es ist eben nur ein Zug historischen Charakters, nicht eine völlige, Alles bis ins letzte und kleinste bestimmende Eigenschaft, nicht der ganze Charakter selbst. Denn diesem hängt fast immer manches und selbst vieles Gattungshafte an. Auch hat sich eine eigentliche Geschichtsmalerei, also eine malerische Darstellung von geschichtlichen und verwandten Stoffen, deren wahrem und echtem geschichtlichen Wesen gemäss, niemals entwickelt. Nur einige Anläufe hierzu nimmt man wahr, die in der Hauptsache Rembrandt angehören und besonders biblische Stoffe behandeln. Ausser Rembrandt aber malten die Holländer solche biblische Stoffe auch nur mehr vereinzelt, und wenn sie sie malten, thaten sie es fast immer in der unmittelbarsten Anlehnung an den grossen Meister, wie das verschiedene Werke von Govert Flinck, Eeckhout, Jan Victors, Karl und

Bernhard Fabritius, Adriaen van Ostade und Anderen
in Amsterdam, Rotterdam, Braunschweig und andern Orten
beweisen.[1] Auch pflegten sie die alttestamentlichen Stoffe den
neutestamentlichen vorzuziehen. Die profangeschichtlichen
Darstellungen aber beschränken sich auf altrömische Stoffe, zu
denen man später beim Niedergang der nationalen Kunst, aus
Sucht die neue Republik der General-Staaten im Glanze des
alten Rom zu spiegeln, sich hingezogen fühlte.

Hierher wird man auch jene symbolischen und allegorischen Gemälde rechnen müssen, welche zu gleicher Zeit
besonders beliebt wurden. Aber sie stellen den Holländern
kein günstiges Zeugniss aus, denn sie zeigen die ganze Unfähigkeit derselben für Malereien dieser Gattung, jenen gänzlichen Mangel an wahrem Sinn für Idealität und Styl, den wir
schon weiter oben als Eigenthümlichkeit des holländischen
Kunstgeistes bezeichneten; ja sie zeigen, dass überhaupt jede
innere Gewöhnung an wahrhaft schöne Form, jede fruchtbare
Thätigkeit der Phantasie nach einer, vom Zwange der Wirklichkeit auch nur einigermassen freien Richtung fehlte. Was
sind das für wunderlich barocke und ungelenke Allegorien!
Was sind das für leblose Gemachtheiten! Was sind das für
Strolche, diese Götter!

Will man wissen, wie diese Dinge zurecht gemacht wurden,
so sehe man jenes merkwürdige Bild in der Czernin'schen
Sammlung (No. 96) zu Wien an, welches dort dem Pieter
de Hoogh beigelegt ist, aber, wie Waagen schon längst behauptete[2], sicher dem Jan van der Meer van Delft zuge-
hört. Da sieht man, wie diese Idealmalereien gemacht wurden.
Ein weibliches Modell im hellblauen Gewande, mit der linken
Hand ein Buch gegen die Brust, in der rechten eine Posaune
haltend und auf dem Kopfe einen Lorbeerkranz tragend, ist
solche zurecht gestellte Göttin des Ruhmes, eine Fama oder
dergleichen, und der edle Künstler schilderte diese Göttin, die

---

[1] Vergl. weiter unten im II. Bande die Ausführungen über die
betreffenden Bilder in Braunschweig.
[2] Handbuch etc. II. S. 110 und Kunstdenkmäler Wien's. I.
S. 300.

wie ein hübsches Bauermädchen aussieht und wie eine
Statistin dasteht, mit Eifer ab. Und zwar that er dies mit
einer, in seiner Weise vollendeten Meisterschaft. Aber die
wundervolle Malerei ist doch auch nicht im Stande, die Lächer-
lichkeit des Vorganges gänzlich zu überwinden. So sehr man
jene als hohe Leistung künstlerischer Meisterschaft bewundern
muss, so sehr muss man über diesen als eine kindliche Ver-
irrung lächeln. Als ob Idealgestalten vom lebenden Modell
kopirt werden könnten und nicht vielmehr in der Phantasie
des Künstlers ihren Ursprung und ihre Vollendung suchen
und finden müssten, wenn auch zwischen Ursprung und
Vollendung das Modell seine berechtigte und unerlässliche Stelle
hat. Aber das wussten und sahen die Holländer im Allgemeinen
nicht. Sie dachten, dass die Schönheit allein vom Modell käme.
Die Staaten von Holland zahlten desshalb auch der Jungfrau,
welche dem Adriaen Hannemann, zu dem für ihren
Sitzungssaal bestellten Gemälde, als Modell einer Friedensgöttin
gedient hatte, einen Ehrenlohn von tausend Gulden.[1]

Man begreift diesen Irrthum, dieses Missverständniss.
Holland ist kein Boden, die holländische Sprache kein Aus-
drucksmittel für das Ideale: das Land ist flach, wiesengrün
und sandig, die Sprache ist platt, derb und rauh. Und der
Holländer lebt und webt auf diesem Boden, in dieser Sprache.
Beide aber haben seinen Geist und sein Gemüth auf Wirklichkeit und Stimmung gerichtet, und zwar mit einer Ausschliesslichkeit, die ihm das Verständniss des Idealen und idealer Gestaltungen erschwerte oder verschloss. Wenn er dort auf
seinem nationalen Boden gross und heimisch war, so war er
eben hier klein und fremd.

Als besonders hervorragende Beispiele solcher allegorischen
Gemälde können Metsu's „Gerechtigkeit als Beschützerin der
Wittwe und der Waise" im Haag (No. 75) oder Berghem's
„Allegorie auf die Vergrösserung von Amsterdam" bei van der
Hoop daselbst (No. 9) gelten. Auch die Darstellungen des
Abraham van den Tempel, die sich auf den Krieg und

---

[1] Katalogus der schilderijen op het Raadhuis te 's Gravenhage. 1870. S. 10.

Frieden beziehen, im städtischen Museum zu Leyden (No. 1371-3), sind in ihrer Unbeholfenheit und Geschmacklosigkeit lehrreich. Besonders merkwürdig erscheint das Bild des Krieges, der die Freiheit vertreibt und dadurch auch Kunst, Wissenschaft und Handel verscheucht, (No. 1371); die naive Rohheit wirkt hier geradezu erheiternd.

Auch das Bildniss ward durch diese Liebhaberei zu barockem und allegorischem Aufputz beeinflusst. Beim Einzelbildniss begnügte man sich allerdings meist mit der Hinzufügung römischer Tracht, wie das eine Menge Bilder von Bol, Maes, und vielen Andern und eine Menge Kupferstiche nach solchen Bildern und Zeichnungen darthun. Aber das Gruppenbildniss bot bisweilen Gelegenheit zu den fabelhaftesten Einkleidungen. Man sehe z. B. das „Familienbildniss" des Salomon de Bray in Hampton-Court (No. 66), wo er sich und seine ehrsame Hausfrau Anna, geborene Westerbaen, als Antonius und Cleopatra, letzere sogar im Begriff die Perle im Essig aufzulösen, dargestellt hat[1], und überzeuge sich, bis zu welcher barocken Abgeschmacktheit selbst das Bildniss, dieser Stolz der holländischen Kunst, entarten konnte. Und dabei sind solche Werke meist noch ganz ernst gemeint und durchaus tüchtig gemalt. Weiter hat sich die holländische Malerei nirgends vom Boden ihrer eigenen Natur, wo sie stark und herrlich war, entfernt als hier! Nirgends ist sie weniger sie selbst als hier.

Die neutestamentlichen Darstellungen, besonders die Rembrandt's, sind das gerade Gegentheil dieser barocken Versuche, denn sie beruhen ganz auf jenem nationalen Boden. Im Gegensatz zu der älteren Kirchenmalerei und der katholischen

---

[1]) Ob das Bild von Salomon, der bereits 1664 starb und nicht vielmehr von dessen ältestem Sohne Jan de Bray, der erst 1697 starb, herrührt, muss hier dahin gestellt bleiben, doch möchte das letztere wahrscheinlich sein. In diesem Falle hiesse dann die Perlen-auflösende Cleopatra entweder Maria geborene van Hees oder Margarethe geborene Mayer oder Victoria geborene van der Wiele, denn Jan de Bray war dreimal verheirathet. Vergl. Willigen, Les artistes de Haarlem etc. S. 91 ff.

Malerei des sechszehnten und siebzehnten Jahrhunderts lehnen
diese Darstellungen jedes Streben nach stylistischer Anordnung
und klassischer Formenvollendung ab und suchen den Gegenstand, rein thatsächlich, im Sinne charakteristischer und realistischer Kunstrichtung auszugestalten. Da hierin unzweifelhaft ein
Gegensatz gegen die katholische Auffassung liegt, und da Rembrandt Protestant war, so hat man gemeint. jene Darstellungen
seien eigentlich Denkmäler protestantischer Kunst und als solche
von der grössten kunstgeschichtlichen Bedeutung. Wenn ich
nicht irre, ist diese Ansicht zuerst von Ernst Guhl ausgesprochen[1]), aber sie ist von den Nachsprechern stark übertrieben,
und hierdurch ist der Sachverhalt mehrmals schon gänzlich
verschoben worden. Denn aus der religiösen oder gar kon-
fessionellen Gesinnung Rembrandt's ist die künstlerische
Eigenthümlichkeit dieser Darstellungen nicht zu verstehen.
Diese erklärt sich vielmehr nur, und zwar aufs einfachste, aus
der ganzen Kunstrichtung der holländischen Malerei. Was
wir überall sehen, beim Bildniss, bei den Landschaften, bei
den Gattungsbildern, es ist auch hier wirksam: die Elemente
der Charakteristik und der Stimmung, getragen durch die
unmittelbarste Anlehnung an die Wirklichkeit, und unbeeinflusst
durch irgend ein Streben nach formaler Schönheit Dass das
letztere auch hier gänzlich fehlt, und dass an Gestalten, wo
wir schöne Formen zu sehen gewohnt sind, oft die sonder-
barsten Hässlichkeiten und Gewöhnlichkeiten vorkommen,
beweisen gerade eben Rembrandt's neutestamentliche Darstellungen aufs deutlichste. Diese Darstellungen liegen also ganz
innerhalb der natürlichen Grenzen der nationalen Malerei in
Holland. Aber es ist wahr, dass ihnen ein Zug dichterischer
Erfindung eigen ist, der sich sonst in den Werken der holländischen Malerei nur selten findet und der allein dem Genius
des grossen Meisters entstammt. Aber auch dieser Zug hat
mit der Religion oder gar mit der Konfession nichts zu thun.
Man blättre doch nur einmal, was man ja an vielen Orten
leicht kann, die neutestamentlichen Radirungen Rembrandt's
durch: wo ist da irgend ein Anhalt, um diese Werke konfes-

---

[1]) Künstler-Briefe. II. S. 215/6 oder 2. Aufl. II. S. 200.

sionell-protestantisch zu nennen? Sie sind doch vielmehr, indem
sie den Gegenstand rein thatsächlich nehmen und gestalten,
konfessionslos![^1] Auch sind sie entstanden, ohne irgend welche
unmittelbare Beziehung zur Kirche in Holland, denn die
puritanischen Einrichtungen daselbst schlossen jeden Schmuck
der Kirchen, jede kirchliche Kunst aus. Es kann deshalb jene
Meinung nur auf einem Irrthum beruhen, der daraus hervorgegangen ist, dass diese neutestamentlichen Darstellungen
einen offenbaren Gegensatz gegen Darstellungen desselben
Inhaltes von katholischen Malern darthun. Aber nicht jeder
Gegensatz gegen katholische Elemente ist ohne Weiteres
Protestantismus, vielmehr wurzelt dieser Gegensatz, wie bemerkt,
hier in den Eigenschaften des nationalen Kunstgeistes und im
Genius Rembrandt's als des grössten nationalen Kunstgenius
Holland's.

Die fortwährende enge Anlehnung an die Wirklichkeit, in
welcher der Künstler lebte und die er sah, ward auch bei der
Gattungs- und Landschaftsmalerei von entscheidender
Bedeutung. Denn man kann sagen, dass hier äusserst selten
Etwas gemalt worden ist, was der Maler nicht wirklich und
unmittelbar gesehen hat. Der Zusammenhang dieser Art von
Bildern mit dem Leben der Nation und der Natur des Landes
muss deshalb ein ganz inniger sein: und er ist es in der That.
Noch jetzt, wenn man auf die Erscheinung und das Treiben
des Volkes achtet, sieht man Leute, wie die auf den Bildern
eines Ostade, noch jetzt nimmt man Züge der ausgelassensten
Derbheit wahr, wie ein Jan Steen sie gemalt hat. Noch jetzt
ist das eigentliche Volk immer dasselbe wie damals: für
gewöhnlich etwas schwerfällig und derb, in der Freude ausgelassen und in der Lust übertreibend, aber dabei in vielen
Stücken recht eigenartig. Noch jetzt ist die Natur Holland's
die gleiche wie vor zwei und drei Jahrhunderten, noch jetzt
sehen wir die Gestaltungen, Farben und Stimmungen in der

[^1]: Der Verfasser bezieht sich auf die in seinem „Grundriss der
bildenden Künste, im Sinne einer allgemeinen Kunstlehre u. s. w."
(3. Aufl.) S. 387 bis 393 gegebenen Ausführungen über katholische
und sogenannte protestantische Kunst.

Wirklichkeit, die wir lange aus den Bildern eines Ruisdael, eines Jan van der Meer von Haarlem. eines Rembrandt und Anderer kennen. Noch heute stehen die Städte mit ihren Kanälen, Grachten und Brücken, mit ihren alten Häusern und manchen alten Einrichtungen wie ehedem: wir finden hier alles in Wirklichkeit wieder, wie es ein Jan van der Meer von Delft, ein Pieter de Hoogh und Andere darge- stellt haben. Es gewährt einen grossen Reiz, so die Gegenstände, welche die alten Künstler malten, überall noch dauernd und lebendig um uns zu erblicken, die Erscheinungsweisen und Stimmungen der Menschen wie der Natur genau wieder anzutreffen, die sie einst in ihren Werken wiedergaben. Dabei erkennt man denn deutlich, dass das künstlerische Wesen dieser Werke in der treffenden Auffassung und bewunderungs- würdigen Wiedergabe der Wirklichkeit beruht, nicht aber in einem eigentlichen geistigen Schaffen und dichterischen Erfinden, wie wir es in anderen Schulen der Malerei sehen. Die hol- ländische Malerei ist eben ganz und ausschliesslich realistisch, streng realistisch. Nur das Reale, das Wirkliche mit Augen zu Sehende stellt sie dar, und dabei ist ihr fast all' und jede Absicht fern, ihre Darstellungen durch die Anordnung zu einer höheren Schönheit zu erheben oder nach Schönheit der Form im Einzelnen zu trachten. Im Gegentheil, sie zeigt nicht selten eine gewisse Vorliebe für das Hässliche und Bur- leske, wenn es nur wahr und wirklich ist. Ihre poetische Seite liegt nicht im Gegenstande und dessen Ausgestaltung, sondern in der malerischen Darstellung und in der Stimmung von Farbe und Ton. Dieser Stimmungscharakter ist ohne Zweifel ein Element, welches dem Lyrischen, dem Musika- lischen die Hand reicht, und er trägt gewiss, wenn man die Dinge tiefer betrachten will, hauptsächlich dazu bei, dass gerade unsere übertrieben musikalische und musikalisch übertreibende Zeit der holländischen Kunst eine so lebhafte Neigung zu- wendet.

Es ist sehr merkwürdig, wie bisweilen hervorragende Maler, welche den feinsten Sinn für die Elemente der Farbe und des Tons, die zarteste Empfindung für jede leise Abstufung oder Wandlung der malerischen Stimmung besitzen, die gröbsten Verstösse gegen Alles machen, was irgendwie mit formaler Schönheit und mit gebildetem Geschmack, in unserem Sinne, zusammenhängt. Diese Erscheinung ist eben, wie wir an anderen Beispielen und Thatsachen schon hervorhoben, tief im holländischen Kunstgeiste begründet, aber sie verliert darum im einzelnen Falle nicht ihre Merkwürdigkeit.

Nehmen wir beispielsweise das „Stadtbild" des Gerrit Berckheyden in der Aremberg'schen Sammlung zu Brüssel (No. 5, das so hübsch und treffend einen Kanal mit der darüber liegenden Gracht und den an letzterer stehenden Häusern darstellt. Aber im Vordergrunde, am Rande der Gracht, befindet sich ein mächtiger Krahn, dessen Hebebäume quer und schräg über mehr als die Hälfte des ganzen Bildes gehen und dessen Eindruck gänzlich vernichten. Es ist eine unglaubliche Geschmacklosigkeit! Aber der Krahn stand nun einmal in Wirklichkeit so da, und dem Maler fiel es gar nicht ein, zu Gunsten der Schönheit hier etwas abändern zu wollen oder zu dürfen.

Oder man nehme den „Auszug der Spanier aus Herzogenbusch nach der Einnahme der Festung durch den Statthalter Friedrich Heinrich im Jahre 1629" von Esaias van de Velde im Museum zu Amsterdam (No. 362). Da ziehen sie hin, zu Fuss, zu Ross und zu Wagen, die Spanier mit Weib und Kind. Auf einem der Wagen sieht man, wie eine Mutter ihr schon recht grosses Kind auf der Wagenleiter hält, über die es, mit dem Allerwerthesten nach aussen sitzend, vor den Augen des Beschauers seine Kunststücke ausführt. Naturalia non sunt turpia! Aber warum sie in voller Blösse, ohne allen Witz hier derb in den Vordergrund hingesetzt sind, vermöchte man nicht abzusehen, wenn man nicht annimmt, dass der Maler solchen Vorgang wirklich gesehen und dass er ihm in seiner Derbheit Spass gemacht habe.

Was haben die Brouwer, Ostade, Dusart, Jan Steen und Andere in dieser Hinsicht nicht alles geleistet! Selbst schlimme Dinge, die sich nicht nennen lassen, kommen vor, und selbst in ernsteste Gegenstände mischt sich der derbe Spass. So sitzt auf der „Verstossung der Hagar" von Jan Steen in Dresden No. 2432) hinter der Thür des Hauses die gute Sarah und laust den Kopf ihres lieben Söhnchens Isaak. Auch der „Hundeflöher" von Gerard Ter Borch bei Van der Hoop in Amsterdam (No. 118) ist ein recht anmuthiger Gegenstand.

Selbst ein so grosser und sinnvoller Meister wie Hobbema ist nicht frei von Geschmacklosigkeiten, die unbegreiflich sein würden, wenn er nicht mitten in seiner Zeit und seinem Volksstamm stünde. Die ziemlich grosse Landschaft in der National-Gallerie zu London (No. 830) z. B. liefert hierfür den Beweis. Von vorn in der Mitte läuft geradeaus nach hinten ein breiter Weg, der rechts und links mit hohen, kahlen und dünnen Baumstämmen besetzt ist; nur ganz oben haben sie, besonders die vorderen, ein Büschelchen Laub. Rechts vorn in der Ecke ist, von einem im rechten Winkel gezogenen Graben umgeben, eine Baumschule voller Steifheit angebracht, wo die jungen Stämmchen gezogen werden. Die Landschaft ist vollendet gemalt, aber ihre ganze Schönheit wird beeinträchtigt oder selbst vernichtet durch die langweiligen Bäume, die in dunkeln Streifen fast durch den ganzen, wundervoll gemalten Himmel ziehen. Die Geschmacklosigkeit grenzt an Witz.

Und ein andrer grosser Künstler, Paul Potter, machte eine Kuh, die gerade ein unvermeidliches Bedürfniss besorgt, so zur Hauptgestalt eines seiner schönsten Bilder, dass dies selbst den Namen der „pissenden Kuh" erhielt (Petersburg No. 1051). Und wie viel stallende Pferde hat Philipp Wouwermann auf seinen Bildern angebracht!

Ja selbst die Feinmaler sind von solchen unmittelbar der Wirklichkeit entnommenen Derbheiten nicht frei, obwohl ein Widerspruch zwischen den groben Spässen und der bisweilen überaus feinen Ausführung zu liegen scheint. Aber die Macht der allgemeinen Geistesrichtung war so bedeutend, sie lag so sehr in der Luft, dass sogar fremde Künstler, die erst nach Holland eingewandert waren, sich dieser Gewohnheit anschlossen. So hat Kaspar Netscher, der aus Heidelberg stammte, ein reizendes Bildchen, „eine Mutter mit ihren Kindern", gemalt, das im Museum zu Amsterdam sich befindet (No. 255). Aber obwohl die Dame in ihrem Schlafzimmer in

gelbem Atlas dasitzt an einem Tisch mit Smyrnadecke und
silbernen Putzgeräthen, streckt doch ihr hinter dem Tische
stehendes Mädelchen vor einem Spiegel die Zunge weit heraus.
Netscher hätte gewiss diesen Zug nicht angebracht, wenn er
ihn nicht in Wirklichkeit gesehen, und wenn man nicht darüber
selbst in diesem vornehmen Hause recht herzlich gelacht hätte.
Noch jetzt haben die Holländer diese Neigung zu Derbheiten
und derben Spässen, die in ihrer Natur liegt, und die sich,
wenigstens für den Deutschen, in ihrer auf dem Plattdeutschen
beruhenden Sprache unmittelbar spiegelt.

Aehnliche Neigungen bestanden auch bei den Süd-Niederländern in Flandern und Brabant, doch nahmen dieselben
eine sehr andere Richtung, indem sie ganz vorzugsweise in
der Darstellung der Martyrien als Kirchenbilder zum Ausdruck gelangten. Doch sind sie hier meist einer dramatischen
Spannung dienstbar gemacht und dadurch auf ein höheres
Ziel gerichtet. Im Allgemeinen wirken in der vlämischen
Malerei, wie wir auch schon hinsichtlich der Bildnissmalerei
hervorhoben, immer noch gewisse stylistische Prinzipien, die
der holländischen Malerei ganz fremd sind; dort zeigt sich
immer noch ein gewisser Sinn für formale Schönheit, für Anmuth und Zierlichkeit, welcher der holländischen Malerei
fehlt. Wie sehr Vlamen und Holländer in diesen Dingen verschieden sind, lehrt nicht nur die Verschiedenheit ihrer Akademiker, also z. B. eines Michiel Coxcie gegenüber einem
Cornelius von Haarlem, sondern auch die Verschiedenheit der
Auffassung des Volkslebens seitens ihrer Gattungsmaler.

In diesem Betrachte giebt es vielleicht keine grösseren
Gegensätze als den jüngeren Teniers und Jan Steen, wenn
man von einigen seltenen Ausnahmen unter des Letzteren
Bildern absieht. Eine vlämische Kirmess, von Teniers gemalt,
artet nie aus und bleibt immer sehr weit entfernt von der
Ausschreitung, welche die Figuren eines Jan Steen so oft
zeigen. Ja man kann sagen, dass bei Teniers oft genug selbst
tanzenden Bauern noch eine gewisse Anmuth in Form und
Bewegung eigen ist, und dass selbst die sitzenden oder gehenden Bauern noch eine gewisse Schönheit und selbst eine Art
von vornehmer Würde haben, trotz mancher echt bäuerischer

Züge in andern Personen. Und dagegen Jan Steen! Wie oft
geht es da drunter und drüber, und wie hässlich sind so oft
die ausgelassen lachenden verzerrten Gesichter. Vergleiche
man beispielsweise etwa die anmuthsvolle „vlämische Kirmess"
von Teniers aus dem Jahre 1652 im Brüsseler Museum (No. 449)
mit dem daselbst befindlichen Bilde Jan Steen's, welches den
Namen „Niedliches Anerbieten" trägt (No. 447). Man wird
dann diesen Gegensatz leicht und völlig erkennen.

Doch verweilen wir noch etwas bei Jan Steen und seinem
eben genannten Werke. Da sieht man, wie ein Kerl mit
einem Häring in der erhobenen linken Hand, einem Paar
Zwiebeln in der rechten, mit ausgestreckter Zunge, siegprahlend
in die Stube zurückkehrt, wo die dicke Frau mit den Riesen-
brüsten sich seiner Erscheinung und seiner Gaben freut; das
thut auch die Magd, der jedoch von einem anderen Manne ein
Etsch mit einer langen Nase gemacht wird. Auf dem Tische
stehen Kartoffeln, und ein Mann — nach der Ansicht des
Katalogs der Ehemann jener Holdin — scheint davon zu essen.
Offenbar war Streit wegen des Häringsholens gewesen, und
die Magd hatte gesagt, dass es keinen giebt; nun ging aber
Einer aus der Gesellschaft selbst hin, und siehe! — er bringt
ihn richtig heim. Dies ist die reizende Fabel, die mit derbem
Humor in ausgezeichneter Malerei vorgetragen ist, die aber in
Hinsicht der Formengestaltung, der Zeichnung im engeren
Sinne erstaunliche Hässlichkeiten besitzt. Jan Steen und viele
seiner Genossen fanden eben an solchen Auftritten Gefallen.
und Jan Steen hat sich und die Seinen als solche lustige Gesellschaft auch selbst gemalt. wie man im Haag'schen Museum
sehen kann (No. 138). Der Sinn für ein reiner und höher ge-
staltetes Leben, für geschichtliche Vorgänge und für das Ideale
ging ihm noch mehr ab, wie fast allen seinen Genossen.
Wenn er z. B. biblische Ereignisse malt, fällt er durch die
Auffassung, Formengebung und Charakterzeichnung ins Hu-
moristische und selbst ins Komische. So wird wohl kaum
Jemand, ohne lachen zu müssen, den „Simson" in Antwerpen
(No. 338) und wohl auch die „Hochzeit zu Cana" in der
Aremberg'schen Sammlung zu Brüssel (No. 58) ansehen können.
Beide Bilder. namentlich das letztere, haben grosse Vorzüge,

aber wer stimmt zu, sich die „Hochzeit zu Cana" als eine
holländische Gasterei, wo die verschiedensten Leute in ihrer
Art sich über den neuen schönen Wein freuen und Christus
eine sehr gewöhnliche, unbedeutende Figur macht, vorzustellen?
Bei Betrachtung des Bildes, das durch tausend reizvolle Züge
fesselt, entschwindet Einem die Vorstellung des evangelischen
Ereignisses ganz. Und dabei fehlt es auch nicht an den herkömmlichen Derbheiten, Uebertreibungen und Hässlichkeiten.

Der Zug zu diesen lag den Künstlern eben im Blute. Die
Zeit liebte diese derben Spässe und selbst diese Hässlichkeiten,
namentlich dann wenn sie in Wirklichkeit zur Sache gehörten
und recht bezeichnend waren. Bezeichnend sind nun meist
auch solche Darstellungen in der That. — aber muss Jeder
an übertriebenen Formen, verzerrten Gesichtern und derben
Spässen Gefallen finden? Muss er Hässlichkeiten, wenn sie
auch noch so charakteristisch, noch so meisterhaft vorgetragen
sind, schön finden? Hier ist eine der Grenzen der holländischen
Malerei, einer der Umstände, welche die erneute Rückkehr zu
den italienischen Vorbildern erklären. Doch davon nachher.

Wie sehr man aber auch vom Standpunkte allgemeiner
Schönheit aus die Bedeutung dieser Grenzen hervorheben
mag, man wird immer anerkennen und rühmen müssen, wie
sehr die Jan Steen, die Ostade, die Dusart, die Terborch und überhaupt die älteren Gattungsmaler in ihren
Werken wahr und lebensvoll sind, wie sie immer ein Bild aus
dem Volksleben, dem Treiben der unteren wie der wohlhaben-
deren Stände, von innerem Zusammenhange und bezeichnendem
Inhalte geben, dem nicht selten der Humor in der Auffassung
einen besonderen Reiz verleiht. Genügsame Seelen pflegen
denn auch solche Bilder mit Vorliebe als „gemalte Novellen"
zu preisen. Und dazu kommt nun die Art der Darstellung
und Behandlung. Eine bewunderungswürdige Feinheit und
Sicherheit in der Beobachtung des Lebens in allen seinen
Aeusserungen, der Charaktere, Stimmungen und Zustände,
der Gegenstände der weiten und kleinen Natur, der Landschaft, des Meeres, der Thiere, Pflanzen und Blumen, des
Menschen in allen Schichten der Gesellschaft und unter den
verschiedensten Verhältnissen. — mit aller Unbefangenheit und

Einfalt, aber mit der grössesten künstlerischen Schärfe; und
Alles dies, ungeachtet des meistens kleinen Maasstabes der
Bilder, in voller Wahrheit und Treue wiedergegeben, gehoben
und geadelt durch die Reize der Farbenbehandlung und noch
mehr der Stimmung aller Töne zu vollem malerischen Ein-
klang. Dies sind ungefähr die Eigenschaften, durch welche
jene Meister ihren Werken einen so hohen und bis jetzt einzigen Grad der Vollendung verliehen. In Bezug auf sie be-
wahrheitet sich in der That das Wort Goethe's:

> „Macht doch die Liebe, die Kunst
> Jegliches Kleine so gross!"

Diese Künstler bedienten sich bei diesen ihren Darstellungen
häufig eines malerischen Gedankens, den schon ältere Meister
namentlich Pieter Lastmann hatten, der aber erst von
Rembrandt zur höchsten Vollkommenheit entwickelt und
durchgebildet wurde. Es ist der Gedanke, das Licht hoch
von einer Seite, fast immer der linken, einfallen zu lassen und
nur den mittleren Theil der Darstellung scharf zu beleuchten,
das Uebrige aber in Schatten, Halbschatten und den reichsten
Tonwechselungen einheitlich durchzubilden. Dieser Gedanke
ist unzählige Male wiederholt worden. Man kann seine Entwicklung und Durchführung z. B. in der Braunschweiger
Sammlung sehr glücklich an einer Folge bedeutender Werke
beobachten, von Lastmann, Bramer, Rembrandt, Moyaert,
Eeckhout, Ostade, Jan de Wet, Dusart, Sorgh, Brackenburgh
und Andern.

Der Abfall von dieser Höhe der Kunst macht sich nach
verschiedenen Seiten hin bemerkbar. Da nimmt man wahr,
dass an Stelle der völligen Unbefangenheit des Künstlers und
der naiven Wiedergabe des Gesehenen die bestimmte Bewusst-
heit und eine gewisse Absicht zu verschönern treten, ganz
ähnlich wie es in der vlämischen Schule bei einem Theile der
nach-Rubens'schen Meister sich zeigt. Und wie man z. B.
besonders bei Van Dyck, im Vergleich zu Rubens selbst,
so oft die Absicht beobachtet, namentlich die Hände zu ver-
feinern und zu verschönern, so kann man ganz dasselbe z. B.
auch auf der „Bauernstube" von Brackenburgh im Vergleich

etwa zu der „Bauerngesellschaft" von Dusart, — beide in der Sammlung zu Braunschweig (No. 619 u. 626) — bemerken. Solche und ähnliche Züge deuten ganz bestimmt ein Nachlassen der Unbefangenheit, Ursprünglichkeit und Kraft an.

Noch mehr tritt dies Nachlassen in Bezug auf den Gegenstand des Bildes, nach Wahl und Auffassung, hervor. Denn dieser Gegenstand wurde zur Nebensache, zum gleichgültigen Mittel, die Darstellung an und für sich wurde Alles. Schon bei Jan Steen selbst, diesem geistreichsten unter allen holländischen Gattungsmalern, erkennt man bestimmte Andeutungen dieser Wendung. So z. B. malte er einen Bäckerladen mit dem Meister Arent Oostwaard, der Meisterin und einem Jungen — im Museum zu Amsterdam (No. 343); aber obwohl er das Ganze als geschlossenen Vorgang auffasste und behandelte, haben die Personen doch die Unbefangenheit, welche sich um den Beschauer nicht kümmert, verloren, sie sind vielmehr so gehalten, dass sie vor dem Beschauer des Bildes Parade stehen. Die Auflösung des inneren Zusammenhanges nimmt mehr und mehr zu, die Absichtlichkeit breitet sich immer mehr aus und der Werth des Kunstwerkes wird vorzugsweise in der Ausführung, welche eine ganz erstaunliche Feinheit und Sauberkeit erreicht, gesucht. Wie oft sitzen die Figuren auf den Feinmalereien ganz wie ein Modell da, ohne wahren, zu ihrer Umgebung, zur Sache stimmenden Ausdruck ihres Geistes. Es fehlt eben die schlichte, naive Gesinnung, die in der Kunst so viel bedeutet, und die Absicht, dass der Gegenstand, der beliebig und nebensächlich ist, nur die künstlerische Darstellung tragen soll, tritt allzu sehr hervor.

Da sehe man z. B. den „reichen Herrn" von Pieter van Slingelandt, dem Schüler Gerhard Dow's, im Museum zu Amsterdam (No. 331). Wie sitzt er da in seiner Herrlichkeit, inmitten von Marmorwerken, Smyrnaischen Teppichen, Terrassen und Springbrunnen, nichts sagend zur Schau und zeigt dem Beschauer seine Uhr!

Und selbst bei einem Gerard Dow ist so Etwas nicht selten der Fall. Nehmen wir etwa die berühmte „Näherin" im Museum des Haag als Beispiel (No. 28). Von einer bewunderungswürdigen Feinheit, Sauberkeit und Durchführung

6*

ist diese Malerei; man kann nicht genug über die unvergleich-
liche Vollendung nach dieser Richtung, die unsägliche Mühe
der Arbeit staunen. Aber fragt man sich, ob es bei einer
Näherin je so ausgesehen, wie auf diesem Bilde, ob man bei
einer Näherin je diesen grossen Saal, diese Einrichtung, dieses
Beiwerk von Hasen, Hühnern und Fischen, Kohl und Rüben,
Amorettenreliefs und Vogelbauern, Degen und Globus,
Büchern und andern Herrlichkeiten gefunden: so erkennt man
deutlich, dass alles Dies hier nur zusammengethan ist, um als
Mittel einer bewunderungswerthen Darstellung zu dienen.
Selbst die junge Näherin, die eben ein grünes Kleid zertrennt,
kümmert sich um dieses nicht: das ist blos Aufstaffirung ihrer
Hände, keine Arbeit; sie hat den Kopf erhoben und sieht den
Beschauer an, ohne ihm irgend etwas zu 'sagen. Diese Verhältnisse würden sich auch dann wesentlich nicht ändern, wenn
man die Darstellung nicht als die einer „Näherin" von Gewerbe,
sondern als die einer jungen Frau oder Mutter in ihrer
Häusslichkeit auffasst; auch dazu passt das Beiwerk innerlich
nicht. Und wenn man im einzelnen Falle die innerliche Leere
eines derartigen Bildes übersehen wird, weil man durch die
Menge und Mannigfaltigkeit der dargestellten Gegenstände,
durch die erstaunliche Darstellung selbst sehr nachhaltig angezogen und beschäftigt wird, so kommt sie doch zum entschie-
densten Bewusstsein, wenn man eine Reihe solcher Bilder
zu betrachten hat. Ein Gerhard Dow ist anziehend und
reizend, dreissig aber neben einander werden herzlich langweilig; denn einer genügt, um die ausserordentliche Technik
zu bewundern und kennen zu lernen, und bei allen dreissigen
ist der gegebene Inhalt mehr oder weniger unbedeutend, so
dass er, wenn man von einem Bilde zum andern geht, wenig
Neues und nichts Fesselndes bietet. Und selbst wenn man bei
den ersten fünfzehn noch länger verweilt, über die letzten
fünfzehn geht man sicher schnell hinweg.

Diese Meinung ist keineswegs neu. Sie ist schon von
Zeitgenossen Dow's ausgesprochen worden, und ich kann mich
namentlich auf Sandrart berufen. Sandrart hebt schon
hervor, dass dieses Künstlers Stärke im Vortrage beruhe. Er
war erstaunt über den peinlichen Fleiss und die damit ver-

bundene Langsamkeit der Arbeit. An einem Besenstiel. wie
ein Fingernagel gross, malte Dow Tage lang; eine Frau von
Spiring musste ihm fünf Tage sitzen, nur zur Untermalung
der einen Hand. Sandrart meint, dass er „durch solche
Langsamkeit den Leuten alle Lust zum Sitzen benommen"
habe, und dass den Bildnissen derselben unter solchen Umständen das „höchstnöthige wahre Leben" fehle. Und deshalb
seien denn auch die Darstellungen todter Gegenstände vergleichsweise noch viel bewunderungswürdiger. weil man da
das fehlende wahre Leben eben nicht vermisse.[1] Was heisst
das schliesslich Alles anders. als dass man, das Dichterwort
wandelnd, hier auch sagen könnte: „der Vortrag macht des
Malers Glück!"

Auch ist dies Verhältniss weiterhin nicht aus den Augen
verloren worden. So gab demselben z. B. Georg Forster
vor beinahe hundert Jahren mit Bezug auf Gabriel Metsu
einen treffenden Ausdruck. Er beklagte, dass dieser sein
grosses Talent nicht „auf edlere Gegenstände angewendet hätte :"
und er fuhr dann fort. indem er auf die wunderbare Darstellung
von Stoffen und Kleidern bei Metsu anspielt: „Allein das
Schicksal, welches ihm diesen beneidenswerthen Pinsel verlieh.
fesselte seine Einbildungskraft an einen Kleiderschrank oder
legte den malerischen Bildungstrieb in die Seele eines
Schneiders"[2].

Auch die Darstellungen ganz unbedeutenden Inhaltes, die
Stilleben und Blumenmalereien, die oft ganz bewunderungswürdig in ihrer Art sind. veranschaulichen die Thatsache, dass
der Gegenstand an sich jenen holländischen Künstlern Nebensache war, dass ihr eigentlicher Zweck der malerisch vollendete
Vortrag war. Und in dieser Richtung haben sie allerdings
mehr erreicht als irgend eine Zeit vor oder nach ihnen. Einer
gleichen Vollendung des malerischen Vortrages als solchen,
und zwar in seinen verschiedenen Arten als feiner und breiter
Malerei, kann sich keine andere Zeit rühmen.

Auch grössere Bilder zeigen dieselbe oder eine ähnliche

---

[1] Teutsche Akademie II. S. 321.
[2] Ansichten vom Niederrhein etc. II. S. 312. Berlin 1791.

Unbedeutendheit des Gegenstandes. Ich führe als Beispiel ein
Gemälde des Albert Cuyp im Haager Museum an (No. 21).
Da sitzt Mijnheer de Roovere zu Pferde, er selbst von vorn
gesehen und guckt zum Bilde heraus den Beschauer an.
Neben ihm steht ein Fischer, der ihm einen Lachs hinhält, auf
welchen er mit der Reitgerte zeigt. Aber sein Gesicht weiss
von diesem Fisch und diesem Fischer garnichts, es ladet den
Beschauer ein, diesen zusammenhangslosen Vorgang zu betrachten und zugleich den Kanal und das Landhaus von Mijnheer anzusehen. Das ist innerlich und gegenständlich kein
wahres und echtes Kunstwerk mehr, sondern eine Zusammenstellung von Dingen, die bloss neben einander sind, die mit
einander sachlich und wirklich nichts zu thun haben. Jedoch
selbst ein solcher Gegenstand wird anziehend und bedeutend,
wenn er, wie hier, sprechend, mit dem Aufwande vieler Kunst,
gemalt ist. Noch bezeichnender fast erscheint das Beispiel eines
anderen grossen Bildes derselben Sammlung, der „lesenden
Dame inmitten einer weiten Architektur" von Samuel van
Hoogstraeten (No. 52). Hier war das Spiel verschieden
einfallender Lichter und der entsprechenden Schatten der
Zweck der Darstellung; sonst ist das Bild leer und zusammen-
hangslos.

Man muss in solchen Werken, die den rechten gegen-
ständlichen Zusammenhang, die volle innerliche Wahrheit
verloren haben, die Thatsache erkennen, dass die holländische
Malerei sich hier von dem ihr eigenen festen Boden der
Wirklichkeit entfernt und die Richtung zu einer inneren
Hohlheit eingeschlagen hat, welche nothwendig einen Rückschlag zur Folge haben musste. Dieser Rückschlag bestand,
wie ich bereits bemerkte, in einer erneuten Anknüpfung an
den klassischen Vorbildern.

Das Gebiet, wo die holländische Malerei, streng ihren
eigenen Grundsätzen folgend, treu die Wirklichkeit wiedergiebt,
aber zugleich häufig einen hohen Grad dichterischen Gehaltes
erreicht, ist die Landschaftsmalerei. Die Meister solcher
Werke waren die Ersten, welche die eigenthümliche Poesie
der landschaftlichen Natur als solcher, zunächst in ihrer Heimath, völlig empfanden und ganz erkannten. Diese Poesie ist

lyrisch, sie besteht in Stimmungen: und Stimmung, malerische
Stimmung ist ja wiederum auch die eigentliche poetische Seite
der holländischen Malerei überhaupt. So begegnete sich der
Künstler mit seinem Gegenstande, und so erklärt es sich, dass
die hervorragenderen Werke der holländischen Landschaftsmalerei so stimmungsvoll, so poetisch sind. Aber vielleicht
befremdet es den Leser, dass die flache und einförmige Landschaft Holland's solche poetische Vorzüge haben soll! Es ist
wahr, das eigentliche Holland ist Wiesen- und Weideland.
Durch die einförmige, grüne Fläche ziehen die Kanäle, auf
denen ab und zu ein Ziehschiff, die sogenannte Treckschuite
erscheint, und die schmalen Landstrassen, die mit Backsteinen
sehr gleichmässig gepflastert und rechts und links mit hoch-
stämmigen Bäumen knapp besetzt sind. Auf den Wiesen
selbst weiden Rinder und Pferde, Hirten stehen herum oder
melken ihr Vieh, saubere Melkgeräthe und Milchbehälter
werden an- oder weggefahren, Hunde treiben ihr Wesen, und
bisweilen kommt denn auch ein Bauerwagen auf der Land-
strasse daher gefahren. Es ist eine einfache, einförmige Landschaft, und selbst ihre Unterbrechung durch ein Gehölz oder
eine Windmühle, ihre Begrenzung durch die Dünen der
Nordsee ändern ihren Charakter nicht. Aber welchen Reiz
gewinnt diese Landschaft unter dem lebendigen Wechsel von
Licht und Schatten, Tönen und Farben! Freilich eine südliche
Gluth und Farbenpracht wird niemand hier erwarten. Die
Töne behalten immer eine gewisse Kühle, und lebhafte
Farben lösen seltener das vorherrschende Grau ab. Aber die
Stimmung ist von einer sehr grossen Zartheit und Feinheit.
Das Wesen derselben ist das Helldunkel. Die Luft selbst ist,
wie oft, dunstig und doch hell. Ganz eigenartige Töne sind
es, die man da sieht. In der Dämmerung ist Klarheit. Wie
reizvoll sind bisweilen auch die Wolkenbildungen, wenn sie im
schimmernden Silbergrau über die halb von der Sonne beschie-
nene, halb im Schatten liegende Landschaft langsam dahin
ziehen. Was lässt sich dabei Alles fühlen, sinnen und denken,
wenn man so recht diese Stimmung in sich aufnimmt! Das
sind Bilder voll von einer zarten, bescheidenen und rein
lyrischen Poesie. Bedeutende Formen und deren epische oder

dramatische Entwickelung fehlen denselben. Niemand hat
diese Bilder mit allen ihren Reizen und in allen ihren Wandlungen so treffend auf die Leinwand übertragen als Jakob
Ruisdael. Auch der Haarlemer Jan van der Meer ist ein
Meister dieser Flachlandschaft, aber seine Behandlungsweise ist
minder leicht und durchgeistigt wie die Ruisdael's.

Der schöne üppige Wald, der an einigen Stellen Holland's
vorkommt, die Küste, die Dünen und das Meer luden dann
auch zur künstlerischen Betrachtung und Darstellung ein. Und
weiter lockte hierzu die anmuthige Berggegend bei Arnheim,
die stattliche Lage Nymwegen's auf hohem Ufer der Waal,
sowie das benachbarte deutsche Rheinland und die zunächst
gelegenen deutschen Gebirge bis nach Thüringen hin an.
Weiter dehnten die Holländer das Gebiet, aus dem sie ihre
landschaftlichen Darstellungen entnahmen, im Allgemeinen
nicht aus; und Everdingen, der Norwegen, wohin er übrigens
auch nur durch einen Schiffbruch verschlagen worden war,
bereiste und norwegische Landschaften malte, ist in diesem
Betrachte nur eine Ausnahme, welche die Regel bestätigt.
Aber auch in dieser Beschränkung war dem Landschafter ein
weites Feld eröffnet, wo er die mannigfaltigsten Stoffe für
seine Bilder, die reichste Quelle von Stimmungen fand.
Wie umfassend nach allen Seiten dieses Feld begangen und
bearbeitet wurde, sieht man wieder an Ruisdael's Werken
besonders deutlich, welche die verschiedensten landschaftlichen
Erscheinungen in den verschiedensten Stimmungen darstellen:
romantische Wasserfälle und düstere Kirchhofselegien, heitere
Flussansichten und lauschige Waldgebirge. Bei Ruisdael
erkennt man klar, dass er sich im Aufbau seiner Bilder, in
der Stimmung, in Ton und Farbe fast immer genau an die
Wirklichkeit hält, dass er zu dem wirklich Gesehenen und
Empfundenen im Allgemeinen nicht hinzudichtet; und ebenso
ist es bei allen andern Landschaftern. Nur Rembrandt macht
auch hier wieder eine Ausnahme, er, der als schaffender
Genius allein und einzeln unter allen seinen künstlerischen
Landesgenossen dasteht. Er dichtet frei, wenn auch nicht in
allen seinen radirten und gemalten Landschaften, so doch in
mehreren; er benutzt die Elemente der landschaftlichen Natur

und ihres dramatischen Lebens im Wechsel der atmosphärischen
Zustände, um Stimmungen, die zuerst in ihm selbst entstanden,
auszusprechen.

Der Umfang und die innere Mannigfaltigkeit der holländischen Landschaftsmalerei ist so gross, dass es unmöglich ist,
sie in dieser Hinsicht hier zu schildern. Schon in ihren
eigenthümlichen Anfängen, seit dem Auftreten von Esaias
van de Velde, A. Kerrincx, Adriaen van de Venne, Jan
van Goyen, Pieter Molyn dem älteren und Andern liegt
dieser Reichthum sogleich vorgebildet.[1] Er entwickelt und
entfaltet sich mehr und mehr, und bewährt seine Kraft nicht
nur in der Epoche der eigentlichen Blüthe der holländischen
Malerei, sondern auch noch lange darüber hinaus, als andere
Zweige der Kunst schon stark und stärker im Niedergang
begriffen waren. Aber dieser Reichthum bewegt sich, wie
gesagt, in einer bestimmten Beschränkung, indem die Künstler
sich im Allgemeinen durchaus nur an das lyrische Element
halten, und mit den Mitteln ihrer hoch gesteigerten Malweise
immer nur Stimmungen und Stimmungen, diese aber eben in
der reichsten Mannigfaltigkeit und mit der auf's feinste unter-
scheidenden Empfindung darstellen. Das eigentlich dramatische und epische Leben und Wesen der Natur zieht sie nicht
an. Brausende Stürme, unter denen Ast und Baum biegen
und splittern, gepeitschte Wolken und furchtbare Wetter,
Sonnenerscheinungen voller Lichtglanz und Farbenpracht oder
jene stumme, tiefe Ruhe, die in den Hochgebirgen und über
geschichtlichen Stätten lagert, findet man nicht in ihren Werken,
oder doch nur ganz ausnahmsweise. So machte z. B. schon
A. Kerrincx einen bedeutenden Versuch, das dramatische
Leben der Natur wiederzugeben, indem er auf der „Bosch-
gezicht" genannten Landschaft zu Rotterdam (No. 129) einen
Gewittersturm im Walde von vortrefflicher Entwickelung und
lebensvoller Bewegung darstellte. Auch malte Ruisdael wohl
einen schäumenden Wasserfall, oder Bellevois die wogende
See, oder Everdingen ein Stück Hochgebirge. Doch bleibt
auch hier die Lyrik immer das bestimmende Element. Aber

---

[1] Vergl. weiter oben S. 41.

um so bewunderungswerther ist bei solcher Einschränkung
die Auffassung, Beobachtung und Empfindung dieser Meister,
die aus dem Einen Quell schöpften und doch so mannigfaltige
reiche Gaben bieten. Wir wollen hier nur einige der Haupt-
richtungen bezeichnen, die man bei den hervorragendsten
Künstlern beobachtet.

Seinem Alter nach dürfte hier Albert Cuyp den Vortritt
beanspruchen. Nirgends kann man Cuyp besser kennen lernen,
als in London, wo in den verschiedenen Sammlungen
mindestens an fünfzig Bilder von ihm, in verschiedenen Grössen
und aus verschiedenen Zeiten, sich befinden. Die schönsten
derselben zeichnen sich durch eine sonnig-glänzende Klarheit,
besonders der Fernen und durch eine glückliche Anwendung
wirkungsvoller Farbengegensätze aus, durch die völligste
Rundung in allem Einzelnen und die vorzüglichste Treue im
Fell der häufig angebrachten Thiere, besonders der Pferde
und Rinder, durch eine grosse Sicherheit in der Erfassung der
menschlichen Charaktere und· eine einheitliche poetische
Stimmung des Ganzen.

Neben Ruisdael und dessen vielen ausgezeichneten Nachfolgern, C. Dekker, A. van Croos, C. du Bois, Verboom,
Jan Looten und Andern, steht als Genosse und zum Theil
als ein gewisser Gegensatz, mehr für sich allein M. Hobbema.
Während bei Ruisdael fast immer die lyrische oder elegische
Stimmung ganz einheitlich herrschen, zeigt sich bei Hobbema,
der über eine grosse dichterische Kraft verfügt, nicht selten
ein gewisses dramatisches und bisweilen selbst ein leidenschaft-
liches Leben. Dazu besitzt Hobbema eine ausserordentliche
Leichtigkeit des Machwerks. Verlaufende Formen und gelb-
liche Töne stehen bei ihm den bestimmten Umrissen und
grünlichen Tönen Ruisdael's gegenüber; auch sind die Gegensätze von Licht und Schatten bei ihm viel entschiedener als bei
diesem. Dass aber auch ein so gewandter und empfindungs-
reicher Künstler einen Missgriff machen konnte, haben wir
weiter oben (S. 78.) an einem Beispiel erläutert.

Diesen beiden Häuptern der holländischen Landschaftsmalerei wird man auch einige Maler noch beigesellen dürfen,
die bei Innehaltung der allgemeinen Richtung doch eine selb-

ständigere und höhere Bedeutung beanspruchen dürfen, wie
etwa Philipp Koning, Philipp Wouwermann und Andere.
Auch A. van Everdingen dürfte hierher gehören, und ebenfalls einige Künstler, die sich auf Besonderheiten legten, wie
etwa Herman Saftleven mit seinen liebenswürdigen Rhein-
ansichten, Jan van der Heyden mit seinen bisweilen bewunderungswürdigen Feinmalereien, Arthus van der Neer
mit seinen meisterhaften Mondscheinbildern und Winterland-
schaften.

Eine besondere Richtung vertritt C. Poelenburg mit
seinen Nachfolgern, den Vertanghen, Esselins, Uyten-
broeck, Cuylenborch, und Anderen. Er liebt grosse, vor-
herrschend braune Massen, heiteren Himmel und im Vordergrunde einzelne, meist nur mit wenig Gewand bedeckte Figuren.
Nymphen, Faunen und ähnliche mythologische Gestalten.

Ihm dürfte man vielleich N. Berchem mit seinen Genossen und Nachfolgern und in gewissem Betrachte wohl
auch Adriaen van den Velde anreihen.

Diese Gruppen bilden schon durch ihre Neigung zur alten
Mythologie und einen gewissen Zug nach idealem Styl einen
Uebergang zu den Akademikern, Klassizisten oder Italikern,
wie man sie nennen will, welche die südliche Natur, die
italienischen Landschafter, Poussin und Claude Lorrain zum
Vorbild nahmen. Welche grossen Erfolge die Holländer in
dieser Richtung erreichten, das zeigen die Gemälde zahlreicher
Meister, vor Allem die des Jan Both, dann die des Pynacker,
Swaneveldt, Fr. Moucheron, Millet, Glauber, W. de
Heusch und Anderer.

Endlich werden die Seemaler zu erwähnen sein, J. Bellevois, Simon de Vlieger, Willem van de Velde, Jan
van de Capelle, Backhuizen und Andere. Wie haben
sie es verstanden die Stimmungen des Meeres, besonders die
der Ruhe wiederzugeben! Ganz erstaunlich, treffend und
lebensvoll sprechen dieselben nicht selten aus diesen Werken.
Und wie bewunderungswürdig sind die Töne der Fernen,
die zartesten Schatten an Segeln und ähnliches mehr mit
dem feinsten malerischen Sinn und der geübtesten Hand
durchgeführt!

Nicht wenige von diesen Meistern der zur Vollendung
gelangten Landschafts- und Seemalerei gingen, in der Absicht
ihrem Werke die höchste koloristische Vollkommenheit zu verleihen, darauf aus, alle ihre Farbentöne in Haltung zu setzen
zu einem Grundton, auf dem die Stimmung beruht, — ähnlich
wie es im sechszehnten und schon im fünfzehnten Jahrhundert
die venezianischen Maler gethan haben.[1] Die hauptsächlichsten
dieser Grundtöne sind braun, grün, golden und silbern. Den
braunen Grundton liebte, wie schon bemerkt, Poelenburg
und seine Nachfolger, den grünen findet man bei Ruisdael
und seiner Schule ausgebildet, der Goldton kommt in Rembrandt's Landschaften und dann bei Both und vielen Andern
sehr glücklich angewendet vor. Den Silberton aber mag wohl
Niemand glücklicher beherrscht haben, als es Wouwermann
that, wie namentlich einige seiner Meisterwerke in Dresden
darthun; doch wendete er ebenfalls mit Erfolg den Goldton an.

Eines Künstlers muss ich hier noch gedenken, der mit
seiner heimathlichen Weide- und Waldlandschaft eng zusammenhängt, Paul Potter, der nur 29 Jahre erreichte, aber
kraft seines ausserordentlichen Talentes Grosses leistete. Seine
Hauptstärke zeigt sich bekanntlich in den Weidestücken, wo
er Rinder und andere Thiere mit Hirten und Hunden in ihrer
landschaftlichen Umgebung dargestellt hat. Dabei liegt das
künstlerische Schwergewicht fast immer auf den Thieren, besonders den Rindern, während die Landschaft als solche
zurücktritt und die menschlichen Figuren in Auffassung, Zeichnung und Ausdruck oft nur mangelhaft und bisweilen sogar
recht missgestaltet sind. Als Beispiele in letzterer Hinsicht
führe ich das Münchener Bild von 1640 (No. 1103) mit den
unförmig grossen Köpfen und dem lächerlich ungestalteten
Kinderkopfe an, sowie auch das „Weidebild" im Buckingham-
Palaste zu London (No. 14) und das kleine Stück von 1653 in
der Aremberg'schen Sammlung zu Brüssel (No. 50).

Die berühmtesten seiner Werke dürften die zu Kassel,
Petersburg, im Buckingham-Palast zu London und im Haag
sein. Verweilen wir einen Augenblick bei dem letzteren,

---

[1] Vergl. des Verfassers „Italienische Blätter". S. 80/1.

welches den Namen „der junge Stier" trägt. Dieses hoffnungs-
volle Rindvieh ist die Hauptperson des Bildes: es steht aufrecht in Lebensgrösse da und wendet den Kopf gegen den
Beschauer. Neben ihm liegt eine Kuh, und ein Hirt lehnt
sich gegen eine Eiche. Im Vordergrunde wie in dem weiteren
Hintergrunde sind andere Thiere zur Belebung der Fläche
angebracht: ein Bild so recht aus dem Weideleben Holland's
herausgegriffen, und mit einem solchen Scheine körperlicher
Wirklichkeit auf die Leinwand hingezaubert, dass man betroffen
ist. Aber man wird zur Bewunderung hingerissen, wenn man
bemerkt, wie die eigenthümliche Beleuchtung und die Stimmung
des Ganzen mit Entschiedenheit das Gefühl geben, dass hier
Kunst und nicht Wirklichkeit ist. „Der Schein soll nie die
Wirklichkeit erreichen". Die Wahrheit dieses Dichterwortes
empfindet man hier so recht lebendig, — und doch ist Alles
so wirklich und so natürlich. Dieser Potter war in der That
ein grosser Künstler, und hier kann man die Geheimnisse der
realistischen Malerei als Kunst zu begreifen suchen. In der
blossen Naturwahrheit und Natürlichkeit an und für sich bestehen diese Geheimnisse nicht. Wer will hier die Natur
erschöpfen oder auch nur erreichen? So gross die Naturwahrheit in den Werken der Holländer ist, wie wenig kommen sie
doch der Natur wahrhaft gleich? Man lege einen frisch ge-
triebenen Grashalm auf die hellste Wiesenansicht! Man stelle
ein lebendes Gesicht neben ein gemaltes! Nur sehr wenige
Bilder werden hier wirklich eine ähnliche Mannigfaltigkeit,
Frische, Lichtstärke und Lebendigkeit zeigen, wie die Natur
sie hat. Aber was ist alle realistische Kunst, wenn nicht
Wiedergabe des Lebens, des vollen, warmen und ganzen
Lebens. Alles Andere wird, wenn es auch Gegenstände der
belebten Natur recht „natürlich" darstellt, mehr oder weniger
„nature morte". Hier ist die Wurzel jener Geheimnisse. Wie
Wenige haben sie erkannt und wie Viele denken, schon durch
blosse Nachmacherei der Natur künstlerische Realität zu erreichen: den vollen Schein der lebendigen Wirklichkeit, um-
woben und durchgeistigt von malerischen Stimmungen, und
zugleich durchgeführt mit dem feinsten Sinn für Charakteristik,
also für den Ausdruck von Temperament, Stimmung, Charakter.

Wie aber hat auch dies Letztere Potter so grossartig gekonnt! Die Kuh liegt in beschaulicher Ruhe da. der Stier, wild und gefährlich, wittert Etwas uud der Mann lächelt dazu. Auch in diesem Zuge, dem Vorhandensein eines inneren Zusammenhanges in seinem Bilde, deutet sich die hohe Stellung Potter's innerhalb der holländischen Malerei an.

Nicht ganz so glücklich ist im Allgemeinen die holländische Malerei auf einem anderen Gebiete, das man als einen Theil der Landschaftsmalerei in weiterem Sinne ansehen muss. auf dem Gebiete der Stadtansichten und der Architekturbilder. Und das ist auffällig genug. Allerdings haben die rothen Backsteinhäuser mit den weissen Fensterrahmen und Gesimsstreifen keine architektonische Kunstform. weder im Ganzen noch im Einzelnen, sie haben vielmehr etwas Langweiliges und Gleichgültiges, besonders wenn in ganzen Strassen. ganzen Städten eines neben dem anderen steht. Aber sie werden durch ihre Lage an den mit Bäumen besetzten Grachten und Kanälen, durch die wechselnden Beleuchtungsverhältnisse stimmungsvoll und malerisch anziehend. Diese Grachtstrassen sind wahrhaft lauschig und heimlich, und wenn man sie hinunter blickt bis an die nächste Krümmung des Kanals. so sieht man da ein Bild, das recht etwas gemüthvoll Anregendes hat. Durch die Bäume scheint mit gebrochenem Lichte die Sonne auf Wasser, Brücken. Strassen und Häuser, und bringt reizende Wirkungen hervor, die still bescheiden sind und darum etwas ungemein Ruhiges und Beruhigendes haben. Selbst an warmen Sommertagen ist der Ton, der diese Wirkungen bestimmt, ein kühler, denn die Luft, die im Halbschatten unter den grünen Bäumen lagert, bleibt immer in gemässigter Wärme; sie zittert und kocht nicht, wie sie es an heisseren Orten, in heisseren Gegenden thut. Ein Fenster, das von unten herauf etwas in die Höhe geschoben, aber bis zu dieser Oeffnung mit Vorhängen bedeckt ist, leitet den Blick ins Innere des Hauses, in dunklere Räume. Das Licht, welches von unten her unter den Vorhängen in die Stube fällt, ist gebrochen und breitet sich nur in einem behaglichen Halbschatten da aus. Und bei wechselndem Lichte ist immer Veränderung, immer ein Spiel mannigfacher Lichter und

Schatten da: und in die Schatten wieder dringen Widerscheine aller Art ein. sie erhellend und belebend. Dann aber rückwärts in der Stube ist eine Thür geöffnet und gestattet die Durchsicht auf einen hell beschienenen Hof: der neue Lichteinfall bringt wieder eine neue Wirkung voller Reiz hervor. den der Gegensatz noch erhöht. Und in solchem Bilde steht nun dort eine scheuernde Magd. hier eine Kindswärterin mit der Wiege. dort sitzt die fleissige Frau des Hauses. hier der Herr mit der thönernen Pfeife. Wie hat Pieter de Hooghe solche Bilder unübertrefflich geschildert! Wohl nirgends findet man sie noch jetzt in voller Wirklichkeit ganz so wie ehedem erhalten als in dem stillen freundlichen Delft. das sich so wenig verändert hat. Wie eigenthümlich. sinnig und stimmungsvoll sind sie! Und doch wie auffällig ist es. dass bei so nahe liegender poetischer Stimmung ein so ausserordentlicher Künstler wie der Delft'sche van der Meer solche Bilder so prosaisch auffassen und behandeln konnte. wie er es z. B. in einem Bilde bei Herrn Six van Hilligom in Amsterdam gethan hat. Quer durch den Vorgrund vom rechten Bildrande zum linken läuft geradlinig die Strasse und dahinter steht ebenso geradlinig und steif eines jener einförmigen Backsteinhäuser: durch eine offene Thür sieht man einen Gang hinunter: inhaltlich die platteste Prosa. zeichnerisch in Hinsicht formaler Schönheit eine recht alltägliche Gewöhnlichkeit. Nur in der Behandlung von Perspektive und Schatten liegt ein Stimmungselement. das auf die feineren Seiten des wirklichen Urbildes hinweist. welches der Künstler hier abgebildet hat. Weniger bedeutende Meister erreichten in ihren Stadtansichten und Architekturbildern im Allgemeinen selten mehr als blosse Ansichten. ohne diese durch die Wahl eines bedeutenderen Standpunktes und reichere malerische Stimmung zu feineren Kunstwerken erheben zu können. Rembrandt ist auch auf diesem Gebiete das unerreicht gebliebene Vorbild seiner Landsleute. wie unter andern eine Zeichnung in der Albertina zu Wien. eine sehr malerisch aufgefasste Innenansicht einer Kirche. die schon des Meisters volle künstlerische Absichten deutlich zeigt. lehren kann.

Wir sind mit diesen Ausführungen schon weit in eine Zeit hineingerückt. wo die Grundlagen des nationalen Lebens

bereits ganz andere geworden waren, als sie es da waren, wo
wir mit unsern Betrachtungen den Ausgang genommen hatten.
Der Schluss des dreissigjährigen Krieges, also die Mitte des
Jahrhunderts, bildet den Abschnitt, der die Anstrenguugen
der Nation während eines achtzigjährigen Kampfes von der
Ruhe und dem Reichthum der nun folgenden Jahrzehnte
trennt. Und demgemäss ist er auch für die Geschichte der
nationalen Kunst von hoher Bedeutung. Wenn die holländische Malerei, durch den Aufschwung der Nation im Anfange
des Unabhängigkeitskrieges zu neuem Leben aufgerufen, sich
der Fesseln akademischer Schulung entledigte und die Bahnen
eines strengen Realismus mit einer Unbefangenheit und Freiheit, einer Sicherheit und Kühnheit, einem Verständniss und
Erfolge beschritt, die nie erlebt waren, so lag es in der Natur
menschlicher Dinge, dass sie nicht dauernd auf den Höhen,
sobald sie diese erreicht hatte, verweilen konnte. Wenn sie
zu Ende des sechszehnten und Anfange des siebzehnten Jahrhunderts die Helden des Krieges, die Vertheidiger des Vaterlandes in Einzelbildnissen oder in Schützenstücken dargestellt
hatte, so entfielen ihr diese Gegenstände mit dem Schluss des
Krieges von selbst, sie musste andere Vorwürfe für ihre
Malereien suchen. Wenn sie in der Befreiung von der alten
zeichnerischen Malweise zu einer breiten rein malerischen
Behandlungsweise gelangt war, so wurde sie, sobald die Breite
dieser Behandlungsweise an der Grenze des überhaupt Möglichen angekommen war, auf andere technische Wege gewiesen.
Diese Umstände erklären die Erscheinungen, welche die holländische Malerei in der zweiten Hälfte des siebzehnten Jahrhunderts bietet. Doch nahmen diese Erscheinungen nicht
etwa einen plötzlichen Ursprung, sondern sie bildeten sich allmälich durch viele und weitverzweigte Uebergänge, so dass
z. B. um das Jahr 1660, als die breite Malweise in den letzten
Werken des Franz Hals † 1666 und des Rembrandt
(† 1669) so breit geworden war, dass sie schlechterdings nicht
mehr breiter werden konnte, wenn sie noch mit einigem Rechte
den Namen „Malweise" behalten sollte, der äusserste Gegensatz derselben, die feinste Feinmalerei, auch schon ihre grösste
Vollendung erreicht hatte, wie das jenes vorhin besprochene

Bild der „Näherin" von Gerhard Dow darthut, welches die
Jahreszahl 1658 trägt. Ebenso schieben sich eine Zeit lang der
echteste Realismus, ein ausartender Naturalismus und die erneute Nachahmung der Italiener neben einander her. Ebenso
werden schon zeitig neben den Bildnissen verschiedenster Art,
die zunächst den Hauptinhalt der holländischen Malerei bildeten,
andere Stoffe gepflegt, bis diese dann nach der Mitte des Jahrhunderts das Uebergewicht erlangen; und zwar sowohl in
Folge der zahlreicheren Entstehung von Landschaften und
Gattungsbildern, wie in Folge eines stätigen Sinkens der Bildnisse in Hinsicht der Charakteristik wie des Vortrages. Bildnisse werden allerdings noch massenhaft angefertigt, und statt
der Schützenstücke werden die bürgerlichen Regentenstücke
Mode, aber der alte Geist ist nicht mehr in ihnen. Sie sind
nicht mehr die Denkmäler einer grossen Zeit der nationalen
Geschichte, wenn auch unter ihnen sich noch die Abbilder
hervorragender Männer, selbst verdienter Kriegsmänner, wie
de Ruyter's und Anderer, befinden; sie sind im Ganzen Denkmäler einer ruhigen Zeit, wo die bemittelten Herren und
Frauen sich für die Ihrigen abschildern liessen. Die Früchte
der blutig erlangten Unabhängigkeit des Landes und der kühnen
überseeischen Handelsunternehmungen waren gezeitigt. Der
Reichthum entwickelte sich in den holländischen Handelsstädten,
der Handel wurde ein blühender Welthandel, der Reichthum
wurde die Grundlage des höheren gesellschaftlichen und
geistigen Lebens der Nation. Einen Maasstab zur Beurtheilung
des Umfanges und der Artung dieses Reichthums kann die
Thatsache liefern, dass die Bank von Amsterdam die bedeutendste der gesammten Handelswelt war, und dass um die
Mitte des Jahrhunderts die Metallbestände in ihren Kellern
dreihundert Millionen Gulden betragen. Das will doch für
ein kleines Land, das selbst jetzt kaum vier Millionen Einwohner zählt, viel sagen.

Die Malerei bequemte sich dieser Wandlung aufs engste
an, wenigstens so weit diese letztere auf heimathlichem Boden
selbst sich vollzog. Denn den Wegen des holländischen
Handels in die ferne Welt und die fremde Natur folgten die
Künstler nicht, und es ist eine sehr seltene Ausnahme, wenn

man einmal einem Bilde begegnet, das einen überseeischen
Gegenstand darstellt. wie es z. B. die Ansicht der Festung
Jakatra auf Java von H.| Beeckman im Museum zu Amsterdam
thut (No, 16). Die Malerei aber sorgte in der ausgezeichnetsten
Weise für die Befriedigung der Neigungen und Wünsche der
Reichen, indem sie im Allgemeinen nur Bilder geringeren
Umfanges, die als Schmuck der Zimmer dienen konnten. machte.
Damit gab sie den ohnehin nie sehr bedeutenden Zusammen-
hang zwischen ihren Werken und dem öffentlichen Leben der
Nation fast ganz auf. Das war ja in Athen so unvergleichlich,
das war ja in Florenz so herrlich — und wir sehen es da
noch heute in aller Herrlichkeit, — dass die Kunst das ganze
Volk in allen seinen Schichten umschloss. dass ihre Werke
überall waren, wo das Volk war, dass sie öffentlich dastanden
in Kirchen und auf Plätzen, in Hallen und auf Märkten.
Niemals ist in Holland nach dieser Richtung ein Versuch
gemacht worden, niemals ist an die Monumentalmalerei gedacht
worden. Der Mangel eines grossen öffentlichen Lebens spiegelt
sich hier. Und andrerseits spricht sich die Gewohnheit, im
Hause zu leben, ebenso bestimmt aus. So geschah es, dass
nur der Vermögende sein Haus mit Gemälden schmücken
konnte, und so arbeitete die Kunst nicht für das Volk in allen
seinen Schichten, nicht für Jeden, der ihre Werke sucht, sondern
nur für die Reichen. Dies that sie aber mit vieler Freiheit
und mit einem wunderbaren Geschick.

Sie stattete vor Allem ihre Arbeiten, ohne ihnen einen an
sich bedeutenden Inhalt zu geben, mit den seltensten Vorzügen
der Darstellung aus. Solche Kunstwerke reizen das Auge,
und, ohne eine besondere geistige Anstrengung zu erfordern,
unterhalten sie doch in geistreicher Art oder regen das Gemüth stimmungsvoll an; ähnlich wie die Blumen, für die der
Holländer eine so entschiedene Liebhaberei hegt, spielend
unterhalten und sinnig anregen. Dazu kommt nun die verschiedene Art der verschiedenen Meister und derselben Meister
zu verschiedenen Zeiten. Eine grosse Mannigfaltigkeit in der
Auffassung des Lebens, der Wirklichkeit und der Natur nach
allen Seiten und Richtungen. in Verbindung mit einer sehr
mannigfaltigen Wiedergabe des Gesehenen ist überall zu be-

merken. Die Aeusserungen der einzelnen künstlerischen Individualitäten in ihrer Art und die verschiedenen Behandlungs-
arten eines und desselben Meisters führten zu einer Menge
von Zufälligkeiten und Besonderheiten, die nicht von Jedem
ohne Weiteres zu verstehen und zu übersehen sind.

Es war hier schon von Anfang an Gelegenheit zu einer
Art von Studium geboten, welches ein feines Auge und ein
gutes Gedächtniss verlangte. welches bei fortwährender Beschäftigung mit dem Gegenstande auch das Auge sehr sicher
machte und zu einer Menge von Einzelkenntnissen verhalf, so
dass es dann endlich zu einer Kennerschaft führte, die eine
Art von Staunen und Bewunderung erregen konnte. So
schmeichelte also der Besitz von solchen Kunstwerken von
selbst der Eitelkeit des Besitzers in hohem Grade. Die
Einseitigkeit, welche in dieser Kennerschaft lag. ahnte derselbe
nicht, und wenn er sie empfand. hatte er keinen Grund sie
zu verheimlichen. Denn er war ja so glücklich, diese Kunstwerke sein Eigenthum zu nennen. die in seinen vier Wänden
nur für ihn da waren. die einen Gegenstand seiner persönlichen Liebhaberei und Freude ausmachten. Was hatte er für
einen Anlass. — wenn derselbe überhaupt in der Zeit gelegen
hätte. — nach tieferen geschichtlichen und wissenschaftlichen
Beziehungen zu forschen?

Anders ist es heute, wo wir auf einem andern Boden der
Erkenntniss stehen, und wo jene Denkmäler aus dem Hause,
das ihre Heimath war. hervorgezogen und massenweise in den
Gallerien vereinigt sind, — heute erscheint die blosse Kennerschaft. so gross und sicher diese auch sein mag, doch als
gänzlich ungenügend und mangelhaft, sie geht nur in die
Breite. aber nicht in die Tiefe. Trotzdem theilen die eigentlichen besonderen Kenner der holländischen Malerei in unseren
Tagen noch ganz jenen alten Standpunkt. Sie sind einseitig
und ausschliesslich, und kennen Nichts. was ausserhalb des
Feldes ihrer Kennerschaft liegt. Gerathen sie über diese
Grenzen hinaus, so bewegen sie sich ohne Verständniss und
zeigen ihre Blösse. Das bezeichnendste Widerspiel dieses alten
Standpunktes ist jedenfalls W. Burger. Er der so tüchtig
und verdienstvoll auf seinem engeren und eigentlichen Gebiete

7*

ist, scheint zu glauben. dass in der holländischen Malerei der
einzige und untrügliche Maasstab für alle Erscheinungen der
Kunstgeschichte gegeben sei.   Nichts ist leichter, als über
etwas Grosses und Hohes, was man nicht versteht, zu spotten.
Jeder aber, welcher von diesem Vorrechte der Unverständigen
Gebrauch macht, spricht sich selbst sein Urtheil.   Man muss
es deshalb aufs lebhafteste beklagen, dass Burger es sich hat
beikommen lassen, über den „göttlichen" Rafael und über
Cornelius, wie über alle stylistische Malerei zu spotten.   Wenn
er von der „Schule von Athen" und verwandten Werken des
grossen Meisters redet und daran die Schlussfolgerung hängt.
dass hier „ganz einfach die Hieroglyphe, der Logogriph und
das Räthsel an die Stelle des Menschen gesetzt sei, dass hier
die strahlende und ausdrucksvolle Menschheit äusserlichen und
konventionellen Zeichen geopfert sei", — wenn er dann sagt.
dass diese „sogenannte ideale und grosse Kunst an Stelle der
Wirklichkeit die Sage, an Stelle des Lebens den Tod setze",
so sollte man eigentlich kaum mehr erwarten können.   Und
doch übertrifft er sich selbst.   „Diese erhabenen Theorien, bis
zum Aeussersten durchgeführt, bewirken nichts Anderes, als
die Malerei von der Natur loszulösen, sie zu einer Art Algebra
und transzendenten Geometrie zu entstellen, als Maler hervor-
zubringen . . . die nicht malen können."   Dieses letztere von
Fortoul entlehnte. von diesem aber bekanntlich auch nicht
selbst erfundene Witzwort ist das Höchste, was Burger gegen
alle und jede stylistische Malerei ausspielen kann, im Besonderen
ist es aber, wie eine längere Anmerkung zeigt, auf Cornelius
und dessen Genossen im „deutschen Athen" gemünzt. und
man hätte also künftighin in den Fresken der Glyptothek „eine
Art Algebra und transzendente Geometrie" zu erkennen.[1])
Wie gesagt, solche unverständigen, sehr unreifen und äusserst
abgeschmackten Reden richten sich von selbst.   Will man
ihren Verfasser nicht verurtheilen oder auslachen, so muss
man ihn bemitleiden.   „Wenn wir zum Guten dieser Welt
gelangen, dann heisst das Bess're Trug und Wahn!"
    Was aber sehr merkwürdig ist, ist dies. dass die alten

---

[1]) W. Burger, Musées de la Hollande etc. I. S. 203/4

holländischen Maler wahrlich ganz anders dachten, dass sie eine grosse Hochachtung vor den klassischen Vorbildern, vor der dichterischen Schönheit der antiken Sage hatten. Man erinnere sich doch, dass die ganze höhere Bildung in jener Zeit, auch die Holland's, streng auf klassischer Grundlage beruhte, ja dass gerade Holland in seiner Universität zu Leyden einen der gefeiertsten Mittelpunkte klassischer Gelehrsamkeit im siebzehnten Jahrhundert besass. Man beachte doch die Literatur in jener Zeit, man erforsche doch den Charakter der ganzen Kultur jenes Jahrhunderts. Man bedenke, dass die Künstler dieser Bildung, dieser Kultur, dieser Zeit angehörten, und man sehe beispielsweise doch die Zimmer besserer Einrichtung an, die sie malten, selbst die ein Jan Steen, dieser Freund derbster Wirklichkeit, malte, und betrachte die Gemälde, die sie da als Zimmerschmuck abgemalt haben. Fast immer sind es Vorgänge aus der klassischen Mythologie nach der Art der Italiener behandelt. Sie mussten doch wohl derartige Bilder ganz besonders schätzen. Ja noch mehr. Sehr bald lehnte sich die holländische Malerei selbst wieder eng an die Italiener an, und die eigenen Schüler von Rembrandt lenkten ganz bestimmt in die Bahnen eklektischer, italienisch-akademischer Kunstübung ein. Freilich war die holländische Kunst in eigenartiger Grösse nur entstanden, indem sie diese Vorbilder von sich stiess und ganz realistisch wurde, aber der ausschliessliche Realismus erschöpfte sich. Sie verlor an Eigenart und Haltung und lehnte sich deshalb wieder an jene Vorbilder an. Die Bol, die Flinck, die Maes, die Metsu, die Berghem, die Werff und wie die hundert Namen alle lauten: sie suchten die Kunst Italien's auf, um der sinkenden Lebenskraft ihrer eigenen Kunst einen bestimmten Rückhalt zu gewinnen. Ja selbst Männer der Gattungs- und Wirklichkeitsmalerei, von denen man es nicht hätte erwarten mögen, selbst ein Philipp Wouwermann beschritten diese akademischen Wege. Das merkwürdige Bild dieses Meisters, die „Himmelfahrt Christi" in Braunschweig (No. 542) bezeugt es ganz offenkundig, wie er die Venetianer, insbesondere Paolo Veronese studirt und aufgenommen hatte. Houbraken berichtet auch, dass Adriaen van der Werff in Erfindung und Ge-

wandung sich geradezu an Rafael gelehnt und das Nackte
nach der Antike berichtigt habe. „wodurch er denn — fügt
er hinzu — über andere vortreffliche Meister, die hier in
Holland durch edle Behandlung ihres Pinsels sich ausgezeichnet
haben, noch weit hervorragt." [1])

Alle diese Künstler waren also weit entfernt, nach der
Art Burger's den „göttlichen" Rafael zu verhöhnen, sie suchten
auf jede Weise ihm nachzustreben. Wenn sie hierin im Allgemeinen ganz und gar nicht glücklich waren: kann Rafael
dafür? Ist nicht vielmehr der Grund dazu in der natürlichen
Anlage und dem angebornen Kunstgeiste der Holländer zu
suchen? in dem Mangel an eigenem Sinn für Idealität und
formale Schönheit? in dem Mangel an wahrhaft schöpferischer
Erfindung in ihrer Phantasie? Deshalb machen, wie bereits (S.71)
gesagt, die Werke dieser Richtung der holländischen Malerei
im Allgemeinen keinen erfreulichen Eindruck, sie machen den
Eindruck eines vergeblichen Strebens, das Etwas erreichen
und leisten wollte, wozu ihm die wesentlichen Voraussetzungen
und Mittel fehlten. Nur auf Einem Gebiete findet hier eine
umfassende Ausnahme statt, auf dem der Landschaftsmalerei;
denn da war es den Malern leichter gemacht, eine gewisse
Idealität, wie sie der südlichen Natur eigen ist, mit den realistischen Grundsätzen ihrer Schule zu vereinigen. Sie brauchten
eben nur nach Italien zu reisen: dort fanden sie Idealität und
Realität in einer und derselben Landschaft vereinigt.

So führt uns die Entwickelung der holländischen Malerei
wieder zu dem Gedanken, dem wir schon am Schlusse der
ersten dieser Abhandlungen Ausdruck geben mussten.

Wunderbar ist der Kreislauf in der Entwickelung menschlicher Dinge, wie man ihn hier mit seltener Klarheit beobachten
kann. Aus dem Manierismus und der Konvention des seelen-
los gewordenen mittelalterlichen Styles hatte die niederländische
Kunst sich zu retten gesucht, indem sie die Italiener sich zum
Vorbild nahm. Und dann in beiden Schulen, der vlämischen
wie der holländischen, wenn auch in letzterer mit ungleich
strengerer Ausschliesslichkeit, war sie gross geworden, indem

---

[1]) De groote Schouburgh. III. S. 394 5,

sie der akademischen Methode gegenüber den Grundsatz des lebensvollsten Realismus aufstellte. Aber auch der Realismus hatte, wie Alles, seine Zeit, und die Kunst, hier insbesondere die holländische, kehrte wieder zu den italienischen Vorbildern zurück. Und so ist es auch umgekehrt. Wo eine Kunstübung klassischer und stylistischer Richtung sich erschöpft, kann die Kunst nur einen neuen Grund und Boden, neuen Halt und neue Nahrung durch eine frische Anlehnung an Natur und Wirklichkeit erlangen, bis auch diese wieder ihr Ziel erreicht hat, und eine Neubelebung nur möglich ist durch ein strenges und inniges Eingehen auf Styl und Geist klassischer Vorbilder. So lösen sich im geschichtlichen Kreislaufe die beiden grossen Prinzipien und Systeme ab, eines vom anderen, wenn sie sich erschöpft haben, neue Lebenskraft gewinnend. Der Realismus aber war zum ersten Male während des ganzen Laufes der Geschichte auf eine warhaft vollendete, ausschliessliche und erschöpfende Weise in der holländischen Malerei zur Erscheinung gekommen: deshalb stehen die Denkmäler derselben so eigenartig, aber auch so vollberechtigt allen früheren Denkmälern der Kunstgeschichte gegenüber.

III.

ZUR GESCHICHTE

DER

SCHÜTTER- UND REGENTENSTÜCKE.

Während der Unabhängigkeitskriege, welche die sieben nördlichen Provinzen der Niederlande gegen Spanien führten, waren dort die Schützenvereine, die in Deutschland und den Niederlanden während des fünfzehnten und sechszehnten Jahrhunderts einer grossen Theilnahme sich erfreuten, zu einer ganz besonderen Bedeutung gelangt. Diese Bedeutung beruhte in dem Antheil, welchen die Schützen an jenen Kämpfen selbst nahmen. Sie traten damit über die engeren Grenzen der eigentlichen Schützengesellschaften heraus und wurden militärisch geordnete Bürgerwehren, die besonders der Vertheidigung ihrer Städte dienten. Was sie in dieser Hinsicht leisteten, ist aus der Geschichte der ruhmvollen Belagerungen von Haarlem und Leyden in den Jahren 1572, 1573 und 1574 genugsam bekannt.

Noch heute bestehen eine grosse Menge von Schützengesellschaften mit ihren Schiesshäusern in grossen und kleinen Städten Deutschland's und der Niederlande, die ihr Festschiessen und Festessen haben wie ehedem die alten Verbände. Ja, viele derselben, wie z. B. die in Braunschweig können ihren Ursprung in „alte unvordenkliche Zeiten" hinauf verlegen, andere wie z. B. die zu Weimar hausen noch auf demselben Grund und Boden, oder wie z. B. die zu Brügge gar noch in denselben Gebäuden wie vor Jahrhunderten. Die Gewohnheiten sind also ununterbrochen und lebendig fortgesetzt, und sie gestatten, in Verbindung mit geschichtlichen und urkundlichen Nachrichten, sich eine Vorstellung von dem alten Schützenwesen zu bilden.

Der Ursprung desselben beruht auf dem uralten Rechte

des deutschen Mannes, Waffen zu führen, und sein Aufschwung
hängt mit dem Aufschwung der Städte im späteren Mittelalter
zusammen. Die bewaffnete Bürgerschaft war die Macht der
Städte, und Verbände der Städte unter einander verliehen
dieser Macht eine geschlossene Stärke gegenüber dem Adel im
Reiche. Deshalb war die Uebung der Bürgerschaft im
Gebrauche der Waffen eine sehr ernste und wichtige Sache,
und da diese Waffen für die Städte, deren Hauptaufgabe
voraussichtlich der Kampf zu Fuss hinter Wall und Graben
war, naturgemäss Schiesswaffen waren, so wurden jene
Uebungen Schiessübungen. Diese Schiessübungen verbanden
die Bürger in Brüderlichkeit, und so schloss man sich denn
zu Schützenverbänden zusammen, die bestimmte geschriebene
Satzungen erhielten. Wir besitzen unter andern die Satzungen
der Düsseldorfer Schützen von 1435 und 1452, aus denen man
ersieht, wie genau und sorgfältig Alles geordnet war. [1]

Die Städte veranstalteten grosse Festschiessen, zu denen
sie mittelst feierlicher Ausschreiben einluden, und durch die
sie auch die politische Verbindung mit anderen befreundeten
Städten oder Fürsten zu befestigen trachteten. Alle Einzelheiten, insbesondere die Ordnnng und Gesetze des Schiessens
sowohl mit der Armbrust wie mit der Zielbüchse, als namentlich auch die Einrichtung des mit dem Schiessen verbundenen
„Glückshafens" waren in den Ausschreiben angegeben, wie
man z. B. aus dem Kölner Ausschreiben von 1501[2] oder dem
Strassburger von 1576[3] ersehen kann. Ein Bild solches Schiess-
platzes mit den Schiessständen, dem Glückshafen, den Trink-
zelten, den Ankommenden und Aufziehenden hat uns Tobias
Stimmer in seinem grossen Holzschnitt, der dies Strassburger
Festschiessen von 1576 darstellt, überliefert.[4] Den Glanztheil

---

[1] A. Fahne, Forschungen auf dem Gebiete der rhein. und
westf. Geschichte. I. 2. S. 95 ff. Köln. 1864.

[2] Bei Fahne. S. 106 ff.

[3] R. Reuss, Zur Gesch. des gross. Strassb. Freischiessens 1576.
Strassburg 1876. S. 55 ff.

[4] In Lichtdruck herausgegeben, mit Text von August Schricker.
Strassburg 1880.

des Festes bildete das Vogelschiessen, dessen Ursprung in das klassische oder gar in das höchste Alterthum verlegt wird. Wenigstens findet man beim Vergil schon die Beschreibung eines solchen Schiessens, doch war dabei der Vogel eine lebendige Taube, die an die Spitze eines Schiffsmastes gebunden war.[1] Im Mittelalter kam dafür das Bild eines Papageien auf, das wieder dem heute wohl allgemein angewendeten Adler hat weichen müssen. Wer das letzte Stück des Papageien herabschoss, war der Schützenkönig. Aufzüge und Schmäuse waren hergebrachte Sitte. Die laufende Verwaltung der Gesellschaft wurde durch gewählte Beamte geführt.

Diese wesentlichen Grundzüge der Schützerei waren auch den niederländischen Gilden eigen, und auch darin setzte sich die enge Verwandtschaft fort, dass nach der Reformation die Verbände in protestantischen Orten die aus dem Mittelalter überkommenen kirchlichen Beziehungen abstreiften, während die in den katholischen Städten dieselben beibehielten und später sogar enger knüpften.[2] Dieser Unterschied bedingte auch einen scharfen Unterschied derjenigen Kunstwerke, welche aus Anlass der Schützerei in den protestantischen und den katholischen Niederlanden entstanden.

Nach diesen allgemeinen Bemerkungen wollen wir versuchen, die niederländischen Schützenverbände, ihre Einrichtungen und Eigenthümlichkeiten zu zeichnen.[3]

Man unterscheidet im sechzehnten und siebzehnten Jahrhundert drei besondere Zünfte oder Gilden unter den Schützen in Niederland, je nach ihren Waffen: die Einen schossen mit

---

[1] Aen. V. v. 485 ff., namentlich auch 515,8.

[2] Vergl. z. B. die Satzungen der Schützen in der Grafschaft Dyck, bei Fahne S. 113. Zuletzt wurden bei den Aufzügen, statt der Fahnen, Trommeln und Waffen, die Rosenkränze eingeführt.

[3] Wir folgen dabei D. van Bleyswijk, Beschrijvinge der stad Delft etc. Delft 1667 — S. Ampzing, Beschryv. ende lof der stad Haerlem etc. Haerlem 1628. — F. von Zesen, Beschreib. von Amsterdam u. s. w. Amsterdam 1664. — Jan Wagenaar, Amsterdam en zyne opkomst etc. 4. Bde. Amsterdam 1760 ff. und einigen andern Quellenwerken.

dem Fussbogen oder der Armbrust und hiessen die Fussbogen-
oder Armbrustschützen, die Andern führten den Handbogen und
hiessen danach die Handbogenschützen, und die dritten schossen
mit Feuergewehren und waren also Büchsenschützen: sie
führten den Namen Kloveniers von dem französischen Worte
couleuvre oder couleuvrine, welches letztere eine Feldschlange
bedeutet. Diese Kloveniers-Gilden waren natürlich die jüngsten.
Von einigen weiss man Näheres über die Stiftung. So wurde
z. B. die Kloeveniers-Gilde zu Herzogenbusch 1525 und die
im Haag 1538 oder 1539, beide durch Kaiser Karl V. errichtet,
oder die zu Breda 1565 durch Wilhelm von Oranien, „Herrn
von Breda.“[1] Jede Gilde hatte ihren Schiessgraben oder Ziel-
hof, welcher gemeinhin den Namen-doele (Ziel) führte. Man
unterschied also Voetbooghsdoelen, Handbooghsdoelen
und Kloveniersdoelen. Auch führten die Gilden und
Duhlen wohl den Namen St. Sebastian's, des Schutzheiligen
aller Schiesserei, oder den St. Georg's, des Schutzheiligen der
Krieger, hiessen also Sint Sebastiaans- oder Sint Joris-
doelen. Doch kommen auch der heilige Antonius als Patron
der Büchsenschützen und der heilige Michael als Patron der
Schwertfechter in den Namen der Gilden, besonders in den
südlichen Niederlanden vor. Häufig, besonders in kleineren
Städten bemerkt man die Unterscheidung der Duhlen in alte
und neue, oude en nieuwe doelen. Mit den Duhlen waren
Trinkhäuser (doelhuis) verbunden, welche auch einen oder
mehrere Säle und Festzimmer enthielten, wo die Schaustücke
der Gilde, Trinkhörner oder dergleichen, namentlich aber die
Bildnisse von Schützen untergebracht waren. Alle Jahre fand
ein Festschiessen statt, nach der Scheibe, nach dem auf
hoher Stange aufgesteckten Papagei oder sonst einem beliebten
Ziele. Schiesspreise, wie sie auch' heute noch üblich sind, be-
lohnten die besten Schützen. Im Haag z. B. schoss man nach

---

[1] Jak. van Oudenhoven, Beschryving der stadt van 's Her-
togen-Bossche etc. Amsterdam 1649. S. 56. — J. de Riemer,
Beschryving van 's Gravenhage etc. Delft. 1730. I. S. 683. —
T. E. van Goor, Beschr. der stadt en lande van Breda etc. 's Gravenhage 1664. S. 297/9.

der Scheibe in Rotten, und der Rath gab jedes Jahr für jede Rotte drei silberne Löffel als Preise[1]. Auch andere Preise wurden aufgestellt und errungen, wie z. B. die von Jakob Cornelisz gemalte Abbildung jenes Riesenochsen im Rathhaus zu Amsterdam (No. 29) lehrt, den Jakob Reyerszoon Boon im Jahre 1564 beim Papageienschiessen gewonnen hatte. Der beste aller Schützen wurde König. Ein gemeinsames Gelage, die Schützenmahlzeit oder Schuttersmaaltijd, bildete den Glanzpunkt dieses Festes. Man erschien im kriegerischen Schmuck, in Wehr und Waffen, mit Feldbinden und Fahnen. In feierlichem Aufzuge ging's zum Duhlhofe, aber ehe man zur Tafel sich niederliess, wählte man die Obmänner, welche in Gemeinschaft mit dem König während des folgenden Jahres die Verwaltung der Gilde leiteten und besonders auch die Rechnung führten. Nach dieser Wahl und auch wohl nachdem die Rechnung des Vorjahres abgelegt war, — welches letztere jedoch auch erst zwei oder drei Tage nach der Mahlzeit geschah, — setzte man sich zu Tische; man schmauste und zechte gehobenen Herzens, und freute sich mit stolzem Selbstgefühl der ritterlichen Schützengemeinschaft. Solche jährlich wiederkehrenden Gelage, mit denen Wahlen, Rechnungsablagen oder sonstige regelmässige Geschäfte verbunden waren, sind übrigens eine alte deutsche Sitte, die bis ins Mittelalter zu verfolgen ist, wenn auch das Gelage ehedem hauptsächlich nur in einem tapferen Trunk bestanden hat. Aber noch jetzt vergegenwärtigt z. B. die jedes Jahr im Februar stattfindende „Schaffer-Mahlzeit des Hauses Seefahrt" in Bremen, mit welcher Rechnungsablage und andere Dinge verbunden sind, diese alte Sitte. Auch auf das jährlich im November abgehaltene Lordmayor-Banket in Guildhall zu London sowie auf die Jahresschmäuse der Zünfte in England darf wohl als etwas Aehnliches hingewiesen werden.

Die Schützengilden bestanden von Alters her durchweg aus angesehenen Bürgern, so dass sie zugleich auch den besten Theil der Bürgerschaft selbst vertraten. Sie waren deshalb

---

[1] G. de Cretser, Beschryv. van 's Gravenhage etc. Amsterdam. 1711. S. 42.

von Natur berufen den Ehrendienst bei feierlichen Gelegenheiten, wie namentlich dem Einzuge der Landes-Grafen, zu
übernehmen, doch mussten sie auch bei Unruhen als öffentliche Schutzwacht auftreten und im Kriegsfalle zur Vertheidigung von Stadt und Land aufziehen. Sie trugen früher
zweifarbige Röcke mit silbernen Wappen-Abzeichen, als
Ehrenkleid zur Unterscheidung von dem übrigen Volk, doch
hatte man schon zu der Zeit, als die Schützenverbände ihre
höchste Bedeutung erreichten, was etwa seit 1570 geschah,
diese gemeinsame Tracht aufgegeben; nach 1578 wenigstens
kommt dieselbe nicht mehr vor.[1]) Umsomehr legte man auf
die innere Vervollkommnung, die kriegerische Ausbildung
Werth. Eigene Trillmeister übten auf besonderen Trillplätzen
die Schützen, namentlich die jüngeren in der Handhabung der
Waffen, im Verständniss der Befehlswörter und überhaupt
im Kriegshandwerk ein. Die Mannschaften waren in Fähnlein
und Rotten getheilt und standen unter Feldwebeln, Fähndrichen,
Unterhauptleuten, Hauptleuten und Obersten. Jedes Fähnlein
trug seine besondere Fahne von bestimmter Farbe, weiss,
blau, gelb, grün und oranienfarbig, oder auch mehrfarbig.

In Leyden z. B., wo die Schützen schon frühe eine
besonders hervorragende Stellung und Bedeutung erlangt
hatten, waren sie schon seit Alters her die ordentliche Schutz-
wache der Stadt. Sie besetzten Tag und Nacht das Rathhaus
und die Thore, und gaben auch sonst die nöthigen Wachen
ab. Unter dem 25. Juni 1438 hatten sie eine merkwürdige
Handveste erhalten, die bezeugt, welchen hohen Werth die
Stadt auf ihre Schützerei und die waffenkundige Ausbildung
ihrer Bürger legte. Es wurde nämlich der St. Joris-Gilde
zugestanden: „dass, wenn es durch Zufall geschehe, dass Einer
der auf der Duhle schiessenden Gesellen Jemand träfe und
verwundete, so dass dieser dadurch vom Leben zum Tode
käme, er deswegen nicht zur Strafe gezogen sondern frei und
ledig bleiben solle.''[2]) Ein ganz ähnliches Zugeständniss war

[1]) J. van Dyck, Beschryv. van alle de schilderyen op het stad-
huis v. Amsteldam etc. Amsteld. 1790. S. 10.

[2]) S. van Leewen, Korte besgryving van Leyden u. s. w. Leyden
1672. S. 63.

auch wiederholt den Schützen im Haag gemacht worden.[1]
Seit dem Jahre 1445 waren die Schützen in Leyden zum
Auszug im Dienste der Grafen von Holland als städtische
Kriegshülfe unter dem Stadtbanner verpflichtet. Seit der
Belagerung von 1574 waren sie in vier, seit 1599 in sechs und
am Schluss des grossen Krieges in acht Fähnlein getheilt.
Jedes Fähnlein bestand aus acht Haufen Quartieren', jeder
Haufen aus drei Rotten. Der Oberst hiess Dekan, die Führer
der Fähnlein hiessen Hauptleute. Verpflichtet zum Schützen-
dienst war jeder dienstfähige Einwohner und Bürger von
18 bis 60 Jahren. Der Schüttereid wurde in die Hand eines der
Bürgermeister geschworen. Alle Jahre einmal war allgemeine
Waffenschau mit öffentlichem Aufzuge und Festlichkeiten in
den beiden, mit einander verbundenen Duhlen. die durch ihre
Anlage und Einrichtung die übrigen Duhlen in Holland
übertrafen.[2])

Zu Haarlem wurde im Jahre 1582, also bald nachdem
die Spanier die unglückliche Stadt wieder hatten räumen
müssen, die Schütterei nach Kriegsgebrauch unter Obersten,
Hauptleuten u. s. w. neu geordnet und in sechs Fähnlein
getheilt. Als Zweck derselben ist angegeben: Bewachung und
Beschützung der Stadt in Krieg und Frieden. bei Tag und
Nacht. Die Schützen schliessen und öffnen die Thore, stellen
die Wachen und Runden u. s. w. Daneben haben sie
Felddienstübungen mit kriegerischem Aufzuge durch die Stadt.
sowie Schiessübungen und Feste im Duhlhause. Ehedem
stand die Gilde unter einem Dekan und vier Räthen. Wer
den Papagei abschoss wurde König; er wurde mit Fuss-
gestampf und Händeklatschen, mit Trompeten und Trommeln,

---

[1]) J. de Riemer. Beschryving van 's Gravenhage etc. Delft
1730. I. S. 696. 705.

[2]) J. J. Orlers, Beschr. d. Stadt Leyden etc. Das. 1641.
S. 160. 685 ff. — F. van Mieris en D. van Alphen. Beschr. d. stad
Leyden etc. Das. 1770. II. S. 407—432. wo eine erhebliche Anzahl
werthvoller Urkunden aus dem Archive der Schütterei mitgetheilt
sind.

mit Glückwünschen und Fahnen, mit Festzug und Festmahl
stattlich gefeiert. Auch erhielt er eine silberne Tasse.[1]

In Amsterdam war der Grösse und Bedeutung der
Stadt entsprechend die Einrichtung natürlich am grossartigsten.
Schon im vierzehnten Jahrhundert hatte dort eine Schützengilde
bestanden, die jedoch, nachdem sie sich 1504 durch den Bau
eines Kriegsschiffes überlastet hatte, 1517 aufgelöst wurde; ihr
Besitzthum musste verkauft werden. Im fünfzehnten Jahrhundert aber waren ihr schon frühe die neue Gilde zu St. Georg,
welche die Armbrust, und die zu St. Sebastian, welche den
Handbogen führte, zur Seite getreten. Diese drei Gilden
werden in den Nachrichten über die kleinen Kriege der Stadt
während des fünfzehnten Jahrhunderts öfter genannt. Nachdem aber die „oude doele" aufgelöst war, wurde 1522 eine
„Kloveniersdoele" zu St. Michael mit 200 Schützen gestiftet.
Diese drei Gilden gelangten nach und nach zu erheblicher
Macht und nahmen in den Unruhen des Jahres 1578, durch
welche die katholischen Geistlichen vertrieben und die alten
Stadtbehörden abgesetzt wurden, eine derartig entscheidende
Stellung ein, dass sie selbst den Bürgermeister und die Schöffen
neu wählten. Ohne Zweifel um der Wiederholung eines
solchen Uebergriffes vorzubeugen, wurde im Oktober des
folgenden Jahres eine Bürgerwehr in der Stärke von 11 Fähnlein — Burgervendelen — eingerichtet und diese im folgenden
Jahre 1580, auf Anforderung Wilhelm von Oranien's, mit den
Schützengilden, deren jede aus 12 Rotten unter Hauptleuten
und einem Obersten bestand, einem gemeinsamen höchsten
Befehlshaber unterstellt. Die Dienstordnungen wurden erneuert und verschärft, und der Schützeneid streng gehandhabt.

Wir werden Gelegenheit haben, auf einzelne Theile des
Dienstes und der ausserdienstlichen Gewohnheiten in Folgen-
dem, aus Anlass des einen oder andern der zu besprechenden
Gemälde, noch einzugehen.

Mit dem Ausgange des Krieges verloren die Gilden an
innerer Kraft; sie strebten „nach Prunk und Prahl." Statt
dass früher die Schützen im Kriegshandwerk ausgebildet und

---

[1] Th. Schrevelius, Harlemias etc. 't Haerlem. 1648. S. 318 ff.

geübt wurden, mussten nun die Trillmeister die Leute ab-
richten, damit den festlichen Aufzügen nach den Duhlhöfen
„eine geziemende Wohlanständigkeit gegeben" werde. So kam
die edle Schützerei oder Schutterij in Verfall.

Im Laufe des achtzehnten Jahrhunderts verloren auch die
Duhlhäuser mehr oder weniger ihre Bestimmung. In der
St. Jorisdoele im Haag waren schon seit Anfang des Jahrhunderts auswärtige Personen von Ansehen als Gäste aufgenommen worden; der alte Schiesstand hatte ihnen und den
Mitgliedern der Duhle als Wandelbahn gedient.[1]) Heute ist
das Haus, noch unter dem Schilde „oude doelen" und mit
dem heiligen Georg noch über der Eingangsthür, ein Gasthof
wie alle anderen. Auch in Amsterdam und andern Orten ist
es ähnlich gegangen. Mit Bezug auf das Duhlhaus zu Nymwegen z. B. sagt Arkstee: „Unter den hohen Linden der
prächtigen Schüttersduhle könne man die Bürger beisammen
finden, um da nach Müh' und Schweiss der Arbeit unter dem
sanften Schattendach zu ruhen und sorglos mit dem Freund
oder Mitbürger zu schwätzen."[2]) So war aus dem Duhlhause
bereits ein blosses Gesellschaftshaus geworden, ähnlich wie es
manches Schützenhaus auch heutzutage noch ist. In Leyden
ist aus der St. Jorisdoele eine Kaserne gemacht worden.

Diese letztere Umwandlung entspricht eigentlich am meisten
der Umwandlung, welche die Schutterij selbst genommen hat.
Schon im vorigen Jahrhundert wurden die Schutters wieder
uniformirt, nach Art der stehenden Truppen, und sie erschienen
bei Wachen und Aufzügen ganz wie gewöhnliche Soldaten,
wie man z. B. auf einigen Darstellungen in Wasserfarben von
Dirk Langendijk aus dem Jahre 1787 im Museum zu Rotterdam sehen kann. Freiwillige und Bürgerwehren gingen auch
1813 bis 1815 unter dem Namen Schutters ins Feld und zur
Besetzung der Festungen ab. Die heutige Schutterij ist nichts
als eine uniformirte Bürgerwehr, die von einer Seite als Haupt-

---

[1]) J. de Riemer a. a. O. I. S. 678.]
[2]) Nymegen de oude hoofstad der Batavieren etc. Haag 1738.
S. 292.

vertheidigungsmacht des Königreichs der Niederlande angesehen, von andrer aber nur sehr gering geschätzt wird.

Während der Zeit ihrer Blüthe traten die Schützengilden
zu der national sich entfaltenden Kunst Holland's in ein nahes
und sehr bedeutsames Verhältniss, dem wir die sogenannten
Schützenstücke oder Schuttersstukken verdanken. Unter
diesen Schütterstücken versteht man Gemälde, welche eine
grössere oder geringere Zahl Schützen darstellen. Dieselben
heissen auch wohl Duhlenstücke. Wir wollen versuchen auf
die Geschichte dieser Kunstwerke hier etwas näher einzugehen.
Dabei werden wir uns ganz vorzugsweise an die noch vorhandenen Denkmäler halten. Untergegangene oder verschollene
Werke, wenn uns auch Nachrichten von ihnen überkommen
sind, lassen wir hier soviel als irgend möglich unberücksichtigt.

Man hat im allgemeinen bisher die häufige Anfertigung
der Schütterstücke in jener Zeit als Thatsache einfach angenommen, und diese wieder auf eine damals in Holland herrschende Sitte und Gewohnheit zurückgeführt. Aber Erscheinungen dieser Art pflegen nicht plötzlich wie vom Himmel
herunter zu fallen, sondern sie pflegen mit älteren verwandten
Erscheinungen geschichtlich zusammenzuhängen und sich,
wenigstens zum Theil, aus denselben zu erklären. Ist diess
hier der Fall?

Ehe wir auf diese Frage eingehen, sei es gestattet, ein
Denkmal zu erwähnen, welches jedenfalls das älteste aller
Schütterstücke ist. Es befindet sich im Museum zu Antwerpen
unter der No. 529, und gehört der ausgehenden Eyck'schen
Schule und, wie es scheint, dem Jahre 1493 an. Es stellt im
Garten des Duhlhofes ein grosses Fest dar, zu dem die
Schützen zahlreich mit ihren Frauen erschienen sind und bei
dem auch die zwei Gildenarren nicht fehlen: ein reich belebtes
Ganze und eine Auffassung, zu der man niemals wieder
zurückgekehrt ist. Auf diesem Boden also haben sich die
späteren Schütterstücke nicht entwickelt. Man muss andere
Beziehungen aufsuchen.

Jedermann kennt die Sitte des Mittelalters auf Altarbildern,
welche ein Einzelner, ein Ehepaar, eine Familie, eine Ge-
nossenschaft gestiftet hatte, die Bildnisse der Stifter selbst, meist

in knieender Stellung anzubringen. Diese Sitte setzte sich bis tief ins sechszehnte, ja ins siebzehnte Jahrhundert fort. Nicht selten war ein solches Gemälde nur das Mittel, um die Bildnisse verwandter oder verbündeter Personen zusammen darzustellen; es war desshalb nur ein Schritt, das Mittel fallen zu lassen und die Bildnisse selbst zum alleinigen Zweck und Inhalt der Darstellungen zu machen. Merkwürdig ist es, dass dieser Schritt, der doch ein Schritt zur Verweltlichung hin ist, zuerst, wie es scheint, gerade in geistlichen Kreisen geschah. Utrecht, dieser Sitz mittelalterlicher Kunst in den nördlichen Niederlanden, hat hier den Anstoss gegeben. Das Museum daselbst besitzt fünf lange streifenartige Stücke mit den Brustbildern von Männern, die gemeinsam als Wallfahrer das heilige Land besucht haben, von der Hand Jan Schoreel's (No. 71—75) und ein gleiches Stück von demselben Meister befindet sich im Museum zu Haarlem (No. 82). Dieses letztere trägt die Jahreszahl 1520; die beiden älteren der Utrechter Stücke gehören dem Jahre 1525 an.[1]) Diese Sitte erhielt sich zu Utrecht in geistlichen Kreisen lebendig, wie das z. B. jenes Gemälde mit den Brustbildern zweier Domherren, von der Hand des Antonis Mor und vom Jahre 1544, darthut, welches das Museum zu Berlin besitzt (No. 585 A). Inzwischen aber hatte dieselbe auch schon in weltlichen Kreisen Nachahmung gefunden, wenn auch nur noch eine schüchterne und vereinzelte, so doch immerhin eine Nachahmung. Aber nach Einführung der Reformation in den nördlichen Niederlanden und dem Beginn der politischen Kämpfe wurde die Sitte daselbst natürlich ganz und gar eine weltliche; als solche nahm sie eine neue Wendung und schon seit der zweiten Hälfte des sechszehnten Jahrhunderts einen umfassenden Aufschwung.

Die holländischen Schützengilden sind es gewesen, welche zuerst in neuer, eigenthümlicher Weise diese Sitte aufnahmen und sie allmälich zu einem stehenden Gebrauche erweiterten. Dabei nimmt man schon von Anfang an, zwei verschiedene Auffassungen wahr, denen die Darstellungen

der Schützen, die Schütterstücke, folgen. Entweder sind es
nämlich einfache Vereinigungen, meist ziemlich äusserliche Zusammenstellungen einer gewissen Anzahl von Schützen
oder es sind Versammlungen derselben bei fröhlicher
Tafel.

Von beiden Arten sind uns alte Denkmäler auf dem
Rathhause zu Amsterdam erhalten.[1]) Ein mit einem, auf grün-
weissem Schilde stehenden 𝔸 und der Jahreszahl 1531 be-
zeichnetes Bild zeigt in einer Reihe siebzehn, in eiserne Har-
nische gekleidete Männer hinter einer Brüstung und vor einem
landschaftlichen Hintergrunde (No. 133). Und das andere Bild,
aus dem Jahre 1533 von Cornelis Anthonissen (No. 1), ist
unter dem Namen der „Braspenningsmaltijd" bekannt[2]).
Vorn im Bilde ist der Tisch, auf dem in einer Schüssel zwei
gebratene Vögel stehen; über dem Tisch, in zwei Reihen, sind
gleichfalls siebzehn Schütters angeordnet, die gleichmässig halb
roth, halb grüne Röcke tragen. Wie man zugeben muss, ist
die Mahlzeit nicht Zweck der hier dargestellten Gesellschaft,
sondern nur Anlass des Zusammenseins, in welchem die Dar-

---

[1] Die im Rathhause zu Amsterdam befindlichen zahlreichen
Stücke kann man, mit nur wenigen Ausnahmen, nicht sehen und
beurtheilen, theils weil das Licht zu schwach ist und von unten
kommt, theils weil sie in Kanzleien hängen, die während der
Dienststunden, also der hellen Tagesstunden überhaupt, nicht zugänglich sind. Hierüber ist schon, namentlich in Amsterdam selbst,
viel geklagt worden, doch ist eine Besserung erst zu erwarten,
wenn, wie man hofft, diese Kunstwerke in das neue Museum
übergeführt sein werden. Inzwischen ist es ein Glück, dass
wenigstens Scheltema's „Historische Beschrijving der
schilderijen van het Raadhuis te Amsterdam. 1879." vorliegt,
die, wenn auch scharf getadelt (Nederl. Kunstbode. 1879. S. 57,
Anm. 2), doch unter den geschilderten Umständen, sehr will-
kommen ist.

[2]) Hochdeutsch Prasspfenningsmahlzeit, ohne Zweifel in spötti-
schem Sinne zu nehmen, da man mit Braspenning, der eine alte
Münze im Werthe von 6½ Cents war, den Preis der Soldatenmahl-
zeiten bezeichnete. Vergl. z. B. Corn. Kilianus Dufflaeus, Diction.
teutonico-latinum.

stellung oder Abbildung der siebzehn Schützen beabsichtigt
wurde. Doch hierauf kommen wir zurück.

Etwa zwanzig Jahre später scheinen die Schützenstücke
schon sehr an der Tagesordnung gewesen zu sein, wie mehrere
Gemälde im Rathhause zu Amsterdam darthun dürften. Von
1554, 1559 und 1563 sind drei Stücke von der Hand des Dirk
Jacobszen (No. 47—49) vorhanden, von denen die beiden
ersteren die Schützen noch in gleichmässiger Kleidung zeigen.
Ferner ist das Stück von Jakob Cornelissen aus dem Jahre
1556 No. 3o) und die beiden des Dirk Barentszen von 1562
und 1566 No. 11 12) zu nennen. Die Schützen sind in zwei
oder drei Reihen über und hinter einander angeordnet, und
zwar so, dass die vordere Reihe meist als Brustbilder, die
hinteren nur als Köpfe gehalten sind. Doch ist das letzte
Bild des Dirk Barentszen von 1566 wieder als Mahlzeit aufgefasst,
bei der es allerdings kärglich hergeht, da die gedeckte Tafel
nur mit Brod und Häring besetzt ist. An diese Meister reiht
sich dann Cornelis Ketel in Gouda und Amsterdam und
Cornelis Cornelissen in Haarlem.

Von Cornelis Ketel sieht man im Rathhause zu
Amsterdam No. 53 ein grosses Stück aus dem Jahre 1588,
zwölf Schützen mit ihrem Hauptmann Dirk Rosecrans, stehend
in ganzen Figuren, das schon Karel van Mander „sehr herrlich
geschildert und zierlich von Ansehn" nennt.[1] Während die
älteren Stücke noch eintöniger, zum Theil sogar, wie etwa
dasjenige des Dirk Jacobszen von 1554, in einem braunen
Ton gehalten sind, tritt bei Ketel schon eine bedeutende
Weiterentwickelung der malerischen Behandlung, des reiferen
Vortrages und der freieren Charakteristik auf. Auch seine
Vaterstadt Gouda besitzt in ihrem Museum ein Schützenstück
von ihm aus dem Jahre 1595.

Cornelius von Haarlem seinerseits nimmt mit seiner
„Schützenmahlzeit der alten Duhle" vom Jahre 1583, die
man noch jetzt im Museum dieser Stadt sieht (No. 23), eine
Epoche-machende Stellung ein. Da sitzen die biedern
Schützenleute rings um einen viereckigen Tisch in fröhlicher

---

[1] Het Schilderboek etc. Ausg. v. 1617. Bl. 191.

Tafelrunde, in welche der Beschauer von oben hineinsicht, so dass die vorderen ihm also den Rücken zukehren. Die Anordnung ist eine sehr gedrängte, und die Handlung des Essens tritt auch hier derart zurück, dass man deutlich erkennt, die gemeinsame Darstellung der hier vereinigten Personen sei der eigentliche Zweck des Bildes, die Mahlzeit aber nur der Anlass, wo diese Vereinigung stattfand. Man kann meinen, das Essen sei in der Hauptsache beendet, und die Schützen blieben noch bei Tafel in der Unterhaltung, wie das zu geschehen pflegt; der Eine und der Andere trinken, diese Zwei drücken sich feierlich die Hände, Jener hält die Fahne. Das Ganze ist durchaus lebendig und in der Auffassung wesentlich neu. Man muss es als ein Grund-legendes Werk ansehen.

Dabei drängt sich umsomehr die Frage auf, wie man überhaupt dazu gekommen sein mag, die Schützen bei Tafel abzuschildern. Wir haben oben die Bedeutung dieser Mahlzeiten berührt. Sie waren die festlichsten Stunden der Gilden im ganzen Jahre und man begreift deshalb wohl, dass gerade sie bei dem stark ausgesprochenen bestimmten Sinn der Holländer für die Wirklichkeit, als Gegenstand einer künstlerischen Verherrlichung, als Einkleidung einer Abschilderung der Schützen gewählt werden konnten. Diese Wahl entspricht zudem auch so recht der holländischen Vorliebe für solche Festlichkeiten überhaupt und der künstlerischen Neigung für das Gattungshafte und Zufällige, welche der gesammten Kunst Holland's eigen ist. Erinnert man sich aber nun noch an die Schicksale Haarlem's, an die furchtbare Belagerung und grausame Ueberwältigung der Stadt durch die Spanier, wie an die Befreiung derselben durch Wilhelm von Oranien, welche letztere im Jahre 1577 stattfand, so wird man begreiflich finden, dass die waffenfähigen Bürger, die so tapfer und ausdauernd sich erwiesen hatten, ihr Haupt mit einem gewissen Stolze erhoben, und dass die Schützengilde, die an der Spitze derselben stand, diess mit besonderem Nachdrucke that. Das Unglück nähert die Menschen, und ist es vorüber, so geben sie dieser Annäherung doch gern noch einen Ausdruck. Ein solches Gefühl mag bei den Schützen in Haarlem recht lebhaft gewesen sein, aber es ist bezeichnend, wie es sich geäussert hat. Nicht ein gemeinschaftlicher Kampf aus der Belagerung, nicht eine gemeinschaftliche Uebung im Schiessen wurde gewählt: die behagliche und fröhliche Vereinigung bei Tische nach beendetem Schiessen war der beliebte Augenblick. Da wurde von alten Leiden und neuen Freuden gesprochen, da wurde über das eben geschlossene Waffenspiel geredet und guter Muth für die Zukunft gefasst, da freute man sich aus Herzensgrunde der gegenseitigen Nähe und des allgemeinen Beisammenseins.

So etwa fasste Cornelius von Haarlem die Sache auf, und er führte sein Bild mit grosser Tüchtigkeit aus, indem er aus der Macht der lebensvollen Wirklichkeit frische Kraft gewann und seine italianisirende Manierirtheit zu Hause liess. Schon Karel van Mander rühmt das Werk nachdrücklich, besonders die lebendige Auffassung und Haltung jeder einzelnen Figur und die ausnehmende Durchführung aller Einzelnheiten.[1])

Diese Schützenmahlzeiten wurden nun in Haarlem für mehrere Jahrzehnte ausschliesslich Mode. Der letzte Versuch, eine Schützenvereinigung ohne Mahlzeit darzustellen, dürfte in dem mit der Jahreszahl 1594 bezeichneten Bilde von unbekannter Hand im Museum daselbst (No. 177) zu erkennen sein. Den Haarlemer Schützen gefiel es zu gut, sich bei fröhlicher Tafel malen zu lassen, und dabei blieben sie etwa 40 Jahre lang. Von Cornelius von Haarlem selbst besitzt das Museum dieser Stadt noch eine solche Schützenmahlzeit vom Jahre 1599 (No. 26), welche die Offiziere der alten Duhle nach glücklich beendigtem Papageien-Schiessen darstellt. Auch hier tritt die Mahlzeit als solche ganz zurück; die Schützen stehen oder sitzen an der Tafel, aber speisen nicht: Einer schneidet jedoch vor und ein Anderer hält ein Glas Wein in der Hand. Auch eine „Mahlzeit von Offizieren und Unteroffizieren der Schützerei" aus dem Jahre 1600 von Franz Pieterszen Grebber, ebenfalls im Museum zu Haarlem (No. 46), führe ich hier gleich an.

Inzwischen war man an andern Orten im allgemeinen der

----

[1]) Het Schilderboek etc. Ausg. v. 1617. Bl. 206.

andern Auffassung, der blossen Zusammenstellung der
Schützen, gefolgt. Ich nenne zuerst ein gut gemaltes Bild
mit dreizehn Schützen im städtischen Museum zu Alkmaar,
welches H. R. 1593 bezeichnet ist.[1]) Ferner sieht man im
Rathhause zu Amsterdam ein Gemälde, wo zwei Reihen von
neun und zehn Brustbildern über einander, doch so dargestellt
sind, als ob die Personen vor und hinter einer langen Tafel
sitzen. Die Auffassung ist ganz einfach natürlich, die Köpfe
zeichnen sich durch gute Charakteristik aus, die Malart entspricht noch der älteren Behandlungsweise; dieses Bild (No. 87)
ist mit dem Monogramm des Aert Pietersen:

und der Jahreszahl 1599 bezeichnet[2]. Auch das im Museum zu Rotterdam befindliche Schütterstück von unbekannter Hand, welches die Jahreszahl 1604 trägt, (No. 359)
ist merkwürdig genug, indem die Schützen da alle stehend, in
drei Viertel-Figuren, erscheinen und ihre Spiesse aufrecht
halten: was denn einen gar kriegerischen Anblick gewährt,
und dem damaligen Schützenwesen im Grunde wohl mehr
entsprechen mag als die Haarlemer Schützenmahlzeiten. Das
Bild stammt aus der alten St. Jorisdoele zu Rotterdam.

Die erste Hälfte des siebzehnten Jahrhunderts ist nun die
Zeit der Blüthe für die Schütterstücke. Alle Städte, die
grossen wie die kleinen, suchten die Mode eifrig mitzumachen,
und diesem Bestreben verdankt Holland eine grosse Anzahl
von Kunstwerken, die, meines Erachtens, in Gemeinschaft mit
den Einzelbildnissen aus jener Zeit insofern den höchsten
Rang innerhalb der gesammten holländischen Malerei einnehmen, als sie die Glanzzeit der vaterländischen Geschichte

---

[1] Ueber die zu Alkmaar befindlichen 15 Schütterstücke vergl.
C. W. Bruinvis im Nederl. Kunstbode'n 1880. S. 89 ff.
[2] Vergl. Kunstkronijk. 1874. S. 5.

widerspiegeln und einen Theil von dem Geiste jener grossen Zeit lebensfrisch selbst athmen, dazu auch einige Werke mit umfassen, welche an und für sich die reifsten und schönsten Früchte dieser ganzen Schule sind. Ueber 200 grosse Schütterstucke oder diesen eng verwandte Malereien sind gegenwärtig an öffentlichen Orten aufgestellt; man kann also den Zusammenhang und die Verschiedenheiten, die räumliche und zeitliche Gruppirung derselben übersehen. Die Ergebnisse dieser Uebersicht dürften sich, was die weitere Entwickelung dieser Gattung von Kunstwerken betrifft, wie folgt zusammenfassen lassen.

Die Schützenmahlzeiten bleiben fast ganz ausschliesslich eine Haarlemer Mode. Seit dem Stück des Cornelius von Haarlem aus dem Jahre 1583 herrschte diese Mode fast ausnahmelos bis gegen 1630, wo sie wie mit einemmal aufgegeben und nur ausnahmsweise noch befolgt wird. Vom Jahre 1610 ist noch ein zweites Bild der nämlichen Art, wie das bereits erwähnte, von Frans Pieterszen Grebber, ebenfalls im Museum zu Haarlem, No. 47) vorhanden.

Aber nun trat Frans Hals auf und überflügelte durch seine Leistungen alles bisher Erreichte.[1] Sein erstes Werk dieser Art stammt aus dem Jahre 1616 und stellt eine Mahlzeit von zehn Offizieren der Sankt-Georgs-Gilde dar (No. 54. Das ist ganz eine Freudentafel zur Feier eines frohen Tages, ganz im Alltäglichen und Gewöhnlichen gehalten, mit Ausnahme der reicher aufgetragenen Speisen und der besseren Kleider, der Feldbinden und Fahnen, die das Festliche andeuten. Ein Gattungsbild im grössesten Massstabe! Aber vorgetragen mit aller Meisterschaft der Kunst, in charakteristischer Treue und geistvoller Behandlung. Noch jetzt versetzt es uns mitten in den Kreis dieser Männer hinein, und wenn wir sie da auch nur beim Essen sehen, so wissen wir doch, dass sie die Feldbinden nicht zum Spass tragen, dass sie ihrer Fahne mit

---

[1] In Bezug auf die hier zu besprechenden Gemälde von Frans Hals vergl. das Werk: „Radirungen nach Frans Hals von W. Unger, mit Text von C. Vosmaer." Leyden 1873.

Muth und Tapferkeit folgen. Und in diesen ernsten Anklängen an Geschehenes liegt gerade der tiefere geschichtliche Zug, den diese Werke trotz alles Gattungshaften haben.

Diesem Bilde folgt aus dem Jahre 1618 eine Schützenmahlzeit von Cornelis Engelszen Verspronck (No. 114), die jedoch nur ein Werk mittleren Ranges ist, sowohl im Vortrage wie in der Auffassung. Die letztere namentlich ist recht dürftig, indem die Schützen bei Tische förmlich Parade stehen und sitzen.

Ferner folgen aus dem Jahre 1619 zwei solche Stücke von dem mehrmals genannten F. P. Grebber (No. 48/9): auch hier ist wieder die Mahlzeit nicht eigentlicher Zweck, sondern Anlass und Vorwand des Gruppenbildnisses, doch ist die Tafel reichlich besetzt, so dass sie sich auch recht geltend macht. Aehnlich ist auch das vorhin genannte Stück desselben Meisters von 1610 gehalten.

Frans Hals selbst malte im Jahre 1627 noch zwei Mahlzeiten (No. 55/6), dann aber verliess er diese Art von Darstellungen ganz und gar, und kein einziges der Schütterstücke, die im Museum zu Haarlem sich befinden und eine spätere Jahreszahl als 1627 tragen, ist eine Mahlzeit. Frans Hals eröffnet den Reigen dieser veränderten Auffassung mit einem Gemälde von 1633 (No. 57), das vierzehn Schützenoffiziere der Kloveniersdoele darstellt, die an einem Tische versammelt sind, und von denen der eine in einem albumartigen Buche blättert und ein anderer eine Feder hält. Man kann vermuthen, ein Grund zu diesem Wechsel der Auffassung habe in der Wahrnehmung gelegen, dass die Haarlemer Sitte nirgend anderswo dauernden Beifall gefunden, und dass, vielleicht hierdurch veranlasst, Schützen wie Maler der Essdarstellungen überdrüssig geworden seien.

Wir führen nun einige der wichtigeren Schütterstücke, welche vor dieser Wendung in der Auffassung der Haarlemer Darstellungen an andern Orten entstanden waren und noch erhalten sind, hier auf und wenden uns zunächst nach Delft.

Leider sind die drei Bilder von der Hand des Michiel

Janszen Mierevelt. welche dort im Rathhause hängen[1]),
und von denen eines mit der Jahreszahl 1611 bezeichnet ist,
nicht auf der Höhe der Kunst dieses Meisters, wenigstens
nicht in ihrem jetzigen Zustande. Eines derselben ist sogar
sehr stark ausgebessert und es wird dies jenes Bild sein,
welches beim Auffliegen des Pulverthurmes zu Delft im
Jahre 1654 in Stücke gerissen und danach von Jakob Delff
wieder geflickt wurde.[2] Immerhin aber durften doch hierher
gehörige Werke eines so hervorragenden Künstlers, wie
Michiel Mierevelt. nicht unerwähnt bleiben. Bei dem Stücke
von 1611 sind die zwei Reihen Schützen hinter einem Tische
angeordnet, an dem rechts im Vordergrunde noch einige
Figuren, als eine dritte Reihe sich befinden; trotz dieses
Tischchens wird man kaum das Gemälde unter die Schützenmahlzeiten rechnen können.

Ungleich glücklicher ist man in Bezug auf Jan van Ravesteyn gestellt, der im Haag, der Nachbarstadt Delft's,
wirkte. Im Rathhaus und im städtischen Museum des Haag
sieht man die herrlichen Schütterstücke, die er in den Jahren
1616 und 1618 gemalt hat (No. 13 und 18), und die in Verbindung
mit einigen daselbst befindlichen späteren Werken diesen
Meister erst in seiner ganzen Bedeutung erkennen lassen.
Wie hat er sie da auf die Leinwand hingezaubert, diese alten
Haag'schen Schützen! Charaktervolle, ernste Männer waren
sie. und in wundervoll charakteristischer Sicherheit, in über-
raschender Lebenswahrheit hat der Maler sie uns vorgestellt.
In dieser lebensvollen, sicheren Wiedergabe dieser Persönlichkeiten, die man als Vertreter eines Stückes der niederländischen
Geschichte ansehen darf. liegt eben ein grosser historischer
Zug der holländischen Malerei. Aber ihre natürliche Hin-
neigung zum Gattungshaften verläugnet diese Malerei auch in
den Meisterwerken Ravesteyn's nicht, denn der Gedanke und

---

[1]) Mit den Schütterstücken im Rathhause zu Delft ist die Sache
zum Theil sehr fragwürdig, da Niemand dort genügend Bescheid
weiss, die Bilder keinerlei Namenangaben tragen und meist recht
schlecht hängen.

[2] D. van Bleyswijck, Beschr. d. stadt Delft. S. 566.

die Auffassung derselben bleiben immer gattungsartig. Der
künstlerische Schwerpunkt liegt immer zunächst in der Darstellung der einzelnen Personen, die so sprechend und so
erschöpfend ist, und dann in den malerischen Vorzügen der
Darstellung selbst, in der ausgezeichneten Wiedergabe des
Stofflichen, in dem glücklichen Streben nach Farbenharmonie,
in der zum Auge sprechenden Erscheinung des Ganzen.

Was die Auffassung dieser Gemälde betrifft, so können wir
deren thatsächlichen Ursprung deutlich erkennen. Die Schützen
im Haag machten jährlich während der Kirmes einen Fest-
aufzug, der sich vor dem Statthalter und dann vor dem Stadtrath
vorüber bewegte. Hierauf wurden die Schützenoffiziere eingeladen vor dem Rathe zu erscheinen, wo sie mit einer An-
sprache und dem festlichen Römer Ehrenwein empfangen
wurden. Auf dem älteren Bilde von 1616, welches in sehr ge-
drängter Anordnung fünfundzwanzig Figuren, bis zu den
Knieen dargestellt, enthält, liegt der Auffassung der Augenblick
zu Grunde wo die Schützenoffiziere eintreten wollen, während
das Bild von 1618 sie zeigt, wie sie eingetreten sind und vom
Stadtrathe empfangen werden. Die Mitglieder des letzteren
sitzen an einem mit einer rothen Decke bedeckten Tische, der
die linke grössere Hälfte des Bildes einnimmt, während rechts
die Schützenoffiziere in ihrer schönen farbenreichen Tracht
angeordnet sind. So wie wir es da sehen, wird sich alles dies
wirklich ereignet haben, wenigstens erkennen wir mit Sicherheit, dass an dieser Art der Auffassung und Anordnung die
schöpferische Phantasie keinen Theil hat. Es ist gewiss unzweifelhaft, dass der dargestellte Augenblick der schönste und
festlichste für die Haag'schen Schützen war, und dass er deshalb gemalt worden ist, ebenso wie man in Haarlem die Mahlzeiten als diesen höchsten festlichsten Augenblick ansah.

An den Aufzug selbst erinnern noch zwei im städtischen
Museum des Haag befindliche Gemälde von Joachim Houck-
geest aus dem Jahre 1621 (No. 32/3), welche zwei Fahnenträger der Schützen darstellen; bei allem Gattungshaften ist
auch diesen Bildern jener historische Zug eigen, den man,
ohne dieselben vor Augen zu haben, nicht näher auseinander-
setzen kann.

Mehrere Schütterstücke, auf denen der Ehrenwein ebenfalls eine Rolle spielt und die aus der kleinen seeländischen Stadt Goes stammen, werden im Museum zu Rotterdam aufbewahrt; sie sind zwischen 1616 und 1624 von C. W. Eversdyck gemalt worden (No. 81—83). Obwohl es nur ziemlich mässige Arbeiten sind, verdienen sie doch Erwähnung, da sie beweisen dass die Sitte, von der wir sprechen, eine allgemeine, bis in die kleinsten Städte hin herrschende geworden war.

Als ferneres Zeugniss hierfür nennen wir noch drei, sonst freilich nur mässige Gemälde des J. D. de Veth von 1615, 1619 und 1621 in der städtischen Sammlung zu Gouda. Die Schützen sind in halben Figuren und in zwei Reihen angeordnet.

Auch Alkmaar darf nicht übergangen werden, dessen städtische Sammlung beinahe ein Dutzend Stücke aus den ersten dreissig Jahren des siebzehnten Jahrhunderts besitzt, darunter zwei von Zach. Paulusz von 1621 und 1629. Mit Ausnahme dieses letzteren Gemäldes, das nur eine Reihe zeigt, sind auf allen den älteren Alkmaarer Stücken die Schützen in zwei Reihen übereinander mit Hellebarden und Feldbinden angeordnet.

Aus den Jahren 1626 und 1628 besitzt die Stadt Leyden in ihrem Museum sechs grosse Stücke mit den Abbildungen der Offiziere ihrer alten Schützerei (No. 1346 51). Sie sind von Joris van Schooten trefflich gemalt, in charaktervoller Auffassung der einzelnen Personen, in lebhaften Farben ohne Buntheit. Wenn Schooten in der Richtung dieser malerischen Behandlung als eine Art Vorläufer von Rembrandt angesehen werden kann, so reicht er durch die mehr zeichnerische Behandlung der Einzelheiten, wie der Kragen, Wehrgehänge und dergleichen mehr, noch ganz und gar Mierevelt und auch Ravesteyn die Hand. Er nimmt also eine sehr beachtenswerthe Uebergangsstellung ein. Auch sind diese Bilder noch dadurch von besonderer Bedeutung, dass wir in Bezug auf fünf derselben den Vertrag kennen, mittelst dessen dem Künstler die Arbeit übertragen wurde. Der Vertrag ist im April 1626 abgeschlossen worden. Joris van Schooten oder Verschooten sollte danach die Offiziere der Schützerei malen und zwar auf

jedem der fünf Stücke sieben von jedem Fähnlein. Für den
Kopf erhielt er 12 Gulden, also im Ganzen für die fünfund-
dreissig dargestellten Herren 420 Gulden.[1] Man sieht hier
ganz deutlich, dass es sich nicht um Werke von freier Erfindung oder auch nur von selbständigerem künstlerischen
Belieben des Malers handelte, sondern darum, die fünfund-
dreissig Offiziere treu abzuschildern und Jeden für seine
12 Gulden voll zu seinem Rechte und zur Geltung gelangen
zu lassen: ein Umstand, auf den wir noch weiterhin näher
einzugehen haben werden. Die Arbeiten des Joris Verschooten
fanden von Anfang an Beifall und Anerkennung; sie wurden
in den Sälen der Duhlhäuser aufgehängt und J. J. Orlers, der
sie dort sah, bezeichnete sie als „schön und künstlich geschildert."[2] Verschooten nahm seine Schützen in dreiviertel
Figuren, mit Federhüten, Halskragen, Feldbinden, Partisanen
und Fahnen, deren bunte Farben, bei der vorwiegend dunklen
Kleidung, einen reichen und lebhaften und dabei doch ruhigen
Eindruck hervorbringen.

Endlich befinden sich auf dem Rathhause zu Amsterdam mehrere hier noch aufzuführende Werke. Namentlich
ist ein Stück von Werner van Valckert aus dem Jahr 1625
(No. 108) und eines von A. Lion aus dem Jahre 1620 oder
1628 (No. 71) hervorzuheben. Auf letzterem Bilde stehen nach
älterer Art die Schützen in voller Waffenrüstung, bis zu den
Knien sichtbar, in Einer Reihe. Ein anderes Stück desselben
Meisters mit fünfundzwanzig Schützen (No. 70) zeigt zwei
Reihen, die hintere erhöht, hinter einer Balustrade stehend.

Ganz ähnlich angeordnet sind die Gemälde von Thomas
de Keyser aus den Jahren 1632 und 1633 (No. 56 und 55), von
denen das letztere wegen seiner vorzüglichen Malerei sich
eines grösseren Rufes erfreut.

Diese und ähnliche Vorgänge in so vielen anderen holländischen Städten mögen die Haarlemer darauf aufmerksam

---

[1] F. van Mieris en D. van Alphen, Beschryv. der stad Leyden etc. Daselbst 1770. II. S. 409. — Vergl. auch Nederl. Kunstbode. 1879. S. 49.

[2] Beschrijvinge der Stadt Leyden etc. Daselbst 1641. S. 170.

gemacht haben, dass sie mit ihren Schützenmahlzeiten vereinzelt blieben. Jedenfalls gaben sie um diese Zeit, soweit
man aus den mit Jahreszahlen bezeichneten Stücken schliessen
kann, mit vollem Bewusstsein und endgültig diese Art von
Darstellungen auf. Auch nirgend anderswo wurden dieselben
etwa später noch beliebt, mit Ausnahme von einigen ver-
einzelten Fällen, unter denen die berühmte Schützenmahlzeit
des Bartholomäus van der Helst von 1648 im Museum zu
Amsterdam (No. 118) obenan steht.[1]

Dieses ausserordentliche Gemälde stellt das Festmahl
vor, welches die Sankt Georgs-Gilde zu Amsterdam in
ihrem Schiesshause am 18. Juni 1648 abhielt, und zwar, wie
der Katalog bisher meldete, „nach dem Abschluss des Münster'
schen Friedens," oder wie der neue Katalog von 1880 sagt,
„zur Feier des Münster'schen Friedensschlusses." Von dieser
Beziehung zum Münster'schen Frieden wissen aber die älteren
Schriftsteller, Houbraken, Weyermann, Jan van Dyck und
andere nichts; nach ihnen ist das Bild die „Schuttersmaaltijd
der St. Joris-Doelen" von 1648, wie sie regelmässig alle Jahre
gehalten wurde. Erst die neueren Schriftsteller — Kugler,
Waagen, E. Förster, Burger, Scheltema, Vloten, Ch. Blanc
und verschiedene andere — reden von einem „Friedensfest-
mahl", von einem „Schützen-Friedensmahl", von einem „Festmahl zum Abschluss des westfälischen Friedens", als ob die
St. Georgsgilde zur Feier dieses Friedens, ausdrücklich und
besonders, ein Festmahl veranstaltet hätte. Wird dies, wie es
geschehen, auf den Frieden bezogen, welcher der westfälische
genannt wird, so zerfällt die Annahme in sich, da dieser
Friede erst am 24. Oktober zu Münster abgeschlossen worden
ist, also nicht gut schon am 18. Juni in Amsterdam gefeiert
werden konnte. Es bleibt also nur die Beziehung zu dem
Einzelfrieden übrig, der am 15. Mai zwischen Spanien und
den nördlichen Provinzen der Niederlande in Münster abgeschlossen und beschworen worden ist. Und es ist unbestreit-
bar, dass die Schützenmahlzeit vom 18. Juni, wie der Katalog

---

[1] Gestochen u. A. von W. Unger im Musée nat. d'Amsterdam
und in einer grossen Platte von J. W. Kaiser.

Riegel I.   9

des Amsterdamer Museums früher sagte, „na het sluiten van den Munster'schen vrede" stattgefunden hat. Aber ist sie denn nun wenigstens zur Feier dieses Friedens veranstaltet worden, wie der neue Katalog zu meinen scheint? So weit ich sehen und urtheilen kann, fehlt es auch hierfür an bündigen Beweismitteln.

Ein Amsterdamer Katalog vom Anfang des Jahrhunderts, aus welchem Fiorillo die bezügliche Stelle mittheilt, scheint überhaupt diese ganze Auffassung erst aufgebracht zu haben.[1] Die Stelle lautet auf Hochdeutsch: „Das Stück stellt die Schützenmahlzeit bei Gelegenheit des Friedensschlusses von Münster im Jahre 1648 dar, wovon der Vers des Dichters Jan Voss, der hinter die Trommel gesteckt ist, die Erklärung giebt." Nun, dieser Vers hat folgenden Inhalt:

„Bellonen ekelt es vor Blut, ja Mars verflucht das Dröhnen
Des schwangeren Metalls, das Schwert beminnt die Scheide,
D'rum biet't der tapfere Wits dem edelen van Waveren,
Zu ewigem Verbund, das Horn des Friedens dar."

Da steht aber kein Wort vom Münster'chen Frieden, nur eine Sehnsucht nach Frieden — das Schwert verlangt wieder in der Scheide zu ruhen! — spricht sich aus. Auch wusste Jan van Dyck, der kurz zuvor diese Verse ebenfalls las und mittheilte, von einer solchen Auffassung derselben nichts.

Wenn ich die Sache nicht gänzlich falsch verstehe, möchte ich meinen, dass bei dem Mahle, welches am 18. Juni 1648 die St. Georgsgilde in Amsterdam, aus Anlass ihres jährlichen Festschiessens abhielt, der Schützenhauptmann Wits das grosse Trinkhorn der Gilde, — das er auch auf dem Bilde in der Hand hält und das noch jetzt auf dem Rathhause aufbewahrt wird, — ergriffen und dem Leutnant van Waveren dargereicht habe, als sinnbildliches Zeichen und Pfand des ferneren einträchtigen Verbandes der Schützen auch in den nun beginnenden Friedenszeiten. In diesem Sinne jedenfalls ist das Trinkhorn mit einem Oelzweig umwunden worden, und Jan Voss

---

[1] Geschichte der zeichn. Künste in Deutschland u. d. Niederl. III. S. 146 (Hannover 1818).

nennt es deshalb ganz mit Recht das Friedenshorn. Weiter
zu gehen, fehlt es an sicherm Anhalt, und die Auffassung des
Bildes als eines „Friedensmahles," als eines zur Feier des
Friedens vom 15. Mai 1648 veranstalteten Festmahles erscheint
als ein Erzeugniss der Einbildungskraft. Es ist die übliche
„Schuttersmaaltijd", nur dass man unter den durch den Frieden
veränderten Verhältnissen auch fernerhin „ewigen Verbund"
sich zutrank. Und dies ist dargestellt durch die entsprechende
Handlung des Hauptmanns der Gilde.

Dieser feierliche Augenblick ist es, den man hat veranschaulichen wollen, wenn er auch im Gemälde selbst vor den
einzelnen Zufälligkeiten und den vielen gattungsartigen Zügen
zurücktritt. Und die Absicht, eben diesen Augenblick malen
zu lassen, führte dann von selbst zur Darstellung des Festmahles, von welchem er nicht zu trennen war. So mag es
gekommen sein, dass der grösste unter den Nachfolgern des .
Frans Hals, mehr als zwanzig Jahre nach der letzten Schützenmahlzeit dieses Meisters, noch mit einem gleichartigen Stücke,
der berühmtesten aller Schützenmahlzeiten, auftreten konnte.

Ein unmittelbares Nachspiel fand dieselbe in einem grossen
Gemälde des Johan Spilberg, eines mässigen Nachahmers
des Bartholomäus van der Helst, vom Jahre 1653, welches sich
im Rathhause zu Amsterdam befindet (No. 104); es erscheint
schon in manchen Stücken gekünstelt und die barocke Art
ankündigend.

Ueber das grosse Werk des Bartholomäus van der
Helst ist schon viel geurtheilt und geschrieben worden, lobend
und tadelnd, und zwar mit auffälliger Einseitigkeit: während
die Einen es für eines der grössten Meisterwerke halten, weisen
die Anderen ihm einen dritten oder vierten Rang an. Das ist
merkwürdig genug, es erklärt sich aber leicht. Die Vorzüge
des Bildes sind so bedeutend und entschieden, dass man die
Mängel übersehen darf, und die Schattenseiten wiederum,
wenn sie bemerkt worden sind, erscheinen so erheblich, dass
man die Vorzüge unterschätzen kann. Da rühmt Einer das
Werk als ein wahres Prachtstück von unglaublichster Lebenswahrheit und ausgezeichnetster Frische der Farbe: er hat
Recht. Da kommt aber ein Anderer und sagt, es sei doch

9*

durch die Tafelei und Esserei allzu gattungshaft geworden;
einer der Schützen schneide gerade eine Pastete an, ein Diener
setze einen Teller hin oder schenke Wein ein, eine Aufwärterin
bringe einen Puterbraten, und der dicke Fähndrich Jakob
Banning mit seiner Fahne sitze da in der Mitte eigentlich so
recht zur Schau, um sich bewundern zu lassen: auch er hat
Recht. Der ernste historische Zug, der die älteren Schütterstücke
und Einzelbildnisse adelt, ist hier nicht mehr vorhanden. Aber
dieser Mangel ist nicht die Schuld des Malers, sondern er bezeichnet eine Veränderung im Geiste des Schützenwesens, ja
der Nation selbst. Doch hierauf komme ich später zurück.
Erwägt man aber diese Thatsache, so wird man der Helst'schen
„Schuttersmaaltijd" leicht gerecht werden, und dieselbe immerhin als eine ganz ausserordentliche Leistung bewundern dürfen.
Was Einzelne in Bezug auf die malerischen Eigenschaften des
Bildes tadeln, lässt man besser auf sich beruhen, da Aufstellung und Beleuchtung zur Zeit noch immer derartig sind,
dass sie in jenem Betrachte ein sicheres und wohl zu begrün-
dendes Urtheil verbieten.

Wenn die Schützenmahlzeiten auf diese Weise ihr Ende
erreichten, so liegt auch die Frage nach der weiteren Entwicklung und dem Ausgange der einfachen Schütterstücke,
also der blossen Versammlung von Schützen nahe.

Frans Hals machte zuerst mit dem schon genannten
Gemälde von 1633 den Versuch, der Anordnung der Dargestellten gewisse innere Beziehungen zu Grunde zu legen, aber
dieser Versuch blieb bei ihm vereinzelt. Wir sehen ihn in
dem Schützenstücke vom Jahre 1637, welches im Rathhause
zu Amsterdam sich befindet (No. 36), und ganz besonders in
dem grossen Haarlemer Stücke von 1639 (No. 58), wo er neunzehn Personen abzubilden hatte, eine Anordnung wählen,
welche alles inneren und gemeinsamen Haltes entbehrt. Sie
entspricht derjenigen, welche man heutzutage häufig auf Pho-
tographien von Studenten und Soldaten sieht: ein einfaches
Neben- und Hintereinander, wie es die wirkliche Aufstellung
von zwanzig oder dreissig Menschen ergibt. In zwei offenen
Gliedern stehen die Haarlemer Schützen von 1639 da, so dass
die Hintermänner gehörig sichtbar sind, und hinter der Hälfte

dieser Aufstellung befindet sich noch ein drittes Glied, eine dritte Reihe, die, um höher herauszukommen, auf einer Treppe steht. Es ist eine vollständige Parade. Und wäre das Bild in den einzelnen Bildnissen, in der malerischen Behandlung von Licht, Schatten und Farbe nicht so meisterhaft, man müsste versucht sein, es herzlich langweilig zu nennen. Aber die Darstellung der einzelnen Leute an und für sich ist wahrhaft grossartig und so vollendet in der eigenthümlichen Art des Meisters, dass gerade dieses Bild Frans Hals ganz und völlig auf seiner Höhe zeigt.

Mit den Arbeiten des Pieter Klaaszen Soutman von 1642 und 1644, die im Museum zu Haarlem sich befinden .No. 108.9', erreichen die Haarlemer Schütterstücke, soweit Denkmäler erhalten sind, ihr Ende. Soutman aber ist lediglich ein Nachahmer des Frans Hals, ein ehrlicher und treuer Nachahmer, doch nicht ein besonders geistreicher Künstler.

Die Anordnung des Hals'schen Paradebildes, welche, wie bereits bemerkt, in Amsterdam schon auf verschiedenen älteren Werken vorkommt, wurde durch Bartholomäus van der Helst daselbst wieder aufgenommen, wie man an dem grossen Schütterstücke des letzteren im Rathhause dieser Stadt, welches die Jahreszahl 1643 trägt, sehen kann (No. 37. Nur ordnete Helst über den Figuren noch einen hohen Hintergrund von Bauwerken, Bäumen und Himmel an. Mancherlei Absichtlichkeit in Anordnung und Zusammenstellung wird sich nicht verkennen lassen, aber im Einzelnen herrscht doch volle Lebendigkeit.

Während Helst wohl schon an diesem Bilde gemalt haben mag, wurde dasjenige Werk geschaffen, welches in jedem Betrachte das Hauptwerk unter allen Schütterstücken ist: Rembrandt's „Wachtaufzug" vom Jahre 1642 im Museum zu Amsterdam (No. 312).[1] Hier erreicht Rembrandt, was ein Frans Hals vergeblich erstrebt oder was andere Meister von vorn herein gar nicht einmal versucht hatten, dem Gemälde

---

[1] Gestochen u. A. von W. Unger im Musée nat. d'Amsterdam und in einer grossen Platte von J. W. Kaiser.

als Ganzem einen bestimmten Inhalt, eine Handlung zu geben.
Die Aufgabe zwanzig, dreissig und mehr Personen in einem
Rahmen darzustellen, welche den anderen Malern so sichtbare
und unüberwindliche Schwierigkeiten darbot, ward gerade für
den grossen Meister der Anlass, zu bekunden wie sicher und
tief sein Genius auch den sprödesten Gegenstand erfasste.
Er nahm seine Schützen nicht tafelnd oder paradestehend,
sondern im vollen Aufzuge, als eilten sie fort, um einer
dringenden Gefahr zu begegnen — vermuthlich angeregt durch
irgend einen bestimmten Vorfall, den er mit angesehen hatte.
Hierzu war ihm der Anlass leicht geboten.

In Amsterdam bestand nämlich ein sehr gut eingerichteter,
umfassender nächtlicher Sicherheitsdienst, der theils von besonderen Wächtern, theils durch die Schützen versehen wurde.
Während jene zu Zweien die ganze Nacht hindurch die
Stadt durchwandelten, hielten diese die Wachen besetzt und
machten auch Runden.[1]) Der Aufzug zur Wache erfolgte
Abends und zwar „ging er, wie von Alters her gebräuchlich,
in Reih' und Glied, von des Fähndrichs Hause aus nach den
einzelnen Hauptwachen," wie in einem Rathsberichte von
1696 amtlich erklärt wird.[2]) Seit dem Jahre 1650 pflegten in
dieser Weise von den damals auf 54 vermehrten Schützen-
Fähnlein zu je 150 Mann sogar „alle nacht zwo — also 300
Mann — auf die Wache zu ziehen."[3]) Diese Einrichtung, wenn
auch vielleicht in geringerer Stärke der Wachtmannschaft,
hat jedenfalls schon 1642 bestanden, und es ist deshalb durchaus berechtigt, Rembrandt's Bild mit derselben in Verbindung
zu bringen.

Es ist der Aufzug des Fähnleins vom Hauptmann Frans
Banning Cock zur Wache, — oder, was wahrscheinlicher, es
ist der Aufbruch desselben während der Wache zur Begegnung
einer Unordnung oder Gefahr. Und da nun die ganze Licht-
und Schattenhaltung des Bildes etwas Nächtliches hat, —
wenigstens beim ersten unbefangenen Anblick — so ist der

---

[1]) Wagenaar. III. S. 176.
[2]) Daselbst. I. S. 719.
[3]) F. von Zeesen etc. S. 381.

Name „Nachtwache" für dasselbe aufgekommen, obwohl die
älteren Nachrichten in demselben immer nur „het optrecken
der schutters-compagnie van den Kapitein Frans Banning
Cock" erkennen. Man hat neuerdings auch wieder Anstoss
an jener Benennung genommen. Die alte Auffassung des Bildes, manche Einzelheiten und das Licht, welches von der
Sonne und nicht von künstlichen Flammen kommt. mögen
dazu veranlasst haben. Burger gesteht zwar zu, dass das
eigenthümliche Licht die Wirkung eines nächtlichen Zu-
standes mache. nennt aber dennoch den Namen „la ronde de
nuit" abgeschmackt.[1]) Auch Vosmaer will die Benennung
als ganz ungeeignet abschaffen und sie, in Uebereinstimmung
mit den alten Benennungen, durch „Auszug des Fähnleins
von Franz Banning Cock" ersetzen, wobei er meint, dass die
Schützen sich zum Vogelschiessen begeben.[2]) Darin also sind
wir einig, dass das Bild einen Aufzug oder Auszug der Cock'
schen Schützen darstellt. Aber gegen den Auszug zum Vogelschiessen spricht das Laden und die Handhabung der Gewehre
und gegen die Bezeichnung „Nachtwache" spricht das Tages-
licht. Dass es nämlich wirklich Tages- und nicht Nachtlicht
ist, kann nicht zweifelhaft sein. Zwar aus der Natur des
Lichtes selbst, lässt sich eine bestimmte Entscheidung nicht
abgeben. da sich hier verschiedene Meinungen begründen
lassen. Aber die Stärke der Schlagschatten und die Helle der
Halbschatten. so wie hier. besonders ein Helldunkel, welches
so durchsichtig leuchtet, sind nur durch Sonnenlicht hervor-
zubringen. Da das Licht flach einfällt, so muss man scharfe
Abend- oder Spätnachmittagssonne annehmen.

Was hat Rembrandt denn nun eigentlich mit seinem Bilde
beabsichtigt?

Eine befriedigende Antwort wird man hier nicht finden.
solange man das Bild als Ganzes rein nur als Abbild von etwas
Wirklichem verstehen und erklären will. Zwar ist der Anlass
zur Auffassung des Gegenstandes durch Rembrandt ganz
gewiss auf den nächtlichen Wachtdienst der Schützen zurück-

[1] Mus. de la Holl. I. S. 13.
[2] Rembrandt. 2. Aufl. S. 221.

zuführen, zwar beruht das Werk in allen seinen einzelnen
Theilen völlig auf der Wirklichkeit, aber als Ganzes ist es
[Dichtung, als Ganzes besteht es nur in der Phantasie. Rembrandt
ist ein Zauberer mit dem Pinsel, ein Dichter in der Auffassung
seines Stoffes und noch mehr in der Darstellung durch Licht,
Schatten und Ton: und mit diesen Mitteln erhebt er sein
Kunstwerk hoch empor über den Boden einfacher Wirklichkeit. So wie er den Schützenaufzug oder den Auszug der
Wache dargestellt hat, ist derselbe niemals geschehen. Man
empfindet im Betrachten dieses Gemäldes so recht die Wahrheit von Schiller's Wort:

> „Alles wiederholet sich im Leben,
> Ewig jung ist nur die Phantasie,
> Was sich nie und nirgends hat begeben.
> Das allein veraltet nie."

Auf diese Kraft, welche das Werk ewig jung und anziehend
erhält, während neben demselben „all' die andern Stücke wie
Kartenblätter dastehn", hatte schon Samuel van Hoogstraeten
mit Einsicht hingewiesen.[1]) Er hat auch die ausserordentliche
Malerei als solche hervorgehoben und ebenso die tiefere Ein-
heitlichkeit in der Auffassung betont; und wenn er auch nicht
ausdrücklich sagt, dass das Werk künstlerische Dichtung und
nicht Abschreiberei der blossen Wirklichkeit ist, so deutet er
dies doch an, indem er von den Tadlern spricht, denen das
Bild nicht behagte, weil es zu wenig Bildniss der Schützen,
die es bestellt hatten, war. Dafür ist es freilich auch keine
Schaustellung, die schliesslich doch einmal ermüdet, sondern
eine Darstellung voll Handlung und Leben, die immer an-
ziehen.

Wie ganz anders, als bis dahin irgend Einer es gethan
hatte, hat Rembrandt seine Leute geordnet! Alles eilt, zum
Bilde heraus, dem Beschauer entgegen. In dramatischer
Lebendigkeit sind die Personen vertheilt: in der Mitte gehen
der Hauptmann und sein Leutnant, jener diesem Befehle aus-

---

[1] Inleyding van de hooge schoole der schilderkonst etc. Rotterdam. 1678. S. 176.

einandersetzend: rechts und links von der Mittelgruppe hat
der Maler im Vordergrunde einen freien Raum gelassen, an
den weiter sich Schützen, Trommler, Fahnenträger schliessen,
deren Masse sich im Mittel- und Hintergrunde berührt. Alle
sind aus einer grossen Thoröffnung herausgetreten und
schreiten eine Stufe herunter. Da ist Leben, Bewegung und
Handlung im Ganzen und Einzelnen, überall im Bilde, wohin
das Auge blickt: aber freilich hat diese dramatische Entwicklung keinen tragischen oder heroischen Charakter, sondern
einen natürlichen gattungshaften, wie das eben im Wesen
der holländischen Malerei liegt. Dazu kommt nun die wunderbare Behandlungsweise, deren Licht, Schatten und Helldunkel,
deren Ton und Farbe mit Worten nicht zu beschreiben sind,
und wie sie in dieser Art kein anderer Künstler je so beherrscht
hat, — um diesem Werke eine der ersten Stellen unter allen
holländischen Gemälden, die erste unter allen Schütterstücken
anzuweisen.

Das grosse Beispiel, das Rembrandt in seinem „Wachtaufzuge" hingestellt hatte, um die Schütterstücke auf eine
höhere Stufe der Kunst zu erheben, hat so gut wie gar keine
Nachahmung gefunden — ein sprechendes Anzeichen von der
Thatsache, dass trotz so vieler ausserordentlicher Vorzüge die
holländische Malerei im allgemeinen nur über ein geringes
Maass schöpferischer Erfindungskraft, entsprechend dem auf
die Wirklichkeit der Dinge gerichteten Geiste der Nation, verfügte. Diesen Mangel, sowie dessen Grund und Folge hatte
Hoogstraeten[1]) schon sehr richtig erkannt. Er tadelte, dass
„auf den Gemälden in den Schüttersduhlen die Bildnisse in
Reihen neben einander gestellt seien, wie man deren nur all-
zuviel sehen kann," aber er musste doch, indem er von Rembrandt's „Wachtaufzug" spricht, zugeben, dass eine höhere
Auffassung des Gegenstandes, wie sie hier durchgeführt ist, nur
ein geringeres Verständniss finden konnte. Denn der eigentliche Zweck, weswegen die Schützenstücke bestellt wurden,
waren die „besonderen Bildnisse," aber nicht das Kunstwerk
als solches, und Rembrandt hatte „mehr Werks von dem

---

[1] Inleyding etc. S. 176.

grossen Bilde seiner Wahl, als von den besonderen Bildnissen
gemacht." Es kann also nicht überraschen, wenn die Gewohnheit der Nation und die Art ihres Kunstgeistes sich
stärker erwiesen als die That des Genius, zumal die Wege
des letzteren immer und überall einsame, nicht für Jeden und
nicht für Viele gangbare sind.

So malte denn auch noch nach dem „Wachtaufzuge"
van der Helst in Amsterdam seine grosse Schützenmahlzeit
vom 18. Juni 1648, und nach ihm Spilberg die von 1653 in
der alten Weise. Und Govert Flinck gab in dem „Schützen-
freudenfest," welches er im „Friedensjahre" 1648 malte und
welches im Museum zu Amsterdam aufbewahrt wird (No. 88),
wieder eine blosse Schaustellung. Dieselbe zerfällt in zwei
grosse Gruppen, von denen jede die Hälfte des Bildes einnimmt,
und denen im Einzelnen eine gewisse Grossheit, ein gewisser
Ernst eigen sind, aber zwischen denen gerade in der Mitte
nun gar einer der Schützen abgebildet ist, wie er sich den
einen Strumpf in die Höhe zieht und dabei feierlich ernst den
Beschauer anguckt. So gewaltig kann selbst ein Künstler wie
Govert Flinck aus der Rolle fallen! Dass übrigens dieser
hervorragende Schüler Rembrandt's hier weniger das Vorbild
seines Meisters als das des Helst befolgte, zeigt dieses Bild auch
in der Wahl und Haltung der Farben.

Auch an andern Orten gehören die letzten Schütterstücke
ungefähr dieser Zeit an. Ich stelle hier die wichtigeren derselben, die, seit der Zeit jener Wandlung in Haarlem, zu
Amsterdam und in andern holländischen Städten noch entstanden sind, soweit sie jetzt in öffentlichen Gebäuden aufbewahrt werden. nach Ort, Meister und Jahreszahl zusammen,
wobei ich auch die hier bereits besprochenen der Vollständig-
keit halber mit aufführe. Werke bekannter Meister ohne
Jahreszahl oder solche unbekannter Meister lasse ich unberücksichtigt.

Haarlem. Städt. Museum. No. 57. Frans Hals. 1633.

Amsterdam. Rathhaus. No. 55. Thomas de Keyser. 1633.

Die dreiundzwanzig Schützen stehen und sitzen in

einer langen Reihe, Parade; sie sind in dreiviertel Figur genommen.

Alkmaar. Städt. Museum. Willem Bartius. 1634.
Die vierzehn Schützen sind meist sitzend, fast in ganzer Figur dargestellt, einige an einem Tischchen, worauf ein Plan von Alkmaar liegt; zwei zeigen darauf hin. Vielleicht wollte der Künstler hier auf den Antheil der Schutters an der Vertheidigung der Stadt anspielen. Einige Andere halten Weingläser. Auffassung und Malerei zeigen den Einfluss von F. Hals.

Amsterdam. Rathhaus. No. 36. Frans Hals. 1637.

Haag. Gemeente-Museum. No. 31. Jan van Ravesteyn. 1638.

Haarlem. Städt. Museum. No. 58. Frans Hals. 1639.

Alkmaar. Städt. Museum. Caes. van Everdingen. 1641.
Dies Werk und noch ein andres Schütterstück desselben Meisters daselbst, jedoch ohne Jahreszahl, zeigen die zwölf beziehungsweise vierzehn Schützen stehend in ganzen Figuren. Doch ist die Aufstellung steif. Die Malerei dagegen erscheint sehr tüchtig, unter bedeutendem Einfluss von B. van der Helst. Diese beiden hervorragenden Schütterstücke weichen von den mythologischen und römischen Bildern Everdingen's erheblich ab und zeigen ihn in viel günstigerer Weise.

Haarlem. Städt. Museum. No. 108. Pieter Claasz Soutman. 1642.

Amsterdam. Rathhaus. No. 8. Jakob Backer. 1642.
Ein ausserordentlich entwickeltes, lebensvolles Gemälde.

Amsterdam. Rathhaus. No. 31. Govert Flinck. 1642.
Das Werk, welches vier „Doelheeren" der Kloveniersgilde darstellt, kann als ein Uebergang zu den Regentenstücken angesehen werden, wovon noch weiter unten die Rede sein wird.

Amsterdam. Museum. No. 312. Rembrandt Harmensz van Rhyn. 1642.

Amsterdam. Rathhaus. No. 37. Barth. van der Helst. 1643.

Haarlem. Städt. Museum. No. 109. Pieter Claasz Soutman. 1644.

Gouda. Städt. Museum. Wouter Krabeth d. j. 1644.
Laut Inschrift das letzte Werk des Meisters.

Amsterdam. Rathhaus. No. 32. Govert Flinck. 1645.
Der kriegerische Charakter ist hier schon ganz abgestreift. Das Werk erscheint wie eine Art Gesellschafts-
stück, aber allerdings von meisterhaftem Vortrage.

Amsterdam. Museum. No. 88. Govert Flinck. 1648.

Amsterdam. Museum. No. 118. Barth. van der Helst. 1648.

Delft. Rathhaus. Jakob Willemszen Delff d. j. 1648.
Unter Einfluss von Rembrandt und van der Helst.

Leyden. Städt. Mus. No. 1353. Joris van Schooten. 1650.
Unter Einfluss von van der Helst, doch minder kräftig
und tüchtig in der Auffassung und Charakteristik wie
die früheren Stücke des Meisters. Die Anordnung ist
eine recht langweilige Schaustellung. Man erkennt
an solchen Werken, dass es mit der edlen Schutterij
stark bergab gegangen war.

Amsterdam. Rathhaus. No. 104. Johan Spilberg. 1653.

Gouda. Städt. Museum. Ferdinand Bol. 1653.
Dies und die hier folgenden Werke von B. van der
Helst bilden ebenfalls, gleichwie das Stück des
Govert Flinck von 1642, einen Uebergang zu den
Regentenstücken, worauf wir noch zurückkommen
werden. Bol hat hier versucht, den Gegenstand durch
etwas Handlung zu beleben. Der Hauptmann und
ein Offizier sitzen an einem Tischchen und der Hauptmann hält einen Zirkel über einer Karte, um, wie es
scheint, seinem Nachbar zur Linken, der ein Wein-
glas hält, etwas darlegen zu wollen. Im Uebrigen ist
das Bild Schaustellung. Der bei den Regentenstücken
unvermeidliche Diener fehlt schon hier nicht.

Amsterdam. Rathhaus. No. 39. Barth. van der Helst. 1655.

Amsterdam. Rathhaus. No. 38.   Derselbe.   1656.

Amsterdam. Museum. No. 119.   Derselbe.   1657.

Leyden. Städt. Museum. No. 1323/5. Jak. van der
Merck. 1657.

Diese drei Werke sind Bildnisse einzelner Schützen-
hauptleute in ganzen Figuren mit andern Schützen u. s. w.
als Hintergrund: sie wurden von den Dargestellten
selbst der Duhle geschenkt. Ihrem Wesen nach sind
sie eigentlich nicht mehr Schütterstücke zu nennen.

Man sieht, dass mit dem Schlusse des dreissigjährigen
Krieges, der auch den achtzigjährigen Freiheitskampf der
sieben Provinzen schloss, die Schütterstücke im Wesentlichen
ihr Ende nahmen.

Doch glaube ich denselben hier noch ein Werk beizählen
zu müssen, welches freilich keine Schützen darstellt, aber das
den Frieden, welchen diese sieben Provinzen endlich mit ihrem
alten Bedränger, mit Spanien, schlossen, künstlerisch verherrlicht
und so doch hier wohl seine Stelle haben muss. Der Friede
wurde, wie schon bemerkt, am 15. Mai 1648 zu Münster abgeschlossen und beschworen. Dort befand sich Gerard
Terborch, der schon verschiedene der Gesandten abgeschildert hatte und nun auch den Augenblick der Beeidigung
des Friedens malte. Aber während die Schütterstücke immer
in Lebensgrösse gehalten sind, bediente sich Terborch eines
sehr kleinen Maasstabes. In wundervoller Ausführung, mit
ausgezeichneter Charakteristik malte er seine Niederländer
und die Spanier, die meisten schwarz einige doch auch bunt
gekleidet, hin. Dies hervorragende Werk befindet sich in der
National-Gallerie zu London (No. 896), während Kopien oder
sogenannte Wiederholungen mehrfach vorkommen: doch giebt
der Stich von Jonas Suyderhoef meist eine bessere Vorstellung des Werkes, als diese Kopien von fremden, zum
Theil wenig befähigten Händen.

Im Anschluss an eine Jahrhunderte alte Sitte, aus dem
Gefühle enger Gemeinsamkeit in Gesinnung und That hervorgegangen, sind die Schütterstücke ursprünglich Denkmäler
politischen Gemeinsinnes, gemeinsamen Zusammenhaltens und
Wirkens, Denkmäler republikanischer Gemeinsamkeit. Sie
haben ein durchaus weltliches und politisches Gepräge, und

hierdurch haben sie eine hohe nationale Bedeutung erhalten.
Diese letztere erscheint besonders scharf und deutlich, wenn
man einen vergleichenden Blick auf die südlichen Niederlande
wirft.

Unter der spanischen Herrschaft in Flandern und
Brabant konnte von einer Bethätigung der nationalen Wehr-
kraft, einem Aufblühen der Schützenverbände nicht die Rede
sein. Aber die Gilden bestanden doch, und sie hielten ihre Festschiessen, sammt Aufzügen und Schmäusen, gewohnheitsmässig
ab. Ein echtes und freies Leben war jedoch nicht in ihnen, und
ihre Beziehungen zur Kunst waren nur geringere, so dass
diese neben den entsprechenden Verhältnissen in Holland unbedeutend erscheinen; auch waren dieselben durchaus anderer
Art, sie waren kirchlicher Natur. Die von den Spaniern ge-
haltene katholische Hierarchie trat bekanntlich streng und
gewaltsam auf. Sie veranlasste auch, dass die Gilden, gleich-
viel welcher Art diese waren, nicht wenige Gemälde in die
Kirchen stifteten. Schon früher hatte allerdings diese Sitte bestanden, doch nicht in dem Umfange, wie man sie später sich
entwickeln sieht. So besitzt, um bei den Schützen zu bleiben,
unter anderen das Museum zu Brüssel einen Altar mit dem
„Tode der Maria" von der Hand des Michiel Coxcie (No. 164),
welchen die Armbrust-Gilde daselbst auf ihren Altar in der
Sandkirche stiftete, das Museum zu Antwerpen den Sebastian-
Altar von der Hand desselben Meisters und des Ambrosius
Franken des älteren (No. 371, welchen die Bogenschützen-
Gilde daselbst im Jahre 1575 in den Dom stiftete. Rubens
selbst wurde von den Zünften und Gilden vielfach beschäftigt,
und schon 1611 erhielt er von den Armbrust-Schützen in
Antwerpen den Auftrag zu der „Kreuzabnahme," die noch im
Dome daselbst sich befindet. Dieses Werk ist nun freilich ein
einfaches Kirchenbild, auf dem nicht einmal die Stifter irgend
ein Plätzchen gefunden haben. Sei es nun, dass man sich
dieser alten Sitte erinnerte, oder sei es, dass die holländischen
Schützenstücke zur Nacheiferung aufforderten — genug, es
wurden auch in den katholischen Niederlanden Gemälde mit
den Bildnissen von Schützen angefertigt. Ich führe als Beispiel
das vortrefflich gemalte Schütterstück der Armbrust-Gilde in

Brüssel von Caspar de Crayer im Museum daselbst an No. 175). Aber eigentlich ist das gar kein Schütterstück mehr, es ist ein Kirchenbild, welches die von Engeln umgebene heilige Jungfrau in seinem oberen Theile und im unteren dreizehn Schützenoffiziere, knieend, in reicher Tracht, mit den Degen an der Seite, aber auch mit Rosenkränzen und Gebetbüchern bewaffnet, darstellt. Aeusserlich ist in diesem Werke die Anlehnung an die alte kirchliche Kunstüberlieferung genau vollzogen, selbst bis auf die symmetrische Theilung und Anordnung des Ganzen, die Unterordnung unter den kirchlichen Gedanken erscheint, wenigstens der Form nach, vollendet. Aber die zu den Füssen der heiligen Maria mit dem Rosenkranz knieenden Herren haben die Sache nicht so hitzig; fast alle machen recht weltliche Gesichter, sie sehen oder lächeln sogar ganz freundlich den Beschauer an. So sind solche Werke rechte kirchliche Ceremonien-Bilder, und sie decken, den holländischen Schütterstücken gegenübergestellt, deutlich die tiefe Kluft auf, welche sich in kirchlicher und politischer Hinsicht zwischen den nördlichen und den südlichen Niederlanden befestigt hatte.

Mit der Zeit hatten freilich die holländischen Schütterstücke an ihrem ursprünglichen Charakter auch Einbusse erlitten; denn sie hatten ja auch ihre schwache Seite. Unzweifelhaft liegt doch in der ganzen Art, sich selbst mit den Genossen auf eigene Kosten abbilden und an Orten, die man öffentliche nennen muss, aufhängen zu lassen, ein Zug von bedenklicher Selbstbespiegelung und kleinbürgerlicher Eingeschränktheit. Hätten jene Schützen und auch jene Maler im allgemeinen einen wahrhaft hohen und umfassenden Aufschwung des Geistes gehabt, so würden sie der grossen Geschichte ihres Landes noch andere Denkmäler gestiftet haben, gemalt oder in Stein und Erz gebildet. Aber die Schwingen ihrer Einbildungskraft trugen sie nicht hoch. So wurde das Gruppenbildniss die Aufgabe, und die Lösung derselben hielt sich in einer sehr gebundenen Auffassung, die nur selten durchbrochen wurde. Und gegen den Schluss des Krieges hin, wo jene ursprünglichen Eigenschaften zurücktraten, zeigte es sich schon deutlich an, in welch' hohem Maasse ein stark betontes

Selbstgefühl hier überall im Spiele war, anfangs ohne Zweifel
ein unbefangenes, zuletzt sicherlich ein bewusstes Selbstgefühl.
Dieser Zug erklärt es, wie leicht die Sitte der Schützenvereine
auch bei anderen Körperschaften, Gilden und Gesellschaften
Nachahmung finden, und wie sie endlich ganz und gar in den
Dienst kleinlicher Eitelkeit treten konnte. Diese Nachahmung
ist es, welche die

Regentenstücke

ins Leben gerufen hat.

Den Vortritt hierbei hat die Gilde der Aerzte.

Der neue Aufschwung, den die anatomische Wissenschaft
gegen die Mitte des sechszehnten Jahrhunderts genommen
hatte, und die grosse Bedeutung, welche die hierdurch ge-
hobene Wundarztenkunst später in den vielen Kriegen erlangte,
führten zu ständigen Einrichtungen, wo ältere und jüngere
Aerzte, Wundärzte und Gehülfen durch Zerlegung des Leich-
names über den Bau des menschlichen Körpers unterrichtet
wurden. Bleyswijck hebt ausdrücklich hervor, dass „bei dem
Kriege nichts nöthiger sei als die Schule der Heilkunst, der
auf unzählige Weise und durch alle erdenklichen Mittel viel
Werk bereitet wird." [1] So blühten die anatomischen Anstalten, welche in Holland, namentlich zu Amsterdam, Leyden und Delft errichtet wurden, schnell auf, und es muss sich
ihrer ein ähnliches Gefühl nationalen Stolzes bemächtigt haben,
wie der Schützengilden, denn auch sie erwarben sich ja, wenn
auch nur mittelbar, um die Befreiung ihres Landes wichtige
und edle Verdienste. So sehen wir sie auch dem Vorbilde
der Schützenduhlen, in deren Beziehung zur Kunst, folgen.

Diese anatomischen Anstalten hatten zünftige Einrich-
tungen. An ihrer Spitze stand ein Professor und einige
Aerzte als Gehülfen desselben, welche, wie Zeesen sagt, „die
Wundärzte in der Heilkunst" und „die Lehrlinge der Ent-
gliederkunst durch etliche Stunden und Tage unterwiesen." [2]
Die Anordnung der Gebäude entsprach im wesentlichen unsern

---

[1] Beschrijv. d. stadt Delft etc. S. 572.
[2] Beschreib. v. Amsterdam etc. S. 101 u. 324.

anatomischen Theatern, doch mussten sich einige Zünfte auch noch in alten fremdartigen Häusern behelfen, wie denn z. B. die Anatomie-Kammer in Amsterdam zu Zeesen's Zeit sich in den ehemaligen Fleischhallen befand. In dem Hauptsaale und den Nebengelassen waren Gerippe und ärztliche Präparate, naturgeschichtliche Gegenstände und Bücher, sowie auch Gemälde, namentlich Bildnisse von den Vorstehern der Zunft und von verdienten Aerzten untergebracht. Auch hier war bei den Vorsteher-Stücken das „besondere Bildniss", wie Samuel van Hoogstraeten es nannte, der eigentliche Zweck der Darstellung, aber es bildete sich von vornherein dabei eine eigenthümliche Auffassung des Gegenstandes aus, indem die Darzustellenden mitten in ihrem Berufe, in ihrer Arbeit genommen wurden, — am Leichnam lehrend oder lernend. Aber der innere Zusammenhang entfiel hierbei mehr oder weniger dem Maler, da er Lehrer und Lernende lieber den Beschauer ansehen als den Leichnam beachten liess, also statt der Handlung eine Schaustellung gab.

Das älteste dieser ärztlichen Regenten-Stücke, soweit dieselben erhalten und bekannt sind, ist die „Vorlesung des Dr. Sebastiaan Egbertsz de Vry", von Aert Pietersen 1603 gemalt. Es gehört der Amsterdamer Chirurgen-Gilde zu und befindet sich mit den übrigen in Amsterdam noch erhaltenen Gemälden derselben in einem Saale der neuen Kunstakademie daselbst.[1] Auf diesem Bilde des Aert Pietersen (No. 1) sind um den Lehrenden achtundzwanzig Zuhörer angeordnet, die jedoch bereits alle, wie schon im allgemeinen bemerkt wurde, statt auf das, was jener am Leichnam erklärt, zu achten, den Beschauer ansehen.[2] Die Vortragsweise lässt den Einfluss Mierevelt's erkennen, und der Leichnam ist derart zurück-

---

[1] Schilderijen afkomstig van het aloude Chirurgijns-Gild te Amsterdam (v. A. Thijm). Das. 1880. Und Beschrijving der schilderijen afkomstig van het Chirurgijns-Gild te Amst. (v. J. W. R. Tilanus). Das. 1865. Letzteres Verzeichniss ist das ausführlichere; beide haben dieselben Nummern.

[2] Abgebildet in L'art. 1877. II. S. 73.

haltend aufgefasst, dass man das Bild in dieser Beziehung für
einen Vorläufer von Rembrandt's Anatomie halten darf.

Auf dem berühmten, im Krankenhause zu Delft befindlichen Anatomiestück,[1]) welches im Jahre 1617 Pieter Mierevelt, nach einer Zeichnung und mit Beihülfe seines Vaters
Michiel, malte, sitzen und stehen die Zuhörer ringförmig um
den am Leichnam lehrenden Dr. Willem van der Meer, sehen
aber, mit wenigen Ausnahmen, auch alle zum Bilde heraus
und den Beschauer an. Dem Leichnam ist der Bauch geöffnet
und die Hautlappen sind umgeklappt. Leider hängt dies Bild
für die Betrachtung hoch und ungünstig, auch ist es nicht
sorgfältig genug gehalten.

Es folgt dann ein Stück von Th. de Keyser aus dem
Jahre 1619, wo an Stelle des Leichnams ein Gerippe,[2]) und
eines von Nikolaas Elias aus dem Jahre 1625, wo ebenso
ein Schädel angeordnet ist: beide in Amsterdam (No. 2/3).

Diesen Werken reiht sich Rembrandt's „Anatomie" vom
Jahre 1632 an, das Hauptwerk aller Anatomie- und Regentenstücke, im Museum des Haag (No. 115). Dies bewunderungswürdige Gemälde vereinigt die Bildnisse der sieben Vorsteher
der Wundarztengilde in Amsterdam und ihres Meisters in der
Anatomie, des Professors der Gilde, N. P. Tulp. Tulp hat es
bestellt und der Zunft geschenkt. Entstehung und Aufgabe
entsprechen also ganz dem, was man von allen diesen Schütter-,
Anatomie- und Regentenstücken berichten könnte. Aber wie
hat Rembrandt diese Aufgabe erfasst! Zwar lehnte er sich in
einigen Zügen an seine unmittelbaren Vorgänger, aber er ver-
tiefte die Auffassung des Gegenstandes auf eine neue Weise.
Rembrandt führte eine bestimmte Handlung in denselben ein,
indem er Tulp an dem Leichname die Beugemuskeln der
Hand erklären lässt, und er setzte die Mehrzahl der Personen
des Bildes mit dieser Handlung in Verbindung, indem die-

---

[1]) Einen Holzschnitt dieses Bildes hat C. Vosmaer seinen Aufsätzen über die „Anatomiestücke" in der „Zeitschrift f. b. Kunst"
1873. S. 13 ff., der „Kunstkronijk" 1874. S. 3 ff. und L'art 1877, I .
S. 73 ff. beigegeben. Vergl. auch Bleyswijck. S. 576 u. 851.

[2]) Abgebildet in L'art. 1877. II. S. 77.

selben dem Vortrage folgen und dessen Bedeutung in ihren
Gesichtern, je nach dem Grad ihrer Einsicht und ihres Ver-
ständnisses, widerspiegeln. Diese innerlichen Beziehungen des
Bildes sind so wahr und gewaltig, dass man sie als die Hauptsache der Darstellung anzusehen unwillkürlich gezwungen
wird, und doch sind sie nur Mittel, um der Hauptsache der
Darstellung — den Bildnissen der Regenten der Wundarzten-
zunft und des Professors der Gilde — einen einheitlichen Inhalt und künstlerischen Zusammenhalt zu geben. Diese Ein-
heitlichkeit des Vorganges ist aber selbst nicht einmal eine
vollkommene, da drei der Zuhörer zum Bilde heraussehen;
aber darin, dass man dies so wenig merkt, liegt ein Zug von
Rembrandt's Grösse. Dennoch ist der Auftrag, die Anfertigung
eines Gruppenbildnisses jener acht Personen, bei genügender
Aufmerksamkeit, deutlich zu erkennen. Sobald diese Umstände
übersehen werden, kommt man zu schiefen Auffassungen des
Gemäldes, welche leicht in wagehalsige Erklärungen übergehen,
wie man z. B. an W. Burger sehen kann, der da sagt:
„Qu'est-ce que la leçon d'anatomie? C'est la représentation
de la science."[1] Und indem er diesen wunderlichen Gedanken
weiter durchführt, stellt er das Regentenstück der Wundarztengilde in Amsterdam Rafael's Schule von Athen und aller ähn-
lichen „hieroglyphischen Malerei" in älterer und neuerer Zeit
gegenüber. Wem er dabei den Siegespreis zuertheilt, brauche
ich nicht zu sagen, da Burger's Einseitigkeit zu Gunsten der
Holländer wie seine Unfähigkeit stylistische Werke zu begreifen,
bekannt sind. Dieser sonderbare Irrthum Burger's ist aber
immerhin lehrreich, denn er beweisst, wie geistreich, lebensvoll und tief künstlerisch Rembrandt eine Aufgabe erfasste,
die für hundert Andere nur in der Ausfüllung eines bestimmten
Schema's bestand. In diesem Betrachte steht seine „Anatomie"
hoch über allen anderen Anatomie- und anderweitigen Regentenstücken, denn nie ist eine so tiefe Auffassung des Gegenstandes jemals wieder erreicht worden.

Nach dieser „Anatomie" vom Jahre 1632 sind noch zahlreiche andere ärztliche Regentenstücke von der Hand andrer

---

[1] Musées de la Hollande. I. S. 202.

Meister, an hundert Jahre lang und länger, gemalt worden, darunter auch eines noch von Rembrandt selbst im Jahre 1656. Doch ist dasselbe verschollen und zwei Zeichnungen, welche erhalten sind, lassen eine genügende Vorstellung nicht zu.[1]) Die übrigen Stücke spiegeln den Verfall wider, der in der Kunst und dem nationalen Leben Holland's Eingang fand und den wir auch hier noch, weiter unten, besprechen müssen. Doch dürfte unter den noch nicht erwähnten zwölf Stücken in der Kunstakademie zu Amsterdam dasjenige des Adriaen Backer vom Jahre 1670 (No. 4) noch hervorzuheben sein; der Leichnam, welcher mit dem Kopfe nach vorn liegt und verkürzt gesehen wird, ist wie nach einer Antike gemacht[2]). Das jüngste dieser Stücke ist vom Jahre 1758 (No. 15). Ein noch jüngeres Stück, im Jahre 1776 von N. Rode gemalt, findet man im städtischem Museum des Haag (No. 43). Es ist ganz unglaublich schwach und entbehrt jeder Beziehung zum Stande der Dargestellten, indem weder ein Leichnam, noch sonst ein Emblem wie etwa ein Todtenkopf oder dergleichen beliebt wurde.

Ich muss endlich aber hier einer schönen Federzeichnung, in Biester mit etwas Schattenanlage, von unbekannter Hand im Museum zu Rotterdam gedenken. Sie stellt einen Hörsaal dar, wo vorn in der Mitte der Leichnam mit dem lehrenden Professor dargestellt ist; ringsum ist amphitheatralisch die Versammlung, die aus mindestens hundert Personen besteht, angeordnet. Alle sind mit Hüten bedeckt; nur der Professor ist barhaupt. Hier scheint es sich nicht um ein Gruppenbildniss sondern um die bildliche Schilderung der bedeutenden Thätigkeit eines gefeierten Lehrers zu handeln, und es ist deshalb um so mehr zu bedauern, dass man keine aufklärenden Nachrichten über dies merkwürdige Blatt besitzt.

Den Aerzten folgten dann die Vorsteher und Vorsteherinnen der Krankenhäuser und die Mitglieder der städtischen Behörden, und daran schlossen sich wieder

---

[1]) Eine der Zeichnungen in den erwähnten Aufsätzen von Vosmaer in Holzschnitt, die andere nur in L'art. Vergl. auch Vosmaer's „Rembrandt" 2. Aufl. S. 341 u. „Zeitschr. f. bild. Kunst" 1880. S. 150.
[2]) Abgebildet in L'art. 1877. II. S. 111.

die Vorsteher der Gilden und selbst der gewöhnlichsten
Zünfte bis herunter zu den Torfträgern. Wenn zwischen den
ärztlichen Regentenstücken und den Schütterstücken eine innere,
aus der Zeitgeschichte zu begreifende Beziehung zu erkennen
ist, und wenn ebenfalls von den Aerzten zu den Vorstehern
der Krankenhäuser die Brücke nicht schwer zu finden ist, so
lässt sich andrerseits auch ein Uebergang von den Schütterstücken zu den stadträthlichen Regentenstücken wahrnehmen,
allerdings ein mehr äusserlicher und zufälliger als innerlicher
und geschichtlicher.

Wichtig in dieser Hinsicht erscheint namentlich ein Ge-
mälde des Jan van Ravesteyn im Gemeinde-Museum des
Haag (No. 22). Es stellt die Mitglieder des Stadtrathes daselbst
vom Jahr 1636 lebensgross in ganzen Figuren dar, wie sie den
Bauplan des neuen Schiesshauses berathen, zu welchem am
2. Dezember des genannten Jahres durch den jungen Prinzen
Wilhelm von Oranien, den Sohn des Statthalters Friedrich
Heinrich, der Grundstein gelegt wurde. Das Bild ist auf
Kosten der Dargestellten angefertigt worden, die ohne Zweifel
in dieser die Schützerei betreffenden Sache mit besonderem
Recht die Sitte der Schützen nachahmen zu dürfen meinten, um
so mehr, als sie das Bild für den Speisesaal im neuen Schiesshause bestimmt hatten, und es also dort als ein Denkmal der
Gründung des Baues dieses Hauses erschien. Sehr unter-
schieden ist aber das Werk von den Schützenstücken dadurch,
dass an Stelle der anziehenden bunten Trachten hier die einförmige schwarze Kleidung mit weissen Halskragen geschildert
werden musste, und es Ravesteyn trotz seiner grossen Meisterschaft nicht gelungen ist, die Farbenerscheinung des Gemäldes
zu einer vollkommen harmonischen Stimmung zu entwickeln,
wie das Rembrandt so unübertrefflich verstand und wie er es
in seiner „Anatomie" schon gezeigt hatte; in diesem Betrachte
fällt das Bild ziemlich auseinander.

Einige Werke, welche gleichfalls als ein Uebergang vom
Schützen- zum Regentenstück, als ein Mittelding zwischen
beiden Gattungen von Kunstwerken anzusehen sind, wurden
bereits weiter oben (S. 139/40) angeführt. Schon das Stück des
Govert Flinck von 1642 ist hier typisch. Die vier Duhl-

herren von der Kloveniersgilde in Amsterdam sitzen an einem
Tische und der Diener des Duhlhauses bringt ihnen das
Trinkhorn der Gilde. Ganz ähnlich sind die drei erwähnten
Bilder des Bartholomäus van der Helst aus den Jahren
1655, 1656 und 1657 angeordnet. Das bedeutendste derselben
ist das letztere, welches „die Oberleute der St. Sebastians-
Duhle in Amsterdam" darstellt. Vier schwarzgekleidete Herren
sitzen da ganz in der Anordnung der Regentenstücke, aber
der Gegenstand — sie verhandeln über die in ihren Händen
befindlichen, kostbaren Schiesspreise — bezieht sich auf die
Schützerei, auch sind im Hintergrunde einige Schützen mit
mehr als mannshohen Bögen zu bemerken. Früher wurden
denn auch diese vier Herren nicht als Oberleute der Duhle,
sondern als Bürgermeister angesehen, wie es z. B. im Texte
zum Filhol'schen Werke, wo ein Stich des Gemäldes gegeben
ist, geschieht[1]). Dieser Stich ist nach der kleinen Ausführung
vom Jahre 1653 gemacht, welche im Louvre zu Paris (No. 197)
sich befindet. Das Gemälde selbst, im Grossen, trägt, wie bemerkt, die Jahreszahl 1657 und ist im Museum zu Amsterdam
aufgehängt.

Ehe wir uns nun zu den anderweitigen Regentenstücken
wenden, möchten wir einfügen, dass auch die südlichen
Niederlande, in ihrer Art, diese Wandlung und Bewegung
mitmachten. Wie wir dort Schützenstücken in eigenthümlich
kirchlicher Auffassung begegneten, so finden wir daselbst auch
Regentenstücke, welche in derselben Weise gedacht und angeordnet sind. Das Museum zu Brüssel besitzt einige dieser
Werke, die recht bezeichnend sind und die wir als Beispiele
hier anführen.

Martin Pepyn, († 1642), hat die vier Vorsteher des
Waisenhauses in Brüssel gemalt, welche vor der heiligen Anna
mit dem Jesusknaben und der heiligen Jungfrau knieen (No. 264).

Pieter van den Plas stellte 1647 zehn Vorsteher einer
Brüderschaft, kniend am Throne der Maria, in symmetrischer
Anordnung unter Anlehnung an den alten Kirchenstyl dar

---

[1]) Blatt No. 609; ein Holzschnitt auch bei Ch. Blanc, Histoire
des peintres etc. École holl. Bd. I.

(No. 265). Das Regentenstück ist hier, wie früher das Schütterstück schon, zu einem kirchlichen Ceremonienbilde geworden.

Von Pieter Meerte († 1669) ist ein Stück vorhanden,
welches der linke Flügel einer grösseren Darstellung sein dürfte,
und welches vier schwarz gekleidete Männer knieend und
nach rechts gewendet, abbildet; es sind Vorsteher der Fischer-
zunft in Brüssel (No. 237).

Sehr merkwürdig ist endlich ein Bild des Karel Emma-
nuel Biset (1633—1685), wo die Vorsteher der St. Sebastians-
oder Bogenschützen-Gilde zu Antwerpen abgeschildert sind
(No. 118). Man sollte meinen, dass das Bild ein Schütterstück sein müsste, aber die Herren sehen nicht wie Schützen
aus, sondern sind bürgerlich schwarz gekleidet. Um ihr
Verhältniss zur Schützerei aber zu veranschaulichen, musste
der ehrsame Wilhelm Tell herhalten, und den gross-
mögenden Herren das Schauspiel vorführen, wie er mit
dem Bogen, der Waffe ihrer Gilde, seinem Knaben den Apfel
vom Kopfe schiesst. Das Werk ist also auch eine Art Mittelding zwischen Schütter- und Regentenstück, ein Uebergang
oder eine Vermittelung von einem zum andern.

Im Allgemeinen sind demnach an diesen Werken dieselben
Beobachtungen zu machen wie an den vlämischen Schütterstücken. Die Hauptsache ist die Unterordnung unter den
kirchlichen Gedanken und die kirchliche Zucht.

Kehren wir nunmehr wieder zu den holländischen Regentenstücken zurück.

Eines der ältesten unter den vorhandenen Stücken dieser
Art befindet sich im städtischen Museum zu Leyden (No. 1430).
Es ist von unbekannter Hand gemalt und mit der Jahreszahl
1618 bezeichnet, steht aber noch ziemlich vereinzelt da; trotzdem giebt es den Typus solcher Darstellungen schon muster-
gültig an. An einem Tische, der mit einem Teppich bedeckt
ist, sitzen einige schwarz gekleidete Herren mit dem Hut auf
dem Kopfe, und daneben steht der Diener barhäuptig. Dieser
armseelige Typus ist unzählige Male wiederholt worden, und er
tritt uns in manchem der auf uns gekommenen Regentenstücke
recht in dieser seiner Armseeligkeit entgegen. Nur in einigen
wenigen Fällen ist der Versuch gemacht worden, ihn durch

irgend eine bestimmte Handlung zu beleben oder etwas anderes
an seine Stelle zu setzen. Selbst ausgezeichnete Meister folgten
demselben unbedenklich, und es muss fast scheinen, als ob
die Besteller ausdrücklich diese Art der Auffassung zur Bedingung gemacht hätten, oder als ob dieselbe von vornherein
als selbstverständlich angesehen und danach schnell zur Gewohnheit geworden war.

Ein Stück aus demselben Jahre 1618, welches C. W. bezeichnet ist und die Regenten des „Oude-Mannen-en Vrouwengasthuis" zu Amsterdam darstellt, sowie eines von Werner
van Valkert 1622, welches die Bildnisse der Oberleute der
dortigen Grosshändlergilde zeigt, beide im Rathhause daselbst
(No. 112 und 109), folgen ganz dieser Auffassung und auch
die späteren, die seit dem grossen Friedensschlusse sehr zahlreich werden, zeigen sie fast durchgehends.

Mit welcher Strenge diese Auffassung herrschte, lehrt
namentlich auch ein ausgezeichnetes, kleines Gemälde des
Thomas de Keyser im Haag (No. 62), welches vier schwarze
Herren, die sogenannten „Bürgermeister von Amsterdam" am
Tische sitzend darstellt; sie berathen angeblich über die Feier-
lichkeiten, welche sie zum Empfange der Königin Maria de'
Medici, als diese 1638 ihre Stadt besuchte, veranstalten wollten,
und ein Diener bringt ihnen eben die Meldung von der Ankunft dieser Fürstin. In Wirklichkeit jedoch berathen sie
garnicht, sie sitzen nur am Berathungstische, sonst sind es
„besondere Bildnisse," die sich um einander nicht kümmern.
So meisterhaft deshalb auch jedes einzelne dieser Bildnisse ist,
so vorzüglich auch das Ganze gemalt ist, so ist es doch ein
Bild ohne Einheit und Gedanken. Ja, man kann und muss
behaupten, dass die übliche Auffassung hier geradezu ins
Abenteuerliche versetzt ist, da der Mittelpunkt der scheinbaren
Handlung Etwas ist, was garnicht sich künstlerisch ausdrücken
oder andeuten lässt: die Meldung von der Ankunft der Königin Maria. Als ob der bildlich dargestellte Vorgang einer
Meldung auch den Inhalt dieser Meldung zur Anschauung
bringen könnte! Wenn aber das am grünen Holze geschieht,
was soll man vom dürren erwarten? In der That, es giebt

keinen andern Ausdruck als armseelig für die ewige Wiederholung dieses gedankenlosen Schemas.

Unter den wenigen einzelnen Versuchen, die gemacht wurden, dem Regentenstück einen bestimmten Gedanken, einen inneren Zusammenhang zu geben, dürfte das Gemälde von Ferdinand Bol aus dem Jahre 1649 im Rathhause zu Amsterdam (No. 18) das anziehendste sein. Es zeigt vier schwarz gekleidete Herren, die Vorsteher des Aussatzhauses — Leprozenhuis — an einem mit einem persischen Teppich bedeckten Tische sitzend, denen ein aussätziger Knabe durch einen Diener zugeführt wird. Es ist dies ein recht artiger Vorgang. Und da das Bild, sowohl was Charakteristik als was Malerei betrifft, mit ausserordentlicher Meisterschaft ausgeführt ist, so wird es allgemein als ein ganz vorzügliches Werk aus Bol's bester Zeit oder gar schlechtweg als des Künstlers Hauptwerk angesehen. Dennoch wird niemand in Bezug auf die Gestaltung der Aufgabe, so sehr diese auch immerhin hervorzuheben ist, verkennen, dass sie die Tiefe und Kraft der „Anatomie" bei weitem nicht erreicht. Ja, man muss zugeben, dass die Abweichung vom Typus doch eigentlich nur eine unbedeutende ist, und dass es keines besonders geistreichen Einfalles bedurfte, um den aussätzigen Knaben da einzuführen. Aber dennoch thut diese Abwechselung, diese Regung von Geist wohl.

Den nämlichen Gedanken hat später Wallerant Vaillant aufgenommen in dem Gemälde von 1671, welches im französischen Waisenhause zu Amsterdam hängt und drei Vorsteherinnen dieser Anstalt, denen durch eine Dienerin ein Waisenmädchen zugeführt wird, darstellt.

Bei solcher Eintönigkeit der Regentenstücke würde es ermüdend sein, wollte man sie alle aufzählen oder gar beschreiben. Das Schema ist eben überall dasselbe, und die Werke stufen sich lediglich nach dem Grade der Meisterschaft ab, mit welcher die Persönlichkeiten erfasst und die malerische Darstellung als solche ausgeführt ist. Hierdurch aber ist manches derselben für die Entwickelungsgeschichte seines Meisters von besonderer Wichtigkeit geworden oder es gehört geradezu zu den Perlen der holländischen Malerei.

In jener Hinsicht ist beispielsweise das Regentenstück des

Franz Hals vom Jahre 1641 im Museum zu Haarlem (No. 59)
hervorzuheben. Es stellt, genau dem Typus folgend, die Vorsteher des dortigen Elisabethen-Pflegehauses dar. Hier ist
nichts von den bunten Farben der Hals'schen Schütterstücke
mehr: schwarze Röcke und Hüte, weisse Kragen, eine grüne
Tischdecke. Aber es geht ein warmer goldiger Ton durch
das Ganze, ein Glanz und eine eigenthümlich ruhige Stimmung,
die sonst dieser Meister nicht hat und die sich nur aus dem
Studium Rembrandt's erklären; aber man erkennt auch, dass
Hals den Rembrandt'schen Einfluss in sich aufzunehmen verstand, ohne sich selbst und seine Kunstweise zu verleugnen.
Andere Meister freilich zeigen sich in ihren Regentenstücken
und auch in den Schütterstücken derart eigenthümlich, dass
oft nur eine mehr oder weniger geringe Verwandtschaft zwischen
diesen und ihren übrigen Werken besteht.

In dieser Hinsicht aber nun steht Rembrandt mit seinen
sogenannten „Staalmeesters" vom Jahr 1661 obenan, die eine
Hauptzierde des Museums zu Amsterdam bilden (No. 313). Dieses
Werk, welches die Vorsteher oder Meister des alten Stahl-
hofes zu Amsterdam darstellt, erinnert in etwas an das eben
genannte, zwanzig Jahre ältere Regentenstück des Hals in
Haarlem, welches unter dem Einflusse Rembrandt's gemalt ist,
und da Frans Hals diesen Einfluss später wieder abgelehnt
hat, so entsteht ein merkwürdiges Spiel zwischen diesen beiden
Stücken, welches verführen müsste das Hals'sche Bild für eine
Nachahmung des Rembrandt'schen zu halten, wenn man nicht
wüsste, dass das letztere eben zwanzig Jahre jünger ist als
jenes. Aber so vollendet die Darstellung dieser „Stahlmeister"
ist, welch' ein Unterschied ist es doch hinsichtlich der Auffassung der Aufgabe zwischen diesem Werke von 1661 und der
„Anatomie" von 1632! Die Stahlmeister folgen ganz dem
allgemeinen Typus, und Rembrandt wendete ihn auch so an,
dass aller innere Zusammenhang eben fehlt, und die Leute
einer lose neben dem anderen hinter ihrem Tische nur Parade
sitzen, um sich vom Beschauer bewundern zu lassen. Aber
allerdings, man kann ihnen das kaum verdenken, denn sie
sind bewunderungswürdig gemalt. Doch täuschen sie sich
dabei. Denn nicht sie werden bewundert, sondern der Künst-

ler, der ihnen durch seine wunderbare Malerei diese Anziehungskraft verliehen hat.

Bei der grossen Anzahl von Regentenstücken, welche in
den verschiedenen Städten Holland's in Museen, Rathhäusern
und Stiftungsgebäuden aller Art noch aufbewahrt werden,
kann von der Aufstellung eines umfassenden Verzeichnisses
hier nicht die Rede sein. Wir beschränken uns, eine Zusammenstellung von Werken zu geben, die in Bezug auf ihren
Meister und ihre Entstehungszeit sicher bestimmt sind und an
öffentlichen oder leicht zugänglichen Orten sich befinden.

Amsterdam. Werkhuis. D. van Santvoort. 1638. Vier
    Vorsteherinnen des Werk- oder Armenhauses da-
    selbst.

Amsterdam. Rathhaus. No. 80. Claes Moyaert. 1640.
    Vorsteher und Vorsteherinnen des Oude-Mannen-
    en Vrouwengasthuis daselbst.

Haarlem. Städt. Museum. No. 59. Frans Hals. 1641.
    Die Vorsteher des Elisabethen-Pflegehauses daselbst.

Haarlem. Städt. Museum. No. 118. Jan Verspronck.
    1642. Die Vorsteherinnen des Heilig-Geisthauses
    daselbst.

Haag. Gemeente-Museum. No. 37. Corn. Janszen van
    Ceulen. 1647. Die Mitglieder des Haag'schen
    Magistrates.

Amsterdam. Rathhaus. No. 18. Ferdinand Bol. 1649.
    Die Regenten des Aussatzhauses (Leprozenhuis)
    daselbst.

Amsterdam. Werkhuis. Barth. van der Helst. 1650.
    Vorsteher und Vorsteherinnen des Werkhauses da-
    selbst.

    Im Treppenhause und den Sitzungssälen dieser
grossartigen Anstalt hängen noch mindestens zwanzig Regentenstücke, darunter ausser den genannten
von Santvoort (1638) und Helst auch Arbeiten
von Jan van der Baen, Anraadt, Adriaen
Backer, Quinkhard und Andern.

Rotterdam. Museum. No. 55. Jan Daemen Cool. 1653. Die Väter des heiligen Geisthauses daselbst.

Leyden. Städt. Museum. No. 1336. J. Potheuck. 1658. Die Regenten des Pesthauses daselbst.

Haarlem. Städt. Museum. No. 83/4. Jak. van Loo. 1658/9. Vorsteher und Vorsteherinnen des Armenhauses daselbst.

Amsterdam. Museum. No. 313. Rembrandt Harmensz van Rhyn. 1661. Die Stahlmeister.

Leyden. Städt. Museum. No. 1379. J. de Vos. 1662. Die Vorsteher des Cäcilien-Krankenhauses daselbst.

Haarlem. Städt. Museum. No. 11/2. Jan de Bray. 1663/4. Vorsteher und Vorsteherinnen des Arme-Kinderhauses daselbst.

Haarlem. Städt. Museum. No. 60/1. Frans Hals. 1664. Vorsteher und Vorsteherinnen des Alte-Männerhauses daselbst.

Haarlem. Städt. Museum. No. 13/4. Jan de Bray. 1667. Vorsteher und Vorsteherinnen des Aussatzhauses daselbst.

Leyden. Städt. Museum. No. 1293. A. Cornelisz. Beeldemaker. 1667. Regenten des Pesthauses daselbst.

Amsterdam. Museum. No. 170. Karel du Jardin. 1669. Die Regenten des Spinnhauses daselbst.

Leyden. Städt. Museum. No. 1370. Abraham van den Tempel. 1669. Vorsteher des Waisenhauses daselbst.

Amsterdam. Franz. Waisenhaus. Wallerant Vaillant. 1671. Vorsteherinnen der genannten Anstalt (Het waale weeshuis).

Haarlem. Städt. Museum. No. 2. Pieter van Anraadt. 1674. Vorsteherinnen des Heilig-Geisthauses daselbst.

Amsterdam. Rathhaus. No. 84. Jakob Ochtervelt. 1674. Vorsteher des Aussatzhauses daselbst.

Amsterdam. Museum. No. 54. Jan de Bray und Andre. 1674. Die Oberleute der St. Lukasgilde zu Haarlem.

Leyden. Städt. Museum. No. 1291. Jan van der Baen.
1674. Die Stahlmeister der Lakenhalle daselbst.
(Vorsteher des Gewandhauses).
Amsterdam. Rathhaus. No. 5. Adriaen Backer. 1676.
Vorsteher und Vorsteherinnen des Oude-Mannen-
en Vrouwengasthuis daselbst.
Leyden. Städt. Museum. No. 1332. Math. Naiveu.
1677. Die Vorsteher der Torfträgergilde daselbst.
Haag. Gemeente-Museum. No. 11. Jan van der Baen.
1682. Die Mitglieder des Haag'schen Magistrats. —
Das Bild ist zwar ein Bestandtheil des städtischen
Museums, befindet sich aber im Rathhause.
Amsterdam. Rathhaus. No. 6. Adriaen Backer. 1683.
Die Inspectores des Collegium medicum daselbst.

Wir schliessen hier diese Zusammenstellung, obwohl sie
sich noch für einen Zeitraum von hundert Jahren fortsetzen
liesse, und obwohl auch noch bessere Namen, wie Boonen,
Quinkhard, Corn. Troost und andere mit aufzuführen
wären. Ja, in Amsterdam wurde selbst noch in diesem Jahrhundert ein Regentenstück, — die Vorsteher und Vorsteherinnen
des Aussatzhauses — von J. A. Kruseman (1804—1862)
gemalt; es hängt jetzt im dortigen Rathhause (No. 59).
Diese Sitte war tief und nachhaltig in Fleisch und Blut der
Nation eingedrungen. Alle Gilden und Genossenschaften, ja selbst
die weiblichen, liessen solche Gemälde anfertigen, die aber
eben überall dieselben, nur mit anderen Personen besetzt,
waren. Wie gross muss die eitle Sucht gewesen sein, diese
Mode mitzumachen, zumal es natürlich immer auf eigene Kosten
geschah!
Hiervon überzeugt man sich recht unmittelbar und schlagend namentlich auch in den kleinen Städten, wo in Rathhäusern, Krankenhäusern u. s. w. noch zahlreiche Regentenstücke, ihrem Kunstwerthe nach überwiegend dritten und
vierten Ranges, sich befinden. Ich führe als Beispiel das
Rathhaus zu Middelburg an, wo man allein siebzehn solche
Gemälde sehen kann: Mitglieder des Rathes und der Küfer-
zunft, Vorsteher des Waisenhauses und der Schützenduhle,

alle schwarz gekleidet mit weissen Kragen. Eine bestimmende
geschichtliche Bedeutung können derartige Arbeiten unbekannter Künstler nicht beanspruchen, aber sie beweisen, wie
beliebt solche Darstellungen waren und wie ungemein verbreitet, selbst bis in abgelegene kleine Städte hin, die Mode
war.

Erwägt man nun, dass diese Kunstwerke alle einem und
demselben Schema folgen, so muss man zu Urtheilen gelangen,
wie wir sie anzudeuten suchten. Wie es schon die letzten
Schütterstücke, mit deren Ausgange erst die Regentenstücke
zahlreicher auftreten, waren, sind auch sie fast ausnahmelos
nur Schaustellungen, äusserliche Vereinigungen der „besonderen
Bildnisse." Jeder der Dargestellten wollte dem Beschauer des
Bildes gegenüber möglichst zur Geltung kommen, und er war
deshalb nicht geneigt, sich einem künstlerischen Gedanken
unter- und einzuordnen, gegen den seine werthe und hoch-
ansehnliche Persönlichkeit, wenn auch nur in etwas, zurück-
treten musste. Der rechte Sinn und die wahre Liebe zur
Kunst machten der Eitelkeit, welche die Kunst als Mittel benutzte, Platz.

Das früheste weibliche Regentenstück scheint dasjenige
des Jan Verspronk vom Jahr 1642 im Museum zu Haarlem
(No. 118) zu sein, welches die vier Vorsteherinnen vom Heilig-
Geist-Hause darstellt. Jan Verspronk war ein Schüler des
Frans Hals, zeigt aber in diesem Bilde, dass er ebenfalls dem
grossen Einfluss, den Rembrandt's Auftreten ausübte, unter-
worfen war. In Haarlem scheint dann unter den Damen, die
derartige Stellungen einnahmen, diese Mode besonders geherrscht zu haben, wenigstens sieht man noch jetzt im Museum
daselbst mehr solche Stücke als an irgendeinem anderen Orte;
vier derselben fallen allein in die Zeit von 1664 bis 1674. Wir
heben namentlich das Bild von Frans Hals aus dem Jahr
1664 hervor, weil es mit seinem Gegenstück zusammen für die
Geschichte dieses Meisters so merkwürdig ist.

Diese beiden Bilder (No. 60 und 61) stellen die Vorsteher
und Vorsteherinnen des Alte-Männer-Hauses paradesitzend
dar, und sie sind die Arbeiten des achtundsiebzigjährigen
Mannes, der in denselben die ihm eigene breite Behandlungs-

weise bis zur völligen Unfertigkeit getrieben hat, derart dass
die Schatten und Töne, besonders die rothen im Fleische, nicht
mehr zusammenkommen und also fleckig erscheinen. Auch
andere Werke aus der späteren Zeit des Meisters, wie z. B.
das Bildniss des jungen Mannes mit dem grossen Hute in
Kassel (No. 226), zeigen dieselbe Behandlungsart. Man sieht
deutlich was mit jedem einzelnen breiten Pinselstriche beabsichtigt wurde, aber diese breiten Striche stehen ganz unver-
mittelt neben einander, so dass das Bild wie Untermalung
aussieht, und selbst aus gehöriger Entfernung erscheint alles
noch fleckig und unfertig. Diese Art zu malen und das Bild
fertig zu nennen, geht doch zu weit! Jedenfalls ist es das
äusserste was in breiter Malart geleistet werden kann. Ueber-
sieht man in Haarlem die Reihe der Hals'schen Werke vom
frühesten bis zu diesem letzten, so liegt der Entwicklungsgang
des Meisters klar vor Augen, und auch in Bezug auf andere
Künstler bieten die Schütter- und Regentenstücke ähnlich
vollständige und belangreiche Reihen. Aber nicht nur dies,
auch die allgemeine kunstgeschichtliche Wandlung und die
Wandlung der Nation in Tracht, Sitte und Charakter tritt in
ihnen deutlich zu Tage.   ·

Oder ist es keine Wandlung von den ernsten charaktervollen Männern, die in kurzer Haartracht, im kriegerischen
Kleiderschmuck, in Wehr und Waffen daher ziehen, vereint
zusammen stehen oder bei heiterem Festschmause sitzen, zu
den steifen und ängstlichen Rathsherren in schwarzen Röcken
und langen Perücken? Ist es keine Wandlung, wenn statt der
bewährten Vertheidiger des Vaterlandes die Vorsteherinnen
der Armenhäuser erscheinen? Wenn statt der Männer der
Wissenschaft und Heilkunst die Zunftmeister der Schneider
und Torfträger auftreten? Denkmäler dieser Wandlungen
sind reichlich vorhanden, und im städtischen Museum zu Leyden
kann man auch die Regentenstücke der Torfträger-Gilde und
der „Kleedermakers" bewundern: ersteres führten wir schon
weiter oben an; es ist von Mathijs Naiveu 1677 gemalt,
letzteres (No. 1428) von unbekannter Hand im Jahr 1684.
Wenn man in diesem Herandrängen aller möglichen Zünfte
·und Genossenschaften an die beliebte Sitte immerhin noch

einen Zug von freiheitlicher Gleichstellung anerkennen kann,
so lässt dies wiederum im achtzehnten Jahrhundert sehr nach
und nur eine allgemeine Charakterlosigkeit spiegelt sich dann
noch in den Regentenstücken wieder. Was sind das in diesen
späten Werken meist für eitle unbedeutende Köpfe unter den
zierlich geschniegelten Perücken!

Diese Perücken hatten sich mit unwiderstehlicher Gewalt
schnell Geltung verschafft, wie man z. B. an einigen Gemälden
des Museums zu Amsterdam sehen kann. Schon auf Rembrandt's „Wachtaufzug" von 1642 und auf der grossen
„Schützenmahlzeit" des Bartholomäus van der Helst von
1648 zeigen sich ansehnliche Vorboten: lange oder starke
Haartrachten bei einzelnen der abgebildeten Herren. Rembrandt's „Stahlmeister" von 1661 haben schon überwiegend
lange Haare. Die Regenten des Spinnhauses, die Karel du
Jardin 1669 malte (No. 195) erscheinen durchgehends mit
langen Haaren, und bereits 1670 tritt in einem Einzelbildniss
desselben Meisters, welches das Museum van der Hoop in
Amsterdam (No. 34) besitzt, die regelrechte lange Locken-
perücke auf, die von nun an die herrschende Mode bleibt.
Die Mitglieder des Stadtrathes im Haag vom Jahr 1682 erscheinen auf dem Gemälde Jan van der Baen's im Rathhause daselbst (No. 11) sämmtlich in diesem Kopfputz. Also
nur in wenig mehr als zwei oder drei Jahrzehnten hatte dieses
Ungeheuer eine Sitte überwunden, die unüberwindlich schien,
weil sie der Natur und den unabweislichsten Anforderungen
eines thätigen Lebens entsprach. Man denke sich die Männer
des Befreiungskrieges, Wilhelm und Moriz von Oranien mit
ihren Feldhauptleuten und Bürgerschützen, in der offenen
Schlacht oder in der Vertheidigung ihrer Städte, mit den be-
schwerlichen Ungethümen aus fremden Haaren auf dem
Kopfe! Nach dem endlichen Schlusse des langen Kampfes
trat die Ermattung ein. Man fühlte sich behaglich unter
diesem barocken Aufputze, der eine ruhige, höchst würdevolle
Haltung begünstigte. Solche und ähnliche Wandlungen, die
von kulturgeschichtlicher Bedeutung sind, lassen sich noch
weiter mehrfach an den Schütter- und Regentenstücken beobachten. Fasst man sie zusammen, so ist das Hauptergebniss

dies, dass im Laufe von wenig mehr als einem Jahrhundert aus einer tapferen, kühnen und charaktervollen Nation eine Gesellschaft von recht eitlen und steifen Philistern geworden war. Und spiegelt sich hierin nicht die Geschichte Holland's treffend ab?

Auch in rein kunstgeschichtlicher Beziehung sind diese Werke die sprechendsten Denkmäler der Entwicklung, welche die holländische Malerei genommen seit der Zeit, wo sie sich von der Nachahmung der Italiener lossagte und die eigenen Wege betrat. Ich habe schon die grosse überraschende Meisterschaft in der Wiedergabe des Lebens und Charakters gerühmt, die wir gleich von Anfang an antreffen. Diese Meisterschaft bleibt die fast durchgehende Eigenschaft aller dieser Künstler: natürlich erscheint sie bei dem einen glänzender als bei dem anderen, aber selbst noch von geringeren Talenten wird sie mehr oder weniger sicher beherrscht. Die Wandlungen, welche die vergleichende Betrachtung der Stücke lehrt, liegen in den Eigenschaften der Malerei als solcher, in der Behandlung der Farben, des Lichtes und Schattens, des Halbschattens, Helldunkels und Tones. Von einer sorgfältigen und sauberen Durchführung ausgehend, wird die Behandlung immer breiter und breiter, bis sie in den letzten Werken des F r a n s H a l s die Grenzen des Möglichen überschreitet und Unmöglichkeiten versucht. Hierneben ist aber auch der äusserste Gegensatz dieser breiten Behandlungsweise, die Feinmalerei, die während der zweiten Hälfte des siebzehnten Jahrhunderts in Holland auf die Spitze getrieben wurde, nicht ohne Vertretung. Denn die erwähnte „Beeidigung des Münster'schen Friedens" von G e r -hard T e r b o r c h, sowie die „Sitzung der allgemeinen Stände" (Staten - Generaal), welche im Binnenhofe des Haag 1651 gehalten wurde, von D i r k v a n D e e l e n und A n t o n i e P a l a -m e d e s z im Museum des Haag (No. 22), und vielleicht noch das eine oder andere ähnliche Werk kleinen Maasstabs, welches den Schütter- und Regentenstücken beigezählt werden darf, bekunden diese Art der malerischen Behandlung. Später gewinnt dann eine mehr akademische Richtung wieder die Oberhand, und die Malerei wird, wie die dargestellten Menschen, glatt und charakterlos, wovon man sich beispielsweise an den

Werken des Karel de Moor im Gemeindemuseum des Haag und im städtischen Museum zu Leyden überzeugen kann. Was aber die Stimmung der Malerei nach Farbe und Ton betrifft, so zeigt sich anfangs eine grosse Tüchtigkeit in der Nebeneinanderstellung und Stimmung bestimmter Farben, wie diese die Tracht der Schützen vorschrieb. Die Beherrschung der schwarzen Trachten macht Schwierigkeiten, wird aber durch Rembrandt meisterhaft erreicht, indem er, an Stelle der einheitlichen Stimmung verschiedener Farben, durch die Elemente des Lichtes, Schattens und Tones, der Einfarbigkeit Stimmung und Leben zu verleihen wusste. Die spätere Anlehnung an die Italiener und zum Theil an Rubens bezeichnet den Rückgang der nationalen Malerei, in Uebereinstimmung mit dem Anschlusse der gesammten Bildung und Mode an das Ausland.

IV.

PETER PAUL RUBENS.

11*

Im Jahre 1877 hatte ich, aus Anlass der dreihundertjährigen Jubelfeier von Rubens Geburt, einen Aufsatz über den Geburtsort des grossen Meisters in der „Allgemeinen Zeitung" und später, nachdem ich den Rubensfesten in Antwerpen beigewohnt hatte, Ergänzungen unter der Ueberschrift „Rubensiana" ebenda erscheinen lassen. Ich hatte dabei ausdrücklich die Natur der von Reiffenberg herausgegebenen „Vita Petri Pauli Rubenii" erörtert und die vergessene, alte und echte Grabschrift, der von Parys hingestellten gegenüber, wieder in ihr Recht zu setzen gesucht.

Um letzteres mit grösserer Ausführlichkeit und stärkerem Nachdrucke noch zu thun, habe ich den Gegenstand in dem besonderen Aufsatze über „die Grabschrift" behandelt.

Die Angelegenheit der ersteren aber, der „Vita Rubenii", veranlasste mich, die „Vie de Rubens", die man bei de Piles findet, ins Deutsche zu übertragen.

Der Aufsatz über den Geburtsort ist gänzlich umgearbeitet und sehr erheblich vervollständigt worden.

Was die „Uebersicht zur Lebensgeschichte des Meisters" betrifft, so findet man die nöthigen besonderen Vorbemerkungen derselben unmittelbar vorangestellt.

In dem Aufsatze endlich „Der Meister und seine Kunst" habe ich eine allgemeine kunstgeschichtliche und ästhetische Würdigung von Rubens zu zeichnen versucht.

Unmittelbar vor dem Abschlusse der vorliegenden Arbeiten sind die „Rubensbriefe gesammelt und erläutert von Adolf Rosenberg" (Leipzig 1881) erschienen. Ich war somit noch

in der Lage, da, wo eine besondere Veranlassung vorlag,
auch dies Buch zu berücksichtigen; dagegen habe ich da, wo
Briefe des Meisters angezogen werden, neben den eigentlichen
Quellen, wo diese zu finden sind, nicht auch auf dies Werk
hinweisen zu sollen geglaubt, da der Leser, erforderlichen
Falles, selbst sie hier leicht aufzusuchen im Stande ist.

Ich hoffe, dass diese Beiträge zur Geschichte von
Rubens den Freunden des grossen Künstlers, deren Zahl
sich gerade in unserer Zeit von Tag zu Tage mehrt, will-
kommen sein werden.

1. Der Geburtsort.

Die dreihundertste Wiederkehr des Geburtstages von Rubens im Jahre 1877 war der Anlass, dass auch die Frage nach dem Geburtsorte des grossen Meisters von Neuem erörtert wurde und dass jede der drei Städte, die hier einen Anspruch erheben, Köln, Antwerpen und Siegen, Stellung zu derselben nahm. Wir wollen die Frage in ihrer geschichtlichen Entwickelung darzulegen suchen.

In den alten Streit, ob Rubens zu Köln oder Antwerpen geboren sei, wurde zuerst im Jahre 1853 durch R. C. Bakhuizen van den Brink, Staatsarchivar im Haag, ein neues Element geworfen, indem er, gelegentlich einer Schrift über die Heirath Wilhelm's von Oranien mit Anna von Sachsen, Thatsachen vorbrachte, nach denen Siegen der Geburtsort von Rubens gewesen sein musste. Die Schrift führt den Titel:

R. C. Bakhuizen van den Brink, Het huwelijk van Willem van Oranje met Anna van Saxen, historisch-kritisch onderzocht. Amsterdam 1853.

Hiergegen erhoben sich der Stadtarchivar von Köln, Dr. L. Ennen, zum Schutze der Rechte dieser Stadt und der belgische Abgeordnete B. C. Du Mortier zur Vertheidigung der Ansprüche Antwerpen's mit folgenden Schriften:

L. Ennen, Ueber den Geburtsort des P. P. Rubens; mit Beilagen. Köln 1861.[1])

---

[1]) Schon ein Jahr früher, 1860, hatte Ennen in der Kölnischen Zeitung (No. 298/9) sich ausgesprochen, und danach hatte Coremans

B. C. Du Mortier, Recherches sur le lieu de naissance de P. P. Rubens, Brüssel 1861.

Bakhuizen erwiderte beiden sofort in einer neuen Schrift, die, mit Geist, Schlagfertigkeit und Mässigung abgefasst und unterstützt durch neue Urkunden, die Frage für Siegen sehr günstig stellte:

R. C. Bakhuizen van den Brink, Les Rubens à Siegen. Ma réponse à M. M. le Dr. L. Ennen et B. C. Du Mortier. Haag 1861.

Die Gegner aber gaben sich nicht zufrieden.

Ennen veröffentlichte in den „Annalen des historischen Vereins für den Niederrhein" von 1861 (Heft 9 und 10) einen zweiten Aufsatz „Ueber den Geburtso'rt des Peter Paul Rubens" als „Erwiderung auf die Schriftchen der Herren Du Mortier und Bakhuizen van den Brink über denselben Gegenstand", worin er die ihm gemachten Vorwürfe zurückzuweisen suchte und übrigens bei seiner Ansicht, „dass die Annahme, Peter Paul Rubens sei in Köln geboren, der strengsten historischen Kritik gegenüber wohl aufrecht erhalten werden kann," wörtlich und buchstäblich stehen blieb.

Du Mortier gab ein besonderes Schriftchen: „Nouvelles recherches sur le lieu de naissance de P. P. Rubens, réponse à Mr. R. C. Bakhuizen van den Brink, archiviste à la Haye, et Mr. L. Ennen, archiviste à Cologne" (Brüssel 1862) heraus, in welchem er auch seinerseits sich vertheidigte und bei seinem Standpunkte, dass Rubens in Antwerpen geboren sei, beharrte.

Bakhuizen hat nicht geantwortet, denn er hatte schon im voraus erklärt, dass „sein letztes Wort gesprochen sei". Uebrigens ist dieser in Bezug auf die vorliegende Frage so verdienstvolle Mann bereits im Jahre 1865 gestorben. Auch Du Mortier ist todt; er starb 1878 im dreiundachtzigsten Jahre [1]. Und auch Ennen ist nicht mehr am Leben; er starb 1880.

---

den Gegenstand übersichtlich unter der Ueberschrift „Rubens est né à Cologne" in der Revue d'hist. et d'archéologie. II. (Brüssel 1860. S. 576—591 behandelt.

[1] Vergl. Vlaamsche School. 1878. S. 116. 1879. S. 125.

Weiter hat dann A. Spiess im 20. Hefte der „Annalen des historischen Vereins für den Niederrhein" (Köln 1869) aus dem Archiv zu Idstein neue Urkunden veröffentlicht, denen er einen längeren Aufsatz voranschickte und die er später auch in der kleinen Schrift „Eine Episode aus dem Leben der Eltern von P. P. Rubens" (Dillenburg 1873.) bearbeitete.

In diesen Schriften entwickelte sich die Angelegenheit. Treten wir nun der Darlegung derselben näher.

Der Anlass, dass hinsichtlich des Geb'urtsortes von Rubens überhaupt eine Frage entstehen konnte, liegt darin. dass weder der Geburtsort noch der Geburtstag, dessen Feststellung, wie berichtet werden wird, eng mit dieser Frage verknüpft wurde, durch ein bestimmtes urkundliches Zeugniss beglaubigt ist. Es fehlt nicht allein an einer rechtsgültigen eigentlichen Urkunde, sondern es schien auch an bestimmten glaubwürdigen Erklärungen in allen zeitgenössischen Nachrichten zu fehlen, da man diejenigen, welche als solche angesehen werden müssen, nicht gehörig beachtete.

Wir nehmen diese zeitgenössischen Nachrichten vorweg.

Die älteste derselben dürfte die Angabe bei Gelenius: „De admiranda sacra et civili magnitudine Coloniae," welches Werk bereits 1645 erschien, sein, dass Rubens zu Köln im Sprengel von St. Peter und zwar in dem gräflich Gronsfeldt' schen Erbhause geboren worden sei.[1] Aber diese Nachricht scheint keine weitere Verbreitung und Beachtung gefunden zu haben, wie aus folgendem erhellet.

Die nächstälteste Quelle ist die Unterschrift unter dem gestochenen Bildnisse des Rubens, welches sich im „Gulden-Cabinet" von Cornelis de Bie befindet. Dies Werk gehört dem Jahre 1662 an, aber 72 dieser Bildnisse, und darunter auch das Rubens'sche, waren bereits vorher, im Jahre 1649.

---

[1]) Die Stelle, auf die zuerst, durch Wallraf davon unterrichtet, F. X. de Burtin (Traité. I. S. 168—177) aufmerksam gemacht hat, ist abgedruckt bei Merlo, Kölnische Künstler etc. Köln 1850. S. 386, — bei Verachter, Généalogie de Rubens etc. Antwerpen 1840. S. 43 u. a. a. O.

im Meyssens'schen Verlage zu Antwerpen erschienen.[1]) Unter
dem Rubens'schen Bildnisse nun steht: „... Anvers est la
ville de ceste heureuse nativité le 28 de Juin 1577 aust du
deplorable jour de son trespas l'an 1640 le 30 de maii."

Dann folgt G. P. Bellori mit seinen zuerst 1672 zu Rom
erschienenen „Vite dei pittori moderni etc.," wo es in Bezug
auf Rubens heisst: „.... nato nella medesima Città (di Anversa)
di famiglia molto civile & honorata. Il suo natale seguì il giorno
28 di Giugno nell' anno 1577 ...."[2])

Und nach Bellori, den er ausdrücklich als Quelle anführt.
macht auch L. Morery in seinem zuerst 1674 zu Lyon erschienenen „Grand dictionnaire historique" dieselbe Angabe:
„Rubens ... étoit d'Anvers, où il vint au monde le 28 Juin
1577."[3])

Weiter berichtet Sandrart, der Rubens persönlich kannte
und der in den niederländischen Kunstkreisen ganz heimisch
war, in seiner 1675 zu Nürnberg erschienenen „Teutschen
Akademie", dass Rubens „... allda (zu Antwerpen) Anno
1577 den 28 Junii von fürnehmen Eltern geboren worden" ist.[4]

Aus diesen Nachrichten geht hervor, dass nach Rubens
Tode mehrere Jahrzehnte lang allgemein angenommen wurde,
er sei zu Antwerpen und zwar am 28 Juni 1577 geboren
worden. Aber bereits 1677 wurde von R. de Piles die
„Vie de Rubens" herausgegeben, die ich hier weiter hinten
mittheile und die von den Angehörigen des grossen Meisters
selbst stammt. Da heisst es gleich im Anfange, indem Gelenius,
den man offenbar nicht kannte, übersehen wurde, dass „diejenigen, welche das Leben dieses ausgezeichneten Mannes
beschrieben haben, sagen, Antwerpen sei der Ort seiner Geburt".
Es wird dann versichert, dass in dem Folgenden die Wahrheit
genau berichtet werden soll, und es wird erklärt, dass Rubens
„zu Köln im Jahre 1577 geboren wurde." Die Familie wollte

---

[1]) S. hier die Einleitung zum zweiten Bande.
[2]) S. 222 oder in der zweiten Ausgabe, Rom 1728. S. 131.
[3]) Nach der mir vorliegenden sechsten Auflage, die zu Utrecht.
Leyden und Amsterdam 1692 erschien, in dem Artikel über Rubens.
[4]) II, S. 290.

also den Irrthum, dass Antwerpen der Geburtsort sei, zerstreuen, da derselbe früher oder später nothwendig ans Licht kommen musste, sobald man nur auf die Geschichte von Rubens Eltern etwas näher einging. Sie gab Köln als diesen Geburtsort an, wozu sie sich aus Gründen und Anlässen bestimmt sah, die wir hier später noch erörtern werden. Indem sie so die herkömmliche Angabe über den Geburtsort berichtigte, aber die herkömmliche Angabe über den Geburtstag nicht berührte, erkannte sie stillschweigend den 28 Juni als den richtigen Tag an. Nach der Familienüberlieferung ist also Peter Paul Rubens zu Köln, und zwar, in Uebereinstimmung mit den seitherigen Nachrichten, am 28 Juni 1577 geboren worden.

Man kann oder muss wohl aus der Thatsache, die in den einleitenden Bemerkungen zu der Uebersetzung der de Piles' schen „Vie de Rubens" nachgewiesen werden wird, dass nämlich schon Bellori Nachrichten aus dem Rubens'chen Familienkreise geschöpft hatte, aber dennoch Antwerpen als Geburtsort angab, den Schluss ziehen, dass die Nachkommen des Meisters selbst erst zwischen 1672 und 1676 zu der Einsicht gelangt waren, dass die herkömmliche Angabe, Antwerpen sei der Geburtsort, falsch sei, dass vielmehr Rubens, wie sie nunmehr erklärten, zu Köln geboren worden sei.

Diese neuen, beziehentlich bestätigten Nachrichten wurden von nun an die herrschenden in der Literatur.

Baldinucci, dessen Werk seit dem Jahre 1681 erschien, sagt: „ebbe i suoi natali d'una molto onorata famiglia il dì 28 Giugno 1577 nella città di Colonia etc." [1] Er setzt auch hinzu, dass das Geburtshaus von Rubens den Fremden gezeigt werde, und dass derselbe in der Peterskirche getauft sei, was ihm durch Andere „auf Grund eines Zeugnisses des Küsters dieser Kirche" überliefert und beglaubigt sei, so dass er diese wichtige Thatsache, durch welche die Ansprüche von Antwerpen ein für allemal beseitigt würden, nicht unterdrücken dürfe.

---

[1] Notizie dei professori del disegno di Cimabue in qua etc. Decenn. X. del secol. IV.

Florent Le Comte berichtet in seinem „Cabinet des singularitez etc.", das zuerst 1699, in zweiter Auflage aber 1702 erschienen ist: „Pierre Paul Rubens naquit à Cologne en 1577."[1] Er stützt sich offenbar auf de Piles.

Houbraken, dessen „groote Schouburgh" 1718 erschien, sagt: „In dit zelve jaar 1577 den 28 van Wiedemaand is dat grote zonnelicht aan den nederlandsen konsthemel, namentlyk Petrus Paulus Rubbens, tot Keulen aan den Ryn, tot groten luister dier stadt, op gegaan." Und er setzt hinzu: „Dies erhellet aus de Piles, der bestätigt wird durch Florent Le Comte und den ich durchgehends viel sicherer und aufmerksamer finde als Cornelis de Bie, welcher Antwerpen durch Rubens Geburt zu ehren trachtet."[2]

Descamps sagt in seiner zu Paris 1753 erschienenen „Vie des peintres", indem er Rubens Vater erwähnt, zunächst mit Bezug auf diesen, Folgendes: „Il se retira dans la ville de Cologne. C'est là que Rubens reçut le jour le 28 Juin 1577."[3]

So sieht man überall den 28 Juni als den Geburtstag festgehalten, und auch Köln als die Geburtsstadt anerkannt.

Das letztere geschieht auch weiterhin, aber inzwischen war bereits mehrfach der 29 Juni als Geburtstag angeführt worden. Dieser Tag erhält auch endlich die allgemeine Anerkennung.

Isaac Bullart scheint diese Neuerung aufgebracht zu haben. In seiner „Académie des sciences et des arts" (Paris, Brüssel oder Amsterdam 1682) sagt er: Rubens . . . . „sortoit d'une famille considerable d'Anvers. Son père Jean Rubens . . . se retira à Cologne; où sa femme Marie Pypelincx mit nostre Rubens au monde l'an 1577; le jour des Apostres Saint Pierre et Saint Paul, desquels on luy donna les noms."[4] Bullart scheint demnach der erste gewesen zu sein, welcher den Namen Peter Paul mit dem auf den 29 Juni fallenden Peter-

---

[1] 2. Aufl. II. S. 241.
[2] I. S. 61.
[3] I. S. 298.
[4] II. S. 470.

und Paulstage in Verbindung brachte, aber er fand gutgläubige und willige Nachfolger.

Felibien in seinen „Entretiens sur les vies et les ouvrages des plus excellents peintres", deren zweite Ausgabe, Paris 1688, zuerst einen Aufsatz über Rubens, und zwar wesentlich nach de Piles und Bellori[1]), enthielt, sagt, indem er den Vater Rubens und die Stadt Köln nennt „... où sa femme accoucha d'un fils le jour de Saint Pierre et Saint Paul (L'an 1577); ce qui fut la cause qu'on luy donna au baptesme les noms de ces deux Apostres."[2]).

Dieser nun schon von zwei Gewährsmännern gestützten Angabe schloss sich auch Weyermann in seinen 1729 im Haag erschienenen „Levensbeschryvingen" an. Er berichtet, indem er von Rubens Vater erzählt: „... en hy week in de stad Keulen, alwaar zijne Huysvrouw Maria Pypelings onzen Petrus Paulus Rubens ter weerelt brogt, op den Feestdag der Apostelen Petrus en Paulus, waar door hy den naam erf-de ... "[3])

Ferner folgt dieser Angabe D. d'Argenville in seinem 1745 zu Paris herausgegebenen „Abrégé de la vie des plus fameux peintres"; es heisst daselbst: „Pierre Paul Rubens originaire d'Anvers et d'une famille considérable naquit à Cologne en 1577 le jour des apôtres saint Pierre et saint Paul, dont on lui donna les noms."[4])

Und es folgt derselben namentlich auch Michel in seiner 1771 herausgegebenen „Histoire de la vie de P. P. Rubens". indem er sagt: „Dans la dixième année que Jean Rubens se tranquilita dans la ville de Cologne ... l'Etre suprême le favorisa d'un septième enfant dont sa chere épouse accoucha le 29 Juin de l'an 1577." Er fügt hinzu, dass „der Neugeborne feierlich in der Peterskirche getauft worden sei, und

[1]) In der zweiten Ausgabe Bd. II. S. 212. — In der Amsterdamer Ausgabe von 1706 Bd. III. S. 280 oder in der 1725 zu Trevoux erschienenen Bd. III. S. 427,8.
[2]) Daselbst beziehentlich S. 193, — 266. — und 405.
[3]) I. S. 253.
[4]) II. S. 141.

dass sein Vater ihm die Namen der beiden Apostelfürsten
gegeben habe, da er an dem Tage zur Welt gekommen, den
die römische Kirche als Fest derselben feiert."[1] So hat
Michel aus Bullart's quellenloser Angabe schon eine ganze
Geschichte gemacht. Und da Michel fast hundert Jahre lang
als eine glaubwürdige Quelle benutzt wurde, so ist der 29 Juni
als der Geburtstag von Rubens in den meisten kunstgeschichtlichen Büchern zu finden.

Aber man sieht, dass dieser Tag in keiner Weise geschichtlich beglaubigt ist, dass vielmehr nach den alten über-
einstimmenden Quellen der 28 Juni der Geburtstag ist. Wir
halten diese Angabe fest und lehnen die, sichtlich auf Erfindung
beruhende Nachricht vom 29 Juni ab. Zwar liegt es nahe,
die Geburt von Peter Paul mit dem Peter-Pauls-Tage in
Verbindung zu bringen, allein dies liegt so nahe, dass, wenn
die Thatsache richtig wäre, die alten Quellen, namentlich
Cornelius de Bie, Bellori und Sandrart nicht den 28 hätten
angeben können. Diese Quellen sind glaubwürdiger als eine
noch so nahe liegende Vermuthung. Uebrigens steht diese
scheinbar so nahe liegende Vermuthung in Wirklichkeit auf
sehr schwachen Füssen. Die Wahrheit dürfte die sein, dass
Rubens, der am 28 Juni' geboren wurde, am 29. dem Peter-
Pauls-Tage, getauft worden ist. Denn es war alte Sitte, die
Kinder schnell zu taufen und ihnen den Namen des Heiligen
ihres Tauftages zu geben, wie z. B. Luther am 10 November
geboren, am 11, dem Tage des heiligen Martin, getauft und
danach selbst Martin Luther genannt wurde. Diese Sitte
erhielt sich auch im protestantischen Deutschland noch während
des sechszehnten und selbst theilweise noch im siebzehnten,
ja auch noch im achtzehnten Jahrhundert.

Eine beachtenswerthe handschriftliche Bestätigung des 28
enthält auch das „Memorial", welches der Maler Mathias
Scheits am 28 Juni 1679 seinem Exemplar des „Schilder-
boek's" hinzufügte. Ueber dasselbe hat W. Bode im I. An-
hang zu seiner Schrift über Frans Hals berichtet, und es ist
vollständig in der „Kunstkronijk" von 1872 (S. 12) abgedruckt.

---

[1] S. 15.

Es heisst daselbst: „Den uytnemenden vermaerden Schilder Peter Pauel Rubbens iss tot Antwerpen A° 1577 den 28 Junij gebohren u. s. w." Scheits hatte offenbar von der nicht längst erschienenen „Vie de Rubens" noch keine Kenntniss und nahm deshalb noch irrig Antwerpen als Geburtsort an.

Dies sind die älteren Nachrichten, die, namentlich was R. de Piles betrifft, nicht gehörig beachtet wurden, wie aus der folgenden Darstellung sich ergeben wird. Diese Darstellung soll die geschichtliche Entwickelung der Frage nach Rubens Geburtsort in möglichster Treue dem Leser vorführen.

Wir müssen nun zunächst zweier Mittheilungen gedenken, die scheinbar aus den echtesten Quellen stammen, die bisher als unbezweifelbare Urkunden und als wesentlichste Beweisstücke angesehen wurden, und die die Lösung der Frage erheblich erschwert haben.

Die eine ist die „Vita Petri Pauli Rubenii", die ehedem dem Freunde von Rubens, Kaspar Gevaerts, später dem Neffen des Meisters, Philipp Rubens, zugeschrieben worden ist, die von Reiffenberg 1835 herausgegeben wurde und die wir später noch eingehend würdigen müssen. Sogleich der Anfang dieser Schrift spricht klar und bestimmt für Köln und das Jahr 1577; es heisst daselbst, dass der Vater, Johann Rubens, Antwerpen verliess „seseque Coloniam Aprippinam cum uxore et liberis recepit: ubi anno salutis humanae 1577 natus est Petrus Paulus noster".

Die andere ist die Grabschrift in der Rubens-Kapelle der Jakobs-Kirche zu Antwerpen, welche, wie man weiss, von dem genannten Freunde des grossen Malers, dem gelehrten Gevaerts, verfasst war. Dieselbe sagt, dass Rubens am 30 Mai 1640 im Alter von 64 Jahren gestorben sei; danach ist er also um das Ende des Monats Mai 1576 geboren worden. Diese Grabschrift, wie man sie jetzt sieht, ist allerdings erst im Jahre 1755 gesetzt worden, sie erscheint aber ganz wie eine glaubwürdige Urkunde und ist daher auch bis jetzt als beweiskräftig angesehen worden.

Diese beiden Nachrichten aber, welche uns in mehr oder weniger urkundlicher Form angeblich aus dem Kreise von Rubens selbst übermittelt sind, widersprechen sich, hinsichtlich

des Geburtsjahres, wie man sieht, sehr bestimmt. Die Aufklärung des Widerspruches wird aus unsern spätern Ausführungen hervorgehen, welche die Nachricht der „Vita"
erklären und zugleich den dunkeln Ursprung dieser „Vita"
darthun, die Grabschrift aber in ihrer jetzigen Gestalt als
eine nicht urkundliche nachweisen werden. Da nun, wie
bemerkt, eine unmittelbare Beglaubigung des Geburtsortes und
des Geburtstages von Rubens nicht vorliegt, ist man hier auf
mittelbare weitere Beweisstücke, auf einen sogenannten künstlichen Beweis, angewiesen.

Ein Theil dieser Beweisstücke spricht sehr entschieden zu
Gunsten obiger Angabe, dass Rubens in Köln geboren sei.

Johann Rubens, Doctor beider Rechte und Altschöffe
von Antwerpen, hatte bei dem Auftreten Alba's in den Niederlanden, seines evangelischen Bekenntnisses wegen, 1568 seine
Stadt verlassen und war nach Köln geflüchtet. Dass er dem
Protestantismus angehörte, wird durch eine Reihe bestimmter
Thatsachen bekräftigt, die zum Theil weiterhin noch erwähnt
werden müssen. Doch verdient hier sogleich besonders hervorgehoben zu werden, dass er eine an den König von
Spanien gerichtete „Oraison ou remonstrance au nom des
estatz et peuple des Pays-Bas" verfasst hatte[1]), welche keinen
andern als einen auf Religion und Kirche sich beziehenden Inhalt
gehabt haben kann.[2]) Johann Rubens kam nach Köln mit
seiner Frau Maria, geborner Pypelincx, vier Kindern
und mehreren Dienstboten und nahm dem entsprechend eine
grosse Wohnung, ein ganzes Haus mit Hof und Garten, für
266 Thaler jährlicher Miethe „vor St. Martin bei Herman
Koch", dem Pfarrhause gegenüber.[3]) Wahrscheinlich im Früh-
jahr 1570 vertauschte er diese Wohnung mit der noch statt-
licheren „in weilant Dr. Rincks Hauss" bei der Mauritiuskirche.[4])
Er hielt sich zu den Evangelischen und „frequentirte keine
Kirche". „enthielt sich des Kirchgangs und katholischer

---

[1]) Bakhuizen, Les Rubens etc. S. XLII.
[2]) Messager des sciences historiques etc. 1871. S. 106.
[3]) Ennen's erste Schrift. S. 13. 43. 55.
[4]) Daselbst. S. 15 und 65.

Communion"[1] Im Jahre 1587 starb er zu Köln, nachdem er inzwischen, unzweifelhaft aus politischen Rücksichten, der Ketzerei Lebewohl gesagt hatte. Er wurde in der Peterskirche bestattet, und die Inschrift auf seinem Grabsteine meldete unter Anderm, dass er in Köln „19 Jahre zugebracht" und mit seiner Frau „26 Jahre einmüthig ohne allen Missklang gelebt habe."[2]

Hiermit stimmt überein, wenn der Rath der Stadt Köln der Wittwe, die nach Rubens Tode nach Antwerpen zurückkehrte, bescheinigte, dass sie „mit ihrem Manne von 1569 (1568) bis zum Tage der Urkunde, dem 27 Juni 1587, in dieser Stadt ihren gewöhnlichen Wohnsitz (consuetum domicilium) gehabt habe; dass sie noch daselbst wohne und sich in allem wohlgeziemend geführt habe etc."[3]

Dazu kommt nun, dass Peter Paul Rubens selbst in dem bekannten Briefe vom 25 Juli 1637, der sich auf das Gemälde der „Kreuzigung Petri" in der Peterskirche zu Köln bezieht, sagt: „Ick ben seer gheaffectioneerdt voor de stadt Ceulen, om dat ick aldaer ben opgevoedt tot het thienste jaer myns levens,"[4] oder auf hochdeutsch: „Ich bin der Stadt Köln sehr zugethan, weil ich allda bis zum zehnten Jahre meines Lebens erzogen bin."

Und endlich findet man, wie bereits erwähnt, bei Gelenius sogar das Haus bezeichnet, in welchem Rubens zu Köln geboren ist.

So schien denn durch diese Beweismittel die in der „Vita Rubenii" gemeldete Nachricht, dass Köln der Geburtsort von Peter Paul Rubens sei, erhärtet, und man begreift, dass ein Mann wie Wallraf, der einen so lebhaften Sinn für den Ruhm Köln's und dabei eine sehr rege Einbildungskraft besass, im Jahre 1822 jene Inschriftstafel am Hause Sternengasse No. 10

---

[1] Ennen's erste Schrift. S. 55 und 65.
[2] J. J. Merlo, Kölnische Künstler. S. 353. — F. F. Michel, Histoire de la vie de P. P. Rubens etc. S. 18. — Ueber den Untergang der Grabplatte s. F. E. von Mering u. L. Reischert, Zur Geschichte der Stadt Köln etc. (Köln 1839). III. S. 281.
[3] Ennen's erste Schrift. S. 25 und 81.
[4] Gachet, Lettres inédites de Rubens etc. (Brüssel 1846). S. 277

anbringen lassen konnte, die schon von Mering wegen ihrer
Uebertriebenheit verspottet wurde.[1])

Die scheinbar so vollkommene Schlüssigkeit in der Kette
aller dieser Thatsachen hat jedoch einige schwache Stellen,
die ohne weiteres einen Verdacht anregen können. In der
Bescheinigung des Rathes von Köln heisst er nämlich auffälliger Weise nicht, wie man erwarten müsste, „beständigen"
Wohnsitz, sondern „gewöhnlichen," was einen ausser-
gewöhnlichen Wohnsitz von kürzerer oder längerer Dauer
an einem anderen Orte nicht ausschliesst. Und ferner sagt
Rubens selbst nur, dass er in Köln bis zum zehnten Jahre
erzogen, keineswegs aber dass er daselbst auch geboren,
dass Köln seine Geburtsstadt sei, was er doch gewiss in
diesem Zusammenhange nicht ungesagt gelassen hätte, wenn
es der Fall gewesen wäre. Er hätte, wäre er wirklich in Köln
geboren, ganz unbedingt schreiben müssen: „Ich bin der Stadt
Köln sehr zugethan, weil ich allda geboren und bis zum
zehnten Jahre meines Lebens erzogen bin." Das Fehlen dieses
einen Wortes kann nicht ohne Absicht sein; es ist von grosser
Bedeutung. Deshalb hatte man es früher auch in den Text
des Briefes eingeschmuggelt, und erst der Vergleich mit der
erhaltenen Urschrift machte die Fälschung offenbar.[2]) Das
sind die schwachen Stellen; sie deuten den Ort an, wo jene
Kette einen derartigen Riss erhalten hat, dass die Ansprüche
· von Köln, die Geburtsstadt von Rubens zu sein, als hinfällig
erscheinen müssen.

Ehe wir nun diese Verhältnisse darstellen, berühren wir
kurz die Ansprüche Antwerpen's, die so lange gegenüber

---

[1]) F. E. von Mering und L. Reischert. III. S. 274 ff. Die
Inschrift selbst bei Merlo. S. 389. — Wie blind Wallraf verfuhr,
bezeugt der Umstand, dass das Haus über dem Thorwege gross
und breit mit der Jahreszahl 1729 bezeichnet ist, und dass er in
diesem Hause Rubens 1577 geboren werden lässt.

[2]) Michel, Histoire de Rubens etc. Brüssel 1771. S. 261 und
danach auch bei Mering und Reischert III. S. 278 u. 289. — Vergl.
Annalen, Heft 9 u. 10. S. 216. — Merlo. S. 385/6, u. Gachet, S. 278.
Anmerk. 1.

denjenigen von Köln erhoben und festgehalten wurden. Doch müssen wir uns vorbehalten, später nochmals und ausführlicher auf dieselben zurückzukommen, da sie neuerdings nicht etwa nur wieder aufgenommen, sondern sogar als unumstössliche Thatsache, von wissenschaftlicher wie von amtlicher Seite, in Antwerpen hingestellt worden sind. Um dieses Verfahren aber recht zu würdigen, bedarf es zuvor noch der weiteren Erörterungen. Hier mögen zunächst die älteren Gründe für die Ansprüche Antwerpen's folgen.

Alba hatte die Güter aller Geflüchteten, und also auch die des Johann Rubens, an sich genommen. Die Beschlagnahme dauerte bis zum Anfang des Jahres 1577, wo sie in Folge der sogenannten „Pazifikation von Gent" aufgehoben wurde.[1]) Rubens beeilte sich von der allgemeinen Freigebung dieser Güter auch für seinen Theil Nutzen zu ziehen. Zu dem Ende stellte er unterm 26 April des genannten Jahres zu Köln vor dem Rathe der Stadt eine allgemeine Vollmacht für Maria und Heinrich Piepeling, seine Schwiegereltern, Dionys Piepeling, seinen Oheim und Philipp Landemeter, seinen Stiefbruder aus.[2]) Man sah nun den Irrthum im Namen von Rubens Schwiegermutter, die nicht Maria, sondern Klara hiess,[3]) und bezog deshalb ohne weiteres den Namen Maria Piepeling auf Rubens Frau; und schloss auch weiter, dass Maria Rubens nunmehr sofort nach Antwerpen gereist sei, um die Vermögensinteressen ihres Mannes wahrzunehmen. Da sei denn Peter Paul geboren, und dass dies in Antwerpen geschehen, sei um so mehr beabsichtigt gewesen, als der Altschöffe Rubens wissen musste, dass nur die thatsächliche Geburt in dieser Stadt selbst in den Besitz gewisser werthvoller bürgerlicher Rechte setzen konnte, die sonst schwer zu erlangen waren.[4]) So also sei es geschehen, dass der grosse Maler in Antwerpen zur Welt gekommen sei.

Hierbei ist übersehen, dass die Vollmacht nicht für Rubens

---

[1]) Du Mortier, Recherches. S. 51, 74 ff.
[2]) Ennen's erste Schrift. S. 74.
[3]) Verachter, Généal. S. 10.
[4]) Du Mortier, Recherches. S. 52, 53.

12*

Frau, sondern für dessen Schwiegereltern und die anderen
Verwandten, ausgestellt ist, und dass offenbar in Bezug auf
den Vornamen der Schwiegermutter ein Fehler vorliegt. Dieser
und andere offenbare Fehler im Texte der Urkunde, wie
dieser von Ennen abgedruckt wurde, haben zu Erörterungen
geführt. Ennen gab z. B. unter der Vollmacht als Datum den
26 April an. in seinem eigenen Texte schrieb er den 28; ausserdem schrieb er Geraerts statt Gevaerts, Landemetez statt Landemeter u. a. m.[1]) Es ist auffällig, dass man bei Spiess gleichfalls den 28 April, Geraerts, Landemetez u. a. liest[2]), und dass
auch bei Du Mortier unter der Urkunde richtig der 26, im
Texte aber immer der 28 April steht.[3]) Bakhuizen machte
zu diesen und andern Fehlern Bemerkungen, die Ennen zu
einer Rechtfertigung und zur Mittheilung des Facsimiles eines
Theiles der Urschrift veranlassten.[4]) Jedoch konnten die Fehler
nicht gänzlich aufgeklärt werden. Dies aber scheint ausser
Zweifel zu sein, dass der Name Maria irrig für Klara steht.

Aber selbst hiervon abgesehen, lautet die Vollmacht nicht
auf „Maria" allein, sondern zugleich noch auf drei andere mit
Namen genannte Personen; und zwar gilt sie nicht als gemeinschaftliche (Collectivvollmacht), sondern „für jeden von
ihnen als für alle derart, dass, was Einer unternommen, der
Andere auszuführen, weiter zu verfolgen und zu beenden im
Stande sein solle" („ . . . quemlibet illorum in solidum ita . . .
sed quod unus illorum inceperat alter ipsorum prosequi
mediare et terminare valeat.")[5]) Dieses solidarische Verhältniss des Einen zum Andern schliesst jede Nöthigung zu
der Annahme aus, dass Maria — vorausgesetzt, dass Maria
Rubens und nicht, wie es unzweifelhaft erscheint, deren Mutter
Klara Pypelincx, in der Vollmacht gemeint sei — aus Anlass
dieser Vollmacht persönlich nach Antwerpen gereist sei.

---

[1]) Ennens erste Schrift. S. 76, 21, 22.
[2]) Annalen. Heft 20. S. 7.
[3]) Du Mortier, Recherches. S. 78, 34 ff.
[4]) Annalen. Heft 9 u. 10. S. 228. — Vergl. auch die später zu
erwähnenden „Aanteekeningen" von Génard, S. 178 ff.
[5]) Ennen's erste Schrift. S. 74 u. 75.

Ferner schloss man aus einer Stelle in dem 1630 von
König Karl I. von England für Peter Paul Rubens ausge-
stellten Adelsbrief, welcher ihn „ex urbe Antwerpiae oriumdum" nennt, dass er hier geboren sei.[1]) Da aber „oriumdum"
zunächst nicht „geboren" heisst, sondern den „Ursprung her-
leitend" oder „abstammend", dies aber in Bezug auf Rubens
und in Betreff Antwerpen's völlig der Wahrheit entspricht, so
wird man auch in seinen Schlüssen nicht weiter gehen können,
um so weniger, als ein ausländischer Adelsbrief für einen
Mann von mehr als 50 Jahren nicht als dessen Geburtsschein
Geltung haben kann. Wir weisen auch auf die oben angezogenen „Entretiens" von Felibien hin, wo es unbeschadet
der bestimmtesten Angabe, dass Rubens zu Köln geboren sei,
heisst: „Il estoit d'Anvers et né d'une honeste famille", sowie
auf die oben mitgetheilte Stelle in d'Argenville's Abrégé:
„Rubens originaire d'Anvers naquit à Cologne." Rubens
war also „von Antwerpen," „aus Antwerpen stammend"
— „ex urbe Antwerpiae oriundus" — aber das hinderte nicht,
dass er zu Köln geboren war. Giebt es etwas Klareres?
Uebrigens ist neuerdings die Echtheit dieses Adelsbriefes überhaupt von A. Wauters, dem bekannten Stadtarchivar von
Brüssel, mit beachtenswerthen Gründen bestritten worden, so
dass also die Bedeutung desselben gänzlich hinfällig würde.[2])

Von andern, noch weniger stichhaltigen Gründen, die für
Antwerpen vorgebracht wurden, sehen wir für jetzt ab, da
wir, wie gesagt, nochmals auf diese Dinge eingehen müssen,
und wenden uns nun zur Darlegung derjenigen Thatsachen,
welche auch die besseren Ansprüche Köln's erschüttert und
vernichtet haben.

Unter den niederländischen Flüchtlingen, die sich bei dem
Auftreten Alba's nach Köln wendeten, befand sich auch die
Gemahlin des Grafen Wilhelm von Nassau, Fürsten
von Oranien, in der Geschichte Wilhelm von Oranien genannt.

---

[1]) Du Mortier, Recherches. S. 55 u. 80. Das Diplom findet
sich auch bei Hasselt, Hist. de P. P. Rubens etc. S. 146 ff. und an
andern Orten,
[2]) L'art. 1877. III. S. 206, 251.

Sie war die zweite Gattin Wilhelm's, die Mutter des grossen
Moritz von Oranien und des Kurfürsten Moritz von Sachsen
Tochter. Die Güter Wilhelm's hatte Alba mit Beschlag belegt
und darunter auch das Grundstück, auf welches die, übrigens
nur 35,000 Reichsthaler betragende Mitgift der Prinzessin
hypothekarisch eingetragen war.[1] Hiergegen suchte sie nun
aber von Köln aus vorzugehen, zunächst mit Hülfe des rechts-
kundigen Jan Bets aus Mecheln und, als sie diesen in ihrer
Sache an den Kaiser gesandt hatte, mit Hülfe des Doctor
beider Rechte Jan Rubens aus Antwerpen. Der Verkehr
der Prinzessin mit dem letzteren wurde bald sehr vertraut;
Rubens ward ihr Geliebter, Liebhaber und Verführer. „Um
zu sagen, wer der erste gewesen — erklärte er später — muss
man vorweg bedenken, dass ich niemals die Kühnheit gehabt
hätte, mich zu nähern, wenn ich gefürchtet hätte abgewiesen
zu werden."[2] Doch diese Gesichtspunkte sind hier Nebensache; die Frage der Schuld für Anna von Sachsen und Johann
Rubens, welche das Verbrechen eines doppelten Ehebruches
auf sich geladen hatten, gehört nicht hierher.

Die Prinzessin hatte Köln verlassen, ihre zwei Kinder aber
sammt vier Mägden und drei Hofbediensteten daselbst zurückgelassen.[3] Alle diese Personen befanden sich unter dem
Schutze des Johann Rubens, der, wie bemerkt, seine alte
Wohnung verlassen hatte und in das weiland Dr. Rinck'sche
Haus bei der Mauritiuskirche gezogen war, wo wahrscheinlich
bis dahin die Prinzessin selbst gewohnt hatte. Dass die ganze
Gesellschaft, die Rubens'sche Familie mit ihren Dienstboten
und die Oranischen Prinzenkinder mit ihrem Hof, im August
1570 vereinigt war, ist urkundlich beglaubigt.[4]

Das Verhältniss der Prinzessin zu Rubens war indessen
in der Familie Wilhelm's ruchbar geworden und veranlasste
den Grafen Johann von Nassau, Wilhelm's Bruder, im

---

[1] Ennen's erste Schrift. S. 12. Bakhuizen, Het huwelijk.
S. 13 u. 15.
[2] Bakhuizen, Het huwelijk etc. S. 136.
[3] Ennen's erste Schrift. S. 64.
[4] Ebenda.

März 1571, als Rubens sich zu Anna, die sich in Siegen befand, begeben wollte, ihn aufheben und nach Dillenburg in Haft bringen zu lassen. Zwei Jahre blieb er im Kerker, bis ihm zu Pfingsten 1573 gestattet wurde, das Gefängniss mit einem strengen Zwangsaufenthalt in Siegen zu vertauschen. Die Prinzessin hatte im August 1571 einer Tochter, Christine Dietz, das Leben gegeben;[1]) sie hatte ihre Schuld bekannt, ward 1574 von Wilhelm geschieden, starb 1577 zu Dresden im Alter von 33 Jahren und ward im Dome zu Meissen bestattet. Schwer hatte sie gebüsst, noch schwerer Rubens; an der aufrichtigen Reue beider ist nicht zu zweifeln.

Ueber Rubens wachte aber gleich einem guten Engel seine Gattin Maria Pypelincx; alle Schmach, Noth, Trauer und Angst, die er über sie gebracht, deckte sie mit gränzenloser und rührender Liebe zu, ihr ganzes Sinnen und Trachten hatte nur Ein Ziel: Vergebung und Errettung ihres Mannes. Durch die schönen Briefe, die uns von ihr erhalten sind, hat sie sich ein Denkmal gesetzt, das den Adel und die Frömmigkeit ihrer Seele bezeugt. Nachdem es ihr gelungen war, das Schwert, welches das deutsche Strafrecht über dem Haupte ihres Mannes hielt, zu entfernen und die Thüre seines Kerkers zu öffnen, eilte sie nach Dillenburg, um seine Entlassung nach Siegen zu bewirken, wo die Familie von nun an wohnte.

Dass die Gatten zu Siegen vereinigt lebten, und dass Maria in Köln keinen Hausstand zurückgelassen hatte, ist eine Thatsache, die hier entscheidende Bedeutung hat, und die desshalb mit einigen, aus den vorhandenen zahlreichen Beweismitteln zu versehen ist. Maria schreibt von Dillenburg, am 13 März 1573, an den Grafen Johann unter anderm: „Da ich mein Haus zu Köln auch aufgehoben (opgebroken) habe, um besser bei meinem armen siechen Mann sein zu können." Und etwas später in einem andern Gesuch sagt sie: „Ich habe zu Köln mein Haus aufgehoben und meinen Hausrath nach Siegen bringen lassen." Aus Briefen von Rubens selbst erfahren wir, dass seine Frau anfangs zu Siegen im Gasthofe lebte, dass sie dann „ein Ackerstück dicht bei der Stadtmauer" und

---

[1]) Annalen. Heft 20. S. 15.

eine Wohnung gemiethet hatte, wo die Familie den aus Dillenburg Entlassenen dann aufnahm.[1])

Die Schicksale der Familie in Siegen, die Verhandlungen
zur Herbeiführung von Erleichterungen und zur endlichen
Vereinbarung des Vertrags vom 15 Mai 1578[2]), durch den es
Rubens gestattet wurde, unter Bedingungen seinen Wohnsitz
von Siegen hinweg zu verlegen, lassen wir hier auf sich beruhen. Wir bemerken nur, dass in Folge des eben erwähnten
Vertrages die Familie nach Köln zurückkehrte und dort wieder
ihren „gewohnten Wohnsitz" nahm, nachdem sie von 1573
bis dahin, also fünf Jahre lang, zu Siegen einen „ausserge-
wöhnlichen Wohnsitz" gehabt hatte. Dieser fünfjährige Aufenthalt in Siegen, von 1573 bis 1578, der für Rubens selbst,
wie bemerkt, ein durchaus strenger Zwangsaufenthalt war,
führt ohne weiteres zu der Annahme, dass die Kinder, welche
während dieser Zeit den Ehegatten geboren wurden, zu
Siegen das Licht der Welt erblickt hatten. Diese Kinder
waren Philipp, geboren den 27 April 1574 und Peter Paul,
geboren den 28 Juni 1577. Nach der bestehenden Ueberlieferung sollen aber beide in Köln geboren sein, weshalb es
denn weiterer Nachweise bedarf, die wir, soweit sie Peter Paul
betreffen, bezeichnen.

Wenn nachgewiesen werden kann. dass Maria Rubens
im Juni 1577 zu Siegen war, so ist damit zugleich nachgewiesen, dass ihr Sohn Peter Paul, der am 28 desselben Monats
zur Welt gekommen, in Siegen geboren worden ist.

Jan Rubens hatte im April 1577 vom Grafen Johann
einen Urlaub erbeten, „um ganz in der Stille eine Reise nach
Köln machen zu können," damit er dort, da „der Friede ihm
seine Güter jetzt wiedergebe," die bereits erwähnte Vollmacht
ausstellen konnte, „die er nicht hier (in Siegen) vollziehen
könne, da das Siegel dieser Stadt in seinem Vaterlande unbekannt sei." Er versichert dem Grafen, dass als Schutz und
Bürgschaft gegen einen etwaigen Missbrauch seines Urlaubs
„neben der von den Eheleuten Rubens gestellten Caution seine

---

[1]) Bakhuizen, Les Rubens. S. 9, 16, 21—23.
[2]) Bakhuizen, Het huwelijk. S. 167.

Frau und Kinder ihm dafür überwiesen bleiben.''[1] Im Urtexte heisst es: „demeurent pour cela affectez,'' wobei man die Bedeutung von demeurer als „wohnen" und diejenige von affecter im juristischen Sinne als „anweisen, überweisen, haften" berücksichtigen muss. Rubens vollzog in Köln, wie schon erwähnt, die Vollmacht am 26 April, und war im Ganzen etwa zwölf Tage von Siegen abwesend, so dass er Anfangs Mai wieder bei den Seinigen war. Hierdurch ist bewiesen, dass **Maria Rubens bis Anfangs Mai unzweifelhaft in Siegen war.**

Es liegen ferner **Eingaben der Maria Rubens und deren Mutter Klara Pypelincx** an den **Grafen Johann** vor, die in **Siegen am 14 Juni 1577** geschrieben sind.[2] Der Inhalt dieser Eingaben steht einerseits mit den Zwecken jener Vollmacht in Verbindung, andererseits leitet er die Verhandlungen ein, welche zum Abschluss des erwähnten Vertrages vom 15 Mai 1578 führten; er gehört hier nicht nothwendig zur Sache. Dagegen stellen die Eingaben urkundlich fest, dass **Maria Rubens Mitte Juni zu Siegen** sich befand. Und da kein Wort in denselben vorkommt, dass sie, wenn die Antwort des Grafen Johann erfolgen würde, nicht mehr in Siegen anwesend, sondern verreist sein würde, da sie vielmehr ihren Willen grundsätzlich und in erster Stelle dahin ausspricht, sich nicht von ihrem Manne zu trennen, so muss man schliessen, dass sie die nächste Zeit nach jenen Eingaben gleichfalls in **Siegen** gewesen sei. Hierfür spricht besonders auch die ganze Lage, in welcher die Familie sich zu Siegen befand. Rubens hatte sich unterm 9 Mai 1573, bei Verlust des Lebens und Vermögens, mit schwerem Eide verpflichtet, als Gefangener der Grafen von Nassau in Siegen zu wohnen, nicht von da zu weichen, nicht in die Kirche und nicht vor die Stadt zu gehen u. s. w., wie die strengen Bedingungen alle genau verzeichnet sind.[3] Und seine Frau Maria hatte am folgenden Tage, wo er, aus dem Dillenburger Gefängnisse

---

[1]) Bakhuizen, Les Rubens. S. 39.
[2]) Bakhuizen, Les Rubens. S. 40—43.
[3]) Bakhuizen, Les Rubens. S. 11.

entlassen, in Siegen eintraf, und sie ihn in Empfang nahm, so
zu sagen Zug um Zug, sich verpflichtet,[1]) mit ihrem ganzen
Vermögen und insbesondere mit jenen 6000 Thalern, die sie
kurz zuvor dem Grafen Johann geliehen hatte[2]), für die ge-
wissenhafteste Erfüllung aller von ihrem Manne übernommenen
Verpflichtungen zu haften, derart, dass die geringste Verletzung
dieser Verpflichtungen die Einziehung der 6000 Thaler und
ihres sonstigen Vermögens zu Gunsten der Grafen von Nassau
zur Folge haben sollte.

Wenn man nun erwägt, dass die Familie zu ihrer Er-
haltung auf die Zinsen dieser 6000 Thaler angewiesen war, so
leuchtet doch die schwere Verantwortlichkeit ein, welche
Maria Rubens fort und fort in Bezug auf die Lebensführung,
auf das tägliche Verhalten ihres Mannes haben musste. Diese
Thatsache aber bedingt, dass sie ihn, der trotz vieler Vorzüge
nicht die feste Bürgschaft bieten konnte, dass er sich nicht
wieder zu verhängnissvollen Unbedachtsamkeiten hinreissen
liess, nie aus den Augen gelassen haben, sich nie von ihm
entfernt haben kann. Dass sie übrigens hierzu im Frühjahre
1577 auch nicht einmal die Mittel gehabt hat, geht aus der
Nothlage hervor, in der sich gerade damals, in Folge un-
regelmässiger Zinszahlung, die Familie befand.[3]) Maria Rubens
hatte damals schwerlich das Geld, um die Reise nach Köln
— oder gar nach Antwerpen — zu unternehmen, nur damit
sie dort in einem fremden Hause ihr Wochenbett halten
konnte, fern von Gatten und Kindern, in steter Sorge und
Angst, fern von der Mutter, ohne deren Hülfe und Trost.
Dass aber Klara Pypelincx in Siegen für die nächste Zeit
bleiben wollte, ergiebt sich aus ihrer, vorhin erwähnten Eingabe vom 14 Juni 1577, worin sie, nach den dringendsten
und innigsten Bitten zu Gunsten des Gesuches ihrer Tochter,
sagt, dass die Gewährung des letzteren die „einzige Hoffnung
sei, um derentwillen sie zu leben wünsche," und dass sie nach
Erfüllung derselben „getröstet heimkehren werde, um ihre

---

[1]) Bakhuizen, Les Rubens. S. IX. u. 13, 26.
[2]) Annalen. Heft 20. S. 34/6.
[3]) Annalen. Heft 20. S. 8 ff.

Tage in Frieden zu beschliessen."[1]) Unzweifelhaft also wollte sie den Erfolg des Gesuches in Siegen abwarten. Auch konnte dem Grafen Johann nicht wohl zugemuthet werden, mit seiner Antwort der Frau Klara Pypelincx nach den Niederlanden und auch nur der Frau Maria Rubens nach Köln nachzulaufen. Wer in einer Sache von solcher Wichtigkeit mit einem Gesuche der entscheidenden Persönlichkeit naht, muss sich für die Antwort oder für weitere Verhandlungen auch zu deren Verfügung halten. Und so können Mutter wie Tochter sich in jener Zeit nicht von Siegen hinweg begeben haben. Der wahre Grund, dass die alte Mutter nach Siegen gekommen, kann zudem doch nur der sein, dass sie bei der Niederkunft ihrer Tochter anwesend sein, dieser hülfreich zur Seite stehen und deren Stelle im Hause vertreten wollte. Auf Maria Rubens ruhte aber nicht bloss der Haushalt, sondern überhaupt der ganze Verkehr der Familie nach aussen.[2]) Noch im Jahre 1576 war vom Grafen Johann ihr vorgehalten worden, dass ihrem Manne „der kierchengangk oder sonnst offentlich seines gefhallens auszzugehen" keineswegs gestattet werden könnte.[3]) Lag sie nun im Wochenbette, so war doch ihre Mutter da, um eine Ordnung zu überwachen, deren Verletzung dem Manne das Leben kosten und die Familie zum Bettler machen konnte. Dass übrigens die Anwesenheit der Maria Rubens in Siegen zu Anfang des folgenden Jahres wiederum durch eine Urkunde vom 1 Februar 1578 erwiesen ist, mag nicht unerwähnt bleiben.[4])

Die hier in kurzen Zügen dargestellte Sachlage ist derartig, dass man den Schlussfolgerungen Bakhuizen's wörtlich beistimmen muss, wenn er sagt: „Wenn die alten Ueberlieferungen, die den Tag der Geburt von Peter Paul Rubens auf den 27, 28 oder 29 Juni 1577 festsetzen, in Wahrheit begründet sind, so ist es schier unausweichlich zu schliessen, dass der

---

[1]) Bakhuizen, Les Rubens. S. 43.
[2]) Daselbst. S. XI.
[3]) Daselbst. S. 38.
[4]) Annalen. Heft 20. S. 40.

grosse Maler zu Siegen geboren sei."[1]) Aber er giebt zu, dass
jene alten Ueberlieferungen unsicher seien, er stimmt den von
Ennen ausgesprochenen Zweifeln bei und sagt schliesslich:
„Ich muss mit Ennen bekennen, dass der Tag der Geburt
von P. P. Rubens mir noch sehr ungewiss zu sein scheint."
Aber wie sind denn die von Ennen ausgesprochenen Zweifel
beschaffen? Ennen sagt: „Florent Le Comte giebt den 27 Juni,
Moreri den 28 und Michel den 29 an. Nimmt man dagegen
die von Gevaerts verfasste Grabschrift zu Rathe, so kann die
Geburt gemäss den hierin angegebenen Daten nicht nach dem
Mai gefallen sein."[2]) Diese Sache bedarf der Aufklärung.

Florent Le Comte, Morery und Michel, auf die sich
Ennen beruft, sind alle drei keine Quellenwerke, ja Ennen
irrt sogar, indem er sagt, dass Florent Le Comte den 27 Juni
angebe. Florent Le Comte sagt: „Rubens wurde zu Köln 1577
geboren," sonst nichts. Wir haben das hier weiter noch zu
Sagende bereits oben erörtert, und beziehen uns darauf. Die
alte kunstgeschichtliche Ueberlieferung lautet dahin, dass Rubens am 28 Juni geboren worden ist, und es liegt kein Grund
vor, hiervon abzuweichen. Denn die Grabschrift, auf die sich
Ennen noch beruft, hat gar keine Beweiskraft, in dem von ihm
gemeinten Sinne.

Wie weiter oben bereits bemerkt, meldet diese Grabschrift,
dass P. P. Rubens am 30 Mai 1640 im Alter von 64 Jahren
gestorben sei. Danach wäre er, um den 30 Mai des Jahres
1576 — nicht 77, wie Ennen fälschlich anzunehmen scheint, —
geboren. Dies ist auffällig genug, und A. Michiels bemerkt
denn auch mit Recht: „es sei wunderlich, dass Gevaerts sich
über das Alter des Verstorbenen, als er dessen Grabschrift
verfasste, getäuscht habe."[3]) Der Grabstein, welcher diese Inschrift enthält, ist aber erst im Jahre 1755 durch den Domherrn
der Jakobskirche, Jan Baptist Jakob van Parys gesetzt worden.
Die alte, von der Wittwe und den Kindern dem Andenken

---

[1]) Bakhuizen, Les Rubens. S. XX.
[2]) Ennen's erste Schrift. S. 22.
[3]) Hist. de la peint. flam. VII. S. 240 und Rubens et l'école
d'Anvers. 4. Aufl. S. 364.

von Rubens gesetzte Grabschrift enthielt, die Angabe des
Todestages garnicht, und ohne Zweifel als Altersangabe die
Zahl LXIII. Wir lassen hier in einem besonderen Aufsatze
eine Untersuchung über die Grabschrift folgen und müssen
hier sogleich im weiteren Zusammenhange noch ausführlich
auf die Altersangabe zurückkommen. Inzwischen ist es nöthig,
bei der von Reiffenberg herausgegebenen „Vita P. P. Rubenii,"
welche so lange als echte Urkunde angesehen und soviel auch
in der vorliegenden Frage verwerthet wurde, einen Augenblick
zu verweilen.

Sowohl im Texte dieser „Vita Petri Pauli Rubenii," als in
der am Schlusse derselben wörtlich mitgetheilten Grabschrift
stehen die nämlichen Ziffern 1640, der 30 Mai und 64![1]) Aber
erstens hat die Vita, gegenüber der bei de Piles sich findenden
Vie de Rubens, keinerlei Anspruch auf Urkundlichkeit und
demnach auch keinen Anspruch auf eine beweiskräftige Bedeutung, wie weiter hinten genau nachgewiesen werden wird;
— ferner aber enthält die in der Vita mitgetheilte Grabschrift
den Widmungszusatz, der sich auf die Wittwe und die Kinder
von Rubens bezieht, nicht; sie kann also nur eine Abschrift
sein, die nach dem Jahre 1755 gemacht und nach der von
Parys erneuerten Grabschrift berichtigt ist. Damit darf diese
Sache hier als erledigt angesehen werden.

Jedoch die Vie de Rubens selbst meldet, trotzdem sie
das Jahr der Geburt richtig mit 1577 angiebt, ebenfalls: „il
mourut en 1640 âgé de 64 ans," und unmittelbar darauf in
der Grabschrift selbst: „Obiit anno sal. CIƆ.IƆC.XL. aetatis
LXIV." Zunächst geht hieraus hervor, dass in der Inschrift,
welche die Familie auf dem Grabmal anbringen liess, der
Todestag nicht angegeben war. Danach ist die Altersangabe
als allgemein und durchschnittlich gemeint zu verstehen. Es
kann deshalb nicht, wie Ennen und Bakhuizen, und wie
auch Du Mortier und Génard durch die von Parys zugesetzte
Angabe des 30 Mai als des Todestages veranlasst, thaten, das

---

[1]) Reiffenberg, Nouvelles recherches sur P. P. Rubens etc. (Vita
P. P. Rubenii) im X. Bande der Abhandlungen der Brüsseler
Akademie, 1835. S. 10, 12.

Lebensalter von Rubens hiernach rückwärts auf Monat und Tag berechnet werden. Die Ueberlieferung, dass Rubens am 28 Juni im Jahre 1577 geboren sei, ist durch die Grabschrift nicht zu erschüttern, und es ist deshalb die Ziffer 64 in der Angabe des Lebensalters von Rubens, wie sie de Piles an zwei Stellen mittheilt, obwohl er das Geburtsjahr 1577 ganz richtig angiebt, auf einen Schreibfehler zurückzuführen, der sich in Folge von Ungenauigkeiten weiter vererbt hat, dessen Ursprung aber nicht nachgewiesen werden kann.

Uebrigens giebt der stark gekürzte Auszug aus dieser „Vie de P. P. Rubens," wie er in de Piles „Abrégé de la vie des peintres etc." steht, richtig an: „il mourut etc. 1640 âgé de soixante trois ans." Nach Basan[1]) war die Ziffer der Altersangabe LXIII. geschrieben; sehr möglich, dass bei der Abschrift der verschiedenen Nachrichten und Aufzeichnungen, aus denen Philipp Rubens die „Vie de Rubens" zusammenstellte, statt der III noch eine I mehr, also IIII geschrieben wurde. Da Basan aber ganz deutlich LXIII schreibt und der Fehler bei de Piles augenfällig ist, so muss man annehmen, dass in der alten Grabschrift selbst das Lebensalter von Rubens, der 62 Jahre 11 Monate und 2 Tage erreichte, richtig mit 63 Jahren angegeben war. Diese richtige Angabe findet sich auch schon bei Bellori: „... finche peruenuto all' età di 63 anni quasi compiti. venne meno con dolore di tutti il giorno 30 di Maggio 1640."[2])

Es ist also als feststehend zu erachten, dass Rubens am 28 Juni 1577 geboren ist; hiernach ist es aber „schier unausweichlich zu schliessen," dass er zu Siegen das Licht der Welt erblickt habe.

Wer dies bestreiten will, muss nachweisen, dass Maria Rubens während der letzten 14 Tage vor der Geburt ihres Sohnes Peter Paul die Stadt Siegen, wo die Familie unter einer durchaus strengen behördlichen Aufsicht lebte, und wo bereits — doch offenbar wegen der bevorstehenden Nieder-

---

[1]) Dictionnaire des graveurs III. S. weiter unten den Aufsatz über „die Grabschrift."
[2]) Erste Ausgabe S. 246. Zweite Ausgabe S. 148.

kunft — ihre Mutter eingetroffen war, verlassen habe. Wer hierfür nicht klare und bündige Beweise erbringen kann, muss den Widerspruch einstellen. Jedes andere weitere Beweismittel zu Gunsten von Köln oder Antwerpen könnte nur gekünstelt sein und müsste suchen den Kernpunkt der Frage zu verdunkeln und zu umgehen. Es würde von selbst hinfällig sein.

Der einzige Ausweg, wenn man Siegen nicht die Ehre geben will, ist der, dass man erklärt, die Sache sei nicht spruchreif. Diesen Ausweg hat jüngsthin noch Paul Mantz in einer längeren Abhandlung über Rubens beschritten.[1]) Er sagt: „Was uns betrifft, so halten wir es für klug, uns nicht in dieser heiklen Frage zu binden." Aber dieser Ausweg ist in Wirklichkeit keiner, denn er beruht auf Mangel an Kenntniss der Quellen und auf Oberflächlichkeit des Urtheils. Mantz erkennt an, dass Maria Rubens „die Seele des Hauses war." und doch lässt er sie, ungeachtet der höchst verhängnissvollen Lage der Familie, mit einem Kinde unter ihrem Herzen, in der Welt herumreisen. „Und gerade eben weil Maria Pypelincx viel gereist ist, wissen wir nicht genau, an welchem Orte der grosse Rubens geboren ist." Bei einem solchen, die Sache so wenig erschöpfenden Standpunkt wird Alles, was vorgebracht wird, zu gewöhnlichem Spaltenfüllsel, das keinen Anspruch auf wissenschaftliche und geschichtliche Bedeutung hat.

Wer nicht nachweisen kann, dass Maria Rubens nach dem 14 Juni 1577 sich von Siegen entfernt hat und vor dem 28 Juni noch nicht heimgekehrt war, muss nach Lage der urkundlichen Beweismittel anerkennen, dass Rubens in Siegen geboren worden ist. Hier liegt der Schlüssel der Sache.

Mit dem Nachweise, dass Peter Paul Rubens am 28 Juni 1577 in Siegen zur Welt gekommen, wäre denn auch die Thatsache gesichert, dass der grosse Künstler in der evangelischen Kirche getauft worden ist. Die Familie hielt sich in Siegen, wo es keine katholische Gemeinde gab, und

---

[1]) Gazette des beaux arts. 1881. Januar. S. 14 u. 12.

wie die Urkunden bezeugen, offen zum Protestantismus[1]). Ja,
sie gehörte noch 1581 in Köln unzweifelhaft zur dortigen
niederländisch-reformirten Kirche[2]) und wird noch 1582 durch
den Ausweisungsbefehl, welchen der Rath von Köln gegen
alle Nichtkatholischen erliess, wenn auch nur vorübergehend,
berührt.[3]) Wäre nun, wie man hierbei noch bemerken kann,
Peter Paul in Köln geboren, so müsste sein Name in den
noch erhaltenen Kirchenbüchern der reformirten Gemeinde
sich finden. Da dies aber nicht der Fall ist, so werden die
für Siegen sprechenden Umstände hierdurch noch erhöht,[4])
obwohl nicht unwiderleglicherweise, da die Möglichkeit, dass
die Eltern Rubens aus vielfachen, sehr naheliegenden Gründen
ihre Kinder immerhin hätten katholisch taufen lassen können,
einiges für sich haben dürfte. Denn schliesslich und wahrscheinlich gleich nach jener Zeit traten sie selbst, dem Drucke
der Verhältnisse, wie dies ihre sehr verzweigten Interessen
dringend empfehlen mussten, nachgebend, in die katholische
Kirche zurück.[5]) Johann Rubens starb als Katholik; die Kinder wurden zu Köln und dann zu Antwerpen katholisch erzogen. Leider sind nun aber die Siegener Kirchenbücher aus
jener Zeit nicht mehr vorhanden,[6]) so dass der bestätigende
urkundliche Nachweis aus den Taufbüchern in Bezug auf den
Tag und den Ort der Geburt des grossen Malers nicht zu
erwarten steht.

Ein Umstand verlangt schliesslich noch eine kurze Berührung. Mehrere von der Rubens'schen Familie ausgegangene
schriftliche und selbst inschriftliche Nachrichten enthalten, den
durch die Urkunden erwiesenen Thatsachen gegenüber, Unwahrheiten. Auf dem Grabsteine des Johann Rubens, der
in der Peterskirche zu Köln bestattet worden war, hatte die
Wittwe schreiben lassen, dass sie „mit ihm in sechsundzwanzig-

---

[1]) Bakhuizen, Les Rubens. S. XL. XLV. 43—50.
[2]) Ennen's erste Schrift. S. 79 u. 80.
[3]) Annalen. Heft 20. S. 10.
[4]) Daselbst. S. 16 u. Spiess, Episode. S. 16.
[5]) Bakhuizen, Het huwelijk. S. 142.
[6]) Daselbst. S. 139. Anmerkung 2.

jähriger Ehe einmüthig ohne allen Misston gelebt und dass sie zusammen 19 Jahre in Köln gewohnt hätten." Die Familie aber hatte 5 Jahre von jenen neunzehn nicht in Köln, sondern in Siegen gelebt; die Ehe war durch ein schweres Vergehen des Ehegatten gestört, welches harte Heimsuchungen im Gefolge hatte.

Ferner hatte Johann Brant, der Schwiegervater von Peter Paul, in der Lebensbeschreibung von dessen älterem Bruder Philipp Rubens angegeben, dass dieser zu Köln geboren sei.[1] Ja, dieser selbst hatte in einer Eingabe an die Stände von Brabant gesagt, dass sein Vater „zu Köln noch einige Kinder von seiner Frau gekriegt und darunter namentlich den Bittsteller." (... tot Ceulen, alwaer hy alnoch eenige kinderen by zyne huysvrouwe heeft gecregen ende nament. den suppliant ...)[2] In dieser Eingabe suchte er das Bürgerrecht von Antwerpen nach, welches er, da er nicht daselbst geboren war, erwerben musste, um das ihm zugedachte Amt eines Stadtschreibers übernehmen zu können. Er erhielt das erbetene Bürgerrecht. In dem Bürgerbuche findet sich unterm 14 Januar 1609 der Name von Philipp Rubens eingetragen, und zwar von der Hand des Stadtschreibers De Moy, der bald nachher der Schwiegervater von Philipp wurde; von desselben De Moy Hand ist dem Namen beigefügt: „geboren van" aber das Wort „Coelen" ist von anderer Hand nachgetragen.[3]

Auch in der „Vie de Rubens," die inhaltlich von Peter Paul's eigenem Sohne herrührt, findet sich die Nachricht, dass Köln die Geburtsstadt des grossen Meisters sei.

Es muss hieraus geschlossen werden, dass man im Kreise der Rubens'schen Familie den Sachverhalt in Betreff der Geburt der beiden Söhne Philipp und Peter Paul in Siegen geflissentlich verheimlichte, und so that als ob die Familie während der ganzen Dauer ihrer Abwesenheit von Antwerpen

---

[1] Die Stelle unter andern bei Du Mortier, Recherches. S. 32.

[2] Du Mortier, Recherches. S. 71.

[3] Siehe die weiter unten anzuführenden „Aanteekeningen" von Génard. S. 11.

ruhig in Köln gewohnt habe. Man wollte Köln als den Geburtsort der beiden Söhne vor der Welt angesehen wissen.

Eine absichtliche und beharrlich durchgeführte Ver-
schleierung der Wahrheit ist nicht zu verkennen. Aber sie ist
sehr begreiflich. Jeder, der sich lebendig die Lage von Maria
Rubens vorzustellen vermag, muss diess einsehen. Derjenige
aber, der das Unglück eines gleichen Schicksals hätte und sich
getraute, die thatsächlich wahren Angaben freiwillig auf die
Grabsteine und in die Urkunden zu setzen: er mag den ersten
Stein erheben und Maria Rubens eine Lügnerin schelten.
Wir beneiden ihn um seine stoische Grösse nicht. Maria
Rubens aber war in Wahrheit die edle Frau, die ihrem Gatten
den Fehltritt nicht bloss mit dem Munde, sondern auch im
Herzen vergeben hatte; für sie war dieser Fehltritt nicht geschehen, und alle Folgen desselben waren für sie nur Zwischen-
fälle, die ihre Liebe immer und immer wieder zudeckte. Sehr
natürlich ist es also, wenn sie bestrebt war, Alles, was der Ehre
ihres Mannes und damit zugleich dem Rufe der ganzen
Familie, wie besonders dem Ansehen der Söhne nachtheilig
sein konnte, zu beseitigen. Würden aber die Leute nicht auf
die Söhne des Gefangenen der Grafen von Nassau, der die
Gattin Wilhelm's von Oranien verführt hatte, mit den Fingern
gewiesen haben? Die unglücklichen Vorfälle wurden deshalb
absichtlich von Anfang an im tiefsten Geheimniss gehalten.
Dies geht aus den vorhandenen Briefen auch klar und deutlich
hervor.

Schon in einem Schreiben der Maria an ihren gefangenen
Mann vom 1 April 1571, also 2 oder 3 Wochen nach der
Aufhebung von Johann Rubens, ist dies zu lesen; sie sagt:
seine Verhaftung sei zwar in Köln und Antwerpen bekannt
geworden, „aber warum wissen sie nicht (maer den waerom
en weeten sy niet), und jeder räth danach, aber wir sagen es
keinem." Rubens selbst hatte ihr bereits vorgeschrieben, alles
„geheim zu halten" (secreet houden), und sie erwidert ihm,
dass er darum nicht besorgt sein dürfte. [1]) Dass sie auch für

---

[1]) Bakhuizen, Het huwelijk. S. 163.

die Folge so verfuhr, darin handelte sie gewiss richtig. Noch in dem mehr erwähnten Gnaden-Gesuche vom 14 Juni 1577, wo sie verschiedene Vorschläge hinsichtlich des Aufenthaltsortes ihres Mannes macht, tritt als Grundgedanke die Nothwendigkeit hervor, dass er sich verberge und die Seinigen ohne Anstoss und Aergerniss ernähre („.. pour se cacher et nous nourrir sans schandale"). [1]

In diesem Bestreben, den Fehltritt mit seinen schlimmen Folgen zu verheimlichen, wurde sie wesentlich durch die Urkunden unterstützt, welche von nassauischer Seite ergingen, denn auch von dieser Seite hatte man alle Veranlassung, den Ehebruch der Gemahlin des grossen Oranier's vor der Welt möglichst in Nacht und Dunkelheit — allerdings nicht mit vollkommenem Erfolge[2] — zu begraben. In dem erwähnten Vertrage vom 15 Mai 1578 z. B. heisst es: dass Johann Rubens „ausz allerhandt hochwichtigen und Ihm selbst wohlbewussten ursachenn inn haft kommen"[3]. In einem Erlass vom 10 Januar 1583 sagt der Graf Johann selbst ganz ähnlich: „aus genugsam erheblichen, Ihme vnd seinem weibe, Marie Pipelinx genant selbst wol bewussten vrsachen."[4] Aus diesen Wendungen konnte nicht auf das Vergehen des Ehebruchs geschlossen werden, vielmehr musste die Vermuthung, nach zahlreichen Erfahrungen damaliger Zeit, dahin geleitet werden, dass politische Vergehen vorgelegen hatten.

Dies wollten Johann und Maria Rubens gewiss auch. Hätten sie nun Siegen als Geburtsstätte ihrer Söhne Philipp und Peter Paul offen genannt, so wäre die Neugierde und der Drang nach Wissen gereizt, und die traurigen Vorfälle, die auf den Ruf der Familie nicht ohne Einfluss hätten bleiben können, wären bekannt geworden. Wer aber hängt sein eigenes Unglück — sagen wir nicht Vergehen, Verbrechen, entehrende Kerkerhaft, Schande, Armuth, Noth, sondern

---

[1] Bakhuizen, Les Rubens. S. 41.
[2] Siehe die Mittheilungen im „Journal d. beaux arts" von 1877. S. 161, nach dem „Nederl. spectator."
[3] Bakhuizen, Het huwelijk. S. 167.
[4] Annalen. Heft 20. S. 69.

einfach sein eigenes Unglück — selber an die grosse Glocke?!
So erklären sich naturgemäss jene thatsächlich unwahren Nachrichten und verlieren demnach alle Beweiskraft gegen die
Angaben der Urkunden. Insbesondere wird die falsche Nachricht, dass Peter Paul in Köln geboren sei, auf eine ver-
nünftige und stichhaltige Weise erklärt.

Zugleich beweist diese falsche Nachricht aber auch, dass
Rubens schlechterdings nicht in Antwerpen zur Welt gekommen sein kann, da sonst unzweifelhaft diese letztere Angabe
überall gemacht worden wäre; denn in Bezug auf Antwerpen
lagen die Dinge gerade umgekehrt wie in Bezug auf Siegen.
Wäre Rubens in Antwerpen geboren, so hätte man allen Anlass gehabt, dies recht laut und offenkundig zu sagen!

Dieser gewiss sehr richtigen Erwägung gegenüber wird
man die Bemerkung nicht unterdrücken können, dass ja nach
Rubens Tode und vermuthlich auch schon zu seinen Lebzeiten
Antwerpen als der Geburtsort galt, wie wir oben angegeben
haben, dass aber 1676 von seiten der Angehörigen in der „Vie
de Rubens," wie gleichfalls mitgetheilt wurde, diese Angabe
berichtigt und Köln als Geburtsort bezeichnet wurde. Diese
Berichtigung konnte nur möglich und denkbar sein, wenn die
Nachkommen ganz arglos waren, und dies wieder bezeugt,
dass die Verheimlichung des wahren Sachverhaltes völlig
gelungen war. Ob Rubens selbst wusste, dass sein Vater
einen schwer bestraften Ehebruch mit der Fürstin von Oranien
begangen hatte? Wer will das entscheiden? Dass aber schon
seine Söhne und erst recht seine Enkel davon keine Ahnung
hatten, scheint mir eine klar vor Augen liegende Thatsache
zu sein. Diese glaubten in aller Unbefangenheit an die Wahrheit der aus den Familienpapieren geschöpften Nachricht, dass
ihr Vater und Grossvater in Köln zur Welt gekommen sei.

———

Die dreihundertste Wiederkehr des Geburtstages
von Rubens am 28, oder wie man annahm am 29 Juni,
1877 bot nun von selbst die Gelegenheit, dass die drei Städte,

Köln, Antwerpen und Siegen, Stellung zu der Frage, hinsichtlich des Ortes der Geburt nehmen mussten. Köln trat
vor den klaren Gründen, die für Siegen sprachen, zurück,
und selbst L. Ennen, der so lange als möglich die Ansprüche
seiner Stadt vertheidigt hatte, erklärte sich für Siegen. Siegen
seinerseits fasste den Beschluss, das Andenken des grössesten
seiner Kinder durch eine am Rathhause anzubringende Ge-
dächtnisstafel zu ehren, welche an dem Festtage feierlich ent-
hüllt werden sollte. Köln und Antwerpen wurden hierzu
eingeladen. Köln gab dieser Einladung natürlich Folge, Antwerpen lehnte ab, sintemalen Peter Paul Rubens nicht in
Siegen, sondern in Antwerpen geboren sei. Mit dieser letzteren
Behauptung müssen wir uns nun noch einmal, und zwar ausführlicher beschäftigen.

Bürgermeister und Schöffen von Antwerpen schrieben
auf die Einladung der Stadt Siegen wörtlich zurück: „Wir
bedauern der Aufforderung nicht entsprechen zu können,
denn wir nehmen mit lauter Stimme für die Stadt Antwerpen
die Ehre in Anspruch, die Wiege des berühmten Rubens gewesen zu sein. Gerade um das Andenken an die Geburt
dieses Antwerpener Malers zu erneuern, veranstaltet unsere
Stadt grossartige Feste, deren Glanz und Pracht des grossen
Meisters würdig sein sollen." Diese grossartigen Rubensfeste
wurden für die zweite Hälfte des Monats August angekündigt.
Man war überrascht, erstaunt. Man fragte sich: was denn für
neue Beweisstücke zu Gunsten von Antwerpen als Geburtsort
von Rubens entdeckt sein möchten, was denn die zweite
Hälfte des August mit dem dreihundertsten Geburtstag
von Rubens, der auf den 28 Juni fällt, zu schaffen habe?
Man erwartete Enthüllungen, Erklärungen — aber man empfing Enttäuschungen.

Der Stadtarchivar von Antwerpen, P. Génard, hatte
dieses undankbare Geschäft auf sich genommen. Warum? lässt
sich aus dem später zu Sagenden vielleicht entnehmen. Schon
um die Mitte des Monats Mai 1877 wurde ein Werk Génard's
angekündigt: „P. P. Rubens. Aanteekeningen over den
grooten meester en zijne bloedverwanten," und zwar
mit dem Bemerken, dass demselben „für die bevorstehenden

Rubensfeste eine besondere Wichtigkeit beizumessen sei, und dass der Verfasser eine ansehnliche Zahl unbekannter Aufzeichnungen vereinigt habe, die viel Licht auf die Lebensbahn des grossen Meisters werfen würden."

Der erste Gegenstand, der als Inhalt des Buches aufgeführt war, hiess „Over Rubens geboorteplaats." Aber was in dem Buche selbst über diese Frage gegeben worden ist, mag allerdings „für die Antwerpener Rubensfeste von besonderer Wichtigkeit" gewesen sein: sonst aber scheint es weiter keinen Zweck gehabt zu haben. Génard stützt sich ganz und gar auf Du Mortier, er macht dieselben Sprünge in seinen Schlussfolgerungen wie Du Mortier; er übersieht dieselben Thatsachen wie Du Mortier, und kommt zu denselben schiefen Ergebnissen wie Du Mortier; oder vielmehr, er führt Du Mortier ohne weiteres vor und lässt ihn alle diese Kunststücke einfach nochmals wiederholen. Dinge, die längst als unerheblich nachgewiesen oder die widerlegt worden sind, werden mit einer Unschuld im wissenschaftlichen Gewande vorgebracht, als ob es die neuesten wichtigsten Entdeckungen wären. Die Du Mortier'sche Kette von Beweisstücken, die Génard von Neuem auftischt,[1]) ist folgende:

1. Nach der Grabschrift von Rubens kann dieser nur im Mai 1577 geboren sein. Die vorstehend gegebenen Ausführungen legen die gänzliche Hinfälligkeit dieses Grundes dar.

2. In Gemässheit der Vollmacht, die Johann Rubens am 26 April 1577 zu Köln ausstellte, musste seine Frau sogleich nach den Niederlanden reisen. Auch die völlige Haltlosigkeit dieser Behauptung ist hier schon nachgewiesen worden.

3. Nach Siegen zurückgekehrt, schrieb Frau Maria Rubens am 14 Juni an den Grafen Johann von Nassau, dass sie mit dessen Bruder, Wilhelm von Oranien, eine Unterredung gehabt habe, und da nun Wilhelm im Mai und Juni nachweislich die Niederlande nicht verlassen hat, so muss Maria Rubens während dieser Zeit auch dort gewesen sein,

---

[1]) Aanteekeningen. S. 13. — Vergl. auch Génard's zum Theil mit den „Aanteekn." gleichlautende Aufsätze in der „Vlaamschen school" 1875. S. 166 und dem „Journ. des b. arts" 1875. S. 169.

und da Peter Paul eben im Mai 1577 geboren ist, so ist es sonnenklar, dass er in Antwerpen zur Welt gekommen.

Ich muss innehalten, ehe ich den vierten und fünften Grund anführe. Denn wenn man mit Worten noch einen Begriff verbinden, wenn der sachliche Zusammenhang eines Wortes noch eine Bedeutung beanspruchen darf, so ist hier mit dem Briefe der Maria Rubens vom 14 Juni 1577 eine arge **Verdrehung** oder **Fälschung** vorgenommen worden. Sie schreibt „... il a pleu à ce bon Dieu me consoler un peu, m'ayant donné le moyen inespéré de pouuoir supplier à Monsieur le Prince d'Orange vostre frère..."[1]) Daraus wird geschlossen „dat zij onlangs een onderhout heeft gehad met den Prins Willem van Oranje"[2]) oder, wie der Vordermann Génard's, Du Mortier, sagt, dass sie „a donc eu récemment une entrevue avec le prince d'Orange."[3]) Die beiden Schriftsteller beachten den Gesammtinhalt jener Eingabe vom 14 Juni 1577 nicht, sie legen allen Nachdruck auf das Wort **supplier** an und für sich, und behaupten, es gehe aus der Bedeutung dieses Wortes nothwendig hervor, dass die Mutter von Rubens den Fürsten Wilhelm **persönlich** gesprochen haben müsse.

Zunächst ist es an und für sich unwahr, dass supplier diese Bedeutung in sich schliesst, wovon sich Jedermann in den Wörterbüchern, namentlich in E. Littré's „Dictionnaire de la langue française," überzeugen kann, und ferner geht aus dem Zusammenhang gerade unzweifelhaft hervor, dass sie nicht persönlich, sondern **schriftlich** ihr „supplier" angebracht hat, oder anbringen wollte, — wenn sie überhaupt die Absicht hatte, sich an Wilhelm unmittelbar zu wenden, und nicht vielmehr alles Weitere dem Grafen Johann überliess. Insbesondre ist zu beachten, dass sie das Wort supplier von dieser ihrer schriftlichen Eingabe an den Grafen Johann selbst gebraucht, indem sie sagt: „C'est, Monseigneur, ... que je supplie treshumblement, ..." Wie kann man also das erste supplier

---

[1]) Bakhuizen, Les Rubens. S. 40.
[2]) Aanteekeningen. S. 13, 182, 201.
[3]) Nouvelles Recherches. S. 34.

als einen Beweis für eine persönliche Zusammenkunft aus-
zubeuten und umzudeuteln wagen?

Doch ich muss die Sache noch weiter darlegen, um die
ganze Abenteuerlichkeit der Mittel zu zeigen, mit denen
man fort und fort etwas zu beweisen sucht, dessen Haltlosigkeit längst offenkundig ist. Der bezügliche Text lautet, mit
Hinweglasung der in Klammern eingeschalteten Zwischen-
stellen: „Aiant maintenant plus de six ans continuelement
pleuré ce nostre désastre, calamité et affliction l'une sur l'aultre,
il a pleu à ce bon Dieu, source de toute miséricorde, me
consoler un peu, m'ayant donné le moyen inespéré de pouuoir
supplier à Monsieur le Prince d'Orange, vostre frère auec
l'espérance qu'il nous 'n'esconduira point du tout, mais comme
ceste cause touche aussi principalement à V. Ill. S. je m'adu-
ance etc. etc.," oder zu deutsch: „Nachdem ich jetzt mehr
als sechs Jahre fortwährend unser Unglück. Elend und Trübsal, eines über das andere, beweint habe, hat es diesem guten
Gotte, dem Quell aller Barmherzigkeit, gefallen mich etwas zu
trösten, indem er mir das unverhoffte Mittel gab bei dem
Herrn Fürsten von Oranien, Ihrem Bruder, bittstellern zu
können, in der Hoffnung, dass er uns nicht rundweg ablaufen
lassen werde; aber da diese Sache auch hauptsächlich
Ew. Gnaden angeht, so nahe ich mich u. s. w."

Zum Verständniss dieser Stelle muss man sich die Zeit-
verhältnisse und die Umstände vergegenwärtigen. Jan Rubens
hatte Wilhelm von Oranien durch Verführung von dessen
Frau tief beleidigt, und auf Gnade war seither nicht zu hoffen
gewesen. So vergingen sechs Jahre voll Elend und Trübsal
für die Familie. Da wurde der Vertrag von Gent abgeschlossen. die Geflüchteten alle durften in die Niederlande
heimkehren. Wilhelm von Oranien stand gross und hoch da.
Sollte er nicht jetzt in seiner Hoheit und in seiner Güte, um
Gottes willen. der ihn so erhoben, auch einen Blick der Gnade
auf die vielgeprüfte Familie werfen! Dies ist, fast ganz mit
ihren eigenen Worten wiederholt, der Gedankengang der
Maria Rubens. Jene politischen Ereignisse sind also das
„moyen inespéré" das ihr Gott gegeben, um nun endlich mit
einiger Hoffnung sich bittstellerisch an den gekränkten Fürsten

wenden zu können — zu können (pouuoir), wie sie ausdrücklich sagt. Das bezeichnete unverhoffte Mittel allein machte es ihr möglich, bei Wilhelm bittstellern zu können, in der Hoffnung nicht rundweg abgewiesen zu werden. Bisher wusste sie, dass sie abgewiesen werden würde, und konnte also nicht bitten, jetzt hatte sie Hoffnung, und also konnte sie bittstellern. Dass dies bereits geschehen, sagt sie nicht, sondern sie wendet sich zuerst an den Grafen Johann, und bittet zunächst ihn, indem sie ihm jenen Gedanken eröffnet, um Gnade; denn er hatte Jan Rubens, seinen Gefangenen, in seiner Macht, und er zuerst musste geneigt sein, ihn ziehen zu lassen, ehe Wilhelm erlauben konnte, dass er irgendwo in den Niederlanden sich aufhalten durfte. Ja, sie sagt sogar, nachdem sie ihre Bitte im Einzelnen genau ausgeführt hat: „Um dies rufen wir herzlichst Ihr Mitleid an, und wir bitten demüthigst, dass es Ihnen gefalle, Mitleid mit uns zu haben und zugleich, wenn die Gelegenheit kommt, für uns auch bei dem Fürsten ein gutes Wort einzulegen etc." (. . . et quant et quant, quand il viendra à propos, nous fauoriser aussi enuers Monsieur le Prince etc.). Es kann aus dem Briefe selbst nicht ersehen werden, ob sie ein Gesuch bei Wilhelm von Oranien am 14 Juni 1577 schon angebracht hatte, oder ob sie es erst noch thun würde, dann nämlich, wenn der Graf Johann sich ihrer Bitte günstig gezeigt haben würde. Dieses muss also dahingestellt bleiben, jedoch erscheint es mehr als wahrscheinlich, dass sie es nicht gethan hatte, da sie und ihre Mutter, die gleichzeitig mit einer Eingabe das Gesuch der Tochter unterstützt hatte[1]). Alles von der Gnade des Grafen Johann erhofften, und da die Urschriften beider Eingaben sich im Haag befinden, was beweisst, dass sie an Wilhelm von Oranien zur Einsicht und Entschliessung geschickt worden waren. Man müsste danach sogar annehmen, dass ein unmittelbares Gesuch an Wilhelm überhaupt garnicht beabsichtigt gewesen ist.

Diese Annahme wird sehr gestützt durch einen Brief, den Génard nachträglich aufgefunden und veröffentlicht, den er jedoch leider auch wieder in der gewaltsamsten Weise aus-

---

[1]) Bakhuizen, Les Rubens. S. 42/3.

gedeutet hat. [1]) Der Brief ist am 18 Mai 1577 aus St. Geertruidenberg von Philipp van Marnix, dem geheimen Rathe
Wilhelm von Oranien's, an Jan Rubens, der ihm befreundet
war, geschrieben. Danach hatte Jan Rubens die Vermittlung
von Marnix bei Wilhelm erbeten, um diesem eine Eingabe zu
überreichen, welche denselben Zweck hatte, wie das spätere
Gesuch der Maria Rubens vom 14 Juni. Aber Marnix schreibt
ihm, er habe die Eingabe noch nicht vorgelegt, die Gelegenheiten seien ungünstig, er sei überzeugt, dass Wilhelm Alles
seinem Bruder überlassen würde, Rubens müsse warten, er
könne für ihn jetzt nichts thun und wenn er sein Bruder wäre.
Hieraus muss man doch schliessen, dass Jan Rubens zuerst
diesen Weg versucht hatte, um Wilhelm von Oranien's Gnade
zu erlangen, und dass dann nach Marnix ungünstigem Briefe
die Frau an den Grafen Johann sich gewandt hat. Es hätte
danach keinen Sinn gehabt, wenn Maria Rubens auch noch
bei Wilhelm gebittstellert hätte, ehe sie wusste, wie Johann
ihr Gesuch aufgenommen habe.

Was aber schliesst Génard aus diesen Dingen? Nach
Ausstellung der Kölner Vollmacht vom 26 April hat sich
Maria Rubens, den Rhein und die Maass hinunter nach
Antwerpen begeben, und sich unterwegs in St. Geertruidenberg
aufgehalten, wo zu dieser Zeit der Fürst von Oranien sich
befand, mit dem sie jene „entrevue inésperée" hatte, von
der sie in ihrem Briefe vom 14 Juni spricht. Mährchen, nichts
als Mährchen! Aus dem „moyen inésperé" macht Génard, im
Handumdrehen wie ein Taschenspieler, eine „entrevue inésperée", von der in dem Briefe nicht ein Buchstabe steht. Auch
geht der Weg von Siegen nach Antwerpen nicht über
St. Geertruidenberg. das zehn Meilen nördlicher liegt. Und
in Antwerpen hat dann die Niederkunft „der heroischen Frau
des untreuen Jan Rubens gegen Ende Mai" stattgefunden.

Génard muthet der armen Frau, trotz ihrer Heldenhaftig-
keit, doch wohl ein bischen zu viel zu. Anfangs Mai, hoch in
gesegneten Umständen, reist sie — mit leeren Taschen —
von Siegen nach St. Geertruidenberg, unterhandelt am 17 Mai

---

[1]) Journal des beaux arts. 1878. S. 73,4.

oder wenig später, genau zur selben Zeit als Marnix aus
demselben Orte an Jan Rubens abmahnend und ablehnend
schrieb, daselbst mit Wilhelm von Oranien, reist darauf nach
Antwerpen, kommt gegen Ende des Monats dort nieder, reist
mit dem Neugeborenen nach Siegen und richtet am 14 Juni
schon wieder von hier aus das Gesuch an den Grafen Johann
von Nassau. Wo bleibt da das Wochenbett? In höchstens
40 Tagen Reisen von mehr als 800 Kilometern, theils in hoch
gesegnetem Zustande, theils mit dem Säugling an der Brust,
eine Zusammenkunft mit dem Fürsten von Oranien, dem be-
trogenen Gatten derjenigen Frau, mit der ihr eigener Mann
die Ehe gebrochen, eine Zusammenkunft, die für beide doch
höchst peinlich hätte sein müssen. Und daheim der gefangene
„untreue Mann“ mit den Kindern! Das Mährchen wäre zu
mährchenhaft, auch wenn die Niederkunft nicht am 28 Juni
erfolgt wäre. Und damit springt die Abenteuerlichkeit der
Du Mortier-Génard'schen Behauptungen in die Augen. Mit
derartigen Kunststücken in der Behandlung und Auslegung
geschichtlicher Urkunden kann man alles beweisen, was man
will, muss oder soll.

4. Weil Rubens „hohe politische Aemter bekleidete, ohne
dass jemals gegen sein Bürgerrecht Beschwerde erhoben
worden wäre, muss er in Belgien geboren worden sein.“[1]

Auch dieser Grund erscheint den bereits gemeldeten Thatsachen gegenüber ohne Weiteres als hinfällig. Jedoch erscheint
es noch von besonderem Belang, dass Génard einen ganz
wesentlichen Umstand übersieht. Rubens genoss als zum
erzherzoglichen Hofe gehörig, die den Hofleuten zustehen-
den Ausnahmen. Freiheiten und Vergünstigungen, überall im
Bereiche der spanischen Niederlande, ganz auf gleiche Weise,
also auch zu Antwerpen, ohne dass er Bürger der Stadt zu
sein brauchte.[2]

Wir müssen ferner hier noch der Urkunde vom 28 August

---

[1] Aanteekeningen. S. 14 und die daselbst gemachten Hinweise
auf Du Mortier.

[2] Siehe weiter unten die „Uebersicht u. s. w.“ 1609 den 23 September und 1610 den 9 und 20 Januar.

1618 gedenken, die Génard veröffentlicht hat,[1]) und in welcher
die drei Herren Jan Breughel, Hendrik van Balen und
P. P. Rubens „Alle Maler, Bürger und Eingesessene dieser
Stadt" — „alle schilders, poorters ende ingesetenen deser stadt" —
Antwerpen genannt werden. Rubens ist hiernach also
Bürger von Antwerpen gewesen. Da nun das Antwerpener
Bürgerrecht nur durch Geburt von selbst oder ausdrücklich
durch Verleihung erworben werden konnte, in den noch erhaltenen Bürgerbüchern aber von einer solchen Verleihung
an Rubens nichts zu finden ist, so kann dieser es nur von
Geburt besessen haben, muss also in der Stadt selbst geboren
sein. Der obige Satz ist aber nur dahin richtig aufzufassen,
dass alle drei Genannten Maler und Bürger beziehentlich
Eingesessene von Antwerpen seien. Denn poorter, Bürger,
civis ist etwas andres als ingeseten Eingesessener, incola.
Dieser Unterschied wird in älteren Urkunden und Schriften mit
voller Bestimmtheit festgehalten. Man kann da unzählige Male
lesen „Poorteren ende inwoonende, "oder „Burgheren ende Inne-
gesetenen" oder „Borger of Ingeseten" oder ähnliches mehr.
Bürger und Eingesessene waren zwei Klassen von Einwohnern.
Die Eingesessenen hatten zwar die meisten Rechte und Freiheiten der Bürger, aber nicht die Zoll- und Steuerfreiheit u. s. w.,
waren also gewissermassen Bürger zweiter Klasse.[2]) Dieses
hätte doch Génard in seiner Eigenschaft als Stadtarchivar
von Antwerpen wissen müssen.

Aber selbst wenn er es nicht wusste, so hätte er sich doch
sagen müssen, dass solche Wendungen wie „alle schilders,
poorters ende ingesetenen deser stadt" doch vielleicht auch
nur eine jener Formeln sein könnten, die sich in amtlichen
und notariellen Schriftstücken fort und fort wiederholen. Man
kann denselben die Worte aus dem, Rubens ein Privilegium
für seine Stiche gewährenden, Erlasse der Generalstaaten vom

---

[1]) Aanteekeningen. S. 196; vergl. auch die Leipziger „Kunst-
chronik" 1877. Sp. 724/5 und die „Vlaamsche school" 1877. S. 85,7.
[2]) Vergl. z. B. J. J. Orlers, Beschryv. der stadt Leyden u. s. w.
Daselbst 1641. S. 685 u. 687. — T. E. van Goor, Beschryv. van
Breda etc. Haag. 1644. S. 288, — u. a. m.

23 Februar 1620 gegenüberstellen, der unlängst veröffentlicht wurde[1]) und in welchem Rubens „Schilder hem onthoudende tot Antwerpen," also nur sich zu Antwerpen aufhaltend genannt wird. In zwei Protokollen, die diesem Erlasse voraufgingen, vom 17 Mai und 8 Juni 1619, wird dem Namen des Künstlers „woonende" und „residerende" zu Antwerpen beigesetzt.[2]) Ja selbst in der letztwilligen Urkunde vom 16 September 1639 werden Rubens und dessen Frau lediglich „inwoonderen deser stadt" genannt.[3])

Will man aus diesen Angaben der Urkunden einen Schluss ziehen, so wird derselbe nur dahin gehen können, dass Rubens lediglich Einwohner, Eingesessener aber nicht Bürger von Antwerpen war. Und das ist gewiss auch ganz richtig. Rubens ist nicht Bürger von Antwerpen gewesen und deshalb findet sich auch sein Name nicht in den Bürgerbüchern. Er gehörte zum erzherzoglichen Hofstaate und genoss überall in den spanischen Niederlanden eine bevorrechtigte Stellung. Weshalb er hätte Bürger von Antwerpen werden sollen, ist nicht abzusehen.

5. Es wird eine Stelle in der von Joh. Brant herrührenden Lebensbeschreibung von Rubens älterem Bruder Philipp angezogen, in welcher es ganz allgemein heisst, dass dessen „Brüder, Schwestern und Eltern in Antwerpen zuerst die Luft geathmet" hätten, und ferner wird der englische Adelsbrief mit seinem „oriundus" wieder ins Treffen geführt.[4]) Wir haben, nach dem schon Gesagten, keine Veranlassung, diese Gründe und Beweismittel hier noch zu erörtern. —

Dass Du Mortier sein Steckenpferd mit Beharrlichkeit reitet, war seit Jahren bekannt; man hat ihm dieses Vergnügen gelassen, und niemand hat auf seine Behauptungen einen sachlichen Werth gelegt. Aber dass nun der Stadt-

---

[1]) „Chronique des arts" 1878. S. 61,2 u. H. Hymans, Hist. de l. grav. dans l'école de Rubens etc. Brüssel 1879. S. 69.
[2]) Aanteekeningen. S. 51.
[3]) Aanteekeningen. S. 24.
[4]) Aanteekeningen. S. 14 und die daselbst gemachten Hinweise auf Du Mortier.

archivar von Antwerpen bei Gelegenheit von Rubens
dreihundertsten Geburtstag auftritt und, ohne dass eine in der
Sache selbst liegende Veranlassung abzusehen wäre, die Du
Mortier'schen Behauptungen sich aneignet, ist wahrlich mehr als
auffällig. Jedermann weiss, was von Du Mortier's „Recherches"
und „Nouvelles recherches" zu halten ist, aber Génard sagt,
dass Du Mortier darin „völlig die Behauptung aufrecht
erhält (houdt vol te beweren): die Stadt Antwerpen sei
die Wiege" von Rubens. Und er fügt zwei Seiten
weiter hinzu: „Es sei gesagt zum Lobe Du Mortier's, seine
Beweisschlüsse sind bis jetzt noch nicht widerlegt worden,
sondern im Gegentheil: es geht aus Bescheiden hervor, die
wir in besonderen und öffentlichen Sammlungen entdeckt
haben, dass Rubens Mutter sich zu Antwerpen muss
befunden haben ungefähr um die Zeit der Geburt des grossen
Malers."[1]) Nun, denkt man doch, sollen die Enthüllungen,
die Entdeckungen kommen! Aber der Stadtarchivar von Antwerpen ist ein kluger Feldherr, der ohne Rückendeckung
nicht vorgeht. Mit Vornehmheit erklärt Génard: „Wir werden
diese Stücke an die königliche Akademie von Belgien mittheilen;
für jetzt werden wir uns darauf beschränken einige Zeitangaben
hieraus zu vermelden."[2])

Und was giebt Génard zum Besten? Nichts, gar nichts.
was zur Sache auch nur im geringsten von Belang wäre. Er
erzählt, es gehe aus den Stadtrechnungen hervor, dass Jan
Rubens eine Rente von 75 Pfunden besessen habe, die in
Folge der Plünderung von Antwerpen im November 1576 habe
herabgesetzt werden müssen, aber zur Zeit der Kölner Vollmacht vom 26 April 1577 noch nicht herabgesetzt gewesen
sei. Die Zinszahlungen dieser Rente erfolgten jedesmal am
27 Juni und 27 Dezember. „Es ist desshalb" — so führt
Génard wörtlich fort — „höchst wahrscheinlich, dass Maria
Pypelincx sich nach Antwerpen begab gegen den Zeitpunkt,
an welchem die Bezahlung geschehen musste, und zur Regelung der Verminderung, der die Rente unterzogen werden

----

[1]) Aanteekeningen. S. 12 und 14.
[2]) Daselbst. S. 14/15.

musste, und auch zur Regelung der Zurückgabe der Güter
ihres Mannes nach Maassgabe des Vertrages von Gent und
des Erlasses von Marche-en-Famenne."

Diess die Entdeckung, die Du Mortier's Phantastereien
zur geschichtlichen Wahrheit machen soll!

Und doch meldet Génard gleich hinterdrein, dass „die am
27 Dezember 1576 und 27 Juni 1577 fälligen Zinsen der auf
45 Pfund verminderten Rente des Jan Rubens erst am 2 Dezember 1579 bezahlt worden seien, und zwar an einen gewissen
Willem van de Venne." Er hat also nicht bedacht, dass,
wäre Maria Rubens zu den von ihm behaupteten Zwecken
im Mai 1577 in Antwerpen gewesen, sie selbst die seit dem
27 Dezember 1576 fälligen Zinsen hätte in Empfang nehmen
müssen — und dass sie folglich, da sie es nicht gethan, auch
gar nicht in Antwerpen gewesen sein kann. Denn dass die Zinszahlung eingestellt gewesen, deutet er selbst nicht einmal an.

Alle diese gewundenen, gewaltsamen und ungeheuerlichen
Beweisführungen umgehen den Kern- und Angelpunkt der
ganzen Frage, sie suchen die Grundlage derselben zu ver-
schieben und auf dieser verschobenen Grundlage dann weiter
vorzugehen und zu Schlüssen zu gelangen. Zuerst berufen
sie sich auf eine sehr bedenkliche Urkunde, die Parys'sche
Grabschrift, und deuten diese selbst noch gewaltsam aus, um
den Geburtstag von Rubens in den Mai 1577 setzen zu können.
Die Hauptsache aber, dass der Aufenthalt der Maria Rubens
noch 14 Tage vor ihrer Niederkunft in der Stadt Siegen urkundlich bezeugt ist, und dass aus dieser Thatsache, in Verbindung mit andern sicheren Umständen, geschlossen werden
muss, sie habe sich von da nicht mehr entfernt, wird todt
geschwiegen. Dieses Verfahren wird, um so auffälliger, als
Génard sonst als ein gewissenhafter Schriftsteller bekannt ist,
als er selbst früher, im Jahre 1855 schon, lediglich auf Grund
der ersten Schrift Bakhuizen's, unumwunden Siegen als den
Geburtsort von Rubens anerkannt hatte[1], als er selbst in dem
übrigen Inhalt seiner „Aanteekeningen" werthvolle Urkunden

---

[1] Album der St. Lukasgilde etc. (Antwerpen 1855) S. 125:
„. . te Siegen in Duitschland, van Antwerpsche ouders geboren."

und tüchtige Ausführungen zu denselben gibt. Namentlich sind die Mittheilungen über die letztwilligen Bestimmungen und den Nachlass von Peter Paul Rubens sehr wichtig und erheblich, doch nicht minder sind es auch die zur Geschichte der Eltern von Rubens gehörigen Nachrichten. Wie kommt ein so gediegener Gelehrter und so ernster Schriftsteller dazu, seinen Fleiss und seinen Namen an Unmögliches, an eine verlorene Sache zu setzen? Wie kommt Génard dazu, mit allem und jedem Mittel, wohl oder übel, der Welt beweisen zu wollen, dass Rubens in Antwerpen geboren sei? jetzt, wo mit zwingender Nothwendigkeit angenommen werden muss, dass er in Siegen zur Welt gekommen ist! Wie kommt Génard dazu? So habe ich mich gefragt, und so haben sich Alle gefragt, die nicht blind sein wollten. Die Antwort lässt sich vielleicht aus folgenden Thatsachen entnehmen.

In Antwerpen hatte man, wie bereits gesagt, sich entschlossen, den dreihundertsten Geburtstag von Rubens, nicht in der Zeit der Wiederkehr desselben wie an andern Orten, sondern 7 bis 8 Wochen später, in der zweiten Hälfte des Augusts, und zwar in der grossartigsten Weise, zu feiern. Diese Verschiebung der Feier in eine Zeit, wo der Niederländer seit Jahrhunderten gewohnt ist, seine Kirmesse und Volksbelustigungen zu begehen, gibt Aufschluss über die Absichten, welche man mit der Einrichtung der „Rubens-Feste" im Stillen verband, und das unterm 17 Juli von der Stadtobrigkeit erlassene Programm dieser Feste, welches ganz und gar der seit Jahrhunderten in Flandern und Brabant üblichen Anordnung öffentlicher Feste folgt, bestätigt jene Absichten. Während zehn Tagen wechselten danach Fackelzüge und Wettsingen, Musikaufzüge und Wettschiessen, öffentliche Konzerte und Ruderwettfahrten, Fastnachtszüge und Volksspiele, Festessen und Nachtfeste, Pferderennen und Segelwettfahrten, Volksbälle und Luftschifffahrten, Musikaufführungen und Theaterstücke und wer weiss was sonst noch alles ab; und daneben waren Ausstellungen veranstaltet von Maschinen und Erzeugnissen der Landwirthschaft, von Erzeugnissen und Geräthen der Gartenkunst und Obstzucht, von Tauben, Pferden und Zuchtvieh; es fanden allerlei Belustigungen in achtundzwanzig verschiedenen geschlossenen Gesellschaften statt, als da sind Reifenspiel, Billardspiel, Angeln, Bogenschiessen und dergleichen mehr. Ich führe dies alles an, um zu zeigen, welches der eigentliche öffentliche Charakter dieser zehntägigen Rubens-Feste war, um zu zeigen, dass diese Feste im wesentlichen eine vlämische Kirmess waren, die man unter Anlehnung an Rubens Namen ins Werk gesetzt hatte. Man wollte Hunderttausende von Menschen nach Antwerpen locken, sie da möglichst lange fesseln und unterhalten, und der Stadt die grossen Vortheile eines solchen Besuches zuwenden. Dies ist auch vollkommen geglückt.

Die Rubens-Kirmess ist in glänzender Weise verlaufen[1] — Dank der geschickten Wendung der ganzen Sache, die Rubens zunächst nicht als den grossen weltgeschichtlichen Künstler an sich, sondern als den weltberühmten Sohn Antwerpen's hinstellen und feiern wollte. Dies zog vollständig. Antwerpen berauschte sich in diesem Gedanken. Jeder that das Seinige zur Verherrlichung des Festes, Jeder, bis herab zu dem Krämerweibe, das an seinen Karren, wo es papierne Fähnchen und Windlichter feil bot, schrieb: „Hulde aan Rubens." Die Zeitungen, Gelegenheitsschriften und Flugblätter gingen natürlich voran, und haben das Ihrige gethan, um den Leuten immer und immer wieder weiszumachen, dass Rubens in Antwerpen geboren sei.

Ja, das „Journal des beaux arts" prahlte in seiner Nummer vom 15 September 1877 sogar, dass es selbst, durch den Génard'schen Aufsatz im Jahrgange 1875, „der Ausgangspunkt der neuen Verhandlungen" zu Gunsten Antwerpen's gewesen, dass ihm aber leider die Ehre dieses Vorgehens überall vorenthalten worden sei. — obwohl derselbe Génard'sche Aufsatz zur selben Zeit auch von der „Vlaamschen school" veröffentlicht worden war, und obwohl das „Journal"

[1]) Eine ausführliche Beschreibung der Rubensfeste mit Holzschnitten enthält die „Vlaamsche school" 1877, S. 156 ff. 1878, S. 13 ff. — Vergl. auch das „Journ. d. b. arts" 1876, S. 17, 33 und 181 und 1877, S. 19, 79, 133, 157 und 165, sowie Th. Gaedertz, Rubens und die Rubensfeier in Antwerpen. Leipzig 1878.

früher[1], ganz rund und klar Siegen als Geburtsort anerkannt
hatte. Am ärgsten trieb es ein gewisser J. B. van Moll, der
unter dem Scheine einer geschichtlichen Darstellung die aben-
teuerlichsten und mährchenhaftesten Dinge erzählte.[2] Ihn
scheint sich — so möchte man meinen — übrigens F. Jos.
van den Branden zum besonderen Vorbild erkoren zu haben.
der in seiner „Geschiedenis der Antwerpsche schilderschool"
hinsichtlich der vorliegenden Dinge schon einen ganz nied-
lichen Rubens-Roman zurecht gedichtet hat.[3]

In einem der Flugblätter las man als die letzte Frucht
aller Weisheit folgendes: „Heute weisen die mit der ängstlichsten
Sorgfalt unternommenen geschichtlichen Nachforschungen und
unwiderlegliche. in den Archiven aufgefundene Urkunden
siegreich nach, dass Antwerpen allein das Recht hat. Anspruch
auf die Vaterschaft des berühmten vlämischen Malers zu erheben. Den Herren Du Mortier und Génard kommt die
Ehre dieser endlichen und endgültigen Lösung zu."

Jedermann wurde jetzt gläubig, und wer noch zweifelte,
dem konnte erwidert werden, dass der berühmte Herr
Du Mortier, dieses langjährige Mitglied der belgischen Volks-
vertretung, alles untersucht und nachgewiesen, und dass der
eigene Stadtarchivar von Antwerpen sein Siegel darauf und
darunter gedrückt habe.

Mit edler Dreistigkeit schrieben denn auch Bürgermeister
und Schöffen in die Welt hinaus: „Wir nehmen mit lauter
Stimme für die Stadt Antwerpen die Ehre in Anspruch, die
Wiege von Rubens gewesen zu sein!" Was konnte man
mehr verlangen! Und so wurde denn auch die Verblendung
eine völlig allgemeine.

Eine Sache. die nur eine wissenschaftliche und geschichtliche, aber an sich nicht die geringste sachliche Bedeutung
hat, wurde auf die Fahne der Antwerpen'schen Kirchthurms-
politik geschrieben, und mit Hintansetzung der offenkundigsten
Wahrheiten und Thatsachen von der führenden Partei zum

---

[1] Jahrgang 1861. S. 183.
[2] Pierre Paul Rubens. Antwerpen (1877).
[3] Antwerpen. 1878—82. S. 360 ff.

Losungswort des Tages erhoben. Sachlich beurtheilt, begreife
das wer kann! Sachlich ist es mehr als gleichgültig, ob Rubens
in Antwerpen, in Köln, in Siegen oder in Hinterindien geboren
ist. Thatsache ist, dass er aus einer alten Antwerpener Familie
stammt, dass er bis zu seinem zwölften Jahre in Köln gelebt
hat und dann wieder in die Stadt seiner Väter zurückgekehrt
ist. Hat es hierneben irgend eine Bedeutung für Rubens in
seiner künstlerischen und ganzen geistigen Persönlichkeit, wo
zufällig seine Mutter sich befand als sie ihm das Leben gab?
Diese Frage hat doch nur einen geschichtlichen Werth, insofern die Ermittelung der geschichtlichen Wahrheit an und für
sich Aufgabe der Geschichtschreibung ist.

Aber die Antwerpener hatten keine Ahnung von diesem
Standpunkte; als praktische Handelsleute nahmen sie die Sache
praktisch und erklärten: „Rubens ist in unserer Stadt geboren!
Und damit abgemacht." Roma locuta est.

Die Verblendung ging soweit, dass man dem pappernen
Triumphbogen auf dem Meyr die Inschrift gab: „Rubens te
Antwerpen gebooren MDLXXVII," — und dass man sogar an
das erzene Fussgestell der neuen, im Treppenhause des Museums
aufgestellten, von J. R. Pescher gefertigten marmornen Rubens-
Büste schrieb: „Aan Rubens zijne geboortestad." [1]) Ja, wenn
man durch solche eherne Erlasse Geschichte machen könnte!
So aber kann diese kindische Art, sich über Thatsachen hin-
wegzusetzen, nur albern und lächerlich erscheinen. Der Be-
sucher des Museums wird mit kühler Verwunderung an der
Rubens-Büste vorübergehen, als dem Denkmal einer Verblendung, die im Sommer 1877 zu Antwerpen epidemisch war,
und sich der erfreulichen Erscheinung getrösten, dass wenigstens
der amtliche Katalog eben desselben Museums der Wahrheit noch immer die Ehre giebt. Da liest man: „Antwerpen
und Köln haben sich lange um die Ehre gestritten, die Wiege
von Peter Paul gewesen zu sein; obwohl Köln die grössere
Wahrscheinlichkeit für sich hatte, blieb die Frage unent-
schieden" — bis zu den Veröffentlichungen Bakhuizen's, der
„bewiesen hat, dass Rubens, mehr als wahrscheinlich, das Licht

---

[1]) Grosser Holzschnitt in L'art. 1877. III. S. 237.

der Welt in Siegen erblickt hat." So strafen die Herren
Akademiker, die das Museum, wo die Rubens-Büste steht,
verwalten und den Katalog herausgegeben haben, sich selbst
Lügen!

Der Gesammteindruck dieses ganzen Vorgehens war ein
höchst peinlicher, und man muss es heute noch beklagen, wie
eine Stadt, die so reich an Ruhm, Glanz und Ehre ist, ihre
Würde soweit vergessen konnte, dass sie sich zu einer offenbaren Taschenspielerei verirrte. Konnte sie am Ende doch
dasselbe erreichen, wenn sie statt „Geburtsstadt" schrieb
„Vaterstadt!" Denn wer gestände ihr nicht freudig und von
ganzem Herzen das Recht zu, Rubens ihren Sohn nennen zu
dürfen? Ist unter solchen Verhältnissen irgend ein verständiger
und gerechter Grund zu ermitteln, warum Antwerpen mit
aller Gewalt auch „die Wiege des berühmten Rubens" sein
wollte?

Siegen ist die Geburtsstadt von Rubens, Köln die
Stadt seiner Kindheit, aber Antwerpen ist und bleibt
seine Vaterstadt. Und was mehr, Antwerpen ist und bleibt
die Stadt seines Wirkens und Schaffens, seiner Grösse und
seines Ruhmes.

Also jedem das Seine! Und vor allem der Wahrheit die
Ehre!

2. Die Grabschrift.

Auf dem Grabsteine, welcher in der Mitte des Fussbodens der Rubenskapelle in der Jakobskirche zu Antwerpen liegt, befindet sich eine Inschrift, die nach der „Verzameling der Graf- en Gedenkschriften van de Provincie Antwerpen"[1] folgendermassen lautet:

D. O. M.

PETRUS PAULUS RUBENIUS EQUES

JOANNIS, HUIUS URBIS SENATORIS,

FILIUS STEINI TOPARCHA:

QUI INTER CAETERAS QUIBUS AD MIRACULUM

EXCELLUIT DOCTRINAE HISTORIAE PRISCAE,

OMNIUMQ'. BONARUM ARTIU'. ET ELEGANTIARU'. DOTES

NON SUI TANTUM SAECULI,

SED ET OMNIS[2] AEVI

APPELLES DICI MERUIT:

ATQUE AD REGUM PRINCIPUMQ'. VIRORUM AMICITIAS

GRADUM SIBI FECIT:

A. PHILIPPO IV HISPANIARUM INDIARUMQ'. REGE

INTER SANCTIORIS CONCILII SCRIBAS ADSCITUS,

ET AD CAROLUM MAGNAE BRITANNIAE REGEM

ANNO M. DC. XXIX. DELEGATUS,

---

[1] II. 1. S. 64. Von mir an Ort und Stelle verglichen.
[2] Die „Verzameling" hat in Folge eines Druckfehlers „omnes"

PACIS INTER EOSDEM PRINCIPES MOX INITAE
FUNDAMENTA FELICITER POSUIT.
OBIIT ANNO SAL°. M. DC. XL. XXX. MAY AETATIS LXIV.

~~~~~

HOC MONUMENTUM A CLARISSIMO GEVARTIO
OLIM PETRO PAULO RUBENIO CONSECRATUM
A POSTERIS HUC USQUE NEGLECTUM,
RUBENIANÂ STIRPE MASCULINA JAM INDE EXTINCTA
HOC ANNO M. DCC. LV. PONI CURAVIT.
R. D. JOANNES BAPT° JACOBUS DE PARYS,
HUIUS INSIGNIS ECCLESIAE CANONICUS
EX MATRE ET AVIA RUBENIA NEPOS.
R. I. P.

Hiernach ist die Grabschrift, welche nach dem Tode von
Rubens Kaspar Gevaerts verfasst hat, von den Angehörigen
nicht ausgeführt worden. Erst der Domherr der Jakobskirche,
Jan Baptist Jakob van Parys, der von Rubens durch
dessen Tochter und Enkelin abstammte, holte das Versäumte
nach und liess sie im Jahre 1755 setzen.

Diese Thatsachen, welche durch nichts als die eigenen von
Parys gemachten Erklärungen beglaubigt sind, hat man demselben aufs Wort geglaubt, ohne dass man sich im geringsten
zu Zweifeln, zu einer Kritik und anderweitigen Nachforschungen
veranlasst gefühlt hätte. Eine nicht geringe Zahl von Schriften
bringen daher diese 1755 gesetzte Grabschrift und danken es
meistens noch Parys, dass er so würdig für die Ehre des
Grabes von Rubens gesorgt hat. Einige machen dazu auch
tadelnde Bemerkungen über die Angehörigen des Meisters.

Der Text der Grabschrift wird nicht ohne verschiedene
Abweichungen wiedergegeben, doch scheinen dieselben ausnahmelos aus der Absicht zu verbessern oder aus Flüchtigkeit
entstanden zu sein. Ich führe folgende Schriften an:

J. F. M. Michel, Histoire de la vie de P. P. Rubens etc.
Brüssel 1771. S. 270. Hier ist die Anfangszeile „D. O. M.”
weggelassen, hinter der Zeile „Steenii Toparcha” ist eine Zeile

„Hic situs est" eingeschoben, der Todestag ist statt des 30 Mai
mit dem „30 Martii" angegeben, — von kleineren Abweichungen
oder Fehlern abgesehen. Im Parys'schen Widmungszusatze
steht in der dritten Zeile statt „Rubeniana" irrig „Rubenia" und
es fehlt vor „ecclesiae" das Wort „insignis", sowie auch die
Schlusszeile „R. I. P."

Von Reiffenberg, Nouvelles recherches sur P. P.
Rubens, contenant une vie inédite de ce grand peintre par
Phil. Rubens son neveu etc. (Aus den Abhandlungen der
Brüsseler Akademie Bd. X. 1835.) Die Grabschrift ist nach
der Parys'schen Erneuerung, jedoch ohne den Zusatz, ge-
geben.

V. C. van Grimbergen, Historische Levensbeschryving van P. P. Rubens etc. Rotterdam 1840. Dies
Buch ist eine zweite, mit Anmerkungen von Grimbergen versehene Ausgabe der J. Smit'schen Uebersetzung des oben genannten Michel'schen Werkes. Die Inschrift (S. 263) ist im
wesentlichen richtig wiedergegeben, und dem Texte eine nicht
ganz genaue Uebersetzung in niederländischer Sprache beigefügt.

J. J. van Roy, Vie de P. P. Rubens etc. Brüssel 1840.
S. 31. Der Text im Wesentlichen wie bei Michel, auch mit
„Hic situs est" und „Martii", und ohne „insignis" und „R. I. P."

A. van Hasselt, Histoire de P. P. Rubens etc. Brüssel
1840. S. 174. Die Inschrift sammt dem Parys'schen Zusatze
ist im Allgemeinen richtig, doch an der betreffenden Stelle
mit dem Zusatze „Hic situs est" wiedergegeben.

G. E. Gerrits, Petrus Paulus Rubens, zijn tijd etc.
Amsterdam 1842. S. 302. Text und Uebersetzung nach Grimbergen.

F. Verachter, Le tombeau de Rubens. Antwerpen
1843. S. 22. Die Grabschrift ist richtig gegeben. In der vor-
letzten Zeile des Parys'schen Zusatzes steht statt „Rubenia" irrig
„Rubeniana."

J. J. Merlo, Nachrichten von dem Leben und den
Werken Kölnischer Künstler. Köln 1850. S. 366. Der Text
der Grabschrift wie des Parys'schen Zusatzes ist genau nach
Michel abgedruckt, jedoch mit Berichtigung des „Martii" in
„Maii." In einer Anmerkung wird der alte Widmungszusatz

nach Basan (siehe hier S. 219 ff.) mitgetheilt, jedoch ohne irgend eine Bemerkung daran zu knüpfen.

W. N. Sainsbury, Original unplublished papers etc. London 1859. S. 232. Der Text stimmt im Wesentlichen mit dem bei Hasselt befindlichen überein; eine englische, etwas freie Uebersetzung ist beigegeben.

B. C. Du Mortier, Nouvelles recherches sur le lieu de naissance etc. Brüssel 1862. S. 60. Der Text ist nach Reiffenberg abgedruckt, also ohne den Parys'schen Zusatz.

A. Michiels, Rubens et l'école d'Anvers. 4. Aufl. Paris 1877. S. 364, giebt, indem er sich auf Michel bezieht, eine französische Uebersetzung des Textes.

Adolf Rosenberg, Rubensbriefe. Leipzig 1881. S. 5/6. Der Abdruck ist nach Reiffenberg gemacht und der Parys'sche Zusatz in einer Anmerkung beigegeben; bei letzterem steht in der dritten Zeile statt „Rubeniana" irrig „Rubenia", in der siebenten fehlt „insignis" und in der achten steht statt „Rubenia" irrig „Rubenii", auch fehlt die Schlusszeile „R. I. P." —

Die von Parys gewählten Worte „a posteris huc usque neglectum" haben, wie bemerkt, zu manchen, die Angehörigen von Rubens tadelnden Auslassungen veranlasst, unter denen einige besonders auffällig sind.

G. F. Waagen, in seinem zweiten Aufsatz über Rubens[1]), erzählt von der Marmorplatte auf dem Grabe mit der einst von Gevaerts verfassten Inschrift und macht dazu folgende tadelnde Anmerkung: „Es gereicht übrigens der Familie von Rubens, dessen Wittwe sich später mit einem Baron von Bergeyck vermählte, nicht zur Ehre, dass diese Inschrift erst hundert Jahre nach seinem Tode, von einem seiner Nachkommen, dem Canonicus van Parys, wirklich gesetzt worden ist". Dieser harte Tadel ist um so auffälliger, als Waagen in seiner ersten Arbeit über Rubens[2]) gleichfalls von dieser Marmorplatte und dieser Inschrift spricht, aber ausdrücklich erklärt, dass in dieser Grabschrift „gesagt wird, wie diese Kapelle und dieses Denkmal von seiner Wittwe und

---

[1]) Kleine Schriften. Stuttgart 1875. S. 278.
[2]) In Raumer's historischem Taschenbuch von 1833, S. 218.

Kindern zu seinem Andenken gestiftet worden ist". Parys hatte ja hingesetzt, dass die Grabschrift „bis jetzt (1755) von den Nachkommen verabsäumt" worden sei, und hier werden in derselben Grabschrift die Wittwe und die Kinder als Stifter klar und deutlich genannt! Waagen verweist auf de Piles und Basan, wo die Grabschrift im Original zu finden ist. Wir werden hierauf zurückkommen.

Alfred Michiels (S. 363) schiebt alle Schuld der Verabsäumung der Wittwe allein zu, indem er sagt: „Bald nach dem Tode des Künstlers wieder verheirathet, hatte die Frau andere Dinge im Kopfe: sie überliess sich gänzlich den Freuden einer zweiten Liebe".

Aehnlich, wenn auch schonender, liess sich schon Hasselt (S. 178) aus: „Die Wittwe von Rubens beging die Schwäche den schönen Namen, welchen sie trug, gegen den einer Gräfin van Bergeyck zu vertauschen".

Verweilen wir einen Augenblick bei diesen harten Urtheilen über Helene Rubens.

Frau Helene Rubens war beim Tode von Rubens 26 Jahre alt, und sie verheirathete sich wieder nach fünfjähriger Wittwenschaft im Alter von 31 Jahren. Aus dieser Handlungsweise kann und darf ihr Niemand auch nur den geringsten Vorwurf machen. Soll eine junge, lebenskräftige Frau von 31 Jahren, nachdem sie fünf Jahre der Wittwenschaft dem Andenken ihres ersten Gatten gewidmet hat, nicht das Recht haben, ihre Hand einem zweiten Manne zu reichen? Ist sie ohne Weiteres darum zu lebenslänglicher Wittwenschaft verurtheilt, weil ihr erster Gatte ein „berühmter Mann" war? Aber es ist sehr bequem, aus dieser zweiten Heirath Vorwürfe zu erheben und dem neuen Verhältnisse Verabsäumungen gegen das Andenken des ersten Mannes zur Last zu legen. Und da diese Verabsäumungen nach dem Zeugniss von Parys stattgefunden haben, so darf man auch nach den Gründen suchen. Und diese Gründe wiederum liegen offenbar eben in der neuen Heirath. Namentlich Alfred Michiels weiss das so genau, als ob er der Beichtvater von Helene Rubens gewesen wäre. Aber man übersieht bei solchem Verfahren so gut wie Alles.

Wir werden diese Dinge weiter unten noch so ausführlich, als dies hier nöthig erscheint, darzulegen suchen. Es wird sich dann zeigen, wie ganz oberflächlich, haltlos und ungerecht jene Vorwürfe und Anschuldigungen sind. Für jetzt bleiben wir bei der Parys'schen Behauptung „a posteris huc usque neglectum" stehen.

Ist diese Behauptung wahr?

Die Beantwortung dieser Frage bildet den eigentlichen Kernpunkt der vorliegenden Untersuchung.

Wäre die Parys'sche Behauptung wahr, dass, bevor er selbst im Jahre 1755 die Grabschrift setzen liess, diese nicht vorhanden gewesen, und obwohl dereinst von Gervaerts verfasst, doch von den Nachkommen bis dahin nachlässigerweise nicht ausgeführt worden sei, — wäre diese Behauptung wahr, so könnte Niemand vor 1755 eine Grabschrift gesehen und von ihr berichtet haben. Liegen aber solche Berichte vor, so geht schon aus dem blossen Vorhandensein derselben hervor, dass die Parys'sche Behauptung nicht wahr ist.

Die von R. de Piles im Jahre 1677 herausgegebene Lebensgeschichte von Rubens, die wir hier sogleich unter der folgenden Nummer in Uebersetzung mittheilen, schliesst mit folgenden Worten: Rubens „wurde in der Jakobskirche zu Antwerpen bestattet, wo seine Wittwe und seine Kinder zu seinem Andenken eine Kapelle errichteten, in der sie diese Grabschrift setzen liessen (où ils ont fait mettre cette épitaphe)". Es folgt nun der Text der Grabschrift, im Wesentlichen mit der von Parys hergestellten übereinstimmend, jedoch hinter „Toparcha" die Buchstaben

H. S. E.

— hic situs est — enthaltend. Der Schluss hinter „feliciter posuit" ist jedoch gänzlich anders. Statt der Parys'schen Angabe: „Obiit anno sal. M.DC.XL. XXX May aetatis LXIV." heisst es

Obiit anno sal. CIƆ. IƆC. XL. Ætatis LXIV.

Der Todestag ist also nicht angegeben. Und ferner fehlt natürlich der Parys'sche Zusatz, an dessen Stelle jedoch sich folgende Widmung findet:

Domina Helena Formentia vidua ac Liberi,
Sacellum hoc Aramque ac Tabulam Deiparae
cultui consecratam, Memoriae Rubenianae
L. M. poni dedicarique curarunt.

R. I. P.

Es haben also die Wittwe und die Kinder von Rubens
die Kapelle herrichten und nach de Piles Zeugniss daselbst
eine Grabschrift setzen lassen, deren Text mit der von Parys
1755 hergestellten im Wesentlichen übereinstimmt. Die erstere
Thatsache ist durch die erhaltenen Urkunden und Verträge
völlig erwiesen, auch die Marmortafel mit dem Widmungszusatz „Domina Helena Formentia etc." ist noch jetzt erhalten.
Wir kommen hierauf zurück. Was aber das Zeugniss von
de Piles betrifft, so ist dasselbe Angesichts der Entstehungsgeschichte der „Vie de Rubens" schlechterdings nicht zu ver-
dächtigen, denn hinter de Piles stehen Philipp und Albrecht
Rubens selbst. Und zum Mindesten sind doch diejenigen
Nachrichten, welche Philipp Rubens aus eigener Erfahrung
oder Anschauung mittheilen konnte, thatsächlich als richtig
anzuerkennen. Dahin gehört der Bericht von der Grabschrift,
welche „die Wittwe und die Kinder von Rubens hatten setzen
lassen", und deren Text mitgetheilt wird. Hier liegen so klare
und bestimmte Thatsachen vor, dass Zweifel und Bedenken
ganz von selbst ausgeschlossen sind.

Die Parys'sche Behauptung „a posteris huc usque
neglectum" ist also thatsächlich unwahr.

Ein weiteres Zeugniss findet sich bei Basan, der im dritten
Bande seines „Dictionnaire des graveurs anciens et modernes"
ein Verzeichniss der nach Rubens ausgeführten Stiche giebt,
welchem er einen Lebensabriss des Meisters voranschickt. In
der Vorrede spricht er sich über diesen Lebensabriss folgender-
maassen aus: „Wenn die Natur dieses Werkes zwar nicht
erforderte, dass ihm dieser Lebensabriss vorangestellt würde,
so nöthigten uns lediglich die Ungenauigkeiten und Abge-
schmacktheiten, in welche die Mehrzahl der Verfasser von
Werken über ‚das Leben der Maler' in Bezug auf Rubens
verfallen sind, diese Gelegenheit zu ergreifen, um eine genauere

Geschichte dieses grossen Mannes zu geben und darin nur
Thatsachen zu berichten, die wahr und seiner würdig sind."
Basan hat diese Aufgabe mit grosser Sicherheit, wissenschaftlichem Ernste und kritischer Gewandtheit, dabei aber zugleich
mit einer warmen und vollen Hingabe an seinen Gegenstand
gelöst. Und auch er theilt dieselbe Grabschrift mit wie
de Piles, mit demselben Widmungszusatz und der Bemerkung,
dass die „Wittwe und Kinder von Rubens ihm ein Grabmal
errichten liessen, auf welchem man diese Grabschrift liest".

Welchen Werth Basan auf diese Grabschrift legte, bezeugt
die Stelle, wo er von den, Rubens in Spanien erwiesenen
Ehren spricht, und wo er sagt: „Einige Schriftsteller haben
behauptet, dass Philipp diesen Maler zum Kammerherrn gemacht und ihm den goldnen Schlüssel gegeben habe; aber
wir haben keinerlei Gewissheit über diese beiden Thatsachen,
wenigstens werden sie in der Grabschrift, die wir weiter unten
mittheilen werden, nicht erwähnt."

Die Grabschrift wurde also von Basan für eine vollgültige
Urkunde ersten Ranges angesehen, und dies setzt doch voraus,
dass er eine wirkliche Kenntniss der Urkunde besass. Er muss
die Grabschrift in Antwerpen selbst gesehen oder wenigstens
von einem seiner Kunst- oder Geschäftsfreunde genaue Mittheilungen über dieselbe erhalten haben; jedoch darf man das
Erstere annehmen. Er sagt nämlich: „wenn man in den Dom
von Antwerpen tritt und die berühmte Kreuzabnahme betrachtet,
so wird man sehen u. s. w."; und weiter: „wenn man von da
seine Schritte zu den Dominikanern daselbst richtet und seine
Augen zu dem Bilde des Christus erhebt u. s. w." Solche
Wendungen pflegt ein gewissenhafter Schriftsteller nur zu
gebrauchen, wenn er diese Erfahrung selbst an Ort und Stelle
gemacht hat. Wäre Basan nicht dort gewesen, spräche er nur
auf Grund von ihm vorliegenden Berichten und Kupferstichen,
so hätte die unmittelbare Bezugnahme auf die Oertlichkeit
nicht veranlasst sein können. Man muss also in Basan einen
völlig zuständigen Zeugen anerkennen, der die Angaben bei
de Piles über die Grabschrift durchaus bestätigt.

Freilich ist Basan's Werk über Rubens erst 1767, also
12 Jahre nach der Parys'schen Unternehmung erschienen, aber

ein Werk wie dieses erforderte lange Vorbereitungen und
nöthigte zu jahrelangem fleissigen Sammeln. Dass Basan 1767
noch die alte Grabschrift mittheilte, beweist daher nur, dass
er von der Parys'schen Unternehmung noch keine Kenntniss
hatte. Ueber die Abweichung in Bezug auf das Lebensalter.
welches bei de Piles mit LXIV, bei Basan mit LIII angegeben
ist, haben wir weiter oben (S. 188 ff.) die nöthige Aufklärung
zu geben gesucht.

Allerdings darf hier ein Umstand nicht übergangen werden,
der, so wie er vorliegt, gegen Basan und für Parys zeugt. Das
Werk „Le grand Théatre sacré du duché de Brabant."
welches in zwei grossen Bänden 1734 im Haag herausgegeben
wurde, enthält zwar die Grabschriften der Mutter von Rubens.
seines Bruders Philipp und dessen Sohnes, seines Schwieger-
vaters Johann Brant und seines Sohnes Albrecht[1]), aber seine
eigene nicht. Hieraus könnte geschlossen werden, dass die
letztere nicht vorhanden war. Allein dies Werk ist kein er-
schöpfendes und zuverlässiges Quellenwerk, es ist aus den
Schriften Andrer, wie Swertius, Christyn, Leroy und van
Gestel zusammengestellt, und nennt sich selbst auf dem Titel
einen „recueil des meilleurs auteurs etc.": auch ist das Werk.
welches nicht einmal durch den Namen eines Herausgebers
gedeckt ist, lediglich als eine Unternehmung des Verlegers,
der ähnliche „Théatres" auch von Savoyen, Italien und andern
Ländern herausgab, zu beurtheilen. Aber selbst wenn man
ihm eine völlige Zeugnisskraft beimessen wollte, so entkräftet
dies Zeugniss de Piles nicht und die Frage bleibt immer offen.
wo der untere Theil der Grabschrift, der Widmungszusatz,
der erhalten ist. denn herkommt. Das Fehlen der Grabschrift
von Rubens in diesem Werke wird also nicht beweisen können,
dass sie nicht gesetzt worden sei. Höchstens würde, wenn
man dies namenlose Sammelwerk für glaubwürdiger hält, als
den sonst so gewissenhaften Basan, gefolgert werden dürfen,
dass die Grabschrift im Jahre 1734 bereits wieder verschwunden
war. in Folge irgend eines verhängnissvollen Zufalles. und

---

[1] Bd. II. S. 107, 101, 70.

dass nur der Widmungszusatz erhalten war, der irgendwo bei
Seite gestellt worden sei, bis ihn Parys fand. Aber Basan sagt
ausdrücklich und bestimmt: „Sa Veuve et ses Enfants lui firent
ériger un Tombeau, sur lequel on lit cette Epitaphe." Diese
Erklärung eines durchaus glaubwürdigen und gewissenhaften
Schriftstellers steht gegen das Schweigen eines gewöhnlichen
namenlosen Büchermachers: sie wird hierdurch nicht erschüttert
werden können.

Nach den in vorstehendem gemachten Darlegungen wird
man wünschen müssen, sich darüber möglichst Klarheit zu
verschaffen, was denn eigentlich Parys im Jahre 1755 oder
doch um diese Zeit in der Rubenskapelle unternommen hat.

Aeusserlich hatte Parys zu dieser Unternehmung das
volle Recht, ja er wird sogar, angesichts des mit der Jakobskirche
unterm 14 März 1642 geschlossenen Vertrages, als zur Instand-
haltung der Rubenskapelle verpflichtet angesehen werden
dürfen. Denn er war nach dem Aussterben des Mannesstammes
in der That der nächste Nachkomme von Rubens. Die beiden
ältesten der fünf Kinder von Rubens und Helene Fourment
waren Klara Johanna (1632—1689) und Franz (1633—1678).
Klara heirathete Philipp van Parys († 1699); dieser Ehe
entspross ein Sohn Philipp Konstantin Joseph van Parys
(† 1729). Unter den Kindern von Franz Rubens befand
sich Katharina Franziska († 1717), die den eben genannten
Parys, ihren Vetter, heirathete. Beider Sohn ist Jan Baptist
Jakob van Parys, um den es sich hier handelt. Er war
durch Vater und Mutter, nach beiden Richtungen hin Urenkel
von Rubens. Bis zum Jahre 1752 aber stand ihm in der
Familie sein Oheim, der Bruder seiner Mutter, Alexander
Joseph Rubens voran, welcher seinerseits wieder eine van
Parys zur Frau hatte; er starb in dem genannten Jahre 1752
kinderlos.[1]) Diese verwandtschaftlichen Verhältnisse werden
sich aus folgender Zusammenstellung mit einem Blicke übersehen lassen:

.

---

[1]) Verachter, Généalogie. S. 15. 16, 25.

Peter Paul Rubens

Klara Johanna (1632—1689)	Franz Rubens (1633—1678)	
verm. mit Phil. van Parys † 1699.	verm. 1661 mit Sus. Charles † 1682.	
Phil. Konstant. Jos. van Parys † 1729.	Alex. Jos., der letzte Rubens († 1752)	Kath. Franziska († 1717).

Jan Bapt. Jakob van Parys
(† 1787.

Sofort nach dem Tode des letzten Rubens im Jahre 1752 trat nunmehr Jan Baptist Jakob van Parys als Haupt der Familie auf. Er war Lizentiat der Rechtskunde, wurde 1741 Domherr an der Jakobskirche, trat 1763 von dieser Würde zurück und starb 1787 in hohem Alter.[1]

Seine Unternehmung in der Rubenskapelle beschränkt sich nun keinesweges auf die Herstellung der Grabschrift, sondern sie erstreckt sich noch auf eine Menge anderer Gegenstände.

Betrachten wir also daraufhin 'den gegenwärtigen Zustand der Rubenskapelle, die ich zu wiederholten Malen selbst in Augenschein genommen habe.

Vor dem Eingange zur Kapelle, im Chorumgange, liegt der Deckstein zum Eingange der Gruft. Er ist aus grauem Marmor geschnitten und jetzt fast genau quadratisch. Oben sind die Schilder mit den Helmen, dem Laubwerk und den Bändern des Rubens'schen und Fourment'schen Wappens eingehauen; sie sind jedoch ziemlich stark abgetreten. Die metallenen, aufgestifteten Wappen selbst sind nicht mehr vorhanden, doch erkennt man noch die Stiftlöcher. Links befand sich das Rubens'sche, rechts das Fourment'sche Wappen. Unter diesen Wappenschildern steht die Inschrift:

D. O. M.
OSTIUM
MONUMENTI
FAMILÆ RUBENIANÆ.
R. I. P.

---

[1] Verzameling der Graf- en Gedenkschriften. II. 1. S. 66.

deren Buchstaben aus weissem Marmor in die graue Tafel
eingelegt sind. Hart unter den Buchstaben „R. I. P.", und zwar
so, dass die untern Spitzen der kreuzförmig gestalteten Punkte
zum Theil mit weggeschnitten sind, schneidet die Platte ab.
Dieser Umstand und die quadratische Form bezeugen deutlich,
dass die Tafel gewaltsam verkürzt ist, und zwar, wie man
sieht, zu dem Zwecke um einem andern grossen Grabstein
Platz zu lassen. Diese Steintafel ist vermuthlich im Jahre 1644,
jedenfalls vor dem November 1645 von dem Steinhauer Jakob
Dessenffans für den Preis von 35 Gulden geliefert und „in
die neue Kapelle gelegt" worden, also ohne Zweifel in den
Fussboden derselben. Sie ist von ihrer alten Stelle entfernt
und an ihre jetzige gebracht worden.[1] Die Entfernung musste
stattfinden, damit die Parys'schen Grabsteine dort Raum
fänden.

Denn auf dem Boden der Kapelle liegen jetzt drei grosse
Grabtafeln von grauem Marmor mit Inschriften: In der
Mitte die von Rubens selbst, inschriftlich durch Parys hergestellt. Links die von Franz Rubens, dessen Gattin und
deren Sohn Alexander Joseph, der, wie bemerkt, als letzter
Spross des Namens Rubens 1752 starb, nebst des letzteren
Gattin, ohne Zweifel gleichfalls von Parys gesetzt. Beide
Tafeln sind oberhalb der Inschrift mit den betreffenden Wappen
verziert, welche letzteren jedoch in äusserst barocken Umrahmungen sich befinden. Die Grabtafel rechts bezieht sich
auschliesslich auf die Parys'sche Familie; sie ist nach 1792
gesetzt; die Verzierungen des Wappens sind bei weitem
weniger barock.

An der Hinterseite der Kapelle steht der Altar mit dem
von Rubens selbst gemalten Altarbilde. Die eigentliche Architektur des Altars ist die alte, aber der weissmarmorne Altartisch ist neu; er wurde von Henricus Danco um 1755
gemeisselt.[2] Derselbe enthält an der Vorderseite das Wappen

---

[1] Verachter, Tombeau etc. S. 17, 29. — Th. van Lerius, Not.
des oeuvres d'art de l'église St. Jacques etc. S. 116. - Antwerpsch
Archievenblad. II. S. 146.

[2] Verzameling u. s. w. II. 1. S. 63.

von Rubens in einer höchst barocken Umrahmung, die den oben genannten beiden Umrahmungen entspricht. Eine gleiche Umrahmung umschliesst die Wappen von Rubens und Helena Fourment, welche über dem Altartische in der Höhe vom untern Rahmstücke des Altarbildes angebracht sind: auch sie sind von demselben Danco gearbeitet worden.[1] Unter diesem letzteren barocken Wappenschilde befindet sich nun die Tafel mit der alten Widmung:

DOMINA HELENA FORMENTIA VIDUA,
AC LIBERI, SACELLUM HOC, ARAMQUE AC
TABULAM, DEIPARAE CULTUI CONSECRATU',
MEMORIAE RUBENIANAE L. M. PONI
DEDICARIQUE CURARUNT.

Es ist eine weisse Marmortafel mit schwarzen Buchstaben, doch wurde sie in eine barocke Gestalt zurecht geschnitten und mit einem falzartigen Rande versehen: auch wurden, da sie die Breite des Altars nicht hatte, rechts und links glatte marmorne Füllstücke angesetzt und durch ein schmales barockes Rahmwerk mit der Tafel zu einem Ganzen verbunden.

Rechts von dem Altare und dem diesen zunächst stehenden Fenster hängt an der Wand das marmorne Gedenkstück von Albrecht Rubens und dessen Gattin, so wie es einst von Artus Quellin dem älteren gearbeitet worden war. Ein reich verziertes Rahmstück im Style der Zeit um 1660 enthält die von Gevaerts verfasste Grabschrift und die Wappen der beiden Eheleute.[2]

Es zeigt sich also hier ein Thatbestand, aus dem hervorgeht, dass Parys sogleich nach dem Tode des letzten Rubens sehr einschneidende Ausführungen in der Rubenskapelle vorgenommen hat; dieselben geben sich schon bei oberflächlicher Betrachtung durch ihre äusserst barocken Verzierungen als Arbeiten aus der Mitte des achtzehnten Jahrhunderts zu erkennen. Das, in Bezug auf die vorliegende Untersuchung

---

[1] Verzameling u. s. w. II. 1. S. 63. Die Wappen mit den Verzierungen sind auch abgebildet in der Vlaamschen school 1863 S. 141 ff.

[2] Verzameling etc. II. 1. S. 67.

Auffallendste hierbei ist die alte Widmungstafel, wie sie inmitten der barocken Zuthaten sonderbar über dem Altare angebracht ist. An welcher Stelle hat sich dieselbe ehedem befunden? Und wo ist der übrige Theil der ursprünglichen Grabschrift geblieben?

Dies sind allerdings Fragen, die bei dem gegenwärtigen Stande der Dinge nicht beantwortet werden können. Vermuthungen und Wahrscheinlichkeiten liessen sich freilich andeuten, aber sie haben zu wenig thatsächlichen Halt und liessen sich leicht anfechten. Die Annahme einer durch Unglück oder Gewalt herbeigeführten Zertrümmerung würde wohl am nächsten liegen, doch auch hier lassen sich Bedenken erheben. Nur dies Eine scheint sicher zu sein, dass die Grabschrift mit dem Widmungszusatz sich ehedem nicht auf einer am Fussboden liegenden Steinplatte — eine solche mit den Wappen befand sich dort -- sondern auf einem an der Wand aufgehängten Gedenkstück befunden habe.

Hierfür spricht die Gewohnheit des sechszehnten und siebzehnten Jahrhunderts, die auf der Einrichtung solcher Familiengrüfte beruht: in dem Gruftkeller stehen die Särge, oben in der Kapelle stehen oder hängen die Grabmäler, Gedenkstücke und Grabschriften; es wäre unmöglich über jedem Sarge einen Grabstein mit Inschrift in den Fussboden zu legen. Hierfür spricht insbesondere auch das dem Andenken von Albrecht Rubens und dessen Gattin gesetzte Grabmal. Ferner deutet der von de Piles und Basan gebrauchte Ausdruck „épitaphe," im Sinne des siebzehnten Jahrhunderts aufgefasst, auf diese Form hin. Endlich aber hatte die Familie in dem mit der Jakobskirche unterm 14 März 1642 abgeschlossenen, bereits erwähnten Vertrage, auf den wir weiter unten noch näher eingehen, das Recht erworben, in der Kapelle und an den nach dem Chorumgang stehenden Pfeilern „Epitaphien, Schildereien oder Bildwerke nach ihrem Belieben aufzustellen und aufzuhängen."[1] Man hatte also 1642 ausschliesslich die Absicht, Epitaphien, also Grabmäler oder Gedenkstücke, an den Wänden oder Pfeilern der Kapelle aufzustellen oder auf-

---

[1] Verachter, Tombeau. S. 5.

zuhängen, und dachte nicht entfernt daran, „Epitaphien" auch in den Fussboden zu legen. Wo aber ist nun das alte Epitaph von Rubens, das die Wittwe und die Kinder haben setzen lassen, geblieben?

Wir stellen dieser Frage eine zweite zur Seite: wo ist der alte Altartisch, der vor 1755 in der Rubenskapelle stand, geblieben?

Soll auf ihn auch etwa das „a posteris huc usque neglectum" angewendet werden? Wir wissen, dass sich die Familie verpflichtet hatte, einen Altar in dieser Kapelle zu errichten, wir wissen, dass Rubens ein jährliches Todtenamt für sich selbst verordnet hatte und dass dasselbe nach Herrichtung seiner Kapelle in dieser selbst gefeiert wurde.[1] Wir wissen auch, dass am 28 September 1650 dem Marmorarbeiter Cornelis van Mildert ein Stein übergeben wurde, den er zur Tafel für diesen Altar bearbeiten sollte.[2] Wir wissen endlich, dass schon die Gattin von Albrecht Rubens, die wenige Wochen nach ihrem Manne im November 1657 starb, eine tägliche Messe in dieser Kapelle gestiftet hatte. Und da dies letztere doch einen ordnungsmässig eingerichteten Altar voraussetzt, so steht hierdurch fest, dass der Altar bereits vor 1657 sich in der Kapelle befand. Dass diese ordnungsmässige Einrichtung aber auch bis auf Parys fortbestand, geht daraus hervor, dass noch Alexander Joseph, der letzte Rubens, in seinem unterm 17 Juli 1751 eigenhändig geschriebenen Testamente eine weitere tägliche Messe in dieser Kapelle, und zwar für die Stunde um 11 Uhr Vormittags, stiftete.[3] Der letzte Rubens hat also den 1751 in der Familienkapelle befindlichen alten Altar noch für durchaus angemessen und würdig erachtet. Diesen alten von den Angehörigen des grossen Meisters hergestellten Altartisch hat Parys ehestens nach dem Tode des letzten Rubens entfernt und ihn durch die barocke Danco'

---

[1] Verachter, Tombeau. S. 8.
[2] Th. van Lerius, Notice des oeuvres d'art de l'église St. Jacques etc. S. 117.
[3] Verachter, Généal. S. 13, 16. — Verzameling etc. II. 1. S. 67. 65.

15*

sche Arbeit ersetzt. Wo ist der alte Altar geblieben?
Wo ist die alte Grabschrift geblieben?

Indem man diese Fragen aufwirft, wird man an einen
sehr merkwürdigen und auffälligen Umstand erinnert. Als
nämlich am 23 October 1855 der Rubens'sche Gruftkeller
geöffnet und untersucht wurde, waren die dort befindlichen
Särge — etwa 20 an der Zahl — offen; die Deckel waren
theils ehedem weggenommen und befanden sich neben den
Särgen, theils waren sie vor Alter zusammengefallen. Die
Gruft war also vor 1855 bereits betreten, und mit den Särgen
war in einer gewaltsamen Weise umgegangen worden.[1]) Wo
solche Dinge geschehen sind, kann auch ein alter Grabstein
und ein alter Altartisch verschwinden.

Doch wie dem auch sei, dem Parys'schen Verfahren ist
der Vorwurf einer gewissen ungehörigen Eigenmächtigkeit,
eines gewissen Mangels an der schuldigen Achtung vor den
Einrichtungen seiner Vorfahren nicht zu ersparen. Mag Parys
immerhin durch gewisse Vorurtheile des Geschmacks und die
Absicht einer vermeintlichen Verschönerung geleitet worden
sein, so wird die eigentliche Triebfeder seines Handelns doch
wohl nur in seiner persönlichen Eitelkeit zu finden sein. Diese
verblendete ihn so, dass er gegen die Angehörigen und älteren
Nachkommen von Rubens einen Vorwurf aussprach, der thatsächlich unwahr ist, der aber einen sehr wirkungsvollen
Gegensatz gegen das, was er von sich selbst sagt, bildet. Dass
er durch jenen Vorwurf in das Fleisch der eigenen Familie
schnitt, dass er die Ehre seiner Mutter, seines Grossvaters,
seiner Grossmutter väterlicherseits, seines Oheims, seiner
Urgrossmutter, der Wittwe des grossen Meisters selbst, und
der Kinder des letzteren zu nahe trat: das war ihm gleichgültig. Er prahlte: Hier seht und lest! Was bis heute die
Familie nachlässigerweise unterlassen hatte, ich habe es nach
dem Erlöschen des Rubens'schen Mannsstammes machen

---

[1] Bericht von Michel Verzwyvelt im „Journ. d. beaux arts"
1877. S. 122. — S. auch die „Vlaam. school" v. 1866 S. 123 und
den Messager des sciences historiques etc. 1855 S. 510,1 u. 1856
S. 105—116.

lassen, ich der ehrwürdige Jan Baptist Jakob van Parys, dieser erlauchten Kirche Domherr, durch Mutter und Grossmutter ein Nachkomme von Rubens. Parys hatte einen glänzenden Erfolg. Ueber hundert Jahre hat man ihm buchstäblich geglaubt, Viele haben ihm sein edles Handeln gedankt. Manche haben auch auf sein Zeugniss hin Tadel und Vorwürfe gegen die Wittwe und die Kinder von Rubens erhoben.

Es mag im Zusammenhange dieser Darstellung von Werth erscheinen, einen näheren Blick auf das Verhalten der Rubens'schen Familie ihrem abgeschiedenen Haupte gegenüber zu werfen. In das Innere der Herzen zu sehen und zu prüfen, wie schwer die Hinterbliebenen an dem Verluste des Gatten und Vaters trugen, ist uns freilich nicht vergönnt. Aber wir kennen urkundlich eine grosse Menge von Handlungen, die dafür Zeugniss ablegen, dass die Familie sich ihrer Pflichten gegen den grossen Todten voll bewusst war, und dass sie dieselben durchaus ehrenvoll und mit Aufwendung erheblicher Kosten erfüllt hat.

Als Rubens vier Tage vor seinem Tode seinen letzten Willen erklärte und verfügte, dass sein Leib in der Jakobskirche bestattet werden solle, ward er von Seiten der Familie wie vom Notar befragt, ob er wolle, dass daselbst zu seinem Gedächtniss eine besondere Kapelle gebaut werden solle. Er antwortete: „dass, wenn die Wittwe, die volljährigen Söhne und die Vormünder der minderjährigen Kinder fänden, dass er solches Gedenkniss sollte verdient haben, sie die Kapelle sollten bauen lassen"; für diesen Fall sollten sie von seinem Gemälde der „Maria mit Heiligen" und der marmornen Madonna Gebrauch machen.[1]

Im März 1641, also etwa dreiviertel Jahr nach Rubens Tode, nachdem der erste Wirrwar vorüber und auch die Entbindung der Wittwe, am 3 Februar, erfolgt war, traten die von dem Verstorbenen bezeichneten Personen zusammen. Sie wünschten, dass hinter dem Hochaltare und dem Chorumgange die Kapelle für den grossen Meister erbaut würde,

---

[1] Génard, Aanteekeningen etc. S. 29.

und sie leiteten demgemäss mit der Verwaltung der Kirche
Verhandlungen ein. Diese letzteren führten auch am 21 November zu bestimmten Verabredungen. Nun war die Ge-
nehmigung des Stadtrathes und die des Bischoffs einzuholen.
Erstere erfolgte bereits am 16 Dezember, letztere erging jedoch
erst unterm 6 März 1642. Bereits am 14 desselben Monats
wurde der Vertrag mit der Kirche abgeschlossen und vollzogen. Der Vertrag verpflichtete die Kirche, den Bau und
die bauliche Unterhaltung der Kapelle gegen Zahlung von
5000 Gulden zu übernehmen, die Familie aber verpflichtete er,
in der Kapelle einen marmornen Altar und ein marmornes
Gitter, sowie auch die Verglasung der Fenster und unter der
Kapelle den Gruftkeller herzustellen. Die Kapelle ward Eigenthum der Familie für alle Zeiten. Die Kirchenmeister von
St. Jakob erklärten amtlich, sie „fänden diesen Vertrag zum
grossen Vortheile der Kirche und sehr gerathen auszuführen."[1]
Und dann sehe man doch das prachtvolle Marmorgitter, welches
die Kapelle abschliesst, man sehe den prachtvollen Marmor-
altar und urtheile, ob die Familie nicht ihre Schuldigkeit gethan hat.

Bis wann die innere Einrichtung der Kapelle vollendet
war, weiss man nicht. Der Bau selbst, so wie auch die Gruft
waren bis zum November 1643 beendigt. Der Leichnam von
Rubens konnte aus der Fourment'schen Gruft. wo er am
2 Juni 1640 vorläufig beigesetzt worden war, in die neue
übertragen werden. Die bis zu diesem Zeitpunkte aus Anlass
des Todes, der Bestattung und des Baues der Kapelle seitens
der Wittwe für die Nachlassmasse gemachten Ausgaben sind
genau verzeichnet und uns erhalten; sie belaufen sich auf
11,000 bis 12,000 Gulden.[2] Die Kosten der inneren Einrichtung
der Kapelle sind nicht bekannt: sie dürften ebenfalls mehrere
Tausend Gulden betragen haben. Lässt man die Ausgaben
für die Leichenfeierlichkeiten sammt den Leichenschmäusen
und Seelenmessen, für die Trauerkleider der Dienerschaft. für

---

[1] Verachter, Tombeau. S. 12—15. — Antwerpsch Archievenblad. II. S. 169 u. 170.
[2] Verachter. Tombeau. S. 25—29.

Geschenke und Almosen oder sonst vorübergehende Zwecke ausser Acht, so wird man immerhin einen Betrag von mindestens 10,000 Gulden annehmen müssen, den die Familie auf die Herstellung der Kapelle zum Andenken von Rubens verwendet hat.

Hat es angesichts eines solchen, für die damalige Zeit bedeutenden Betrages und angesichts der prachtvollen Ausstattung von Altar und Gitter auch nur die Spur einer Wahrscheinlichkeit, dass eine Familie, die so gehandelt hat, es nachlässigerweise verabsäumt haben solle, die Grabschrift, deren Text sie besass, ausführen und setzen zu lassen. Von irgend einer Nachlässigkeit der Familie ist in dieser ganzen Angelegenheit nichts zu entdecken, und die Kosten einer Grabschrift konnten doch jenem Betrage gegenüber schlechterdings gar nicht ins Gewicht fallen. Und wenn doch: wo kommt denn der Widmungszusatz dieser selben Grabschrift her, der erhalten ist und den Parys über dem Altartische hat anbringen lassen? Wo haben de Piles und Basan ihre Nachrichten her?

Und noch eins. Wenn Gevaerts (1593—1666), woran nicht zu zweifeln, den Text der Grabschrift verfasst hat, so muss man doch erwägen, dass er der Familie unausgesetzt nahe befreundet blieb, und dass er nach dem Tode von Albrecht Rubens im Jahre 1657 auch die Grabschrift für dessen Gedenkstück, welches letztere erhalten ist, verfasst hat.[1] Man würde nicht begreifen können, dass Gevaerts, wenn die Grabschrift nicht gesetzt worden wäre, die Sache nicht angeregt hätte, und dass er namentlich bei Gelegenheit des Albrecht'schen Grabmals nicht sollte an eine etwaige Verabsäumung in Bezug auf das Gedenkmal für Rubens selbst erinnert haben.

Allerdings darf nicht verschwiegen werden, dass gerade während des Baues der Kapelle Zwistigkeiten innerhalb der Familie, die bis dahin die vollste und freundlichste Einigkeit bewahrt hatte, aufstiegen.[2] Allein diese Zwistigkeiten hatten keine Dauer und sie haben auf den Bau und die Ausstattung

---

[1] Verzameling etc. II. 1. S. 67.
[2] Génard, Aanteekeningen. S. 74.

keinen störenden Einfluss üben können. Unterm 13 Januar
1643 erhoben nämlich Albrecht und Nikolaus Rubens.
die Söhne erster Ehe, vor dem Rathe von Brabant gewisse
Ansprüche an die Nachlassmasse. Daraufhin erklärten unterm
24 Januar die übrigen Erben, nämlich Helene Rubens
und die Kinder zweiter Ehe, vertreten durch ihre Vormünder,
deren einer, wie bemerkt, Philipp Rubens. der Vetter von
Albrecht und Nikolaus, war, dass hierin eine offenbare Verletzung des letzten Willens von Rubens läge, der ausdrücklich
liebevolle (minnelycke Ausgleiche unter bestimmtem Aus-
schlusse des Rechtsweges verordnet habe. und dass sie demnach, auf weitere Bestimmungen des Testamentes sich beziehend,
die Praelegate, welche den Brüdern Albrecht und Nikolaus
vermacht waren, als verfallen ansähen. An demselben Tage
bestellten sie den G. Gerardi als ihren Anwalt.[1]

Aber die Sache sah schlimmer aus, als sie sich gestaltete.
Die Beziehungen zwischen beiden Theilen blieben im Fluss,
wie dies insbesondere daraus hervorgeht, das Nikolaus
Rubens am 29 Mai 1643 seinen Erbantheil — es war der
vierte Theil des Ganzen — an neun verschiedenen Stücken
von Gütern und Renten an seine Stiefmutter verkaufte, und
dass diese ihm dafür am 1 Juli den Betrag von 17,500 Gulden
zahlte.[2] Ohne Zweifel ist in diesem Geschäft, da sie zu dem-

---

[1] Génard, Aanteekn. S. 76—78.
[2] Génard, Aanteekn. S. 81. — Génard fasst die Zahlung dieser
17,500 Gulden als einen Vorschuss auf, aber in der von ihm selbst
mitgetheilten Urkunde heisst es ausdrücklich: Nikolaus Rubens
bekennt von Frau Helena Fourment, seiner Stiefmutter, 17,500 Gulden empfangen zu haben, „over den coop van syn vierde part
van negen differente parceelen van erffgoeden ende renten die hy,
comparant, op den 29 dach der maent van Meye lestleden voor
Schepenen deser stadt haer vercocht ende getransporteert
heeft etc." Die 17,500 Gulden waren also nicht Vorschuss, sondern
Kaufgeld. Nikolaus verwendete das Geld, um die Herrschaft
Rameyen zu kaufen. — Ueber diese Herrschaft Rameyen giebt
L. Galesloot in seiner Abhandlung „Quelques renseignements con-
cernant la famille de P. P. Rubens" (Annales de l'académie
d'archéologie de Belgique. 2e série. Bd. III. S. 348 ff.) geschichtliche Mittheilungen.

selben in keinem Falle verpflichtet sein konnte, eine Gefällig-
keit der Frau Helene zu erkennen, und es scheint danach,
dass überhaupt ein ernstlicher, jedenfalls kein dauernder Bruch
zwischen ihr und ihren Stiefsöhnen erfolgt war.

Was Albrecht und Nikolaus veranlasst hatte, ihre vermeintlichen Ansprüche vor den Rath von Brabant zu bringen,
lässt sich nicht erkennen. Glücklicherweise wurde die Sache
durch „minniglichen" Vergleich beendigt und damit auch dem
letzten Willen von Rubens selbst entsprochen. Den Anlass
hierzu bot, allem Anschein nach, die neue Heirath, die Frau
Helene einging. Unterm 11 Juli 1645 stellten Albrecht und
Nikolaus ihren Vetter Philipp eine Vollmacht zum Abschluss
dieses Vergleiches aus.[1]) Dass sie Philipp, den Vormund ihrer
Stiefgeschwister, hierzu wählten, beweist, dass sie wünschten,
die Angelegenheiten sollten in Gerechtigkeit und Freundlich-
keit erledigt werden.

Bald darauf muss die Verheirathung erfolgt sein, denn in
dem Ausgleichsvertrage, der am 28 August vollzogen wurde,
erscheint Frau Helene bereits als Gattin des J. B. van Broeckhoven, Herrn van Bercheyke.[2])

Im weiteren Verfolg dieses Vergleiches fand dann am
9 April des folgenden Jahres, 1646, die Vertheilung des
Nachlasses selbst statt.[3])

Damit war der endliche und völlige Ausgleich vollzogen,
und es war die Wetterwolke, welche die Familie zu ver-
uneinigen drohte, beseitigt. Alles war zu allseitiger Befriedigung geordnet. Durchweg treten die Betheiligten als ernste,
wohldenkende und anständige Menschen uns entgegen. insbesondere lässt sich nicht das Geringste ermitteln, welches ein
ungünstiges Licht auf Helene Rubens in ihrer Haltung
gegenüber dem Andenken ihres Gatten, gegenüber der Familie
werfen könnte. In diesem Verhalten wurde sie von ihrem
neuen Gatten völlig unterstützt. Denn, was insbesondere die
Kapelle angeht. so war es Broeckhoven selbst, der im Ein-

---

[1]) Génard, Aanteek. S. 85.
[2]) Génard, Aanteek. S. 87 ff.
[3]) Das. S. 93 ff.

verständniss mit Philipp Rubens am 28 September 1650 den
oben erwähnten, für den Altartisch bestimmten Stein an Cornelis van Mildert, den Werkmeister, welcher die Marmor-
architektur des Altars bereits geliefert hatte, übergeben liess.[1])

Diese Leute, Frau Helene Rubens im Verein mit
ihren Stiefsöhnen Albrecht und Nikolaus, wie mit den
beiden Vormündern ihrer eigenen Kinder, deren einer Philipp
der Neffe des Meisters selbst war, und zum Theil auch unter
Beihilfe ihres zweiten Gatten: sie waren es, welche die Kapelle
dem Gedächtniss des grossen Todten erbaut, welche darin den
kostbaren Altar und das reiche Prachtgitter errichtet hatten.
Hat es, ich werfe die Frage noch einmal auf, auch nur den
leisesten Schimmer einer Wahrscheinlichkeit, dass diese Frau
und diese Männer verabsäumt haben sollten, den Grabstein in
die Kapelle stellen oder hängen zu lassen? Und wo käme
dann das erhaltene Stück der Grabschrift her? Wo hätten
de Piles und Basan ihre Nachrichten her? —

Das Endurtheil in der ganzen Sache ergiebt sich von
selbst.

Die Parys'sche Behauptung „a posteris huc usque
neglectum" ist thatsächlich unwahr.

Die Familie hatte ein Gedenkstück mit der von Gevaerts
verfassten Grabschrift, deren Text durch de Piles und Basan
überliefert ist, aufstellen oder aufhängen lassen.

Der Widmungszusatz dieser Grabschrift ist noch erhalten und von Parys bei den umfassenden Umgestaltungen
in der Rubenskapelle über dem neuen Altar angebracht worden.

Wo der übrige Theil der Grabschrift, wo der alte
Altar geblieben sind, wissen wir nicht.

---

[1]) Th. van Lerius, Notice des oeuvres d'art de l'église St. Jacques
etc. S. 117.

3. Der Lebensabriss.

Nach R. de Piles.

Roger de Piles (1635—1709 [1]), jener ausgezeichnete Kunstschriftsteller, der sich mit lebhafter und dauernder Begeisterung zu Rubens hingezogen fühlte, veröffentlichte im Jahre 1677 ein Buch „Conversations sur la connoissance de la Peinture et sur le jugement, qu'on doit faire des Tableaux, où par occasion il est parlé de la Vie de Rubens et de quelques uns de ses plus beaux ouvrages."[2] Im Jahre 1681 liess er eine „Dissertation sur les ouvrages des plus fameux peintres" erscheinen, und auch diesem Buche hing er die „Vie de Rubens" an. Ich habe leider die „Conversations" von 1677 nie gesehen, vermuthe aber, dass die in denselben befindliche „Vie de Rubens" und die den „Dissertations" von 1681 angehängte ein und derselbe Druck sind. Beide Bücher sind in den „Recueil de divers ouvrages sur la peinture et le coloris, par M. de Piles" (Paris 1755) vollständig sammt der „Vie de Rubens" aufgenommen worden.

Ohne Zweifel wurde von R. de Piles dieser Lebensgeschichte des grossen Künstlers eine besondere Bedeutung bei-

---

[1] Einen Abriss vom Leben R. de Piles ist der zweiten Ausgabe seines „Abregé de la vie des peintres" Paris 1715 vorangestellt.

[2] Herr Ruelens sprach auf dem kunstwissenschaftlichen Kongresse zu Antwerpen 1877 auch von einer Ausgabe von 1676, die er selbst jedoch noch niemals zu Gesichte habe bekommen können. Compte-rendu du congrès artist. etc. Antwerpen 1878. S. 388). Ich finde jedoch hinsichtlich dieser Ausgabe sonst keinerlei Aufklärung.

gelegt. Er sagt in der „Vie de Rubens" vorweg: „Ich
berichte hier über die Dinge, die Rubens betreffen, die Wahrheit. Mit Sorgfalt bin ich bedacht gewesen, mich aufs genaueste
über dieselben zu unterrichten, und ich werde sie erzählen,
mit wenig Worten, und mit voller Treue." Die Art und
Weise wie de Piles verfahren, um sich in den Besitz wahrer
und sicherer Nachrichten zu setzen, wird im Vorbericht des
„Recueil" bezeichnet: „De Piles hatte besondere Nachforschungen bei den Verwandten und Freunden von Rubens in
Flandern gemacht, welche ihm auch verschiedene Denkschriften
geschickt hatten, er hat von diesen Denkschriften in diesem
Abrisse vom Leben des grossen Mannes Gebrauch gemacht
und er ist denselben mit aller nur möglichen Genauigkeit
gefolgt." Die Quelle von de Piles ist also die Familie und
der Freundeskreis von Rubens selbst, wie das auch ausdrücklich
noch von de Piles selbst angedeutet wird, an der Stelle wo er
von Rubens Briefwechsel spricht und wo er sagt, dass man
die betreffenden Briefe „unter Rubens Papieren gefunden habe"
und dass dieselben „sich noch heute (1676) in den Händen der
Erben befinden."

Wir sind so glücklich, von der andern Seite, von der
Seite der Rubens'schen Familie selbst, eine Bestätigung
dieser Angaben zu besitzen. Auf der burgundischen Bibliothek
zu Brüssel wird nämlich eine Sammelhandschrift aufbewahrt,
die aus 19 Foliobänden besteht und den Titel führt: „Recueil
de pièces authentiques tant sur P. P. Rubens et ses
ouvrages, que sur d'autres artistes de l'école Flamande;" hinzugefügt ist die Jahreszahl 1771 und der Vermerk „écrit de
la main de M. François Mols."[1] In dieser Mols'schen
Sammelhandschrift, deren theilweise Einsicht mir durch das
freundliche Entgegenkommen des Herrn Bibliothekar Ruelens
ermöglicht wurde, befindet sich die Abschrift eines Briefes von

---

[1] Von dieser Handschrift berichtet auch Herr Ruelens selbst
auf dem kunstwissenschaftlichen Kongresse zu Antwerpen 1877
(Compte-rendu du congrès art. etc. S. 366 ff. u. 430 fl.). Einiges
nähere findet man in der „Chronique des arts" 1877. S. 345/6.

Philipp Rubens, des Meisters Neffen 1611—1678)[1]), dessen Inhalt hier von grosser Wichtigkeit ist.

Philipp Rubens, Schöffe und Stadtschreiber zu Antwerpen, war Vormund der minderjährigen Kinder von Rubens und Helene Fourment, sowie er auch von den volljährigen Söhnen Albrecht und Nikolaus mit Vollmacht in Bezug auf die Nachlassangelegenheiten versehen worden war.[2]) Wenn also irgend Jemand den Quellen nahe stand, so war er es. Philipp schrieb nun aus Antwerpen am 11 Februar 1676 an Picard in Paris, den Gehülfen Roger de Piles, unzweifelhaft in Folge einer an ihn gerichteten Aufforderung. In diesem Briefe kommt folgende Stelle, die sich nach dem Vorangehenden auf eine Lebensbeschreibung von Rubens bezieht, vor: „... je lui envoye donc cet abrégé que j'ai tiré et dressé des mémoires que son fils aisné en a laissé." De Piles war also in den Besitz eines Lebensabrisses von Rubens gelangt, welchen Philipp Rubens, des Meisters Neffe, nach den Aufzeichnungen von dessen ältestem Sohne Albrecht, zusammengestellt hatte. Dies also ist die Quelle der „Vie de Rubens." Und nachdem R. de Piles diese Vie de Rubens hatte drucken lassen, schickte er zwei Exemplare derselben an Philipp Rubens mit der Bitte „d'en dire franchement sa pensée, afin qu'à la seconde édition je puisse reformer ce qui ne sera bien;" worauf Philipp erklärt: „je trouve votre livre fort exact, n'ayant rien à corriger que seulement quelques fautes," die sich auf einzelne untergeordnete Punkte bezogen.

Philipp Rubens bestätigte also noch besonders und ausdrücklich die Genauigkeit und Zuverlässigkeit der gedruckt bei R. de Piles vorliegenden Vie de Rubens.

Durch diesen Einblick in die Entstehungsgeschichte der Schrift, gewinnt dieselbe eine urkundliche Bedeutung.

R. de Piles war aber nicht der erste und nicht der einzige Schriftsteller, der sich an die Familie gewandt hatte, um Nach-

---

[1]) Verachter, Généalogie etc. S. 11.
[2]) Génard, Aanteekeningen. S. 38, 76—80, 85, 93 ff. — Verachter, Tombeau de Rubens. S, 13. u. a. a. O. Vergleiche hier auch S. 233.

richten über Rubens zu erhalten. Schon Bellori hatte dies
ohne Zweifel gethan. Giovanni Pietro Bellori sagt im
Vorwort seiner zuerst 1672 zu Rom erschienenen „Vite de'
pittori, scultori ed architetti moderni," dass er die Meister, deren
Leben er beschreibt, selbst genau gekannt und dass er in Bezug auf die ..Andern neuerlichst Denkschriften von denen erhalten habe, die mit ihnen umgegangen seien;" oder wörtlich
im Original: „e de gli altri hò hauuto recenti le memorie da
quelli che con essi hanno conuersato." Nun finden sich im
Texte der Lebensbeschreibung des Rubens eine Anzahl Stellen,
die zum Theil wörtlich, zum Theil dem Sinne nach genau mit
Stellen bei de Piles übereinstimmen, woraus mit Nothwendigkeit geschlossen werden muss, dass Bellori neben andern
Quellen, die er benutzte, auch aus derselben Quelle schöpfte
wie nach ihm de Piles. Um dies ordnungsmässig nachzuweisen,
stelle ich hier einige jener Stellen einander gegenüber. Die
beigesetzten Ziffern sind die entsprechenden Seitenzahlen der
ersten Ausgabe von Bellori und der Ausgabe des de Piles von
1681; die bei den Stellen aus Bellori in Klammern gesetzte
zweite Ziffer bezieht sich auf die zweite Ausgabe des Werkes
von 1728, welche ziemlich verbreitet ist, während die erste zu
den Seltenheiten gehört.

Bellori.	De Piles.
222 (131). Nè potendo altri-mente far resistenza alla sua forte inclinatione.	4 . . . ne pouvant plus re-sister au mouvement pressant de son génie . . .
222 3 (132), onde tornato a Roma dipinse nella Chiesa nuoua de' Padri dell' Oratorio, il quadro del maggiore altare con gli Angeli che adorano la Vergine, e ne i lati del coro gli altri due quadri grandi con alcuni Santi in piedi, tra li quali sono bellissime figure San Gregorio Papa, e San Mauro martire in habito mili-	9. il retourna à Rome, où il fut choisi pour faire les prin-cipaux Tableaux de l'Eglise neuve des Péres de l'Oratoire, qui venoit d'estre achevée; l'un est au grand Autel, et les deux autres aux costez. Il a peint dans celuy du milieu la Vierge, qui tient l'Enfant Jesus, des Anges tout autour en diffé-rentes actions d'adorer. Les

tare eseguite con l'intentione
di Paolo Veronese. La prima
inuentione di questa opera si
trouà nella Badia di San
Michele di Anuersa, doue la
trasportò il Rubens nel suo
ritorno in Fiandra.

Tableaux qui sont aux costez
répresentent plusieurs Saints de
bout. et entr'autres saint Gré-
goire Pape. et saint Maurice en
habit de soldat: ces Figures
sont . . . peintes dans le goust
de Paul Veronése: Les esquisses
de ces trois Tableaux sont au
jourd'huy dans l'Abbaye de
saint Michel d'Anvers, où
Rubens les porta lors qu'il
s'en retourna en Flandre.

244/5 (148). Onde nel Parla-
mento toltasi la spada dal
fianco, la porse à lui, e frà li
doni gli diede vn diamante,
che il Rè ancora si leuò di
dito, aggiuntoui vn cintiglio di
altri diamanti al valore di dieci
mila scudi.

21 . . . et tira en plein Par-
lement l'épée qu'il avoit à son
costé pour la donner à Rubens,
au quel il fit encore present
d'un riche diamant qu'il osta
de son doigt. et d'un cordon
aussi de Diamans de la valeur
de dix mille écus.

245 (148) . . . il Rè lo fece
gentilhuomo della sua camera,
con l'honore della chiaue d'oro,
ed hauendo fatto li ritratti del
Rè, e della Regina etc.

21 2. Le Roy le fit un des
Gentils-hommes de sa Chambre,
et l'honora de la Clef d'or: et
après avoir fait les Portraits de
la famille Royale etc.

245 (148) . . . e fabbricò
nella sua casa in Anuersa vna
stanza rotonda con vn solo
occhio in cima à similitudine
della Rotonda di Roma per la
perfettione del lume vguale etc.

13 . . . il a fait bastir une
sale de forme ronde comme le
Temple du Panteon qui est à
Rome, et dont le jour n'entre
que par le haut et par une
seule ouverture etc.

245 (148) . . . non passando
forestiere alcuno in Anuersa
che non vedesse il suo Gabi-
netto e molto più lui etc. . . .
Sigismondo Principe di Polo-
nia . . . Presa Bredà l'Infanta

33/4 . . . il ne passoit point
d'étranger par la Ville d'Anvers . . . qui n'allast chez luy,
autant pour sa personne que
pour voir son cabinet . . .
Le Prince Sigismond de Pologne

Isabella col Marchese Spinola .... si trasferirono a casa sua etc.

entr'autres, et l'Infante Isabelle, luy firent cét honneur en revenant du siége de Breda.

245 (148) . . . vendè tutto il suo studio al Duca di Buchingan cento mila fiorini, e per non attristarsi nella perdita di quelle cose, che gli erano carissime, formò le statue di gesso, e le ripose ne' luoghi de gli originali.

17/18. . . . luy offrir cent mille florins . . . . . pour se consoler de n'avoir plus son cabinet, où il avoit mis toujours ses affections . . . il feroit mouler les figures de marbre dont il se privoit, et qu'il rempliroit ainsi les mesmes places qu'occupoient les Originaux.

247 (149) . . . essendosi veduto vn libro di sua mano, in cui si contengono osseruationi di ottica, simmetria, proportioni, anatomia, architettura, ed vna ricerca de' principali affetti, ed attioni cauati da descrittioni di Poeti, con le dimostrationi de' pittori. Vi sono battaglie, naufragi, giuochi, amori, ed altre passioni ed auuenimenti, . . .

36. J'en ay veu un Livre de sa main . . . Il y avoit des observations sur l'Optique, sur les lumières et les ombres, sur les proportions, sur l'Anatomie, et sur l'Architecture, avec une recherche très curieuse des principales passions de l'ame, et des actions tirées de quelques descriptions qu'en ont fait les Poëtes, avec des démonstrations à la plume d'aprés les meilleurs Maistres . . . Il y a des batailles, des tempestes, des jeux, des amours, . . . et d'autres semblables passions et événemens . . .

Diese und andere Stellen, die ich glaube nicht weiter anführen zu brauchen, da schon so das Verhältniss ganz klar erscheint, bezeugen, dass Bellori in Bezug auf Rubens „Denkschriften von denen erhalten hatte, die mit dem grossen Meister umgegangen waren". Und dass diese Personen, nach dem Gesagten, nur dem Rubens'schen Familienkreise angehört haben konnten, ist zweifellos. So mag denn auch manches Andere noch in seinem Aufsatze enthalten sein, das derselben Quelle entstammt und das er selbständiger verarbeitete, während er allerdings augenfällig auch andere Quellen benutzte und hinsichtlich der Kunstwerke sehr vieles der eignen Anschauung und dem eignen Urtheil verdankte.

Gänzlich unhaltbar erscheint mir die Annahme, dass de Piles in Bezug auf die bezüglichen Stellen Bellori selbst als Quelle benutzt habe, denn ihm stand ja die viel bessere Quelle der Familienpapiere selbst zur Verfügung. Wer jedoch von der letzteren Thatsache keine Kenntniss hat, muss nothwendig zu jener Annahme gelangen. So meint z. B. Ph. de Chennevières-Pointel, der die Uebereinstimmung in Bezug auf die zuletzt angeführte, von dem Studienbuche[1] handelnde Stelle bemerkt hatte, dass de Piles es mache „comme tout le monde et traduit l'italien avec un peu de paraphrases."[2] Diese Auffassung ist nach der ganzen klaren Sachlage aber eine durchaus irrige.

Ich muss hier nun weiter auf die „Vita Petri Pauli Rubenii," welche Reiffenberg herausgegeben[3] und die seither die Geltung einer zweifellosen Urkunde genossen hat, sowie auf deren Verhältniss zur Vie de Rubens eingehen. Das Ansehen der Vita ist ein vollkommen eingebürgertes. Sie wird bis heute noch, auch von Denjenigen, welche eingehendere Rubensforschungen treiben, als diejenige Arbeit angesehen, welche Philipp Rubens an de Piles schickte und auf die sich die oben (S. 237.) mitgetheilte Stelle des Briefes vom 11 Februar 1676 bezieht, obwohl ein sachlicher Zusammenhang da nicht abzusehen ist. De Piles empfing 1676 die Arbeit von Philipp Rubens, ein Jahr darauf liess er die „Vie de Rubens" erscheinen; die „Vita" kam erst 1835 ans Licht und ist rückwärts nur bis

[1] Vergl. hier weiter unten S. 264.
[2] Recherches sur la vie et les ouvrages de quelques peintres provinciaux etc. III. Paris 1854. Anmerkung auf S. 225/9.
[3] Im X Bande der Abhandlungen der Akademie zu Brüssel (Mémoires des membres), 1835: „Nouvelles recherches sur P. P. Rubens etc. — Friedrich Freiherr von Reiffenberg starb 1850, 55 Jahre alt. — Seine Lebensbeschreibung findet sich im „Annuaire de l'académie royale de Belgique." 1852. S. 93—178.

1771 zu verfolgen, wie sogleich im weiteren Zusammenhange
zu erwähnen ist. Was ist nun natürlich: diese Vita oder die
Vie mit den Mittheilungen des Philipp Rubens von 1676 in
Verbindung zu bringen?

Diese Sache ist so einfach, dass eigentlich eine solche Frage
gegenstandslos erscheint. Dennoch wird fort und fort die Vita
mit jenem Briefe in unmittelbaren Zusammenhang gebracht
und danach als die eigentliche und echte Arbeit des Philipp
Rubens hingestellt.

Diesen Standpunkt hielt K. Ruelens in seinen Berichten
auf dem kunstwissenschaftlichen Kongresse zu Antwerpen 1877
fest.[1] Auch Alph. Wauters in seinem gleichzeitigen Aufsatze über Rubens[2], Max Rooses in seiner 1879 erschienenen
„Geschiedenis der Antwerpschen schilderschool"[3] und F. J. van
den Branden in seinem noch nicht beendeten, gleichnamigen
Buche[4] theilen denselben und führen die „Vita" als Haupt-
quelle zur Geschichte von Rubens auf. Adolf Rosenberg
stellt sogar seinen 1881 herausgegebenen „Rubensbriefen" die
„Vita" wörtlich voran; er erklärt auch, es gehe aus jener Brief-
stelle des Philipp Rubens vom 11 Februar 1676 „unzweifelhaft
hervor, dass Philipp der Verfasser dieser Vita ist," und er behauptet endlich, „de Piles hat die ihm übersandte Vita in
seinen ‚Vies des peintres' sehr eingehend benutzt und einzelne
Stellen sogar wörtlich übersetzt."[5]

Es ist deshalb nöthig, hier den Nachweis zu führen, dass
die Vita lediglich als eine stark gekürzte Bearbeitung der Vie
mit einigen unbedeutenden Zusätzen erscheint.

Hier zunächst einiges zur Geschichte der Vita Petri Pauli
Rubenii.

Reiffenberg war durch verschiedene bestimmte Hinweise
davon unterrichtet worden, dass auf der burgundischen Biblio-

---

[1] Compte-rendu du congrès artist. etc. S. 364, 370, 431,
432 etc.
[2] L'art. 1877. III. S. 217/8.
[3] S. 258.
[4] S. 357.
[5] Rubensbriefe. S. 8.

thek zu Brüssel eine in lateinischer Sprache geschriebene
Lebensgeschichte von Rubens vorhanden sei. Er fand diese
Vita Petri Pauli Rubenii auch in der vorhin besprochenen
Mols'schen Sammelhandschrift und gab sie heraus. Aber
er liess sich über das Original, welches ihm vorgelegen, in
keiner Weise aus, wodurch er natürlich die Meinung erweckte.
als habe er eine alte Handschrift vor sich gehabt. Der Sachverhalt ist aber ein ganz anderer.

In der Mols'schen Sammlung giebt es im Ganzen drei
Abschriften der Vita. Diejenige, welche Reiffenberg hat
abdrucken lassen, ist von Mols selbst geschrieben und von ihm
mit Anmerkungen versehen worden; sie trägt die Ueberschrift: „Copia copiae e manuscripto clarissimi viri Gas-
paris Gevartii." Die Jahreszahl 1771 bestimmt den Zeitpunkt
dieser Abschrift, welche F. Mols seinerseits von einer andern
Abschrift nahm. Die Urschrift dieser letzteren, welche von
der Hand des Gevaerts herrühren soll, ist unbekannt.

Reiffenberg hat diese Mols'sche Abschrift sammt den
von Mols dazu gemachten Anmerkungen einfach abdrucken
lassen, ohne jedoch zu sagen, dass die letzteren von Mols
herrühren, und nicht von ihm. Dies ist aus augenfälligen
Gründen höchlichst zu tadeln, und zwar um so mehr, als er
in dem der Vita vorangeschickten kurzen Vorworte erklärt:
„je tâcherai d'y rattacher quelques éclaircissemens" und als er
wirklich auch eigene Anmerkungen gemacht und zwischen jene
von Mols herrührenden gereiht hat. Aus dieser Vermengung erklären sich denn auch Oberflächlichkeiten und Widersprüche,
wie z. B. wenn S. 5. Anm. 1. der Geburtstag von Rubens
mit dem 29. S. 10. Anm. 2. mit dem 28 Juni angegeben wird.
Die erwähnte Ueberschrift, wonach sein Original die „Abschrift
einer Abschrift" ist, liess Reiffenberg weg. Er ward aber durch
einen Vermerk von Mols veranlasst, dem Gevaerts die Ur-
heberschaft der Vita abzusprechen und sie dem Philipp Rubens,
des Meisters Neffen, zuzuschreiben. Er that dies mit den
Worten, dass „Philipp Rubens dies selbst ausdrücklich in
einem seiner Briefe an Roger de Piles erklärt;" er giebt aber
nicht an, wo der Brief zu finden sei, und dass er lediglich
Mols nachschreibt. Er hat den Brief, eben denselben, den wir

16*

weiter oben (S. 237) schon angeführt und benutzt haben. gar
nicht gekannt und sich nicht die Mühe genommen, die Mols'
sche Sammlung, wo, wie bemerkt, eine Abschrift desselben sich
befindet, durchzusehen. Hätte er es doch gethan, dann würde
er weiter, und zwar an die von de Piles im Jahre 1677 herausgegebene „Vie de Rubens" geführt worden sein.

Vergleichen wir nunmehr Vie und Vita, wie sie bei de
Piles und Reiffenberg vorliegen.

Die Vita umfasst 165 grosse und die Vie 903 kleine
Druckzeilen. Von letzteren entsprechen etwa 2 bis 2½ Zeilen
einer Zeile von den ersteren. Die Vita enthält demnach noch
lange nicht die Hälfte des Textes der Vie. Die Art, wie der
Verfertiger der Vita die Vie benutzte und zurecht stutzte, lässt
sich erkennen, wenn man einige Stellen aus beiden einander
gegenüber stellt. Wir werden dabei die Sätze, welche gekürzt,
also in der Vita nicht vorhanden sind, in der letzteren, soweit
dies etwaige Verschiebungen nicht verhindern. durch Punkte
ersetzen. Beginnen wir von vorn.

Der erste einleitende Absatz der Vie fehlt der Vita
gänzlich. Dann aber fängt die Uebereinstimmung und die
Kürzung an.

Vie de Rubens.	Vita P. P. Rubenii.
2. Pierre Paul Rubens eut pour pere Jean Rubens de la Ville d'Anvers, qui joignit à la noblesse de sa naissance une vertu solide et une érudition profonde, et qui ayant passé six années dans les differens Estats de l'Italie, pour se former le goust aux bonnes choses, et pour se fortifier le jugement, prit resolution de se mettre dans la robe, et s'estant fait Docteur à Padouë en Droict Civil et Canon, il retourna en Flandre, où il s'aquitta digne-	4. Petrus Paulus Rubens patrem habuit Joannem Ant-verpiae natum, qui . . . . postquam Italiam per sept-ennium, ad capiendum ingenii cultum judiciumque confir-mandum, peragràsset . . . . et in utroque jure doc-toratùs gradum esset adeptus, reversus est in Belgium, et Antwerpiae senatoriâ dignitate

ment de la Charge de Con-
seiller dans le Sénat d'Anvers.
Il y avoit six ans qu'il servoit
heureusement le Public en cét
emploi, lors que les guerres
civiles l'obligérent de quitter
sa Patrie, (dont il avoit si bien
mérité dans l'administration de
la chose publique) pour aller
demeurer à Cologne, où son
grand amour pour la vie tran-
quile l'avoit fait retirer et y
mener sa famille.

Ce fut là que nâquit nostre
Pierre Paul Rubens en 1577.
et qu'il apprit les élèmens de
la Grammaire et des belles
Lettres; ce qu'il fit avec tant
d'inclination et de facilité, qu'en
fort peu de tems il passa ses
compagnons. Il s'avançoit ainsi,
et faisoit des choses au dessus
de son âge, quand la mort de
son père arriva en 1587. ce qui
obligea sa mere de retourner
à Anvers où Rubens acheva
avec éloge (quoy que dans un
âge assez tendre) le cours de
ses études.

per annos sex integros magnâ
cum laude functus est. . . .
. . . .
. . . .
ac demùm civilibus bellis exor-
tis. quò procul ab iis, nimirùm
quietis amans. ageret, patriam,
cui propter administratae Rei-
publicae justitiaeque merita
charus erat, ultrò reliquit, seseque Coloniam Agrippinam cum
uxore el liberis recepit:

ubi anno salutis humanae 1577
natus est Petrus Paulus noster,
qui prima litterarum rudimenta
ibi percepit, eâ ingenii felicitate,
ut aequales facilè excederet,
donec anno 1587, post obitum
patris, se cum matre Antverpiam,
quae hùc faciles aditus bonis
omnibus, quasi postliminio,
praebebat, cupidè retulit, et
reliquum studiorum cursum
confecit.

Und so geht es fort. Wir geben noch ein paar beliebige
Stellen:

16. Pendant le sejour que
Rubens fit à Paris où il estoit
venu pour mettre ses Tableaux
en place. et leur donner la
derniére main (ce qui arriva en
1625.) il trouva par hasard en

8. At dùm Parisiis est Rubens, ut tabulas illas loco suo
poni curet supremamque ma-
num imponat, anno scilicet
1625, fortè illic repperit ducem
Buquingamiae etc. etc.

cette Ville le Duc de Bouquin-
gan etc. etc.

22. Rubens ayant glorieuse-
ment achevé ce grand Ouvrage
de la Paix, et estant de retour
à Anvers chargé d'honneurs et
de biens, se maria en secondes
noces en 1630. après quatre
années de viduité, et épousa
Héleine Forment, âgée seulement de seize ans, et dont la
beauté estoit extraordinaire.

26. Il traita plusieurs autres
affaires d'importance au nom
de cette Princesse, principalement à Bruxelles avec la Reyne
Marie de Medicis, et Gaston
de France Duc d'Orleans, avec
Uladislas Prince de Pologne,
avec le Duc de Neubourg etc. etc.

9. Et post res benè gestas, .
. . . .
. . . .
Antwerpiae. . . . .
anno 1630 ducit in secundas
nuptias . . . . . Helenam
Formentiam, virginem sexdecim
annorum, quae formae prae-
stantia judicio Paridis ejus
Helenam vicisset.

11. Cujus nomine et mandato
multa etiam negotia Bruxellis
tractavit cum regina Franciae,
duce Aurelianensi, Ulasdislao,
principe Poloniae, duce Neo-
burgico etc. etc.

Der Leser hat hier auch schon, in der Anspielung auf
das Urtheil des Paris, eine Probe der Zusätze, die der Verfertiger der Vita gemacht hat, erhalten. Diese Zusätze sind
durchweg unbedeutend oder ganz nebensächlich. Wir lassen
sie hier auf sich beruhen.

Wie bereits gesagt, hielt Reiffenberg mit Bestimmtheit
diese Vita für eine Arbeit des Philipp Rubens, des Meisters
Neffen, „car c'est lui qui le déclare expressément dans une de
ses lettres à Roger de Piles." Reiffenberg kannte, wie bemerkt,
diesen Brief garnicht, und es war ihm auch nicht eingefallen,
einmal bei Roger de Piles nachzublättern. So nahm er denn
kurzer Hand an, dass die Vita es sei, welche in dem Briefe
an R. de Piles gemeint ist, und dass dieselbe demnach ursprünglich und urkundlich eine Arbeit von Philipp Rubens
sei. In der That wird aber durch die Urkunden nachgewiesen,
dass die Vie de Rubens die ursprüngliche Arbeit Philipp's ist.

Da nun die Vita lediglich als eine stark gekürzte Bearbeitung der Vie mit einigen unbedeutenden Zusätzen erscheint, so kann sie keinen Anspruch auf Urkundlichkeit erheben. So muss man wenigstens schliessen in Anbetracht des Umstandes, dass die Mols'sche Abschrift die Vita nur bis zum Jahre 1771 zurückleitet, und dass der Ursprung der Vita danach gänzlich im Dunkeln liegt.

Nur eine Möglichkeit giebt es, der Vita eine Urkundlichkeit beizumessen, diese aber hat Reiffenberg selbst zerstört. Wenn man nämlich, wie über der Mols'schen Abschrift steht, annimmt, dass die Urschrift der Vita von Gevaerts herrührt, so kann sie nicht aus der Vie de Rubens bei de Piles geschöpft sein, da diese erst 1676 entstanden, Gevaerts aber schon 1666 gestorben ist. Sie kann dann nur denselben Quellen entnommen sein, aus denen Bellori und de Piles bedient wurden, nämlich den Rubens'schen Familienpapieren, die selbstverständlich Gevaerts offen standen. Ich wage es nicht über diese Möglichkeit, welche an und für sich durchaus zulässig und selbst wahrscheinlich ist, ein Urtheil abzugeben. Aber selbst bei der Annahme, dass Gevaerts der Verfasser sei, müssen Aenderungen seitens der Abschreiber zugestanden werden, wie denn der Ausdruck „clarissimus Gevartius" (S. 11) nicht von ihm selbst herrühren kann; auch dass die Grabschrift nach der Parys'chen Erneuerung gegeben und dass der alte Widmungszusatz fehlt, ist bedenklich. Es würde also auch in dem Falle, dass die Urschrift von Gevaerts herrührte, die Vita, so wie sie jetzt vorliegt, kaum einen Anspruch auf Urkundlichkeit erheben können. Ich wüsste auch nicht abzusehen, welchen Werth, als geschichtliche Quelle, sie neben der Vie de Rubens beanspruchen oder behaupten könnte.

Ausser der Vita wird hier auch jener kleine Lebensabriss des Rubens zu berühren sein, welcher dem von de Piles herausgegebenen „Abrégé de la vie des peintres etc." einverleibt ist. Die erste Ausgabe dieses Buches, von 1699, habe ich leider nicht erlangen können, und so muss ich mich an die zweite, von 1715, halten. In dieser Ausgabe umfasst die Rubens'sche Lebensbeschreibung 248 kleine Zeilen, und sie giebt sich als ein Auszug aus der Vie zu erkennen, der ziem-

lich oberflächlich gemacht ist und der sogar einige sehr auf-
fällige Fehler enthält. So z. B. währte nach dem „Abrégé" die
Ehe mit „Cathérine de Brentes" vier Jahre, der Zeitdauer der
Wittwerschaft von Rubens nach dem Tode Isabella Brant's,
oder Rubens hinterliess von seiner zweiten Frau zwei Söhne
und dergleichen mehr. Doch ist auch, wie schon oben erwähnt
(S. 190.) die Ziffer der von Rubens erreichten Lebensjahre hier
berichtigt. Dass der Abrégé mit der Vita in irgend einer
unmittelbaren Beziehung stehe, ist nicht ersichtlich, und wenn
Uebereinstimmungen vorkommen, so sind sie eben auf die
gemeinsame Quelle beider, die Vie de Rubens, zurückzuführen.

Ich komme nun wieder auf diese Vie de Rubens selbst
zurück.

Die Vie de Rubens ist keineswegs eine, nach wissenschaftlicher Methode bearbeitete, einheitliche Lebensgeschichte,
nach welchem Ziele offenbar Bellori und zwar nicht erfolglos
strebte. Sie trägt durchaus alle Merkzeichen von der Art
ihrer Entstehung an sich. Aus den Aufzeichnungen, welche
Albrecht Rubens hinterlassen hatte, hat Philipp Auszüge
gemacht und diese dann zusammengestellt. Diese Thatsache
erklärt die häufig sehr kurzen Absätze, die Zusammenhangs-
losigkeit an mehreren Stellen und mehrere Irrthümer in Bezug auf Thatsachen. Auch in der Form spricht sich die Art
der Entstehung aus, indem Wendungen wie „Je ne m'arrê-
terai point à vous faire le détail de ses ouvrages" — „Je vous
dirai seulement" — „J'ai vu un livre de sa main" — „Après
cela ne soyez pas étonné du nombre presque infini de ses
tableaux et si je vous dis etc." — und andere ähnliche darthun,
dass de Piles nicht selbst der Verfasser ist, sondern dass ein
Andrer diese Mittheilungen an ihn gerichtet hat.

Ich gebe hier nun die Vie de Rubens in deutscher
Uebersetzung, und zwar möglichst wörtlich. Ich habe derselben die Ausgabe von 1681 zu Grunde gelegt und am Rande
die Seitenzahlen dieser Ausgabe vermerkt. Die Namen habe
ich gesperrt setzen lassen, obgleich dies im Originale nicht
der Fall ist. Gern hätte ich es vermieden, den Text durch
Anmerkungen zu beschweren, aber an einigen Stellen erschien
dies doch unerlässlich. Uebrigens darf ich mich wegen

zweifelhafter Einzelheiten und dergleichen mehr auf die hier
weiter hinten folgende „Uebersicht zur Lebensgeschichte des
Meisters" beziehen.

--- --- ---

Das Leben von Rubens.

Es scheint ein Streit zu bestehen in Bezug auf die Vater- 1.
stadt von Rubens, wie ehemals einer in Bezug auf diejenige
Homer's bestand. Die Stadt Antwerpen duldet mit Verdruss,
dass man ihr diesen Titel streitig macht; und diejenigen, welche
das Leben dieses ausgezeichneten Mannes beschrieben haben,
sagen, dass dieser Ort der seiner Geburt ist. Indessen rühmt
sich die Stadt Köln, und sie ist stolz darauf, ihm das Leben
gegeben zu haben; die eine und die andere haben ihre Gründe:
aber hier berichte ich nun über die Dinge, die Rubens be- 2.
treffen, die Wahrheit; mit Sorgfalt bin ich bedacht gewesen
mich aufs genaueste über dieselben zu unterrichten, und ich
werde sie erzählen, mit wenig Worten und mit voller Treue.

Peter Paul Rubens hatte zum Vater Johann Rubens
aus Antwerpen, der mit der Vornehmheit seiner Geburt eine
gediegene Kraft und eine tiefe Gelehrsamkeit verband, und der,
nachdem er sechs Jahre in den verschiedenen Staaten Italien's
zugebracht hatte, um den Geschmack an guten Werken zu
bilden und sein Urtheil zu kräftigen, sich entschloss in ein
Amt zu treten; nachdem er in Padua sich zum Doctor im
bürgerlichen und kanonischen Recht gemacht hatte, kehrte er
nach Flandern zurück, wo er mit Ehren das Amt eines Schöffen
im Rathe der Stadt Antwerpen übernahm. Er hatte sechs
Jahre glücklich dem allgemeinen Wohle in diesem Amte gedient, als die Bürgerkriege ihn nöthigten, seine Heimath (um 3.
die er sich in der Verwaltung der öffentlichen Angelegenheiten
so wohl verdient gemacht hatte) zu verlassen, um seinen
Wohnsitz in Köln zu nehmen, wohin seine grosse Liebe zu

einem ruhigen Leben ihn veranlasst hatte, sich zurückzuziehen und seine Familie hinzuführen.

Dort war es, wo unser Peter Paul Rubens im Jahre 1577 geboren wurde und wo er die Anfangsgründe der Sprachlehre und der schönen Wissenschaften erlernte; er that dies mit soviel Neigung und Leichtigkeit, dass er in sehr kurzer Zeit seine Kameraden übertraf. Er machte solche Fortschritte und Leistungen über sein Alter hinaus, dass Rubens in Antwerpen, wohin seine Mutter, nach dem Tode seines Vaters im Jahre 1587, zurückzukehren genöthigt war, seine Ausbildung mit Lob (obwohl noch in zartem Alter) beendete.

4. Kaum hatte er die Schule verlassen, als seine Mutter ihn der verwittweten Gräfin von Lalain als Pagen übergab: aber da er sich nicht an das Leben gewöhnen konnte, welches man gewöhnlich bei den Grossen führt, blieb er nur kurze Zeit daselbst; und da er dem Drange seines Genius, der ihn zur Malerei hintrieb, nicht widerstehen konnte, setzte er es bei seiner Mutter, die während der Kriege den grössten Theil ihres Vermögens verloren hatte, durch, dass er zu einem Maler in Antwerpen Namens Adam van Noort in die Lehre ging. Er blieb einige Jahre da und legte den ersten Grund seiner Kunstübung, was er mit solchem Erfolge that, dass er glücklich war, zu erkennen, wie die Natur, indem sie ihn bildete, die Absicht gehabt hatte, aus ihm einen grossen Maler zu machen.

Er brachte darauf vier Jahre unter der Leitung von Otto 5. Venius zu, dem Maler des Erzherzogs Albrecht und dem Appelles der damaligen vlämischen Schule. Da die nämliche Neigung, welche beide für die Wissenschaften hatten, sie in Freundschaft verband, so unterliess dieser Meister nichts von Dem, was er wusste, seinem Schüler mitzutheilen; er entdeckte ihm freimüthig alle Geheimnisse seiner Kunst und lehrte ihn vor allen, die Figuren anzuordnen und die Lichter auf vortheilhafte Weise zu vertheilen. Endlich, nachdem er ihn in kurzer Zeit bedeutend gefördert hatte und der Ruf dieses ausgezeichneten Schülers bis zu dem Punkte gelangt war, dass man zweifelte, wer von beiden der geschicktere wäre, er oder sein Lehrer, fasste Rubens den Entschluss, nach Italien zu gehen, um die schönsten Werke der Alten und der Neueren zu sehen, um darüber Betrachtungen anzustellen, um sie zu kopiren und seinen Pinsel nach Dem auszubilden, was er am schönsten und der Natur am entsprechendsten finden würde. 6.

Er reiste den 9ten Mai des Jahres 1600 ab[1]) und begab sich nach Venedig, wo er zufällig neben einem Hofherrn des Herzogs von Mantua Wohnung nahm. Er zeigte diesem einige seiner Arbeiten und dieser Hofherr legte sie später dem Herzoge, seinem Herrn, vor, der die schönen Künste und namentlich die Malerei leidenschaftlich liebte, und daher Rubens mit Artigkeiten überhäufte, ihn seiner Freundschaft versicherte und ihn durch alle Arten von Mitteln veranlasste, bei ihm sich aufzuhalten. Rubens ging gern auf diesen Antrag ein, da es ihm sehr angenehm war, eine so gute Gelegenheit zu finden, um die Werke des Giulio Romano, von dem er sich eine grosse Meinung gebildet hatte, zu sehen, zu untersuchen und zu studiren.

Während der Zeit, dass Rubens in Mantua wohnte, empfing er soviel Ehrenbezeigungen des Herzogs, dass er 7. während der sieben Jahre, wo er sich in Italien aufhielt, stolz darauf war, den Titel eines seiner Hofherrn zu führen. Nachdem er diesem Fürsten während eines beträchtlichen Zeitraumes seinen Fleiss gewidmet hatte, ging er nach Rom, wo er drei Bilder für die Kirche Santa Croce in Gerusalemme im Auftrage des Erzherzogs Albrecht von Oesterreich malte, der ehedem als Kardinal den Titel dieser Kirche geführt und der daselbst die Kapelle der heiligen Helena hatte herstellen lassen; dort befinden sich diese drei Bilder, von denen das auf dem mittleren Altare die Heilige, das Kreuz haltend, und die zu den beiden Seiten eine Dornenkrönung und eine Kreuzigung darstellen.

Kurze Zeit darauf wurde er vom Herzog von Mantua nach Spanien geschickt, um dem Könige eine prachtvolle 8.

---

[1]) Es ist das die einzige Angabe eines bestimmten Tages in der ganzen Lebensbeschreibung, selbst die Tage der Geburt und des Todes werden nicht angeführt; es finden sich sonst stets nur die Jahreszahlen allein.

Kutsche und sieben Pferde von ausgezeichneter Schönheit zu
überbringen. Kaum war er von dieser Reise zurückgekehrt,
so begab er sich nach Venedig in der Absicht, die schönen
Werke aus dem Grunde zu untersuchen und mit Musse zu
betrachten, die er bisher nur flüchtig gesehen hatte, und deren
grosse Zahl die Vorstellung in seinem Gedächtniss vermischt
hatte; denn er hatte sie nur so lange betrachtet als nöthig ist,
um ihre Bedeutung zu erkennen und einen lebhaften Wunsch
zu empfinden, dieselben eines Tages wiederzusehen und seiner
Lernbegierde völlig Genüge zu thun. Und in der That zog
er aus den Werken des Tizian, des Paolo Veronese und des
Tintoretto allen Vortheil, den man daraus ziehen kann, zur
Vervollkommnung seiner Kunstweise.

Nachdem er sich so in Venedig weitergebildet hatte, indem
9. er sowohl über die Werke der grossen Meister nachdachte als
dieselben auch kopirte, kehrte er nach Rom zurück, wo er
ausgewählt wurde, um die hauptsächlichen Gemälde der Chiesa
nuova von den Vätern des Oratoriums, die eben beendet war,
auszuführen; das eine steht auf dem Hochaltar und die beiden
andern zu den Seiten. Auf demjenigen in der Mitte hat er
die Jungfrau mit dem Jesusknaben gemalt und ringsum Engel,
die sie auf verschiedene Weise verehren. Die Bilder zu den
Seiten stellen mehrere Heilige aufrechtstehend dar, unter anderen den heiligen Papst Gregor und den heiligen Mauritius
in kriegerischer Tracht: diese Gestalten sind von grossem
Adel und im Geschmack des Paolo Veronese gemalt. Die
Entwürfe zu diesen drei Bildern befinden sich gegenwärtig in
der Abtei des heiligen Michael zu Antwerpen, wo
Rubens sie nach seiner Rückkehr nach Flandern hingebracht
hatte.

10. Unter allen Städten Italien's, wo Rubens sich aufhielt, hat
er am meisten in Genua verweilt, sei es, dass er das Klima
da milder fand, sei es, dass er da mehr Ehrenbezeigungen als
anderswo empfing, oder endlich, dass er da günstigeren Gelegenheiten begegnete, um das, was er gelernt hatte, zu ver-
werthen und die Gaben, die er für die Malerei empfangen
hatte, auszuüben: denn man sieht da viele seiner Werke und
sie werden da geschätzt ebenso hoch als sonst irgendwo in

der Welt; die Mehrzahl der Leute von Stande wollten ein
Stück von seiner Hand haben, und die Kirche der Jesuiten
bewahrt als kostbaren Bezitz zwei seiner Gemälde, von denen
das eine eine Beschneidung und das andere ein heiliger Ignatius, Kranke heilend, ist.

Es waren sieben Jahre, dass Rubens in Italien weilte[1],
als die Nachricht einer gefährlichen Krankheit, von der seine
Mutter befallen war, ihn veranlasste, nach Flandern zurückzukehren: aber obwohl er, um schneller dahin zu gelangen, die
Post genommen hatte, fand er seine Mutter todt.

So war er denn in seiner Heimath angelangt im Jahre
1609[2]; und da der Ruf seines Wissens und seines Verdienstes

11.

---

[1] Rubens war beinahe 8⅔ Jahr in Italien. Die falsche Angabe, dass es 7 Jahre gewesen, welche hier an dieser Stelle und
schon einmal (S. 7) gemacht wird, beruht um so augenfälliger auf
einem Schreib- Lese- oder Druckfehler, als der Tag der Abreise
der 9 Mai 1600 und als das Jahr der Rückkehr 1609 angeführt werden,
was von selbst mindestens gegen 9 Jahre ergiebt. Rubens selbst
nahm es mit solchen Zahlen nicht genau. In einem Briefe vom
20 April 1628 an Dupuy (Gachet, Lettres inédites etc. S. 187/8)
sagt er, „er habe dem Hause Gonzaga ein Jahrer sechs (qualche
sei anni) gedient,“ obwohl er doch im Jahre 1600 schon in diese
Dienste trat und Ende 1608, als er Italien verliess, noch in denselben stand, also volle acht Jahre dem Hause Gonzaga gedient
hatte. An Chieppio in Mantua schrieb er am 28 Oktober 1608 aus
Rom, dass seine Mutter 72 Jahre alt sei (Gaz. de beaux arts. 1868.
Bd. XXIV. S. 490), während sie in Wahrheit erst deren siebenzig
zählte (1538—1608; Verachter, Généalogie etc. S. 10).Und andres mehr.

[2] Die Richtigkeit dieser Angabe, dass Rubens erst 1609 wieder
daheim in Antwerpen war, ist vielfach angefochten worden.
Rubens reiste in den letzten Oktobertagen 1608 von Rom ab und
man meinte deshalb, dass er noch vor Schluss des Jahres hätte in
Antwerpen sein müssen. Hierzu ist man insofern berechtigt, als
damals die Reise von Rom nach den Niederlanden in 3 bis
4 Wochen gemacht werden konnte und als es bei de Piles ausdrücklich heisst, dass Rubens eilig gereist sei. Jakob de Haze, ein
Freund von Rubens, reiste 1612 Anfangs März von Antwerpen ab
und war vor Schluss des Monats schon zu Rom. (Journ. des b.
arts. 1867. S. 102). Rubens selbst brauchte 1628 für die Reise von

sich dort verbreitet hatte, wollten der Erzherzog Albrecht
und die Infantin Isabella, dessen Gemahlin, ihre Bildnisse
von seiner Hand haben; und aus der Besorgniss, die sie hegten,
dass er wieder nach Italien zurückkehren möchte, machten sie
ihm beträchtliche Geschenke, und verpflichteten ihn durch ein
Jahrgehalt und durch alle Arten Ehrenbezeigungen, in ihrer
Nähe zu bleiben.   Da er sich nun durch so mächtige Bande
gehalten sah, glaubte er, dass es angemessen sei, sich auch
durch die der Ehe zu binden: Er heirathete die Tochter von
12. Johann Brant, Stadtschreibers zu Antwerpen, und Klara de
Moy, deren Schwester sich mit seinem älteren Bruder Philipp
Rubens, Stadtschreiber zu Antwerpen, vermählt hatte.¹)

Die Fürsten, die damals den Hof von Brüssel bildeten,
thaten alles, was sie konnten, um Rubens zu veranlassen, dort

Brüssel nach Madrid kaum 3 Wochen. Uebrigens ist zu bemerken,
dass 1608 eine Personenpost zwischen Brüssel und Rom nicht bestand, sondern lediglich eine Briefpost, welche 1543 von Francesco
de Tassis gen. Torriani eingerichtet war, und die über Kreuznach,
Speyer, Stuttgart, Augsburg und den Brenner lief. Die Entfernung
zwischen den beiden Orten Brüssel und Rom war auf 292 Meilen
angenommen und die Post, welche wöchentlich lief, wird als eine
„beständige reitende" bezeichnet. Wenn Rubens also die Post benutzt hat, so kann dies nur soviel heissen, dass er die Postsrasse
gewählt und Postgeschirre oder Postpferde gegen Lohn gedungen
habe. Wenn man die Randbemerkung am Schluss seines am
28 Oktober 1608 von Rom an Chieppio in Mantua gerichteten
Briefes (S. d. vorige Anmerk.), worin er seine Abreise nach den
Niederlanden anzeigt, „Salendo a Cavallo" wörtlich nimmt, so
hätte er die Reise zu Pferde gemacht. Jedenfalls kann dieselbe
sehr gut länger als zwei Monate gedauert haben, zumal vermuthlich Rubens eine Menge Sachen bei sich führte. Auch mag er die
Nachricht vom Tode der Mutter schon unterwegs erhalten und
danach die Reise verlangsamt haben. Möglich also bleibt es, dass
er erst Anfang 1609 wieder in Antwerpen ankam. Vergl. auch
T. van Lerius im Album der St. Lukasgilde (Antwerpen 1855). S. 65.

¹) „Deren Schwester (dont la soeur)" ist auf Klara de Moy zu
beziehen; diese Schwester hiess Maria. Die Genealogie der
de Moy's und Brant's s. bei Génard, Aanteekeningen. S. 406 ff.

zu bleiben, da sie an seinem Umgang Vergnügen fanden; und obwohl er viel Mühe hatte, ihnen zu widerstehen, erlangte er dennoch ihre Einwilligung, sich in Antwerpen niederzulassen und daselbst seinen dauernden Wohnsitz aufzuschlagen; denn er fürchtete, dass die Angelegenheiten des Hofes die unmerklich von einer Sache zu einer andern nöthigen, ihn verhindern möchten, der Malerei obzuliegen und in dieser Kunst alle die Meisterschaft, deren er sich fähig fühlte, zu erwerben.

Er kaufte nun ein grosses Haus in Antwerpen, baute es von neuem in römischer Weise auf und stattete es im Innern 13. so schön aus, wie es sich für einen grossen Maler und einen grossen Liebhaber schöner Sachen ziemt. An dieses Haus stiess ein geräumiger Garten, wo er zu seinem Vergnügen Bäume von allen Arten, die er erlangen konnte, pflanzen liess. Zwischen dem Hofe und dem Garten liess er einen runden Saal, wie das Pantheon zu Rom, bauen, so dass das Licht nur von oben durch eine einzige Oeffnung in der Mitte der Kuppel einfällt. Dieser Saal war angefüllt mit Büsten, antiken Bildsäulen, kostbaren Gemälden, die er aus Italien herbeigebracht hatte, und anderen sehr seltenen und merkwürdigen Dingen. Alles war hier nach Ordnung und Ebenmaass aufgestellt; und da nicht Alles, was verdient hätte dort aufgenommen zu werden, Platz finden konnte, so bediente er sich dessen, um andere 14. Zimmer in den Wohnungen seines Hauses damit zu schmücken.

Er hatte eine so grosse Liebe für alles, was dem Alterthum angehörte, dass er in ganz Italien eine ausserordentliche Menge von Statuen, Schaumünzen und kostbaren geschnittenen Steinen kaufen liess. In Betrachtung dieser schönen Gegenstände verbrachte er die Zeit seiner Musse.

Der Erherzog Albrecht hatte für Rubens eine ganz besondere Neigung und wollte dessen ältesten Sohn, dem er seinen Namen gab, über die Taufe halten.

Nach dem Tode dieses Fürsten fand er nicht minder Zugang in der Achtung und Gnade der Infantin, dessen Wittwe, und aller Grossen des Hofes, vornehmlich des Marchese Spinola, der sich ein Vergnügen daraus machte, sich oft mit 15. Rubens zu unterhalten und der sich angewöhnt hatte, zu sagen, er sehe so viele schöne Gaben in der Seele dieses grossen Mannes leuchten, dass er glaube, nur eine der weniger bedeutenden sei die der Malerei.

Ungefähr um diese Zeit geschah es, dass die Königin Maria de' Medici ihren Luxemburg-Palast bauen liess; um denselben in jedem Betrachte vollkommen zu machen, wollte sie die beiden Gallerien mit Werken von Rubens schmücken und ihn in der einen ihr Leben, in der andern die Thaten Heinrich's IV malen lassen; aber sie erreichte nur die Hälfte ihrer Absicht, da ihre Verbannung in der Zeit eintrat, wo Rubens daran arbeitete, die grossen Thaten des Königs, ihres Gemahles, zu verewigen; denn er hatte mit der Geschichte des Lebens dieser grossen Königin begonnen, und er hat dies
16. Werk in seiner Vollendung als ein ewiges Denkmal seiner Kunst hinterlassen.

Während des Aufenthaltes, den Rubens in Paris nahm, um seine Gemälde aufzustellen und denselben die letzte Hand zu geben (was im Jahre 1625 geschah), fand er zufällig in dieser Stadt den Herzog von Buckingham, der in grossem Ansehen bei dem Könige von England und den Prinzen des französischen Hofes stand. Dieser Herzog war von dem Verdienste des Rubens unterrichtet, und da er mit demselben über Angelegenheiten von Wichtigkeit zu reden hatte, bat er ihn, sein Bildniss zu machen. Der Maler entledigte sich dessen aufs vollkommenste und erleichterte dem Herzoge das Sitzen auf alle Weise. Nachdem sie eine Zeit lang miteinander verkehrt und eine enge Freundschaft geschlossen hatten, vertraute der Herzog ihm den Kummer, welcher ihm die Misshelligkeiten
17. und die Kriege zwischen den Kronen von Spanien und England bereiteten, und die Absicht, welche er hatte, sie zu dämpfen.

Als Rubens wieder nach Brüssel zurückgekehrt und der Infantin hiervon Mittheilung gemacht hatte, befahl ihm diese, die Freundschaft mit dem Herzoge so sorgsam als er könnte zu unterhalten: dies glückte ihm vollkommen, selbst in dem Maasse, dass der Herzog von Buckingham, in der Meinung, Rubens würde in den Staatsdienst treten und die grossen Angelegenheiten würden seine Liebe zur Malerei in etwas abschwächen, bald darauf einen seiner Leute nach Antwerpen sandte, um ihm hunderttausend Gulden für seine Antiken und den grösseren Theil seiner Bilder anzubieten, mit dem Auftrage ihm alles vorzuhalten, was ihn bestimmen könnte, um sich von denselben zu trennen. Rubens bemerkte leicht die 18. Leidenschaft, die der Herzog für Kunstwerke hatte, und liess sich zu dem Wunsche bewegen, sie zu befriedigen, unter der Bedingung jedoch, dass er, um sich über den Verlust seiner Sammlung, auf die er so viele Liebe verwendet und die ihm so viel Sorge gekostet hatte, zu trösten, Abgüsse von den Marmorfiguren, deren er sich beraubte, machen liess, und dass er auf diese Weise die Plätze, welche die Originale einnahmen, füllte. Was die Oerter betrifft, wo die Bilder hingen, die er verkauft hatte, so schmückte er sie mit seinen eigenen Werken.

Indessen dachte man auf den Frieden zwischen den Höfen von Spanien und England im Jahre 1628, in der nämlichen Zeit als der Marchese Spinola, der eine vollkommene Kenntniss der Verdienste von Rubens hatte, zu der Meinung gelangte, dass Niemand geeigneter sei, über ihn zu verhandeln. Er sprach davon mit der Infantin, welche durchaus diesen 19. Gedanken billigte, und die Rubens zum Könige von Spanien schickte, mit dem ausdrücklichen Auftrage, Mittel zum Frieden vorzuschlagen und seine Verhaltungsbefehle zu empfangen. Der König war so befriedigt von ihm und hielt ihn für so würdig des Geschäftes, zu dem man ihn ihm gesandt hatte, dass er, um seinem Verdienste mehr Glanz zu verleihen, ihn zum Ritter machte und ihm die Stelle eines Sekretärs seines geheimen Rathes verlieh, deren Bestallungsbrief er ihm ausfertigen liess, für ihn, und für seinen Sohn Albrecht als Anwartschaft.

Während der Zeit, wo er in Spanien blieb, liess ihn der König Kopien von einigen der schönsten Gemälde des Tizian machen, die in Madrid sind, unter anderen von der Entführung der Europa und dem Bad der Diana, in der Absicht, die Originale dem Prinzen von Wales, der an denselben ein 20. grosses Gefallen hatte, zu schenken. Dieser Prinz befand sich am spanischen Hofe wegen der Heirath mit der Infantin:

aber da diese Angelegenheit nicht zum Abschluss gelangte,
so blieben die Kopien sammt den Originalen in Madrid.[1]

Im folgenden Jahre kehrte Rubens nach Brüssel zurück,
um der Infantin Bericht von Dem, was er gethan hatte, zu
geben, und ihr die Vorschläge mitzutheilen, zu denen der
König, ihr Neffe, ihm Befehl ertheilt hatte. Er begab sich
darauf nach England mit den Aufträgen des katholischen
Königs und der Infantin, um über diese grosse Angelegenheit
zu verhandeln; wo der König, der die Malerei ausserordentlich
liebte, ihn zu London mit besonderen Ehren empfing und ihm
tausend Artigkeiten erwies. Man beauftragte den Kanzler
Cottington, seine Vorschläge entgegenzunehmen und sie
21. zu prüfen. Nachdem der Friede nach dem Wunsche der
Völker und zur Befriedigung der beiden Könige geschlossen
war, nahm er Abschied vom Könige von England, der, um
ihm Zeichen seiner Erkenntlichkeit, bevor er abreiste, zu geben,
ihn zum Ritter schlug, sowie es der katholische König gethan
hatte. Er fügte seinem Wappenschilde ein Feld mit einem
Löwen hinzu und nahm in vollem Parlamente den Degen,
den er trug, von seiner Seite, um ihn Rubens zu überreichen;
ausserdem schenkte er ihm einen reichen Diamanten, den er
vom Finger zog, und eine Hutschnur gleichfalls von Diamanten
im Werthe von zehntausend Thalern.

Rubens, mit allen diesen Ehren überhäuft, reiste, um
über seine Verhandlungen zu berichten, wiederum nach
Spanien, wo er vom Hofe mit allen nur möglichen Zeichen
von Achtung, Vertrauen und Freundschaft empfangen wurde.
22. Der König ernannte ihn zum Kammerherrn und verlieh ihm
den goldenen Schlüssel, und nachdem er die Bildnisse der
königlichen Familie gemalt hatte, fügten ihre Majestäten den

---

[1] Auf die hier vorliegenden Irrungen oder Verwechselungen
hat schon Basan (Anmerk. auf S. xlij ff., aufmerksam gemacht.
Karl I. befand sich 1623, noch als Prinz von Wales, in Madrid;
über diesen Besuch berichtet sehr ausführlich Cruzada Villaamil,
Rubens diplomatico español. S. 20 ff. Vergl. auch Gachard, Histoire
pol. et diplom. de Rubens. S. 39 ff.

Ehren, die sie ihm erwiesen hatten, beträchtliche Gaben
hinzu.

Nachdem Rubens ruhmvoll dies grosse Friedenswerk
beendet hatte und, mit Ehren und Gütern belohnt, wieder
daheim in Antwerpen war, vermählte er sich nach vierjähriger
Wittwerschaft in zweiter Ehe im Jahre 1630; er heirathete
Helene Forment, die erst 16 Jahre alt und deren Schönheit
ausserordentlich war. Er hatte von dieser Frau fünf Kinder,
von denen der älteste heute Mitglied des Rathes von Brabant ist.

Ich werde mich nicht damit aufhalten, Ihnen im Einzelnen
seine Werke anzuführen; die Zahl derselben ist beinahe
endlos, wie man an der erstaunlichen Menge von Kupfer- 23.
stichen sehen kann, die nach ihm gemacht sind. Ich werde
Ihnen lediglich sagen, dass er Gemälde nach den verschiedensten
Seiten hin und für alle Höfe Europa's geliefert hat, für den
Kaiser, für die Könige von Spanien, England und Polen,
für die Herzöge von Bayern und Neuburg und für mehrere
andere Fürsten; ausserdem hat er fast alle Kirchen in
Flandern mit seinen Malereien geschmückt, namentlich die
Liebfrauen-Kirche zu Antwerpen, die Kirchen der Prämon-
stratenser, der Franziskaner, der Dominikaner, der Augustiner
und die der Jesuiten, wo er sogar die Decken gemalt hat.
Der Saal, wo der König von England die Gesandten empfängt,
ist mit neun grossen Bildern seiner Hand geschmückt; sie
stellen die bedeutenderen Thaten des Königs Jakob vor und
dessen Einzug in England, nachdem er sich des Königreiches 24.
Schottland versichert hatte. In Spanien sieht man in dem
Schlosse Torre della Parada, drei Meilen von Madrid, eine
Anzahl Bilder, die den Verwandlungen des Ovid entlehnt
sind. Der König hatte Rubens während seines Aufenthaltes
am Hofe die Maasse zu denselben nehmen lassen, damit er
sie nach seiner Bequemlichkeit und wenn er wieder zu Hause
angekommen sein würde, ausführen könnte. Und da diese
Bilder derart angeordnet sind, dass zwischen zweien immer
viel leerer Raum ist, so hat Snyders in diese Flächen Thier-
spiele gemalt.

Wenn es heisst ruhig leben, indem man sich mit den
Dingen beschäftigt, für welche die Natur besondere Gaben als

17*

Bürgschaften eines guten Erfolges in unseren Unternehmungen
verliehen hat, so kann man sagen, dass Rubens das glück-
25. lichste Leben von der Welt führte; er war geboren mit allen
Vorzügen, die einen grossen Maler und einen grossen Staatsmann machen; und wenn er in Antwerpen seine Beschäftigung
mit der Malerei, wobei er mit unglaublicher Liebe und
Leichtigkeit arbeitete, verliess, so geschah es, um an den Hof
von Brüssel zu gehen, wohin ihn die Infantin wegen
Staatsangelegenheiten berief, die er, so viel es ihm möglich
war, zur Erleichterung der Völker und zur Förderung der
Kunst behandelte. Und da der Krieg, welchen die Spanier
damals gegen die Holländer führten, ein grosses Hemmniss
für diese beiden Dinge war, so setzte er der Infantin mehrmals
die Gründe auseinander, die sie bestimmen mussten, Frieden
zu schliessen: und da die Prinzessin dies mit Lebhaftigkeit
wünschte, so beauftragte sie Rubens darüber unter der Hand
eine Unterhandlung zu führen, die auch durch die Bemühungen
26. dieses ausgezeichneten Mannes leicht zum Abschluss gelangt
wäre, wenn die Neider seines Ruhmes seine Mittel nicht gekreuzt hätten.

Er führte mehrere andere Geschäfte von Erheblichkeit im
Namen dieser Fürstin, namentlich zu Brüssel mit der Königin
Maria de' Medici und Gaston von Frankreich, Herzog von
Orleans, mit Wladislaw, Prinzen von Polen, mit dem Herzoge von Neuburg und anderen Fürsten Europa's, deren Zu-
neigung er durch seine Beredsamkeit und seine anderen
schönen Eigenschaften gewonnen hatte.

Die Anlage, die er für die Behandlung der Geschäfte
hatte, machte ihm diese leicht, und dieselben waren für ihn
mehr eine Erholung als eine ernste und mühsame Beschäftigung.
Und wie er die Malerei nur um der Staatsangelegenheiten
27. willen verliess, so verliess er diese nur um der Malerei willen,
die den mächtigsten Zauber auf sein Herz ausübte.

Die Tugenden, die er sich erworben hatte, und all' die
schönen Eigenschaften, womit die Natur ihn ausgestattet
hatte, machten ihn liebenswürdig für Jedermann. Er hatte
einen hohen Wuchs und eine stattliche Haltung, die Züge
seines Gesichtes waren regelmässig, seine Wangen roth, seine

Haare kastanienbraun, seine Augen glänzend, doch von mildem
Feuer, der Ausdruck lächelnd, sanft und bieder. Sein Benehmen war verbindlich, seine Gemüthsart freundlich, seine
Unterhaltung ungezwungen, sein Geist lebhaft und durch-
dringend, seine Art zu sprechen gesetzt und der Klang seiner
Stimme äusserst angenehm: und alles dies machte ihn naturgemäss beredt und überredend. Beim Malen sprach er ohne
Mühe; und ohne von seiner Arbeit abzulassen, unterhielt er
sich leicht mit denen, die ihn besuchten. Die Königin Maria 28.
de' Medici fand ein so grosses Wohlgefallen an seiner Unterhaltung, dass sie während der Zeit, wo er an den beiden Bildern
arbeitete, die er zu Paris gemalt hat und die zur Luxemburg-
Gallerie gehören, immer hinter ihm stand, da es sie ebenso
vergnügte, ihn reden zu hören wie ihn malen zu sehen. Sie
wollte ihm eines Tages ihre Hofgesellschaft zeigen, damit er
die Schönheit der Damen beurtheilte: nachdem er sie alle aufmerksam betrachtet hatte, sagte er auf die Schönste zeigend:
dies müsse die Frau Prinzessin de Guémené sein. Und sie
war es in der That. Als darauf Herr Botru ihn fragte, ob er
sie kennte, antwortete er, dass er niemals die Ehre gehabt
hätte, sie zu sehen, und dass er nur auf den Bericht hin geurtheilt hätte, den man ihm von der Schönheit dieser Fürstin 29.
gemacht hatte. Er schloss nur Freundschaft mit Männern von
Verdienst und liess sich in Unterhaltungen nur mit Gelehrten
und hervorragenden Leuten ein, die ihn oft besuchten, um
über Wissenschaft oder Politik zu reden.

Er unterhielt einen grossen Briefwechsel mit mehreren
Herren, namentlich vom spanischen Hofe, mit dem Herzoge
von Olivarez, dem Günstling und ersten Minister des katholischen Königs, mit dem Marques de Leganez, dem Marchese
Spinola und mehreren anderen, wie man dies aus den Briefen
ersieht, die man zwischen seinen Papieren gefunden hat, von
denen der grösste Theil schiffrirt ist und welche seine Erben
heute noch aufbewahren.

Obwohl es scheinen mochte, dass sein Leben viel Zer-
streuung bot, so war das, was er führte, nichtsdestoweniger 30.
sehr geordnet; er stand alle Tage um vier Uhr Morgens auf
und machte sich zum Gesetz, sein Tagewerk mit Anhörung

der Messe zu beginnen, wofern er nicht durch die Gicht, die
ihn sehr belästigte, behindert war; darauf ging er an die Arbeit,
wobei er immer einen Vorleser, den er sich hielt und der
laut irgend ein gutes Buch vorlas, neben sich hatte, gewöhnlich
jedoch den Plutarch, Livius oder Seneca.

Da er an der Arbeit die äusserste Freude hatte, lebte er
auf solche Weise, dass er mit Leichtigkeit arbeiten konnte,
und ohne seiner Gesundheit zu schaden; darum ass er sehr
wenig zu Mittag, aus Besorgniss, dass die Beschwerde der
Speisen ihn nicht an seiner Beschäftigung verhinderte und dass,
31. wenn er sich wieder beschäftigte, er die Verdauung der Speisen
nicht verhinderte. So arbeitete er bis fünf Uhr Abends, stieg
dann zu Pferde, um ausserhalb der Stadt oder auf den Wällen
Luft zu schöpfen, oder er machte sonst irgend etwas, um
seinem Geist Erholung zu gönnen.

Nach der Rückkehr vom Spazierritt fand er zu Hause
gewöhnlich einige seiner Freunde, die mit ihm speisten und
zu den Freuden der Tafel beitrugen. Er hatte jedoch eine
grosse Abneigung gegen das Uebermaass des Weines und der
guten Kost, ebenso wie auch gegen das des Spiels. Sein grösstes
Vergnügen war es, ein schönes spanisches Pferd zu besteigen,
irgend ein Buch zu lesen, oder seine Denkmünzen, seine
Achate, seine Karneole und andern geschnittenen Steine zu betrachten, von denen er eine sehr schöne Sammlung besass,
32. die sich heute im Kabinet des Königs von Spanien befindet.
Da er alles nach der Natur malte, und da er oft Gelegenheit
hatte, Pferde zu malen, so hielt er in seinem Stalle einige der
schönsten und der am meisten zum Malen geeigneten.

Obgleich er seiner Kunst sehr anhing, richtete er doch
seine Zeit so ein, dass er immer einen Theil derselben dem
Studium der schönen Wissenschaften widmete, nämlich den
lateinischen Geschichtsschreibern und Dichtern, die er vollständig besass, und deren Sprache ihm ebenso wie die italienische sehr vertraut war, wie man dies aus den handschriftlichen
Bemerkungen ersehen kann, die er über die Malerei gemacht
hat und wo er einige Stellen aus dem Virgil und andern
Dichtern, die zu seinem Gegenstande in Beziehung standen,
beigebracht hat. So kann man sich nicht wundern, dass er

einen so grossen Ueberfluss an Gedanken, solchen Reichthum 33.
an Erfindung, solche Gelehrsamkeit und Klarheit in seinen
allegorischen Bildern zeigte, und dass er seine Gegenstände so
gut entfaltete, indem er nur Dinge zuliess, die ihnen eigenthümlich und förderlich waren; daher kommt es, dass er, da
er eine vollkommene Kenntniss des Gegenstandes, den er darstellen wollte, besass, tiefer in denselben eindrang und ihn
besser empfand; aber stets in Uebereinstimmung mit der
Natur.

Er besuchte selten seine Freunde; aber er empfing so gern
Diejenigen, welche ihn besuchten, dass ausser allen Kunstfreunden und Gelehrten, kein Fremder, welchen Standes
er auch war, durch Antwerpen reiste, ohne ihn aufzusuchen,
ebenso seiner Person wegen, wie um seine Sammlung, die eine
der schönsten in Europa war, zu sehen. Unter anderen erwiesen ihm der Prinz Sigismund von Polen und die Infantin 34.
Isabella diese Ehre, als sie von der Belagerung von Breda
zurückkehrten.

Wenn er wenig Besuche machte, so hatte er dazu seine
Gründe; aber er hatte deren niemals, um sich von der Be-
sichtigung der Arbeiten der Maler, die ihn darum gebeten
hatten, frei zu machen; er sagte denselben seine Meinung mit
der Güte eines Vaters, und bisweilen gab er sich die Mühe,
ihre Bilder noch einmal zu übergehen.

Er tadelte niemals irgend ein Werk und fand Schönes in
jeder Art und Weise. Obwohl er in Italien und anderswo
viel gezeichnet und kopirt hatte, und obwohl er eine grosse
Zahl schöner Kupferstiche und antiker Schaumünzen besass,
so unterhielt er doch junge Leute in Rom und in der Lom-
bardei, die ihm dort das Schönste zeichneten, dessen er sich
dann bei Gelegenheit bediente, um seine Einbildungskraft zu 35.
reizen und seinen Geist anzuregen.

Da er beabsichtigte, für seine letzten Lebensjahre eine
noch grössere Ruhe zu suchen, als wie er sie schon genoss,
so kaufte er die Herrschaft Steen, zwischen Brüssel und
Mecheln gelegen: dorthin zog er sich bisweilen still zurück,
und dort malte er gern Landschaften nach der Natur, da das

Land ein angenehmes Ansehen hat und von Wiesen und Bergen
unterbrochen ist.

Es ist nicht genug eine einfache Kunstübung zu haben, um
zu studiren so wie er es in Italien gemacht hatte, man muss
auch unterrichtet und einer tieferen Ueberlegung fähig sein.
sowie er eine Menge Zeichnungen, die er mit der Feder gemacht hatte, mit Bemerkungen und Anführungen aus Schrift-
36. stellern begleitet hat. Ich habe ein Buch dieser Art von seiner
Hand gesehen, wo die Darstellungen und die Erläuterungen
neben einander standen. Es finden sich darin Beobachtungen
über die Optik, über die Lichter und die Schatten, über die
Proportionen, die Anatomie und die Baukunst, nebst einer
sehr merkwürdigen Untersuchung über die hauptsächlichen
Seelenbewegungen; ferner Gegenstände. welche Beschreibungen
bei Dichtern entnommen waren, nebst Darstellungen in Feder
nach den besten Meistern vornehmlich nach Rafael, um die
Malerei der Einen durch die Dichtung der Andern zur Geltung
gelangen zu lassen, (sei es, dass diese gewandten Maler nach
Grundsätzen gearbeitet haben oder lediglich nach der Vortreff-
lichkeit ihrer Begabung). Es fanden sich da Schlachten, Un-
glücksfälle, Spiele, Liebesgeschichten, Leibesstrafen, verschiedene
37. Todesarten und andere ähnliche Leiden und Ereignisse, wobei
man auch einige sah, die er nach der Antike gezeichnet hatte.[1]

Er hatte eine so grosse Gewandtheit in allen Theilen
seiner Kunst, dass er ebenso schnell malte als zeichnete: woher
es kommt, dass man beinahe ebenso viele kleine Gemälde
seiner Hand sieht, als er grosse gemacht hat, wozu jene die
ersten Gedanken und Entwürfe sind: und von diesen Entwürfen
giebt es sehr leicht und andere sehr sauber ausgeführte, je
nachdem er Das, was er zu machen hatte, mehr oder weniger
inne hatte, oder nachdem er Lust zu arbeiten hatte. Es sind
sogar solche darunter, die ihm gleichsam als Originale dienten.

---

[1] Ein solches Buch wird in Vertue und Walpole's „Anecdotes
of painting in England" 4. Aufl. London 1786. Bd. II. S. 147. beschrieben, auch bei A. van Hasselt S. 221/2 und Ph. Chennevières
Pointel, Recherches sur la vie de quelques peintres provinciaux etc.
III. Paris 1854 in der Anmerkung auf S. 225/9 besprochen.

und für welche er Studien nach der Natur hinsichtlich der Gegenstände gemacht hatte, die er in dem grossen Werke darstellen sollte; er änderte dann nur je nachdem er es angemessen fand. Hiernach seien Sie nicht erstaunt über die fast 38. endlose Zahl seiner Gemälde und darüber, wenn ich Ihnen sage, dass, ungeachtet der grossen Geschäfte, die er verpflichtet war zu verrichten, niemals ein Maler so viele Werke hervorgebracht hat. Wir sehen den grössten Theil derselben in Stichen, von denen die besten unter seiner Leitung durch Paul Pontius, Lukas Vorsterman, Bolswert und Peter de Jode, alle vier ausgezeichnete Arbeiter, ausgeführt sind.[1])

Endlich, nachdem er so nützlich für seinen Fürsten und sein Vaterland und so rühmlich für sich selbst gelebt hatte, starb er im Jahre 1640, 64 Jahre alt;[2]) er wurde in der Jakobskirche zu Antwerpen bestattet, wo seine Wittwe und seine Kinder zu seinem Andenken eine Kapelle erbauten, in der sie die folgende Grabschrift setzen liessen:

Dem besten höchsten Gott. 39.

Peter Paul Rubens, Ritter,

des Johann Schöffens dieser Stadt

Sohn, Gutsherr zu Steen

liegt hier,

---

[1]) Die Ausgabe von 1755, im „Receuil etc.". (S. 387, enthält an dieser Stelle noch folgenden Absatz:

„Er hatte mehrere Zöglinge, unter denen die berühmtesten sind: Pieter Soutmann, Maler des Königs Sigismund von Polen, Jan van Hoeck, Maler des Erzherzogs Leopold, Justus van Emgont, Erasmus Quellinus, der berühmte Bildhauer, der das Rathhaus in Amsterdam verziert hat, Anton van Dyck, Theodor van Thulden, der die Malereien im Chor und am Hochaltare des Irrenhauses zu Paris gemacht hat, Abraham van Diepenbeeck, ausgezeichneter Schlachtenmaler, und mehrere andere, die mir jetzt nicht in der Erinnerung sind.

[2]) Wegen dieser irrigen Zahl 64 — statt 63 — s. weiter oben S. 188 ff.

der neben andern Gaben, in denen er sich wunderbar
auszeichnete, nämlich der Gelehrsamkeit, der alten Geschichte
und allen schönen und feinen Künsten,
nicht allein für sein Jahrhundert
sondern auch für alle Zeiten
ein Appelles genannt zu werden verdiente;
u. der zur Freundschaft der Könige u. der angesehensten Männer
den Weg sich machte;
der von Philipp IV der Spanier und Inder Könige
unter des ehrwürdigen Rathes Schreiber aufgenommen;
und, zu Karl Gross-Britanien's Könige
im Jahre 1629 gesandt,
des bald darauf zwischen diesen Fürsten eingegangenen Friedens
Grundlagen glücklich legte.

Er starb im Jahre des Heils 1640, seines Alters LXIV.

Frau Helene Fourment, die Wittwe, und die Kinder
haben diese Kapelle, sammt Altar und Bild, der Gottesgebärerin
Verehrung gewidmet, dem Rubens'schen Andenken
mit willigem Herzen nach Verdienst[1]) erbauen und weihen lassen.
Ruhe er in Frieden.

--- --

[1]) Im Texte (s. S. 219 u. 225., L.. M. Diese Buchstaben bedeuten in
stehender Formel „libens (oder lubens' merito" also hier „libentes
merito," besonders bei Lösung eines Gelübdes, also namentlich auf
Inschriften und in Verbindungen, wie hier. von „poni dedicarique
curarunt." Die Lesung „libero munere" würde weniger gebräuchlich, obwohl dem Sinne nach auch hier passend sein. „L. M. D. D."
kommt in den Widmungen von Kupferstichen im siebzehnten Jahrhundert öfters vor.

4. Uebersicht

zur

Lebensgeschichte des Meisters.

Im Verlaufe meiner Beschäftigung mit der Rubens-Literatur sah ich mich veranlasst, diejenigen Thatsachen zur Lebensgeschichte des Meisters und diejenigen seiner Werke, welche urkundlich oder doch wenigstens durch sichere Zeugnisse festgestellt sind, übersichtlich in geschichtlicher Folge zu vereinigen.

Ich habe demnach die Angaben von Michel, welche bis in die neueste Zeit immer wiederholt wurden, nicht benutzt, wenn sie nicht anderweitig noch beglaubigt werden konnten. Dagegen sind viele Einzelnheiten, die bei Michel und dann in fast allen Büchern über Rubens vorkommen, berichtigt. Die Berichtigungen wurden begründet, oder es wurde der Gegenstand doch kritisch beleuchtet. Beispielsweise führe ich an, dass Rubens 1596 zu Otto Venius gekommen sei, dass Isabella Brant am 29 September 1626 gestorben sei, dass Rubens nach seiner Rückkehr aus England noch eine dritte Reise nach Spanien gemacht habe u. s. w. Auch wahrscheinliche Nachrichten, wenn sie nicht noch durch Urkunden oder wenigstens durch Zeugnisse aus andern guten Quellen beglaubigt waren, habe ich weggelassen. Dahin gehört z. B. der Besuch, welchen der Erzherzog Ferdinand nach dem Einzuge in Antwerpen, 1635, dem Künstler gemacht haben soll.

Eine erschöpfende kritische Untersuchung und Berichtigung aller irrigen und zweifelhaften Nachrichten konnte nicht beabsichtigt werden, da hierdurch die ganze Arbeit eine völlig andere Richtung erhalten haben würde.

Ich möchte es mir jedoch nicht versagen, beispielsweise einen Punkt besonders hervorzuheben. Nach Michel, Hist. de la vie de P. P. Rubens (S. 107), Smith, Cat. rais. (II. S. XLIII.), A. van Hasselt, Hist. de P. P. Rubens (S. 153/4), Roy, Vie de P. P. Rubens (S. 23), Sainsbury, Orig. unpubl. papers. (S. 156), Van der Straelen, Jaarboek der Gilde van Sint Lukas etc. (Antwerpen 1855. S. 98., C. Lemke in R. Dohme's Kunst und Künstlern: P. P. Rubens (S. 51) und Andern ist Rubens Dekan der Lukasgilde in Antwerpen gewesen, und zwar angeblich im Jahre 1631. Da aber der noch jetzt im Museum zu Antwerpen befindliche Stuhl von Rubens (No. 638), welcher mit diesem vorgeblichen Dekanat in Verbindung gebracht wird, die Jahreszahl 1633 trägt, so haben Einige, wie z. B. van der Straelen, das Dekanat in das Jahr 1633 verlegt. Wie fest man an dieser Ueberlieferung hält, beweist unter andern auch die Thatsache, dass der bei Gelegenheit der Rubensfeste zu Antwerpen im August 1877 auf dem Meyr erbaute Ehrenbogen neben andern Inschriften (s. oben S. 211.) auch diese trug: „Rubens deken der St. Lucasgilde MDCXXXI." (De vlaam. school. 1877. S. 181.) Aber schon Ertborn hatte in seiner 1806 herausgegebenen „Geschiedkundige aanteekening" über die Lukasgilde ausgeführt, dass Rubens niemals Dekan gewesen sei. Diese Ansicht ist begründet und durch die Herausgabe der „Liggeren" bestätigt worden. Rubens ist niemals Dekan der Lukasgilde gewesen. —

Endlich habe ich auch unerhebliche Nachrichten nicht in die „Uebersicht" mit aufgenommen. Auch hier will ich ein Beispiel anführen. Rubens war bei seinem Tode Besitzer von 24 Grundstücken oder liegenden Gütern (Génard, Aanteekn. S. 63 ff.), deren Erwerbung zum Theil nach Jahr und Tag urkundlich nachgewiesen ist, doch schien es eben nicht erheblich, dass er etwa am 14 Mai 1622 das Haus zum Stern in der Judenstrasse oder am 28 Juli 1627 acht Gehöfte auf dem

Hopland in Antwerpen gekauft hatte. Solche und ähnliche Vorkommnisse sind deshalb nicht berücksichtigt.

Ich erkenne an, dass man hinsichtlich der Grundsätze, nach welchem solche „Uebersicht" sich zusammenstellen lässt, verschiedener Meinung sein kann, und würde mich freuen, wenn eine umfänglichere, auf erweiterten Gesichtspunkten beruhende Arbeit ans Licht träte. Immerhin wird die vorliegende dem Rubensfreunde manche Vortheile gewähren können, und beständen die letzteren, in Verbindung mit den in den vorhergehenden und dem folgenden Aufsatze gegebenen Nachweisen, auch nur in der Bequemlichkeit, womit die Quellen in jedem einzelnen Falle zu ersehen sind. Dies ist vielleicht um so willkommener, als diese Quellen zum Theil entlegen und wenig bekannt sind. Ich habe es mir seit mehreren Jahren angelegen sein lassen, die Rubensliteratur zu sammeln und dabei erfahren, dass dies Geschäft mit einer Menge von Schwierigkeiten, Weiterungen und Hindernissen verbunden ist. Man kann in der That das Wort des Dichters, wenn auch etwas anders aufgefasst, hier anwenden: „Wie schwer sind nicht die Mittel zu erwerben, durch die man zu den Quellen steigt!" Es möchte einigen Vortheil gewähren, diese Quellen hier vorweg aufzuzählen, allein ich glaube, dass eine solche katalogmässige Zusammenstellung doch hier nicht am Orte sein würde. Ferner aber möchte ich glauben, dass die „Uebersicht" auch im Allgemeinen ein willkommenes Hülfsmittel sein dürfte, um den Lebensgang und die Wirksamkeit des Meisters sich anschaulich zu machen oder auch in das Gedächtniss zurückzurufen. Es ist ein Versuch, ein erster Versuch. Und so wird es sich denn auch von selbst verstehen, dass er seine Fehler, Mängel und Lücken haben dürfte.

Schon oft sind systematische und beschreibende Uebersichten der Werke von Rubens gemacht worden, wie

R. Hecquet. Catal. des estampes gravées d'après Rubens. Paris 1751.
F. Basan. Dasselbe Werk, durchgesehen und vermehrt als dritter Theil des Dictionnaire des graveurs etc. Paris 1767.

J. Smith, A „Catalogue raisonné". Bd. II und IX. London
    1830 und 1847.
A. van Hasselt, Histoire de P. P. Rubens, suivie du cat.
    général et raisonné de ses tableaux etc. Brüssel
    1840. (Auf Grundlage des Werkes von Smith.)
Alfr. Michiels, Catal. des tableaux et dessins de Rubens etc.
    Paris 1854. (Nach Smith.)
C. G. Voorhelm Schneevogt, Cat. des estampes grav.
    d'après P. P. Rubens etc. Haarlem 1873.
L'oeuvre de P. P. Rubens. (Kat. d. Ausstellung von 1877
    in Antwerpen). Zwei Auflagen. Antwerpen 1877
    und 1878, wie auch Brüssel 1878.

Aber es lag bisher eine geschichtliche Uebersicht des
Lebens und Wirkens des grossen Meisters noch nicht vor.
Rubens aber hat doch in der Zeit gelebt und seine Werke
sind doch nach einander geschichtlich entstanden. Der Versuch wird also seine volle Berechtigung haben. Er darf als
das Gerüst zu einer vollständigen Lebensbeschreibung angesehen werden, wenigstens so lange bis der „Codex diplo-
maticus Rubenianus" vorliegen wird, welchen die Stadt
Antwerpen, in Folge der an sie von dem kunstwissenschaftlichen Kongresse von 1877 gerichteten Aufforderung bearbeiten
lässt[1]). Darüber aber dürften doch noch manche Jahre hin-
gehen.

    Nun noch ein Wort über die Werke. Es sind hier nur
diejenigen berücksichtigt worden, welche entweder selbst mit
entsprechenden Bezeichnungen versehen sind, oder in Bezug
auf welche Briefstellen, Verträge, Quittungen oder andere
urkundliche Zeugnisse oder zweifellose Thatsachen die Zeiten
des Auftrages, der Entstehung oder Ablieferung nachweisen;
diesen Beweismitteln wurden auch bestimmte Angaben in den
Verzeichnissen öffentlicher Museen beigezählt, da anzunehmen
ist, dass solche Angaben, sofern sie nicht noch anderweitig
verbürgt werden, aus archivalischen Quellen, wie z. B. alten

---

[1] Compte-rendu du congrès artistique de 1877 etc. Antwerpen
1878. S. 371 ff. 426 ff.

Inventaren, die den Verfassern zur Verfügung standen, geschöpft wurden. Da nicht alle Werke von Rubens, welche so in irgend einer Weise beglaubigt sind, noch gegenwärtig nachweisbar sind, oder da verschiedene sogar nachweislich untergegangen sind, so sind hier natürlich auch einige solche mit aufgenommen, die verschollen oder vernichtet sind. Zeichnungen sind nicht berücksichtigt worden, auch die nicht, welche zu Stichen und anderen Vervielfältigungen bestimmt waren.

Verschiedene Werke von Rubens würden sich noch mehr oder weniger annähernd feststellen lassen, namentlich die, nach welchen, mit Jahreszahlen versehene Stiche vorliegen; aber ich wollte alle Wahrscheinlichkeitsrechnungen hier möglichst ausgeschlossen halten, und habe deshalb auch nur in einzelnen wenigen Fällen besonders begründete Ausnahmen gemacht. Immerhin bietet die sichere geschichtliche Folge dieser zeitlich nachweisbaren Werke — natürlich nur in soweit sie erhalten und zu sehen sind — ein vollkommenes Mittel dar, um die künstlerische Entwickelung des Meisters klar zu übersehen.

Möge nun die „Uebersicht" folgen.

1568. Die Eltern von Rubens, der Schöffe Dr. jur. Jan Rubens und Maria, geb. Pypelincx, flüchten mit ihren vier Kindern, wegen ihres evangelischen Bekenntnisses, vor Alba aus Antwerpen und lassen sich zu Köln nieder.

In Bezug auf die Nachweise zu den die Eltern und die Kindheit von Rubens betreffenden Angaben s. den hier (S. 167 u. ff.) vorhergehenden Aufsatz über den „Geburtsort" von Rubens. Wegen vorstehender Angabe insbesondere S. 176.

1571. März. Jan Rubens wird wegen Ehebruchs, begangen an Anna von Sachsen, Gemahlin Wilhelm's von Oranien, aufgehoben und nach Dillenburg in Haft gebracht.

> Siehe hier S. 182,3.

1573. 10 Mai. Jan Rubens wird aus dem Gefängnisse entlassen und nach Siegen gebracht. Zwangsaufenthalt daselbst. Vereinigung mit der Familie, die von Köln nach Siegen gezogen war.

> Siehe hier S. 183.

1577. 28 Juni. Geburt des Peter Paul Rubens zu Siegen.

> Der Rufname von Rubens war Peter. In den Liggeren der Antwerpener St. Lukasgilde (I. S. 401) wurde er bei seiner Aufnahme als Freimeister 1598 einfach nur als Peeter Rubbens verzeichnet, und ebenso wurde er in dem für ihn unterm 8 Mai 1600 ausgefertigten Pass (S. weiter unten das Jahr 1600) nur Peeter Rubbens genannt. Auch in weiteren Urkunden, wie z. B. den beiden städtischen Kämmerei-Anweisungen vom April und August 1610 (Génard, Aanteekeningen etc. S. 395) heisst er Peeter Rubbens. In den Papieren des Plantin-Moretus'schen Hauses endlich kommt er bis 1615 sogar immer nur einfach als Peter vor. Titels en portretten gesneden naar P. P. Rubens voor de Plantijnsche drukkerij. Antwerpen 1877. Text von M. Rooses. No. 30.) In Italien scheint er die Führung des Doppelnamens angenommen zu haben, der dann allmälich ganz ausschliesslich üblich wurde.

1578 nach dem 15 Mai. Die Familie nimmt ihren Wohnsitz wiederum zu Köln. Peter Rubens besucht daselbst die Schule.

> Siehe hier S. 184. Dass Rubens zu Köln die Schule besucht hat, geht aus den Nachrichten bei de Piles (S. 3.) hervor; siehe hier S. 250.

1587. 1 März. Tod des Jan Rubens.

> Siehe hier S. 177 und die Nachweise daselbst in Anmerk. 2.

1587. 27 Juni. Die städtischen Behörden von Köln stellen der Wittwe Maria Rubens ein Zeugniss, ihren Aufenthalt und ihre Führung in dieser Stadt betreffend, aus.

> Ennen, Geburtsort etc. S. 81. Vergl. auch hier S. 177/8, 184.

1589. Anfang des Jahres. Die Familie nimmt ihren Wohnsitz wieder zu Antwerpen.

> Man nahm an, dass Maria Rubens mit ihren Kindern im Jahre 1587, also bald nach der Ausstellung des Führungszeugnisses v. 27 Juni, Köln verlassen habe und nach Antwerpen zurückgekehrt sei, womit die Erklärung von Rubens in dem Briefe v. 27 Juli 1637 (Vergl. S. 177.), dass er bis zu seinem zehnten Jahre in Köln erzogen worden sei, übereinstimmt. Aber man weiss, dass Rubens in solchen Zahlen nicht immer ganz genau war (Vergl. S. 253.) und kann daher die Angaben einer schöffengerichtlichen Erklärung nicht anfechten, die F. J. van den Branden (Geschiedenis der Antw. schilderschool etc. Antw. 1878 ff. S. 380) mitgetheilt hat. Diese Erklärung gaben drei der Familie befreundete Männer am 24 November 1589 vor dem Schöffengerichte zu Antwerpen auf Ansuchen von Maria Rubens ab, und sie sagten unter Anderm darin, dass diese letztere „alhier bynnen deser stadt, . . . van Colen, over omtrent drye vierendeelen jaers, is commen woonen." Diese Erklärung wurde von ihnen beschworen. Die Abwickelung der Verhältnisse in Köln scheint also seit jenem Führungszeugniss noch anderthalb Jahre in Anspruch genommen zu haben, und Rubens wäre dann nicht bis zu seinem zehnten, sondern bis in sein zwölftes Jahr hinein, mehr als zehn Jahre lang, von Mitte 1578 bis Ende 1588 oder Anfang 1589 zu Köln erzogen worden. Zu bemerken ist übrigens noch, dass es in jenem Führungszeugniss ausdrücklich heisst, die Wittwe wohne noch in Köln, woraus hervorgeht, dass sie in Betreff ihres Wegzuges Bestimmtes noch nicht geäussert hatte. Die Wittwe hatte bei ihrer Rückkehr nach Antwerpen ihre drei jüngeren Kinder, Philipp, Peter und Blan-

1589.   dina bei sich, während der älteste Jan Baptist bereits
seit dem Frühling 1586 in Italien weilte.

Rubens besucht in Antwerpen die Schule.

Fast überall findet man, dass Rubens das Kolle-
gium der Jesuiten besucht habe; vermuthlich ist dies
auch richtig, da „le Collége", von dem de Piles spricht
(S. 3), schwerlich ein anderes als das der Jesuiten sein
dürfte.

1590 oder 1591. Rubens dient vorübergehend der Gräfin
Lelaing als Page.

Bei de Piles S. 4. In Bezug auf die Person dieser
Gräfin Lelaing vergl. M. Rooses, Geschiedenis der
Antw. schilderschool etc. S. 259.

Er geht zu Tobias Verhaegt in die Lehre.

In der Unterschrift von Tobias Verhaegt's Bildniss
in Corn. de Bie's „Gulden-Cabinet", das C. van Cau-
kercken nach Otto Venius gestochen hat, liest man:
„il este premier maistre du fameux P. P. Rubens."
Ferner meldet Sandrart in seiner „Teutschen Akademie"
im Leben des „Tobias Ver Hoech" (II. S. 289), dass
Rubens „ihn seinen ersten Lehrmeister genannt", und
im Leben des Rubens (II. S. 290) nochmals, dass dieser
um die Malerei „zu erlernen bei Tobias Ver Hoch
aufgedinget" worden sei. Vergl. auch Houbraken
I. S. 63. Tobias Verhaegt (1561—1631) war durch
seine Frau Susanna, geborne van Mockenborch, mit der
Rubens'schen Familie verschwägert (F. J. van den
Branden, Gesch. d. Antw. schilderschool etc. S. 385 ff.),
und dies Verhältniss wird Grund und Anlass gewesen
sein, den jungen Peter ihm in die Lehre zu geben.

Das Museum zu Brüssel hat unlängst eine grosse
Landschaft, welche

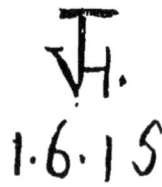

1590/1   bezeichnet ist, erworben. Dieselbe stellt den Kaiser
Max auf der Martinswand in Tyrol dar und ist, auf
Grund des mitgetheilten Zeichens, dem Tobias Verhaegt
zugeeignet worden. Sie ist ganz in der älteren vlämischen
Art gehalten, doch ist der Baumschlag und besonders
sind die Tannen sehr ungelenk ausgeführt. Auch die
Figuren erscheinen nur mittelmässig. Von diesem
Manne konnte Rubens demnach nicht viel lernen.

**Rubens tritt bei Adam van Noort in die Lehre, wo
er einige Jahre blieb.**

De Piles. S. 4. — Branden (Geschiedenis etc. S. 389)
behauptet, dass Rubens 1592 zu Adam van Noort gekommen sei, doch bringt er keine Beweismittel dafür
bei. De Piles spricht von „quelques années,“ die er
bei diesem Meister zugebracht hat; da er nun 1594 zu
Otto Venius ging, ist es wahrscheinlich, dass er schon
1591 zu A. van Noort kam.

1594.   **Er geht behufs weiterer Ausbildung zu Otto Venius,
wo er 4 Jahre blieb.**

Bei de Piles S. 4, wo es ausdrücklich heisst: „Il
passa ensuite quatre ans sous la discipline d'Otho
Venius.“ Da er 1598 Meister wurde, muss er also 1594
zu Venius gekommen sein. Die Angabe bei Michel
(S. 23), dass dies 1596 geschehen, erscheint demnach als
falsch.

1598.   **Er wird als Meister in die Lukasgilde zu Antwerpen
aufgenommen.**

Liggeren. I. S. 401.

1600.   **9 Mai. Rubens tritt die Reise nach Italien an.**
**Erster Aufenthalt in Venedig, und in Mantua
beim Herzoge Vincenzo I Gonzaga.**

Die Urkunden zum Aufenthalte in Italien sind von
A. Baschet in der Gazette des beaux arts von 1866, 67
und 68 (Band XX. 401 ff., XXII. 305 ff. XXIV. 326 ff.
479 ff.), sowie im VI Bande des Werkes „El Arte en
España,“ jedoch besser noch bei A. Rosenberg, Rubensbriefe etc. S. 11—36.) mitgetheilt worden. — Nach

18*

1600.   Michel, Histoire de la vie de P. P. Rubens etc. (S. 26.)
hätte Rubens auf der Reise nach Italien den Weg durch
Frankreich genommen. Der für ihn unterm 8 Mai 1600
ausgestellte Pass ist bei Génard, Aanteekeningen etc.
S. 337/8. abgedruckt.

Die künstlerische und kunstgeschichtliche Bedeutung
des italienischen Aufenthaltes von Rubens hat Edgar
Baes in der, von der Brüsseler Akademie gekrönten
Preisschrift: „Le séjour de Rubens et de van Dyck en
Italie." (Brüssel 1878.) behandelt.

1601 vom Juli ab. Erster Aufenthalt in Rom.

Rubens malt im Auftrage des Erzherzogs Albrecht
einen dreiflügeligen Altar mit der „Kreuzfindung"
als Mittelbild und der „Dornenkrönung" und
„Kreuzigung" als Flügeln für die Kapelle der heiligen
Helena bei S. Croce in Gerusalemme.

G. Baglione, Le vite de' pittori etc. 1642. (Ausg. v.
Neapel 1733 S. 247). Nach A. van Hasselt, Histoire de
P. P. Rubens (S. 19 und 243.) sind diese Gemälde 1811
nach England gebracht und daselbst weiter verkauft
worden. Die „Kreuzigung," welche der Graf Woronzoff
erworben hatte, ging 1821 im Meere unter. Wo die
andern beiden Stücke sind, ist nicht bekannt.

1602. 20 April. Rubens befindet sich, von Rom zurückgekehrt, wieder in Mantua.

1603 vom März bis vermuthlich zum April des Jahres 1604.
Sendung im Auftrage des Herzogs von Mantua an
den Hof von Madrid.

Zwei Gemälde: „Heraklit und Demokrit"; in Valla-
dolid als Geschenke des Herzogs Vincenzo an den
Grafen Lerma gemalt; jetzt im Museum des Prado zu
Madrid (No. 1601/2).

Ausser Baschet s. Cruzada Villaamil. S. 81. 363.

Kopie nach Tizian's „Adam und Eva"; im Museum
des Prado zu Madrid (No. 1613).

S. weiter unten die Bemerkung zu den, 1628 in Madrid gemalten Bildern.

1604 vom 24 Mai ab. Rubens bezieht vom Herzoge von Mantua ein Jahrgeld von 400 Dukaten.

Zweiter Aufenthalt in Venedig.

De Piles. S. 8.

Dreiflügeliger Altar mit der „Dreifaltigkeit, Christi Taufe und Verklärung" für die Jesuitenkirche zu Mantua; das Mittelbild auf der Bibliothek daselbst erhalten, jedoch in zwei Stücken, dem obern mit der Dreifaltigkeit und dem untern mit der Familie Gonzaga.

> Im Museum zu Antwerpen (No 652) befindet sich ein Kolossalbild, die „Taufe Christi", welches 1876 durch Vermächtniss von J. de Bom dahin gelangt ist und welches M. Rooses (Geschiedenis etc. S. 266) als einen Theil dieses Altarwerkes ansieht. Letzteres erscheint jedoch nicht begründet. Siehe F. J. van den Branden, Geschiedenis etc. S. 422, und vergl. auch P. Mantz in der Gaz. d. beaux arts. 1882. Bd. XXV. S. 13 ff.

oder vielleicht schon früher, jedenfalls zu Mantua gemalt: „Allegorie auf einen siegreichen Helden;" in der Gallerie zu Dresden (No. 829).

> Hübner's Katalog der Dresdener Gallerie.

Freie Kopie eines Theiles von Mantegna's „Triumphzug des Julius Cäsar"; in der National-Gallerie zu London (No. 278.).

> Die Gemälde Mantegna's, jetzt in Hamptoncourt, befanden sich damals in Mantua; die Kopie kann also nur dort gemacht sein. Vergl. Waagen, Kl. Schriften. S. 248.

1605 vom Ende des Jahres oder von Anfang 1606 bis Mitte Juni 1607. **Zweiter Aufenthalt in Rom.**

> Rubens Bruder Philipp befindet sich gleichfalls zu Rom. Beide Brüder vollziehen am 4 August 1606 in ihrer eignen Wohnung, strada della croce (Rione di campo Marzo), vor Notar und Zeugen eine Erklärung zu Gunsten ihrer Mutter.
>
> A. Bertolotti, Artisti belgi ed olandesi a Roma nei sec. XVI e XVII etc. Florenz 1880. S. 138-140. —

1605/7.   Génard, Aanteek. S. 366. Bei Bertolotti heisst der Notar Alex. de Myse, bei Génard Alex. de Wyse.

Gemälde für den Hauptaltar in der Chiesa nuova
(S. Maria in Valicella) zu Rom.

S. die Bemerkung bei der Wiederholung vom Jahre 1608.

1607 vom Juli ab. Aufenthalt in Genua.

Die „Beschneidung Jesu" für den Hochaltar der
Kirche S. S. Andrea ed Ambrogio (Jesuitenkirche); noch
jetzt daselbst.

Nach den Urkunden ist es unbestimmbar, wie lange
Rubens in Genua blieb. Der Hof von Mantua, bei
dem er sich befand, verweilte daselbst vom 4 oder
5 Juli bis zum 24 August. (Gaz. des beaux arts 1868.)
Ob er aber auch gleichzeitig mit demselben die Stadt
verlassen habe, ist nicht ersichtlich. Die allgemeine
Vermuthung, sowie die Thatsache, dass er in Genua
zahlreiche Verbindungen hatte, die zu Aufträgen veranlassten, sprechen für einen längeren Aufenthalt. Dies
bestätigen auch die Angaben bei de Piles (S. 10.),
wonach „Rubens, unter allen Städten Italien's, in denen
er verweilte, sich am längsten in Genua aufgehalten
habe." Man müsste hiernach sogar einen wiederholten
Aufenthalt in Genua annehmen, und man könnte dann
erst begreifen, wie es möglich war, dass Rubens ausser
dem Altarbilde für S. S. Andrea ed Ambrogio verschiedene Bildnisse und andere Gemälde ausgeführt
habe, die sich zum Theil noch in Genua, zum Theil an
andern Orten (z. B. „Bildniss der Marchesa Brigitta
Spinola und der einen Prinzessin Grimaldi" bei Herrn
Bankes in Dorsetshire u. s. w.), befinden. Doch nahm
Rubens auch Aufträge von Genua, aus Italien nach
Hause mit, was das Altarbild des h. Ignatius (S. das
Jahr 1620) beweist. Würde man eine Irrung bei de
Piles annehmen, so könnte Rubens in Genua selbst
nichts oder nur sehr wenig Ausgeführtes gemalt, sondern nur Entwürfe und Skizzen gemacht, und er müsste
dann die fertigen Bilder erst später aus Antwerpen
übersandt haben. Jetzt befinden sich noch an 20
mehr oder weniger grosse Werke von Rubens in Genua.

1607.   In der National-Gallerie zu London sind allein 5 Bilder von Rubens, die aus Genua stammen.

Wegen der Herausgabe der architektonischen Aufnahmen der Paläste Genua's „Palazzi di Genova" s. das Jahr 1622.

4 August. Der Erzherzog Albrecht richtet von Brüssel aus, auf Ansuchen der Angehörigen von Rubens, ein Schreiben an den Herzog von Mantua mit dem Ersuchen, Rubens in seine Heimath zu entlassen.

Gazette des b. arts. XXIV. (1668) S. 331/2.

1608 von Anfang des Jahres. Dritter Aufenthalt in Rom. Wiederholung des Gemäldes für den Hauptaltar der Chiesa nuova in drei getrennten Stücken; noch daselbst.

Baglione, Vite de' pittori etc. 1642. (Ausg. v. Neapel 1733. S. 247). Ueber die Gemälde in der Chiesa nuova (S. Maria in Valicella) liest man bei Platner und Urlichs (Beschreibung Rom's etc. S. 524) Folgendes: „Das Gemälde des Hauptaltares zeigt ein Marienbild, welches Engel in Kindesgestalten emportragen und andre als Jünglinge gebildet verehren. Jenes Marienbild bedeckt ein andres, welches auf der Mauer gemalt ist und nur bei feierlichen Gelegenheiten gezeigt wird. In den andern beiden Gemälden — zu beiden Seiten an der Tribune — sind die Heiligen vorgestellt, deren Reliquien unter dem Hauptaltar aufbewahrt werden: nämlich die h. Domitilla mit den H. H. Nereus und Achilleus, und der h. Gregorius nebst den H. H. Maurus und Papias." Aehnliches liest man in dem grösseren Werke von Platner, Bunsen u. A. „Beschreibung der Stadt Rom" (III. 3. S. 395). — Man bezieht nun meist den ursprünglichen Auftrag und die Thatsachen, die aus den bezüglichen Briefen von Rubens vom 2 Dezember 1606, 9 Juni 1607, 2 und 23 Februar 1608 (Gaz. d. beaux arts 1867/8.) hervorgehen, irrigerweise auf diese drei Bilder, während es sich ursprünglich durchweg immer nur um ein Werk, ein Bild, ein Gemälde, eben das für den Hauptaltar handelt.

1608.   Dies hatte Rubens im Juni 1607, bis auf die letzte
Uebergehung vollendet, in Rom zurückgelassen, er
fand aber, als er zu Anfang des Jahres 1608 nun an
Ort und Stelle die letzte Hand anlegen wollte, wie
schon Baglione berichtet, das Licht am Hauptaltar zu
schlecht für das sehr sorgfältig durchgeführte Bild.
Er zog dies deshalb zurück und begann in den nüch-
sten Monaten eine Wiederholung in drei Stücken zu
malen, die an dem bestimmten Orte besser wirken
sollte. Diese Stücke sind noch da.

Das erste Bild hat Rubens, nachdem der Herzog
von Mantua auf den Ankauf nicht eingegangen war,
in die Heimath mitgenommen und es dann im nördlichen Kreuzarm der St. Michaels-Abteikirche zu Antwerpen auf einem marmornen Altar aufgestellt. An
diesem Orte befanden sich die Gräber seiner Mutter und
seines Bruders Philipp, und später wurde daselbst auch
seine Frau Isabella bestattet. Michel, der das Bild an
diesem Orte 1771 noch sah, bemerkt deshalb, wie es
scheint, nicht mit Unrecht, dass es dort „als Grabdenkmal für seine ganze Familie hätte dienen" sollen.
(S. 37. 83.) Dies Gemälde entführten die Franzosen
und schafften es im Jahre 1811 nach Grenoble, wo es
noch heute die Hauptzierde des dortigen Museums
bildet. Es stellt in seinem oberen Theil jenes Marienbild
von Engeln in Kindesgestalt umgeben dar, im untern
die genannten sechs Heiligen. Rubens trennte also im
Jahre 1608, als er die Wiederholung malte, den Gegenstand seines ersten Werkes in drei Theile: das Haupt-
stück wurde jenes Marienbild allein, dem er unten noch
Engel als Jünglinge hinzufügte; die sechs Heiligen
wurden auf die beiden Seitenstücke vertheilt. Ueber
das Bild in Grenoble handelt ausführlich M. Reymond,
in seinem „Étude sur le musée de tableaux de Grenoble"
(Paris und Grenoble 1879. S. 89—110.), wo man auch
eine Photographie desselben findet. Clement de Ris
in der „Gaz. d. beaux arts" (1860. VII. S. 166) und danach in seinen „Musées de province" (2. Aufl. S. 174)
hat es nur allgemein besprochen. Alfr. Michiels (L'art
flam. dans le midi de la France. S. 357 ff.) ist in seiner
Darstellung ganz ungenau.

Soweit ist Alles völlig klar. Rubens zog die erste

1608.   Ausführung zurück und malte eine zweite in drei Theilen. Aber die zeitlichen Umstände in Bezug auf die Ausführung dieser letzteren drei Bilder, die eben noch jetzt in der Chiesa nuova sind, erscheinen nicht genügend aufgeklärt. Nach den Urkunden, die A. von Zahn durch Theyner aus dem Archive dieser Kirche erhielt und die er im „Journal des beaux arts," v. 1867 S. 101 mittheilte, unterzeichnete Rubens am 25 Oktober 1608, kurz vor seiner Abreise aus Rom, eine Quittung über 200 Scudi auf „Abschlag der Bezahlung, die ihm zukam für 3 Bilder, die er gemalt hat (tre quadri, quali io ho dipinto) im Chor dieser Kirche;" und dennoch heisst es weiter, dass „die beiden seitlichen Bilder ihm nach Abrede, jedes mit 200 Scudi bezahlt werden sollen, innerhalb dreier Jahre, jedes Jahr 100 Scudi und 100 sobald sie beendigt seien. (e cento subito finiti.)" Die Schlusszahlung von 80 Scudi wurde im März 1612 geleistet. Vergl. auch Bertolotti S. 186. Das Wahrscheinlichste möchte nun vielleicht sein, dass Rubens die beiden seitlichen Bilder nur in den Entwürfen oder vielleicht selbst angefangen von Rom nach Antwerpen mitgenommen, dass er sie hier vollendet und dann wieder nach Rom gesandt habe.

    Hervorgehoben muss noch werden, dass Rubens in dem Briefe vom 2 Februar 1608 (bei Rosenberg S. 31), worin er nach Mantua über den Stand der Angelegenheit berichtete, sagte, er wolle die Wiederholung „auf Stein oder andrem Grunde, der die Farben lebhaft hält (?), malen, damit sie nicht Glanz von jenen verwünschten Lichtern empfingen." („ . . dipignendola in pietra o materia che corba li colori a fine che non ricevono lustro da quei perversi lumi.") In Uebereinstimmung hiermit steht Baglione's Angabe, dass die Engel auf einem der seitlichen Bilder „in Oel auf Schiefer gemalt" seien. (dipinti ad oglio sulle lavagne.)

    Bei de Piles (S. 9.) wird von den Entwürfen zu den drei Bildern gesprochen, die Rubens aus Italien heimbrachte und die zu jener Zeit, also 1676, in der St. Michaels-Abtei zu Antwerpen hingen.

19 Oktober. Tod von Rubens Mutter in Antwerpen.

Verachter, Généalogie de Rubens. S. 10.

1608. 26 Oktober. Rubens empfängt die Nachricht von der schweren Erkrankung seiner Mutter und verlässt, anscheinend am 29sten, Rom.

> Brief an Chieppio aus Rom vom 28 Oktober 1608 bei Baschet und auch bei Génard, Aanteekn. S. 387/9. — Siehe hier S. 253. Anmerk. 2.

1609. 8 August. Der Erzherzog Albrecht und die Infantin Isabella lassen eine goldne Kette mit ihren Bildnissen anschaffen, um sie Rubens zu verleihen.

> A. Pinchart, Archives des arts, sciences et lettres. Gent 1860/3. II. S. 170. — Die Kette ist von dem Hofgoldschmied Robert Staes in Brüssel für 300 Gulden gekauft worden, in Gemässheit einer Kassenanweisung des erzherzoglichen Schatzmeisters Joachim van Encenhear vom 8 August 1609. Die Verleihung selbst wird also einige Tage später stattgefunden haben.

23 September. Rubens wird zum Hofmaler des Erzherzogs und der Infantin mit einem Jahrgeld von 500 Pfunden vlämisch ernannt; zugleich erhält er Freiheit von Steuern und Abgaben und wird auch davon befreit, seine Schüler bei den Gilden einschreiben zu lassen.

> Gachard, Particularités etc. S. 5. 7. ff. — Derselbe, Histoire politique et diplomatique de P. P. Rubens. S. 5. Siehe auch: 1610 den 20 Januar, und weiter oben S. 203 ff.

Er wird Mitglied der Gilde der Romanisten in Antwerpen.

> Antw. Liggeren. I. S. 397. — Diese Gilde der Romanisten bestand seit dem 29 Juli 1574 bei der St. Georgskirche als „Brüderschaft der Heiligen Peter und Paul". Sie nahm nur Mitglieder auf, die in Rom gewesen waren, woher der Name. Rubens, welcher 1614 Dekan war, schenkte derselben die Bilder der genannten beiden Apostel. (Verachter, tombeau. S. 3. Anm. 3. — Liggeren. I. S. 401.)

1609. 13 Oktober. Hochzeit mit Isabella Brant. Tochter des Stadtschreibers Johann Brant von Antwerpen.

> Verachter, Généal. S. 13. — Th. van Lerius im Album der St. Lukasgilde (Antw. 1855). S. 46. 56. 66. — Génard, Aanteekeningen. S. 407/8.

Rubens malt für den Erzherzog eine „heilige Familie;" jetzt in der Wallace'schen Sammlung zu London.

> Michel, Histoire. S. 49. — Waagen, Kleine Schriften. S. 252.

Bestellung des Altarwerkes für die Brüderschaft des heiligen Ildephons bei der Jakobskirche auf dem Kaudenberg zu Brüssel; jetzt in der Gallerie zu Wien. Der Entwurf in der Eremitage zu Petersburg. (No. 557.)

> Michel, Hist. S. 50 ff. — Génard, Aanteekeningen. S. 415. — B. von Koehne's Kat. der Eremitage.

1610. 9 Januar. Rubens leistet den Eid als Hofmaler.

> Gachard, Partic. S. 8/9.

20 Januar. Erzherzoglicher Erlass an den Stadtrath von Antwerpen, die Rubens gewährte Steuerfreiheit betreffend.

> Pinchart. II. S. 170. — Die Steuerfreiheit war eine Folge der Stellung von Rubens zum Hofe, wie das aus dem Patente vom 23 September 1609 deutlich hervorgeht: „ . . . et au surplus aux droitz, honneurs, libertez, exemptions et franchises accoustumez et y appartenans, et dont joyssent aultres nos domesticques et serviteurs de nostredict hostel par tous les lieux de nostre obéissance, . . " Durch die Eidesleistung vom 9 Januar trat Rubens rechtlich und thatsächlich erst in diese Stellung ein, und nunmehr wurden auch die städtischen Behörden seines Wohnortes angewiesen „que le faciez jouir de l'exemption et franchise des impostz et assises etc." Diese Abgaben-Freiheit hat Rubens bis an sein Ende genossen. (Vergl. Génard, Aanteek. S. 72. Anmerk. 2.)
> Den städtischen Behörden von Antwerpen waren solche Ausnahmestellungen natürlich keinesweges lieb-

1610.   sam, und sie machten deshalb wiederholt Versuche,
dieselben zu erschüttern, so z. B. 1607 in Bezug auf
Otto Venius (Revue d'hist. et d'archéol. III. Brüssel. 1862.
S. 95/6. Vergl. auch Messager d. sciences hist. etc. 1868.
S. 328.) oder 1610 in Bezug auf Jan Breughel. (A. Pinchart, Archives des arts etc. II. S. 174.) Einen Erfolg
hatten diese Schritte jedoch nicht. Auch gegen Rubens
selbst wurden Versuche unternommen, so dass dieser
unterm 8 August 1630 deswegen eine ernstliche Beschwerde an den Stadtrath richtete. (F. J. van den
Branden, Geschiedenis etc. S. 541/2.). — Vergl. hier
S. 203 ff.

29 September. (St. Michaelstag.) Rubens, gemeinschaftlich mit seiner Frau Isabella Brant, stiftet bei dem Grabe
seiner Mutter in der St. Michaelsabtei zu Antwerpen
ein Gedenkstück mit einem Gemälde der „Maria mit
dem Kinde" von seiner Hand.

Verzameling der graf- en gedenkschriften van de
provincie Antwerpen. IV. S. 54. — S. weiter unten die
Bemerkung zum Jahre 1626: Tod von Rubens Frau
Isabella.

„Bildniss von Rubens und seiner Frau in einer
Geissblattlaube sitzend"; in der Pinakothek zu München
(No. 256.)

Marggraff's Katalog.

Altarbild der „Aufrichtung des Kreuzes;" im Dome
zu Antwerpen.

Zur Geschichte dieses Bildes: Grimbergen, Historische Levensbeschryving van Rubens. S. 390/2. — Liggeren. I. S. 578. — Rubens empfing als Bezahlung 2600
Gulden.

„Anbetung der Könige;" im Museum des Prado zu
Madrid (No. 1559).

Ausführliche Geschichte und Beschreibung des Bildes bei Génard, Aanteekeningen. S. 395. ff. — Vergl.
auch Cruzada Villaamil. S. 340/2, der die Entstehung

1610. des Bildes irrig in Rubens zweiten Aufenthalt zu Madrid, 1628, setzt.

Rubens erhält von der Stadt Antwerpen eine silberne Schale für seine der Stadt geleisteten Dienste.

Die Anweisung zur Zahlung des Betrages von 82 Gulden 18½ Stüber für diese Schale erging unterm 20 August 1610 (Branden, Geschied. der Antw. schilderschool etc. S. 490). Da die Anweisungen für die Bezahlung der eben genannten „Anbetung der Könige," welche Rubens für die Stadt Antwerpen gemalt hatte, unterm 29 April mit 1000, und unterm 4 August mit 800 Gulden (Génard, Aanteekeningen etc. S. 395.) ergangen waren, das Gemälde aber allgemein den grössesten Beifall gefunden hatte, so scheint es, dass die Schale dem Künstler noch als besondere Ehrengabe, zum Zeichen der allgemeinen Anerkennung, von den Vätern der Stadt dargebracht worden ist. Diese Gabe in Verbindung mit Diensten zu bringen, die Rubens am Hofe zu Brüssel seiner Stadt geleistet habe, wie es Branden thut, erscheint nicht begründet oder nachweisbar.

1611. 4 Januar. Rubens kauft für 7600 Gulden eine Baustelle auf dem Wapper (seit 1828 Rubensstrasse) und beginnt den Bau seines palastartigen Hauses zu Antwerpen.

Génard, Aanteekeningen. S. 442 ff., wonach die Angabe des Antwerpener Museums-Kataloges, dass der Kauf am 14 Januar 1611 abgeschlossen sei, zu berichtigen ist. Zwei Ansichten des Hauses wurden 1684 und 1692 von (Jakob?) Harrewyn gestochen. Ansichten und Aufrisse der erhaltenen Theile finden sich bei E. Buschmann, P. P. Rubens und eine Beschreibung des Hauses bei de Piles S. 11 ff. Eine kunst- und baugeschichtliche Würdigung dieser Unternehmung hat A. Schoy in seinem Aufsatze „Rubens architecte et décorateur" in der Zeitschrift L'Art 1881. I. S. 174 ff. gegeben. — Siehe auch hier: 1627 den 28 Juli.

24 August. Tod des Stadtschreibers Philipp Rubens, (geb. den 27 April 1574), älteren Bruders von Peter Paul.

Verachter, Généal. S. 11.

1611. 7 September. Auftrag der Armbrustschützen zu dem
Bilde der „Kreuzabnahme;" im Dome zu Antwerpen.

> Die urkundlichen Nachrichten über dies Werk bei
> Grimbergen. S. 412, bei Génard, Aanteekn. S. 456 u. a.
> a. O. Diese Nachrichten erweisen die Sage, wonach
> die Entstehung des Bildes mit dem Bau der Mauer
> zwischen den Grundstücken von Rubens und der
> Colveniersgilde im Jahre 1615 zusammenhängen sollte,
> als irrig. Vergl. Génard, Aanteekeningen. S. 447.
> Anmerk. 2.

„Männliches Bildniss"; Privatbesitz in England.

> Nach Smith IX. S. 340 (No. 359) mit der Jahreszahl
> 1611 bezeichnet.

1612. „Anbetung der Könige;" im Louvre zu Paris
(No. 427).

> Villot's Katalog.

Auftrag und Entwurf zu dem „Altarbilde des h. Bavo"
für den Dom zu Gent; noch daselbst. Eine Wiederholung in kleinerem Maasstabe in der National-Gallerie
zu London (No. 57.).

> Nach dem Briefe von Rubens an den Erzherzog
> Albrecht vom 19 März 1614, bei Pinchart II. S. 168,
> der, obgleich der Gegenstand des Bildes daselbst nicht
> genannt wird, sich doch ohne Zweifel auf dies Werk
> bezieht.

„Wolfsjagd"; im Besitze des Lord Ashburton in London.
Eine kleinere Wiederholung in Corshamhouse bei
Chippenham.

> Smith, Catal. raisonné. II. S. 273. — Waagen, Kunst-
> werke in England II. S. 84. und 312. — Ich habe aller-
> dings für die in diesen Schriften gemachte Angabe, dass
> das Bild 1612 für den spanischen General Legranes
> gemalt sei, eine urkundliche Beglaubigung nicht ge-
> funden, doch scheint Smith die, das Gemälde bei den
> Verkäufen begleitenden Papiere eingesehen zu haben.
> Ich habe das Werk deshalb hier aufführen zu müssen
> geglaubt.

1613. „Jupiter und Kallisto"; in der Gallerie zu Kassel. (No. 177.)

> Nach dem Kasseler Kataloge mit Namen und Jahreszahl bezeichnet.

1614. 5 Juni. Geburt des ältesten Sohnes Albrecht. Erzherzog Albrecht ist Taufzeuge.

> Verachter, Généal. S. 13.

„Flucht nach Aegypten"; in der Gallerie zu Kassel (No. 176).

> Nach dem Kasseler Kataloge mit Namen und Jahreszahl bezeichnet.

„Trauer um den Leichnam Christi"; im Belvedere zu Wien. (1 Stock. Niederl. III. No. 35.)

> Bezeichnet: P. P. RVBENS. F. 1614.

„Jupiter und Antiope": Privatbesitz in Brüssel.

> Nach M. Rooses (Comte-rendu du congrès art. de 1877 etc. S. 359) mit der Jahreszahl 1614 bezeichnet.

1615. „Bildnisse des Erzherzogs Albrecht und der Infantin Isabella", von denselben an den Marques de Siete-Yglesias nach Spanien gesandt.

> Rubens empfing für beide Bilder zusammen 300 Gulden. A. Pinchart, Archives II. S. 172.

Gemälde der „Maria mit dem Kinde", für den Erzherzog Albrecht und die Infantin Isabella.

> Rubens empfing für dies Bild 300 Gulden. Pinchart II. S. 172.

1616. „Männliches Bildniss": in der fürstl. Liechtenstein' schen Gallerie zu Wien. (No. 177.)

> Nach J. Falke's Katalog bezeichnet: „ÆTAT. SVÆ 27 anno 1616."

1617. Das grosse „jüngste Gericht:" in der Pinakothek zu München (No. 258). Der Entwurf in der Gallerie zu Dresden (No. 842).

1617.   Vielleicht ist das Bild auch bereits im Jahre 1616
fertig geworden, da es 1617 schon in der Kirche zu
Neuburg aufgestellt wurde. (Marggraff's Katalog.) Rubens schrieb unterm 28 April 1618, dass er ein Weltgericht in sehr grossem Maasstabe für den Herzog
von Neuburg gemalt und 3500 Gulden dafür erhalten
habe. (Carpenter, Mémoires et docum. etc. trad de L.
Hymans. S. 172.)

Altarwerk mit der „Anbetung der Hirten," für die
St. Johanneskirche zu Mecheln; noch daselbst.

Die Bestellung erging unterm 27 Dezember 1616,
die Aufstellung fand im September 1617 statt, die
Schlusszahlung des auf 1800 Gulden festgesetzten
Preises erfolgte am 12 März (oder Mai?) 1624. (Grimbergen S. 433/5. — Neefs, Invent. hist. des tabl. etc. à
Malines. S. 111). Facsimile der Quittung vom 12 März
(oder Mai?) 1624 bei Smith, A „Catalogue raisonné".
Bd. II. und bei Hasselt. S. 109. — Neuere Mittheilungen
zur Geschichte des Bildes bei Ruelens, P. P. Rubens:
documents et lettres. S. 2 ff.

1618 oder früher.   Darstellungen aus der Geschichte des
Consuls Decius Mus als Vorlagen zu gewirkten
Teppichen.

Nach dem Briefe vom 16 Mai 1618 an Carleton
(Carpenter; Ausg. v. L. Hymans S. 194.) hatte Rubens
diese Vorlagen bei dem Werkmeister in Brüssel niedergelegt. Wieviel es ihrer waren und wie sie ausgeführt
waren, weiss man nicht; er nennt sie „Cartoni", womit
schwerlich blosse Kohlenzeichnungen auf Papier,
schwarz oder farbig, gemeint sind. Nach Smith (II.
S. 182. No. 633) wurden allerdings 1779 „vier grosse Kartons" mit Decius-Darstellungen zu Brüssel für 1500 Gulden verkauft; aber die sechs Decius-Gemälde in der
Liechtenstein'schen Sammlung zu Wien (No. 89—94)
stehen, da „die Figuren zum Theil linkshändig erscheinen" (J. Falke's Katalog S. 12), jedenfalls auch mit
dieser Unternehmung in Beziehung. Zwei der Entwürfe
befinden sich zu München. (No. 247 und 921.) Nach
F. J. van den Branden's Meinung, (Geschied. der Antw.

schilderschool etc. S. 702), welche sehr viel für sich hat, sind die sechs Stücke bei Liechtenstein nach diesen Entwürfen, von denen zweie zu München erhalten sind, von A. van Dyck gemalt worden.

15 Januar. Privilegium zum Schutze der Rubens' schen Kupferstiche in den Ländern der spanischen Krone auf 12 Jahre.

> Das Privilegium ist Rubens selbst noch einmal und seinen Erben auch noch einmal auf je 12 Jahre erneuert worden; es lief ab am 15 Januar 1654. Messager des sciences historiques. 1868. S. 338/9.

23 März. Geburt des zweiten Sohnes, Nikolaus.

> Verachter. Généal. S. 14.

Mai. Rubens erwirbt die Antikensammlung des Sir Dudley Carleton, englischen Gesandten im Haag, gegen Ueberlassung von 9 seiner eigenen Gemälde und Zahlung von 2000 Gulden.

> Carpenter. Ausg. v. L. Hymans S. 163—205, bes. 202. — Ueber die Beziehungen zwischen Rubens und Carleton, welche diesem Geschäfte vorangingen. s. Smith. Cat. raisonné IX. S. 234—241.

Die „Verstossung der Hagar"; beim Herzog von Westminster (Grosvenor-Gallerie) in London.

> Carpenter. S. 192. — Waagen, Kunstwerke in London II. S. 116.

Altarwerk mit dem „Fischzug Petri" für die Kapelle der Fischergilde in der Liebfrauenkirche zu Mecheln; noch daselbst.

> Das Werk wurde im Jahre 1618 abgeliefert. Rubens empfing dafür 1600 Gulden. (Grimbergen. S. 439. — Neefs, Inventaire hist. d. tabl. etc. S. 84.

„Löwenjagd;" in der Pinakothek zu München (No. 245.

> Marggraff's Katalog. Derselbe behauptet, indem er sich auf Carpenter (S. 172) bezieht, dass dies Bild „urkundlich 1618 gemalt" sei. Dies ist jedoch nicht

1618.   ganz richtig. Denn Rubens spricht an der angezogenen Stelle von einer Löwenjagd, „die ein Schüler von ihm angefangen habe nach einem (Bilde), das er für den Herzog von Bayern gemacht" habe (appresso uno chio feci per il Ser<u>mo</u> di baviera). Das Münchener Bild kann deshalb auch früher entstanden sein.

„Bildnisse des Charles de Cordes und seiner Frau Jacqueline van Caestre"; im Museum zu Brüssel (No. 437/8).

Fétis' Katalog.

1619. „Communion des heiligen Franciscus"; im Museum zu Antwerpen (No. 305).

Rubens Bescheinigung über den Empfang von 750 Gulden, als Preis dieses Gemäldes, vom 17 Mai 1619 ist bei Grimbergen S. 394, im Antwerpener Kataloge und a. a. O. mitgetheilt.

Oktober. Privilegium zu Gunsten der Rubens'schen Stiche für das Königreich Frankreich.

Gachet. S. 1. Vergl. auch daselbst S. 3, sowie II. Hymans, Hist. de la grav. dans l'école de Rubens etc. S. 70. Auf Grund dieses Privilegiums, welches 1632 erneuert oder erweitert wurde (Sainsbury. S. 263. No. XXIV.), strengte Rubens vor dem Parlamente von Paris einen Prozess gegen einige Nachstecher an, über den man Nachrichten aus den Jahren 1635 und 1636 besitzt; s. daselbst.

„Amazonenschlacht"; in der Pinakothek zu München (No. 917).

Marggraff's Katalog giebt „um 1619 gemalt" an.

1620. 23 Februar. Erlass der General-Staaten, durch welchen Rubens das Privilegium für seine Stiche in den vereinigten Niederlanden auf sieben Jahre gewährt wird.

Chronique des arts. 1878. S. 61/2. In Bezug auf die Vorverhandlungen s. Génard, Aanteekeningen etc. S. 51 u. Sainsbury S. 248. Vergl. auch H. Hymans, Hist. de la gravure etc. S. 65 ff. Den Nachstechern war die Einziehung der Platten und eine Strafe von 100 Carolus-gulden angedroht..

Juli. Rubens beginnt das „Bildniss des Grafen und der Gräfin Arundel", letztere „mit ihrem Zwerg, ihrem Hund und ihrem Narren"; in der Pinakothek zu München (No. 244.).

Carpenter etc. Ausg. v. L. Hymans. S. 9 ff. Aller-dings ist in dem, hier aus der Tierny'schen Arundel-Geschichte mitgetheilten Briefe eines Agenten des Grafen Arundel an diesen, vom 17 Juli 1620, nur von einem „Bilde der Frau Gräfin mit Robin, ihrem Zwerg, ihrem Hunde und ihrem Narren" die Rede, und es wird dazu noch gesagt, dass Rubens später Ausführung und Studien an den Grafen schicken wolle. Man kann des-halb zweifelhaft sein, ob in dieses Bild hinein später auch der Graf gemalt sei, oder ob Rubens dasselbe noch einmal mit dem Grafen wiederholt habe. In jedem Falle sind die Studien zu dem Münchener Bilde im Juli 1620 begonnen worden.

Ein einzelnes Bildniss des Grafen befand sich im Nachlasse von Rubens (No. 97. s. hier das Jahr 1640 den 8. Juni). Vielleicht ist dies dasjenige, welches sich jetzt in Warwickcastle befindet (Smith. II. No. 1128. Waagen, Kunstw. in England II. S. 364) und dessen Entstehung Waagen (Kleine Schriften etc. S. 270) in die Zeit des Londoner Aufenthaltes von Rubens setzt

Ueber den Grafen Arundel, den „évangéliste pour. le monde de l'art", und dessen Sammlungen vergl. Waagen, Kunstwerke in England etc. I. S. 30. 34., Ruelens, Docum. et lettres etc. S. 99 u. A. —

Gemälde des „heiligen Ignatius"; in der Cappella di S. Ignazio bei S. S. Andrea ed Ambrogio zu Genua; bestellt von Nic. Pallavicini, vermuthlich 1607.

Gazette d. beaux arts. 1868. XXIV. S. 334.

Die „Geburt Christi" und
Die „Ausgiessung des heiligen Geistes";
beide in der Pinakothek zu München (No. 252 u. 290.).

1620.   Marggraff's Katalog. Mit Bezug auf die daselbst
gemachten Bemerkungen darf erwähnt werden, dass
Rubens selbst die Bilder als „natività di Cristo" und
„spirito santo" bezeichnet. Die Ablieferung erfolgte in
der Mitte des Jahres 1620, die Zahlung bestand in
3000 Gulden. Siehe die Briefe von Rubens an den
Pfalzgrafen Wolfgang Wilhelm im „Archiv f. d. Gesch.
des Niederrheins" und danach auch im „Journ. d. beaux
arts." 1868. S. 89 ff.

und folgende Jahre. 39 grosse Gemälde für die Jesuitenkirche zu Antwerpen, die jedoch bis auf 3 am
18 Juni 1718 verbrannten. Erhalten sind:
Die „Himmelfahrt Mariä",
Der „heilige Ignatius Loyola, Besessene heilend",
und
Der „heilige Franz Xaverius, Wunder wirkend";
alle drei im Belvedere zu Wien.
Der „heilige Ignatius", ganze überlebensgrosse Figur:
in Warwickcastle bei Warwick.
Waagen, Kunstwerke in England. II. S. 367.

Vier Entwürfe zu den Gestalten der Heiligen Basilius,
Athanasius, Gregorius und Augustinus; im Museum zu
Gotha. (No. 83/6.)
Der Auftrag erfolgte mittelst Vertrages vom 29 März
1620. mitgetheilt bei Grimbergen S. 403 und von Reiffen
berg in den Schriften der Akademie zu Brüssel.

oder etwas später „Himmelfahrt Mariä"; im Museum
zu Brüssel (No. 287).
Da der Stich von P. Pontius nach diesem Bilde bereits mit der Jahreszahl 1624 bezeichnet ist, schien es
richtig, die Entstehung des Werkes in die zunächst
vorangehenden Jahre zu setzen. Vergl. Fétis' Katalog
des Brüsseler Museums.

1621.   29 März. Rubens empfängt 530 Gulden für das Altar-
gemälde des h. Josef in der Karmeliterkirche zu
„Morlane-lez-Namur", welches er im Auftrage des Erzherzogs Albrecht und der Infantin Isabella gemalt hatte.

1621. Gachard, Particularités etc. S. 27. Pinchart, Archives.
II. 172. — Michel. S. 197.

„Maria mit dem Kinde", umgeben von Blumen u. s. w.,
die Jan Breughel gemalt hatte; für den Kardinal Federigo
Borromeo, Erzbischof von Mailand.

> Briefe Jan Breughel's vom 5 September und 29 Ok-
> tober 1621 bei G. Crivelli, Giovanni Brueghel etc. (Mai-
> land 1868) S. 271 ff. Crivelli unterstellt, dass dies Bild
> jetzt in Paris sei, und er kann dann nur das im Louvre
> unter No. 429 befindliche im Auge haben; jedoch würde
> hierfür der Beweis mit den jetzt zur Verfügung stehen-
> den Mitteln nicht wohl zu führen sein. Der Louvre-
> Katalog ist denn auch ganz andrer Ansicht.

bis Anfang 1622. Erster Aufenthalt in Paris, wohin
die Königin Maria de' Medici den Künstler gerufen
hatte.

> Ueber die Reisen nach Paris und die Luxem-
> burg-Gemälde: Villot's Katalog vom Louvre, und
> die Briefe bei Gachet, sowie bei Gachard (Hist. pol. et
> dipl. S. 29), welche durch ihre Datirung den Aufenthalt
> von Rubens zu Antwerpen oder Paris nachweisen;
> ferner Ruelens. S. 55 ff.

„Bildniss des Hendr. van Vicq", holländischen Gesandten in Paris; im Louvre daselbst (No. 458).

> Villot's Katalog.

1622. 29 April. Erlass der Infantin Isabella an den Rath
von Antwerpen, worin diesem aufgegeben wird, Rubens
gegen die Nachstellungen eines Uebelthäters, der
angeblich dessen Tod geschworen hatte, zu schützen.

> Pinchart. II. S. 174. Vergl. auch H. Hymans, Hist.
> de la grav. etc. S. 108,9.

Der Erzbischof von Mailand, Cardinal Federigo Borromeo übersendet Rubens eine goldene Schaumünze
mit dem Bildnisse des h. Karl Borromäus, wofür dieser
unterm 8 Juli dankt.

1622.   G. Crivelli. S. 299; mit Facsimile des Dank-
schreibens. — S. oben das Jahr 1621.

Herausgabe der „Palazzi di Genova."

Dass Rubens nur der Herausgeber und Verleger
dieses Werkes, nicht aber der Verfasser und Zeichner
war, geht aus der Vorrede desselben deutlich hervor.
Hierauf hat Ruelens in seinen „Docum. et lettres"
(S. 107) schon klar hingewiesen. Ruelens giebt auch
(S. 101 ff.) Mittheilungen über die verschiedenen Ausgaben dieses Werkes und berichtigt dadurch verschiedene anderweitige falsche Angaben. Aber auch bei ihm
laufen noch Irrungen mit unter, weshalb ich Folgendes
anführe.

Das herzogliche Museum zu Braunschweig
besitzt zwei Exemplare des Werkes, die einige weitere
Aufklärung geben.

Das eine Exemplar enthält die eigentlichen und
ursprünglichen „Palazzi di Genova", 72 Tafeln unter
diesem einfachen Titel:

PALAZZI
DI
GENOVA.

ohne allen weiteren Zusatz, mit der Widmung an Carlo
Grimaldo vom 29 Mai 1622 auf besonderem Blatte, der
Vorrede „Al benigno lettore" und, auf deren Rückseite,
dem Erlaubnisserlass der „Censura". Dass diese 72 Tafeln zu dieser Vorrede gehören, geht daraus hervor.
dass Rubens in letzterer sagt, er habe unter die Darstellungen der Paläste nicht die Namen von deren
Eigenthümern setzen lassen, weil diese auf den von ihm
zu Genua käuflich erworbenen und gesammelten Zeichnungen selbst sich nicht befanden, mit Ausnahme von
zweien. Und in der That sind auf den Tafeln nur zwei
Paläste, Doria-Tursi und Aug. Pallavicini, benannt
No. 67/9), während die übrigen mit den Buchstaben A-K
bezeichnet sind. Dieses aus 72 Tafeln bestehende Werk
ist, nach meiner Ansicht, Alles, was Rubens selbst
herausgegeben hat. Es misst bei durchgehends genü-
gendem und meist sehr reichlichem Plattenrande 0,45 m H.
zu 0,35 m Br. Diesem Werke ist eine zweite Abthei-

lung von 67 Tafeln vorgebunden, unter dem Titel „Palazzi moderni di Genova raccolti e designati da Pietro Paolo Rubens. In Anversa, appresso Giacomo Meursio. Anno M.DC.I.II." Dieselbe Vorrede, jedoch in anderer Druckeinrichtung, und dieselbe „Censura" sind beigegeben. Auf den Tafeln, welche nicht bloss Paläste, sondern auch Kirchen darstellen, sind die Bauwerke sämmtlich benannt. Die Platten sind ganz ungleich gross, so dass ein Theil der Tafeln geknifft ist, während ein anderer, da ältere Abdrücke benutzt wurden, durch Papieransätze vergrössert werden musste.

Das zweite Exemplar, welches 0,54 m hoch und 0.40 m breit ist, wurde, inschriftlichem Vermerke auf dem Titel gemäss, im Jahre 1660 vom Verleger Jakob Meurs dem Jesuiten-Kollegium zu Mecheln geschenkt. Es besteht aus denselben zwei Abtheilungen. Die erste aus 72 Tafeln bestehende liegt in neuen Drucken, ohne Vorrede, unter demselben Titel „Palazzi moderni u. s. w." vor, welchen in dem andern Exemplar die zweite Abtheilung hat. Diese zweite Abtheilung führt hier den Titel „Palazzi antichi u. s. w."; sie hat auch die Vorrede und die Censura in derselben Druckeinrichtung wie dort. Die Abdrücke sind aufgeklebt oder geknifft.

Soweit ich diesen Thatbestand übersehen und erkennen kann, ist die Herausgabe der zweiten Abtheilung lediglich eine Unternehmung des Verlegers Jakob Meurs. Schon der Gegensatz in den Titeln Palazzi moderni und antichi ist derartig, dass man unmöglich Rubens solche Sinnlosigkeit zutrauen kann; denn die in der einen Abtheilung dargestellten Paläste sind grade so „antichi" oder „moderni" wie die in der andern. Der Unterschied kann sich nur auf die beiden Folgen, die alte und die neue, der Herausgabe beziehen. Die Anordnung in dem ersten Braunschweiger Exemplar ist demnach die richtige, und die in dem zweiten Exemplar ist eine falsche. Da letzteres von Meurs selbst verschenkt wurde, bezeugt dieser Umstand, dass er sachlich und inhaltlich diesem Werke sehr fern stand. Letztere Thatsache geht auch sehr bestimmt daraus hervor, dass Meurs seiner neuen Folge die Vorrede

1622.   des ursprünglichen Werkes ruhig vordrucken liess, obwohl sie zu derselben inhaltlich garnicht passt, und
dass er seiner neuen Ausgabe des ursprünglichen
Werkes, wie sie in dem zweiten Braunschweiger
Exemplar vorliegt, diese ihm zugehörige Vorrede sogar
entzog. Die Angabe auf den Titeln beider Folgen
„designati da P. P. Rubens," welche angesichts der
eigenen Erklärungen des Künstlers unwahr ist, bezeugt
augenfällig, dass Rubens mit diesen Titeln und Ausgaben nichts zu schaffen gehabt haben kann.

Der „Boeckvercooper Jacobus van Meurs" wurde
im Gildejahr 1643/4 Freimeister zu Antwerpen (Ligg. II.
S. 151). Sein Geschäftsbetrieb kann also erst zu dieser
Zeit begonnen haben, und es möchte wahrscheinlich
sein, dass er Exemplare des ursprünglichen Werkes der
72 Tafeln nebst den zugehörigen Platten, sowie Platten,
Drucke und Zeichnungen, aus denen er die neue Folge
zusammenstellte, aus dem Rubens'schen Nachlasse, aus
erster oder zweiter Hand, erworben hat. Zweimal ist
über die Veräusserungen von „printen, teekeningen ende
anderssints" aus dem Nachlasse mit Jakob Moermans
abgerechnet worden, und zwar am 16 August 1641 über
2685 Gulden 17 Stüber und am 24 Oktober 1645 über
2034 Gulden 7 Stüber. (Antw. Archievenblad II. S. 94.
No. CVIII und S. 96. No. CXV.) Möglich erscheint es,
dass in letzterem Posten das Kaufgeld für die Drucke,
Zeichnungen und Platten eingeschlossen war, die jedenfalls 1652 Eigenthum von Jakob Meurs waren. Dass es
Meurs nur auf die kaufmännische Ausbeutung dieses
Eigenthums abgesehen hatte, dass er aber vom Inhalt
des Werkes selbst nichts verstand, lehren seine Ausgaben nur allzudeutlich. —

Ueber die bau- und kunstgeschichtliche Bedeutung
der „Palazzi di Genova" verbreitete sich A. Schoy in
dem Aufsatze „Rubens architecte et décorateur etc."
in der Zeitschrift L'art. 1881 I. S. 154 ff.

bis 1625. 21 Gemälde zur „Geschichte der Maria de'
Medici" für den Luxemburg-Palast in Paris; jetzt im
Louvre daselbst (No. 434—454).

Sechszehn der eigenhändigen Entwürfe zu diesen

1622. Bildern in der Pinakothek zu München (No. 886 ff.), die übrigen in der Eremitage zu Petersburg (No. 567—571). Ein erster Entwurf zur „Vergötterung Heinrich's IV." München. No. 891) in der Pinakothek zu Turin (No. 340). Ferner drei an die Folge dieser Gemälde sich anschliessende Bildnisse der Maria de' Medici und deren Eltern Ferdinand von Toscana und Johanna von Oesterreich, gleichfalls im Louvre (No. 455—457).

> S. oben die Bemerkung zum Jahre 1621/22: Erster Aufenthalt in Paris u. s. w.

1623. Rubens ist „Consultor (Radsman) van de grcote latynsche sodaliteit" zu Antwerpen.

> Liggeren. I. S. 401.

im Sommer, längstens bis Anfang August: Zweiter — Aufenthalt in Paris.

> S. oben die Bemerkung zum Jahre 1621/2: Erster Aufenthalt in Paris u. s. w.

30 September. Die Infantin weist für Rubens, in Anbetracht der dem Könige geleisteten und noch zu leistenden Dienste, ein Monatsgeld von 10 Thalern auf die Festung Antwerpen an, welches später erhöht wurde und 1630 40 Thaler (Kronen) betrug.

> „ . . . diez escudos de entretenimiento al mes en el castillo de Anveres . . . " Gachard, Histoire 6. 7. 265.

1624. 5 Juni. König Philipp IV. von Spanien verleiht Rubens den Adel und die Infantin ernennt ihn, vermuthlich bald danach, zu ihrem Kammerherrn.

> Gachard, Hist. S. 7 ff. — Derselbe, Particularités. S. 10 ff, besonders auch S. 14.

September. Rubens malt zu Brüssel im Auftrage der Infantin das „Bildniss des Prinzen von Polen", nachmaligen Königs Wladislaus IV.

> Gachard, Hist. etc. S. 26. Dies Bildniss ist noch in demselben Jahre 1624 von Paul Pontius gestochen worden (Voorhelm Schneevogt. S. 171/2', doch ist sein Verbleib unbekannt.

1624. „Anbetung der Könige"; im Museum zu Antwerpen (No. 298).

Katalog des Antwerpener Museums.

1625. Februar bis Juni. Dritter Aufenthalt in Paris. Rubens vollendet und übergiebt die Medici-Gemälde.

> Briefe an Valavès v. 26 Dezember 1624 und 10 Januar 1625, bei Ruelens. S. 20 ff. 28 ff. Danach ist Rubens mit den Gemälden nach vierzehntägiger Reise spätestens am 4 Februar 1625 in Paris angekommen. Am 13 Mai schrieb er von dort noch an Peiresc, am 12 Juni jedoch bereits wieder von Antwerpen. (Ruelens S. 41 ff. — Gachet. S. 13 und 14.)

11 Mai. Rubens wohnt der Trauung des Königs Karl I von England, vertreten durch den Herzog de Chevreuse, und der Prinzessin Henriette Marie in Notre-Dame zu Paris bei; er entgeht der Lebensgefahr beim Einsturz der Tribüne, auf der er stand.

> Brief an Peiresc vom 13 Mai 1625, bei Ruelens S. 41 ff. — S. auch Gachard, Hist. S. 46.

24 Mai. Ankunft des Herzogs von Buckingham in Paris, in dessen Begleitung der Maler Gerbier sich befindet.

> Gachard, Histoire etc. S. 47. — Ueber B. Gerbier schrieb J. Staes in der Vlaamschen School 1880. S. 50 ff. Sein Bildniss in C. de Bie's Gulden-Cab. S. 249.

Rubens malt das „Bildniss Buckingham's"; im Palazzo Pitti zu Florenz (?).

> De Piles, Vie de Rubens. Ausg. v. 1681. S. 16. Das im Palazzo Pitti unter No. 324 befindliche Bildniss Buckingham's dürfte eine Wiederholung sein.

„Flucht des Loth"; im Louvre zu Paris (No. 425).

> Nach dem Louvre-Katalog mit dem Namen des Meisters und der Jahreszahl 1625 bezeichnet.

7 Juli Abends. Die Infantin Isabella langt, aus dem durch Spinola eroberten Breda kommend, in Antwerpen

1625. an, wo sie sich mehrere Tage aufhält, Rubens besucht
und sich von ihm malen lässt.

> De Piles (S. 34) berichtet, dass der Prinz Siegismund
> von Polen die Infantin begleitet habe; nach Bellori
> (S. 148) habe sich auch Spinola im Gefolge befunden. —
> Vergl. Ruelens. S. 68.

–   September. Reise nach Dünkirchen zur Infantin, von
da in deren Auftrag an die deutsche Grenze zu einem
Fürsten und dann wiederum nach Dünkirchen.

> Briefe von Rubens an Valavès vom 19 September
> und 18 Oktober 1625. Gachet. S. 16 ff.

1626– 1628. Rubens unterhält einen regelmässigen Briefwechsel politischen Inhalts mit P. Dupuy in Paris.

> Aus der Zeit vom April 1626 bis August 1628 liegen
> 51 Briefe von Rubens an Dupuy vor, und schon die
> Daten mehrerer derselben beweisen, dass regelmässig
> jede Woche ein Brief abgesandt wurde. So z. B. folgen
> sich Briefe am 22 und 29 Oktober, 5, 12 und 19 November
> 1626, am 20 und 28 Mai, 4 und 10 Juni 1627, am 13, 20 und
> 27 April 1628 u. s. w. Diese wöchentliche Regelmässig-
> keit wird durch Aeusserungen bestätigt, wie z. B. „Non
> ho scritto la settimana passata, perchè etc.“ — „La mede-
> sima causa . . . mi ha similmente interrotto questo
> ultimo ordinario etc.“ (Gachet. S. 199 und 202; vergl.
> auch daselbst S. 215.) Dass auch Wechselseitigkeit
> stattfand, bezeugen mehrere Stellen. Einmal spricht
> Rubens davon, „di poter sodisfare alla nostra corri-
> spondenza“ (Gachet. S. 173), ein andres mal bittet er
> Dupuy, ihn wissen zu lassen „quello, che de ciò è per-
> venuto alla sua notitia“, und er fügt hinzu, dass er ihn
> dadurch sehr verpflichten wird (Gachet S. 189.) u. s .w.
> Rubens selbst forschte eifrig nach Neuigkeiten, die er
> dann an Dupuy berichtete. So schreibt er am 22 Ja-
> nuar 1627, wo er nach achttägiger Fahrt von der Reise
> nach Paris in Brüssel zurück war: „De nove non
> tratterò adesso, perchè non ho tempo ancora d'infor-
> marmene etc.“
> Es scheint, dass dieser Briefwechsel Rubens mit
> politischen Nachrichten versorgen sollte, die ihm für

1626.   die Zwecke, welche er als Diplomat verfolgte, förderlich sein konnten. Mit der Abreise nach Madrid im
August 1628 bricht der Briefwechsel ab, und nur noch
zwei spätere Schreiben an Dupuy, je eines aus den
Jahren 1629 und 1630, sind vorhanden. Dies beweist,
neben dem Inhalte der Briefe, dass die Verbindung mit
Dupuy nicht auf persönlicher Freundschaft beruhte,
sondern einen bestimmten sachlichen und geschäftlichen
Zweck hatte. Für Dupuy mochte dieser vermuthlich
darin bestehen, dass er die Rubens'chen Nachrichten
für die Zeitschrift „Mercure français" verwenden konnte;
Rubens spricht in seinen Briefen mehrere male, z. B.
am 25. Juni 1627 (Gachet S. 122), von diesem „Mercurio".
Gachard hat diesen merkwürdigen politischen Briefwechsel als solchen in seiner „Hist. pol. et dipl." nicht
in Berücksichtigung gezogen.

Pierre Dupuy und sein Bruder Jacques waren kgl.
Bibliothekare (gardes de la Bibliothèque du roi) zu
Paris. (Arch. d. l'art franç. I. S. 82.)

bis 1630. Folge von Gemälden zur „Geschichte Hein-
rich's IV. von Frankreich"; im Auftrage der Königin
Maria de' Medici; unvollendet geblieben. Erhalten sind:
Die „Schlacht von Ivry" und
Der „Einzug in Paris"; beide in den Uffizien zu
Florenz (No. 146/7).
Die „Einnahme von Paris," Entwurf im Museum
zu Berlin (No. 798 E.) und das zugehörige Seitenstück
bei Sir R. Wallace in London.

Die Gegenstände der einzelnen Bilder waren im
Februar 1626 noch nicht festgestellt. (Gachet S. 36.)
Der Sturz der Königin Maria de' Medici im Jahre 1631
machte der Arbeit ein Ende. Vergl. Villot's Louvre-
Katalog bei No. 434. — Meyer-Bode's Katalog der
Berliner Gallerie.

Gemälde der „Himmelfahrt Mariä"; im hohen Chor
des Domes zu Antwerpen.

Am 27 Februar wurde der Gottesdienst im hohen
Chore eingestellt, damit Rubens das Bild an Ort und
Stelle vollenden konnte; doch erschien es zu klein und

wurde auf Beschluss des Kapitels vom 24 April ver-
breitert, danach am 11 Mai 1626 endgültig aufgestellt.
Liggeren I. S. 402/3.

vermuthlich im Juni. spätestens Anfangs Juli: Tod von
Rubens Frau Isabella.

Aus Rubens Briefe an Dupuy vom 15 Juli 1626
(Gachet S. 49) geht hervor. dass Isabella nicht lange
zuvor gestorben war; er dankt für das ihm ausgesprochene Beileid und sagt: „Io veramente ho perso
una buonissima compagna etc." Die älteren Angaben, dass der Todestag der 29 September gewesen
(Michel. S. 154, Verachter, Généal. S. 13 und an vielen
a. O.), sind demnach falsch. Vergl. auch die Anmerk.
bei Gachet S. 51. Man kann den Ursprung dieser
falschen Angaben erkennen.

Die im Jahre 1608 verstorbene Mutter von Rubens
war in der St. Michaels-Abtei zu Antwerpen bestattet worden, ebenso Philipp Rubens und später
wurde auch Isabella Rubens, geborne Brant, daselbst
beerdigt. Ausser den Grabschriften der Mutter und
Philipp's war dort ein Gedenkstück angebracht
worden, welches aus einem Gemälde der Maria mit
dem Kinde von Rubens Hand und einer Widmung.
in angemessener Umrahmung. bestand. (S. oben das
Jahr 1610. 29 Sept.) Die „Verzameling der graf- en
gedenkschriften der provincie Antwerpen" (IV. S. 54
giebt darüber Folgendes:

*Gedenkstuk versierd met een tafereel, verbeeldende O.-L.-V.
met het Kindeken Jesus. Geschilderd door P.-P. Rubens.*

MATRI VIRGINI
hanc tabulam a se pictam,
de suo ornatam.
pio affectu ad opt. matris sepulcrum
commune cum uxore ISABELLA BRANT
sua sibi die PETRUS PAULUS RUBENS
L. M. D.
ipso D. Michaelis Archangeli.
anno CIƆ. IƆC. X.

1626.   Diese Inschrift hatte Michel (S. 154) falsch wiedergegeben und noch falscher verstanden. Er veränderte
das Jahr 1610 in 1626, nahm an, dass diese Widmung
die Grabschrift der Isabella Brant sei, und liess diese
nun am Tage des h. Michael, also am 29 September,
1626 sterben. Das haben die Anderen denn getreulich
nachgeschrieben. Grimbergen (S. 146) zwar giebt
die Widmung richtig auch mit der richtigen Jahreszahl
1610, aber er übersetzt dennoch, Rubens habe dies
Gemälde

uit godvruchtige eerbied
aen het gemeene graf
van zyne voortreffelyke moeder
en van zyne huisvrouwe
Isabella Brant
toegewyd
op S. Michielsdag
1610.

Also sechszehn Jahre lang genoss Isabella bei Lebzeiten die Ehre der Todten! Aus der Mitstifterin wurde
sie zur Mitbegrabenen gemacht.

Diese Irrungen sind gewiss durch das geschraubte
Latein der Inschrift, in welchem sich eine künstelnde
Gelehrsamkeit verräth, veranlasst worden, doch hat
jedenfalls auch eine gewisse Oberflächlichkeit stark
mitgewirkt. Meines Erachtens muss der Text, wie folgt,
verstanden werden: „Der Jungfrau-Mutter weihet dies
von ihm gemalte und auf eigene Kosten ausgestattete
Gemälde, in frommer Anhänglichkeit an das Grab seiner
vortrefflichen Mutter, gemeinsam mit seiner Frau Isabella Brant, Peter Paul Rubens, mit willigem Herzen
nach Verdienst, grade am Tage des göttlichen Erzengels
Michael (des Titelheiligen der Abtei) im Jahre 1610.“

Adolf Rosenberg, der in seinen „Rubensbriefen“
(S. 104) jener irrigen Auffassung folgt, meint: „dass
Rubens der Jungfrau Maria das Bild im Jahre 1610
geweiht und die auf seine Gattin bezügliche Zeile der
Weihinschrift erst nach dem Tode derselben — (1626) —
hinzugefügt hat.“ Diese Unterstellung bedarf nach dem
Gesagten keiner Erörterung.

1626.

Ebenso wenig ist es nöthig, über die Ausführungen Michel's und Rosenberg's in Betreff des Gegenstandes des gestifteten Gemäldes etwas zu sagen. Die „Verzameling" lässt hier nicht den geringsten Zweifel zu. Zwar ward die Michaelsabtei, nachdem sie seit der Franzosenzeit verschiedenen fremden Zwecken hatte dienen müssen, am 27 Oktober 1830, während der Belagerung von Antwerpen, in Brand geschossen und vernichtet, so dass das fragliche Gedenkstück nicht mehr vorhanden ist. Aber die Quellen, welche die Herausgeber der „Verzameling" in der Vorrede des IV Bandes aufführen, und der Bericht, den sie über deren Benutzung geben, gewähren die Bürgschaft, dass die Inschriften u. s. w. in echter, urkundlicher Form mitgetheilt sind, und dass nicht da, wo sie ein Madonnenbild aufführen ein Gemälde des h. Gregorius mit andern Heiligen (S. oben die Bemerkung zum Jahr 1608. Dritter Aufenthalt in Rom) gehangen habe.

Die St. Michaelsabtei lag an der südwestlichen Spitze des alten Antwerpen. Heute steht dort das Zeughaus.

Rubens zahlt an die Lukasgilde als ausserordentliches Todtengeld für seine Frau 110 Gulden.

Liggeren. I. S. 627.

– – Reise von etwa 4 Wochen nach Holland. Er besucht in Utrecht Honthorst und lernt in dessen Werkstatt den jungen Sandrart kennen, der ihn auf der ferneren Reise begleitet.

Der Gewährsmann für diese Angabe ist Sandrart selbst. (Teutsche Akademie II Theil. S. 291.) Er spricht aus eigenster Erfahrung, und sein Bericht ist nicht anzuzweifeln. Rubens kam danach „bald" nach dem Tode Isabella's, „um die Traurigkeit zu vergessen", nach Utrecht und dort, wie auf der weiteren Reise „bis an die brabantische Grenze" zurück, blieb Sandrart sein steter Begleiter. Es leuchtet ein, dass diese Reise einen diplomatischen Zweck nicht haben konnte, da sonst die Begleitung eines fremden jungen Deutschen dem Bevollmächtigten des Königs von Spanien hätte hin-

1626.   derlich sein müssen. Die diplomatische Reise fällt in
das folgende Jahr, was schon Basan (S. XXIX.) und
K. L. Klose (Raumer's hist. Taschenb. v. 1856 S. 225
klar und ausführlich dargelegt haben. Wenn deshalb
Gachard (Hist pol. et dipl. S. 60. Anmerk 4.) behauptet,
dass durchweg nur von Einer Reise nach Holland,
derjenigen im Jahre 1627, die Rede sein könne, so hat
er, wie es scheint, Basan's Ausführungen nicht beachtet
und Sandrart's Bericht übersehen. Dass die Reise im
Jahre 1626 nach dem Tode Isabella's wirklich statt
fand, wird auch durch Rubens eigene Aeusserung in
dem Briefe vom 15 Juli 1626 an Dupuy gestützt: „Io
crederei un viaggio esser proprio per levarmi dinanzi
molti oggietti, che necessariamente raffrescono il dolore
etc." Er wollte aus seiner Häuslichkeit, wo eine Menge
Gegenstände seinen Schmerz frisch erhielten, heraus,
und seine Phantasie durch neue Eindrücke, „che non
danno luoco alla recidiva del cordoglio", anregen. Dies
war der Zweck dieser Reise. Der Zweck der Reise
im Jahre 1627 war ein diplomatischer, und der äusserliche Vorwand derselben war das Kaufgeschäft mit
Buckingham. Siehe das Jahr 1627.

von etwa Ende des Jahres bis Januar 1627.   Vierter
Aufenthalt zu Paris, vermuthlich in Angelegenheiten
der Gemälde Heinrich's IV.

Nach den Rubens'schen Briefen an Dupuy vom 19
November 1626 und 22 Januar und 18 Februar 1627.
(Gachet. S. 83 ff.) Die Reise war auf etwa einen Mo-
nat veranschlagt.

1627.   29 Mai.   Rubens kauft zu Eekeren (Eyckeren) auf dem
Gebiete der Generalstaaten ein Landhaus mit Gut, genannt „Het hof van Ursele."

F. Jos. van den Branden, Gesch. der Antw. schilderschool etc. S. 530/1. 546.

28 Juli.   Rubens kauft drei neben seinem Stadthause
zu Antwerpen gelegene kleine Häuser, um dieses zu
vergrössern.

Branden. S. 506. — Siehe: 1611 d. 4 Januar.

1627 im Juli bis längstens zum 10 August. Diplomatische Sendung nach Holland, zur Anbahnung von Friedensverhandlungen mit England.

Rubens hatte sich zunächst nach Breda begeben, von wo er Gerbier am 10 Juli zu einer Zusammenkunft nach Zevenberghen einlud (Sainsbury. S. 252). Da dieser hierauf nicht eingehen konnte, (daselbst S. 88), kehrte Rubens nach Antwerpen zurück, wo er noch am 19 sich aufhielt. (Archives de l'art franç. I. Paris 1851/2. S. 90). Am 21 Juli aber war er schon in Delft und am 25 in Amsterdam (Gachard, Hist. S. 60/1); vom 12 August ist bereits wieder aus Antwerpen ein Brief an Dupuy gezeichnet (Gachet. S. 130), aus dem hervorgeht, dass Rubens am 10 spätestens wieder daselbst zurück war. Die weiteren diplomatischen Schriftstücke bei Sainsbury S. 68 ff., Cruzada Villaamil S. 97 ff. und Gachard, Hist. S. 57 ff.

Rubens verkauft seine Kunstsammlungen an den Herzog von Buckingham für 100,000 Gulden.

Ende Juli 1627, als Rubens in Delft und Amsterdam sich befand, war das Geschäft, über welches seit 1625 bereits verhandelt wurde, noch nicht abgeschlossen. (Gachard, Hist. S. 61. Anmerk. 2.) Am 18 September waren die Gemälde allesammt zur Versendung bereit. (Sainsbury. S. 70 und 255.) Der Preis wird bei de Piles (S. 17) genannt. Die Sammlung enthielt die von Carleton erworbenen antiken Marmorwerke (S. das Jahr 1618), zahlreiche Gemälde, darunter dreizehn von Rubens selbst u. s. w. (Vgl. Sainsbury. S. 65 fl.)

„Bildniss eines Kindes"; im Städel'schen Kunstinstitut zu Frankfurt (No. 131).

Nach dem Kataloge dieses Museums bezeichnet: „Aetatis suae 15 maenden A° 1627."

1627/8. „Bildniss des Ambrogio Spinola"; im Museum zu Braunschweig (No. 103).

Gachet S. 139 u. 162/3. S. auch die Bemerkungen zu diesem Bilde, dessen Original und Wiederholungen weiter unten im zweiten Bande.

1628 nach dem 19 August. Rubens reist über Paris und La Rochelle nach Madrid, wo er zwischen dem 8 und 12 September ankommt, zum Zwecke dem König Philipp IV über die Verhandlungen mit England zu berichten.

> Gachard, Histoire. S. 93. 95. Unterm 13 August hatte die Infantin dem Könige gemeldet, dass Rubens in einigen Tagen abreisen würde, aber am 19 war er noch in Antwerpen anwesend, da er an diesem Tage in eigner Person vor dem Notar Peeter van Breuseghem, auf Ansuchen seines Freundes Deodat del Mont, eine Erklärung abgab. (C. de Bie, Het Gulden-Cabinet etc. S. 135). Die Abreise von Antwerpen kann also frühestens erst am 20 August erfolgt sein, eine Woche nach jener Meldung der Infantin.

Rubens bringt acht Gemälde. die der König für den Betrag von 7500 Gulden bestellt hatte, mit nach Madrid; sie werden im neuen Saale (salon nuevo) des Schlosses aufgestellt:

> „Jakob und Esau,"
> „Mutius Scaevola,"
> „Odysseus und Achill,"
> „Simson mit dem Löwen,"
> „Simson und die Philister,"
> „David,"
> „Saturn" und
> „Ceres."

> Cruzada Villaamil. S. 137 und 380, dessen Angabe sich auf Pacheco stützt. Waagen (Kleine Schriften. S. 265) war der Meinung, dass Rubens erst in Madrid den Auftrag zu diesen acht Gemälden im neuen Saale des Schlosses empfangen, dass er dort die Entwürfe gemacht und die Gemälde selbst später dann von Antwerpen übersandt habe. Jedoch steht fest, dass Rubens acht Bilder, die bestellt waren und für welche der Preis, ehe sie angefangen waren, auf 7500 Gulden verabredet worden war, mit nach Madrid brachte, (Gachard, Hist. S. 184) und dass diese Bilder in dem „neuen Saale" aufgestellt wurden. (Pacheco bei Villaamil S. 380.) Siehe weiter unten den 22 Dezember 1629.

1628. Rubens malt in einem ihm zum Arbeitssaale über-
wiesenen Raume des Schlosses fünf Bildnisse des
Königs, darunter ein Reiterbild, Bildnisse aller Mitglieder der königlichen Familie, letztere für die Infantin, u. a. m.

> Brief an Peiresc bei Gachet S. 220 und vollständig
> bei Ruelens S. 69 ff. — S. a. Cruzada Villaamil S. 142
> — und Gachard. Hist. S. 110/1. — Nach Villaamil wäre
> von dem Reiterbilde Philipp's IV, welches anschei-
> nend nicht mehr vorhanden ist, „eine alte schlechte
> Kopie" in den Uffizien vorhanden, die dort unter dem
> Namen des Velasquez (No. 210) hängt und die aller-
> dings in der ganzen malerischen Behandlung viel von
> der Art des Rubens zeigt. — Bildnisse des Königs
> und seiner ersten Gemahlin Elisabeth befinden
> sich zu Petersburg No. 559 und 560, und zu München
> (No. 253 4. Vergl. Ruelens. S. 74—78. — Wenn Pacheco
> (Arte de la pintura I. S. 132 ff.), wie nach ihm Villaamil,
> Ruelens und Gachard (Vergl. auch de Piles S. 19.)
> erzählen, dass Rubens „auch alle Gemälde Tizian's,
> die der König besass, kopirt habe," was weit über ein
> Dutzend gewesen wäre, und ausserdem noch vieles
> Andre, so klingt dies unglaubwürdig. Die Kopien
> nach Tizian dürften in den ersten Aufenthalt von
> Rubens in Spanien, 1603, gehören, wie das schon Basan
> (S. XV.) hervorhob.

„Maria immaculata: Die heilige Jungfrau über der
von Schlangen umwundenen Erdkugel;" im Museum
des Prado zu Madrid (No. 422).

> Das Bild stammt aus dem Escurial. Siehe den
> Prado-Katalog von D. Pedro de Madrazo und Waagen's
> Kleine Schriften S. 265/6.

„Bildniss eines Franziskaners"; in der Pinakothek
zu München (No. 278).

> Marggraff's Katalog.

Auftrag zu neun grossen Kirchenbildern, die der
König dem Herzog von Olivarez für das von diesem
gegründete Karmeliterkloster zu Loeches schenkte:

1628. Der „Prophet Elias;" jetzt im Louvre zu Paris (No. 426).

Der „Triumph der Religion;" ebenda (No. 432).

Der „Triumph der Barmherzigkeit;" Sammlung von J. Taylor in London.

Der „Triumph der Kirche."

„Sieg des Christenthums über das Heidenthum."

Das „Mannalesen in der Wüste;" Sammlung des Herzogs von Westminster (Grosvenor - Gallerie) in London.

„Die Kirchenväter;" ebenda.

„Die Evangelisten;" ebenda.

„Abraham und Melchisedek;" ebenda.

Die Entwürfe zu acht dieser Bilder, jedoch ange-zweifelt, im Museum des Prado zu Madrid (No. 1616—1623), der zum neunten im Besitze des Königs von Belgien zu Brüssel.

> Villot's Louvre-Katalog. — Waagen, Kunstwerke in England. II. S. 113/5. — Derselbe, Kleine Schriften. S. 266/7. — Mess. d. sciences hist. 1871. S. 95. — Cruzada Villaamil. S. 377/8.
>
> Diese Stücke gehören vermuthlich zu jenen 15 Dar-stellungen des „Triunfo de la Iglesia," nach denen gewirkte Teppiche hergestellt waren und deren Uebersendung nach Madrid der König Philipp IV mittelst Schreiben v. 6 Januar 1648 an den Statthalter Erzherzog Leopold Wilhelm verlangt hatte. (Messager des sciences hist. 1868. S. 339.) Ein andres Exemplar hatte der Hofweber Frans van den Hecke zu Brüssel für die Antwerpener Kaufleute Fr. de Smidt und As-canio Martini hergestellt. (F. J. van den Branden, Geschiedenis etc. S. 554). Wie aber der nähere Zu-sammenhang war, lässt sich noch nicht ersehen.
>
> Zu dem Entwurfe im Besitze des Königs von Belgien vergl. L'art. 1879. II. S. 111.

1629. 27 April. Philipp IV ernennt Rubens zum „ordent-lichen Sekretär des geheimen Rathes" und schenkt ihm einen Diamantring.

1629. Gachard, Particularités S. 14 ff. — Derselbe, Histoire
116/7. 292/4. — A. Pinchart im Messager des sciences
hist. 1868. S. 339.

29 April bis 13 Mai. Rückreise von Madrid nach
Brüssel.

Gachard, Hist. S. 117. 119.

Aufenthalt von nur 3 oder 4 Tagen in Rubens Hause
zu Antwerpen.

Briefe an Dupuy und Peiresc vom 8 und 9 August
1629, bei Gachet S. 229 und 232.

Ende Mai. Reise von Rubens in Begleitung seines
Schwagers Heinrich Brant über Dünkirchen nach
London, wo er am 5 Juni ankommt. Beginn der ver-
traulichen Verhandlungen im Auftrage des Königs
von Spanien.

Gachard, Hist. S. 121/2.

16 Juni. Rettung aus Lebensgefahr auf der Themse.

Sainsbury. S. 133.

23 September. Rubens und Heinrich Brant werden
bei einem Besuche in Cambridge von der Universität
zu Doctoren („Magister in Artibus") ernannt.

Sainsbury. S. 138.

22 Dezember. Verfügung der Infantin Isabella, an
Rubens die 7500 Gulden für die 8 nach Madrid über-
brachten Gemälde zu zahlen.

Gachard, Hist. S. 183/4. — Siehe oben das Jahr 1628.

Rubens schenkt dem Könige Karl I das Gemälde „die
Segnungen des Friedens;" in der National-Gallerie
zu London. (No. 46).

Sainsbury S. 147. — Katalog der National-Gallerie.

Auftrag zu 9 verschiedenen Darstellungen zur „Verherrlichung Jakob's I" für die Decke des Festsaales

1629. in Whitehall; noch daselbst. Zwei der eigenhändigen
Entwürfe in der Eremitage zu Petersburg (No. 572/3).

> Die Gemälde wurden Anfangs Oktober 1635 aus
> Antwerpen abgesandt. Die Schlusszahlung des auf
> 3000 Pfd. festgesetzten Preises erfolgte am 4 Juni 1638.
> (Carpenter. S. 211/2. 218) — In Folge starker Schwärzung
> und schlechter Beleuchtung kann man gegenwärtig von
> den Bildern fast nichts mehr erkennen.

oder 1630, kaum später. Aegidius Campus, ein aus
Holland gebürtiger Priester, bestellt bei Rubens für
den Altar und die Kapelle des h. Ignatius in der Jesuitenkirche zu Köln ein Gemälde: „Bestätigung der
Gesellschaft Jesu durch Papst Paul III:" noch
daselbst.

> Journ. des beaux arts. 1881. S. 44. Das Gemälde
> ist sehr verwahrlost; näheres habe ich in der Allgem.
> Zeitung, Beilage v. 11 Novb. 1881 S. 1638 mitgetheilt.

1630. 21 Februar. König Karl I schlägt Rubens zum Ritter,
schenkt ihm den Degen, womit dies geschehen, ausserdem auch eine Hutschnur und einen Diamantring
im Werthe von 500 Pfd.

> Sainsbury. S. 147. — Carpenter. S. 207. — Der
> Griff und der Scheidenbeschlag des Degens, den jetzt
> der Graf A. van der Stegen in Löwen besitzt (Génard,
> Aanteckn. S. 61.), ist bei Hasselt S. 147. und in der
> Vlaam. School 1877. S. 121 abgebildet. Das Diplom,
> welches gleichfalls sich im Besitze des Grafen van der
> Stegen befindet, ist von Reiffenberg in den Bull. de
> l'Acad. royale etc. XI,2. S. 21., bei Hasselt. S. 146 ff.
> wie auch bei Du Mortier, Recherches sur le lieu de
> naiss. de P. P. Rubens. S. 80. („nach dem Originale")
> mitgetheilt. Es ist jedoch erst unterm 15 Dezember
> 1630, wo Rubens längst England verlassen hatte, aus-
> gestellt worden. Man hat ihm dasselbe also erst nach-
> gesandt und damit, wie Gachard (Hist. pol. et diplom.
> etc. S. 187) meint, absichtlich gewartet, bis der Friede
> zwischen England und Spanien in aller Form abge-
> schlossen war. Oder sollte dieser Umstand Bedeutung

1630.

haben in Bezug auf die Ansicht von A. Wauters, welcher die Echtheit dieses Diplomes überhaupt bestreitet? (L'art. 1877. III. S. 206. 251.) Vergl. hier S. 181.

—— 6 März. Abreise von London und Rückkehr nach Brüssel und Antwerpen.

Gachard, Hist. S. 188—190 giebt die wesentlichsten Mittheilungen über die Abreise von London und die Rückkehr an den Hof der Infantin. Aber er sagt zugleich: „Die Urkunden lassen uns vollkommen im Stich über die Einzelnheiten der Rückkehr von Rubens nach den Niederlanden" und er fügt in einer Anmerkung hinzu, dass der Bericht einiger Schriftsteller, wonach die Infantin Rubens nochmals nach Madrid geschickt habe, falsch sei. (Vergl. auch Gachet S. XLVI.) Sonderbarer Weise bezieht er sich dabei nur auf das Werk von Alfred Michiels, was doch wahrlich keine Quellenschrift ist. Schon de Piles (S. 21.) berichtet: „Rubens, überhäuft mit allen diesen (in England empfangenen) Ehren, begab sich nach Spanien zurück, um Rechenschaft abzulegen vom Erfolge seiner Unterhandlungen, und er wurde an diesem Hofe mit allen möglichen Zeichen der Achtung, des Vertrauens und der Freundschaft empfangen. Der König machte ihn zum Kammerherrn und ehrte ihn mit dem goldenen Schlüssel." Auch Basan (S. XL.) erzählt von dieser dritten spanischen Reise, jedoch fügt er hinsichtlich der Ernennung zum Kammerherrn und der Verleihung des goldenen Schlüssels hinzu, dass „wir über diese beiden Thatsachen keinerlei Gewissheit haben." Basan ist nun freilich in Bezug auf diese Dinge auch kein Quellenschriftsteller, aber, indem er einen Theil der Nachricht als unsicher hinstellt, den andern aber bestimmt vorträgt, erweckt er die Vermuthung, dass er hinsichtlich des letzteren sichere Beweismittel hatte. Nun haben ja auch Michel und alle ihm folgenden Schriftsteller bis auf Alfred Michiels („Rubens et l'école d'Anvers" 4. Aufl. 1877. S. 326) und Waagen (Kl. Schriften. 1875. S. 271) diese dritte Reise nach Spanien als Thatsache berichtet. Die urkundlichen Darstellungen von Cruzada Villaamil und Gachard wissen aber von

1630.   derselben nichts. Ist die Reise darum wirklich nicht geschehen? Die bestimmte Antwort auf diese Frage wird der Zukunft überlassen bleiben müssen. Bedenklich erscheint das Schweigen der Urkunden, bedenklich aber auch ist es, eine bestimmte thatsächliche Nachricht bei de Piles, bloss weil sie bis jetzt noch nicht anderweitig urkundlich bestätigt worden ist, ohne Weiteres zu verwerfen. Hat die Reise stattgefunden, so müsste sie zwischen Anfang April und Ende Mai erfolgt sein. Leider fehlt es nun auch aus dieser Zeit an Briefen des Meisters, so dass aus deren Schreibort auch nicht der Aufenthalt des Schreibers zu ersehen ist. K. Ruelens ist auf Grund von Angaben in der Mols'schen Sammelhandschrift (Siehe S. 236 ff.) zu der Meinung gelangt, dass die dritte Reise nach Spanien nicht stattgefunden hat. (Compte-rendu du congrès art. de 1877 etc. S. 369.)

Aus einem Briefe von Balthasar Moretus an Jan van Vuecht vom 6 April 1630, worin es heisst: „Rubens ist den letzten" (vor. Monats) „von England gekommen" geht hervor, dass er am 31 März zuerst wieder in Antwerpen war. Nachtrag von M. Rooses zu der von Fr. Reber besorgten deutschen Ausgabe seiner „Gesch. der Antw. Malerschule" (München 1881) S. 226.

7 Juni. Rubens leistet zu Brüssel den Eid als „ordentlicher Sekretär des geheimen Rathes des Königs."

Gachard, Part. S. 16. — Die Gehaltsangelegenheit wurde durch Erlass der Infantin vom 24 März 1631 geordnet; s. unten.

15 Juni. Erlass der Infantin Isabella, wodurch Rubens ältestem Sohne Albrecht die Nachfolge in der Würde eines „ordentlichen Sekretärs des geheimen Rathes des Königs" zugesichert wird.

Gachard, Histoire. S. 190.

6 Dezember. Eheschliessung mit Helene Fourment in der Jakobskirche zu Antwerpen.

Kirchenbuch der St. Jakobskirche. Siehe Th. van Lerius im Album der St. Lukasgilde (Antw. 1855) S. 46

1630.

und Liggeren. I. S. 401 oder Génard, Aanteekeningen S. 17.

Der Name der Helene Fourment findet sich an verschiedenen Orten verschieden geschrieben: Fourment, Forment und Froment. Sie selbst unterschrieb sich Helena Fourment (Génard, Aanteek. S. 26. — Vlaam. school 1863. S. 148. — Verachter, Généal. etc.; die Schrifttafel zu S. 8.) und ihre Angehörigen schrieben den Namen ebenso. Doch wird sie in der ihrem Gatten gesetzten Grabschrift (Siehe S. 219. und 225.) Domina Helena Formentia genannt. In den Grabschriften der am 4 Februar 1667 gestorbenen und in der Jakobskirche bestatteten Elisabeth Fourment kommt der Name in dieser Form und in der Form von Forment vor (Verzameling der graf-en gedenkschriften. II. 1. S. 17. 19. 23.) Auch Michel und Andre schreiben Forment. L. Hymans dagegen berichtigte in seiner Uebersetzung des Carpenter'schen Buches (S. 208.) die verfälschte englische Form Foreman in Froment, indem er erklärte, dass dies die „gewöhnliche Schreibweise" sei. Zwar ist diese Behauptung irrig, aber Froment dürfte allerdings die ursprüngliche und echte Schreibweise sein. Das französische Wort froment (ital. frumento, lat. frumentum) bedeutet Getreide, insbesondere Weizen, und dass dies Wort der Familie den Namen gegeben, geht aus deren Wappen hervor, welches dreimal drei Aehren zeigt. Das Wappen ist an verschiedenen Orten der Verzameling abgebildet, auch in der Vlaam. school von 1863. S. 142.

1631.   24 März. Erlass der Infantin, wodurch der Gehalt von Rubens als Sekretär des geheimen Rathes angewiesen und er selbst von jeder Dienstleistung befreit wird.

Gachard, Histoire. S. 191.

24 März. Erlass derselben betreffend die Erstattung der Kosten für die diplomatischen Reisen von Rubens während der Jahre 1629 und 1630 im Betrage von 12.374 Pfund (vlämisch).

Gachard, Particul. S. 17/8.

1631. **Anfang Juni.** Rubens lehnt eine nochmalige Sendung nach London ab.

> Gachard, Histoire. S. 199.

25 Juli. Rubens langt in Begleitung des Marques d'Aytona zu Avesnes bei der geflüchteten **Königin Maria de' Medici** an. Man begiebt sich am 29 nach **Bergen** im Hennegau, und er vermittelt von dort, wie später von **Brüssel** aus zwischen der Königin und der spanischen Regierung.

> Gachard, Histoire. S. 209 ff. 232. Vergl. auch P. Henrad's Geschichte der Königin Maria im XXXI Bande (1875) der Annales de l'académie d'archéologie de Belgique S. 78 ff.

20 August. Philipp IV verleiht Rubens den Titel eines **Ritters.**

> Gachard, Histoire. S. 200/1.

Ende August oder Anfang September. Längerer Aufenthalt der **Königin Maria de' Medici zu Antwerpen.** Rubens leiht ihr gegen Verpfändung von Schmucksachen Geld.

> Sainsbury. S. 162.

Ende Dezember. Neuntägige **Reise** im Auftrage der Infantin nach dem **Haag,** wo Rubens zwei Tage verweilt.

> Sainsbury. S. 166. — Gachard, Hist. S. 233.

„**Bildniss von Rubens und seiner Frau;"** in der Pinakothek zu München. (No. 287.)

> Marggraff's Katalog.

1632. **18 Januar.** Geburt einer Tochter, **Klara Johanna.**

> Verachter, Généalogie. S. 15.

August. Rubens begiebt sich mit Vollmachten der Infantin nach **Lüttich,** um mit Abgesandten der Generalstaaten, und in das Lager vor **Maestricht,** um

1632. mit dem Prinzen Friedrich Heinrich von Oranien wegen des Waffenstillstandes zu verhandeln; am 19 August Morgens 10 Uhr war er wieder in Brüssel zurück.

Gachard, Hist. S. 242. — Sainsbury. S. 171 2.

13 Dezember. Rubens ersucht den Statthalter Friedrich Heinrich von Oranien um einen Pass, mit dem er sich nach dem Haag begeben könne, um an den dort von Abgeordneten der Brüsseler Stände geführten Verhandlungen Theil zu nehmen.

Gachard. Histoire. S. 245.

1633. 22 Januar. Ausfertigung des Passes. Die Reise unterbleibt in Folge von Einreden der Abgeordneten der Brüsseler Stände, besonders des Philipp Aerschott, Herzogs von Aremberg.

Gachet. S. LVII ff. — L. Galesloot, Notice sur la mission diplom. confiée à P. P. Rubens au mois de janv. 1633 etc. in den Annales de l'acad. d'archéol. de Belgique XIX. (1862) S. 103—112. — Gachard, Hist. S. 245 ff. — Vergl. auch den von Ruelens veröffentlichten Brief des Willem van Oldenbarnevelt an Willem de Groot v. 23 Februar 1633, in der Revue d'hist. et d'archéol. II. (Brüssel. 1860.) S. 104/5.

12 Juli. Geburt eines Sohnes. Franz.

Verachter, Généalogie. S. 15.

1 Dezember. Tod der Infantin Isabella. (Isabel Clara Eugenia.)

1634. „Kreuztragung;" im Museum zu Brüssel (No. 285 : der Entwurf im Museum zu Amsterdam (No. 483).

Das Bild wurde 1634 für das Kloster zu Afflighem bestellt und 1637 abgeliefert; der Preis betrug 1600 Gulden. Siehe Ed. Fétis' Katalog.

1635. 17 April. Einzug des Statthalters, Kardinal-Infanten, Erzherzogs Ferdinand, in Antwerpen.

Nach der Angabe des Titels der „Pompa introitus." Siehe die hier zunächst folgenden Bemerkungen.

1635.   Rubens, welcher für diesen Einzug die Entwürfe zur festlichen Ausschmückung der Strassen, insbesondre zu 11 Siegesbögen, gemacht und einige der dazu nöthigen Bilder selbst gemalt hatte, erhält hierfür von der Stadt 5000 Pfund flandrisch.

> Rathsbeschluss vom 30 April 1635. Antwerpsch Archievenblad. VII. S. 29. No. CXXXIX. — Génard, Aanteekeningen. S. 462. Ein flandrisches Pfund ist gleich einem brabanter Gulden. (Gachard, Hist. S. 5.) — Ueber die Bedeutung dieser Entwürfe vergl. A. Schoy's Ausführungen im Compte-rendu du congrès artistique de 1877 etc. (Antwerpen 1878.) S. 455 ff., und des nämlichen Verfassers Aufsatz „Rubens architecte et décorateur" in der Zeitschrift L'art 1881. I. S. 219 ff.
>
> Die Stadt Antwerpen gab die Darstellungen von Rubens mit den übrigen Ausschmückungen u. s w., begleitet von einem durch Gevaerts verfassten Text, unter dem Titel „Pompa introitus honori seren. princ. Ferdinandi Austr. etc." heraus. Das Werk, von welchem 200 Exemplare gedruckt wurden, kostete der Stadt mehr als 8000 Gulden; die Exemplare tragen die Jahreszahl 1642. Das Druckprivilegium erging unterm 9 Dezember 1638. (Nach den Mittheilungen A. Siret's in den Bulletins de l'Académie royale de Belgique. 2me serie, tome XXII. S. 160 ff. 1866.)

Diese Entwürfe befinden sich im Museum zu Antwerpen (No. 316/7.), in der Eremitage zu Petersburg (No. 557—566) und in verschiedenem Privatbesitze in England.

Von den ausgeführten Malereien sind folgende erhalten:

„Die Kolossalbildnisse des Erzherzogs Albrecht und der Infantin Isabella", in halber Figur für den Siegesbogen auf dem Meyr; im Museum zu Brüssel (No. 294/5).

„Neptun, die Fluthen beruhigend (Quos ego.)"; vom Siegesbogen bei der Georgskirche; in der Gallerie zu Dresden (No. 824.),

„Begegnung des Erzherzogs mit dem nachmaligen

1635. Kaiser Ferdinand III bei Nördlingen": von demselben Bogen; in der Gallerie zu Wien. (I Stock N. IV. No. 9.)
„Schlacht von Nördlingen"; vom Siegesbogen in der langen Neustrasse; im Rubenssaale des Schlosses Windsor.
„Zwei allegorische Figuren": von demselben Bogen; im städtischen Museum zu Lille (No. 465/6).

> Vergl. L'oeuvre de Rubens; Catal. de l'éxpos. etc. Antwerpen 1877. No. 951 ff.

3 Mai. Geburt einer Tochter. Isabella Helena.

> Verachter, Généalogie. S. 16.

——— 12 November. Uebernahme des von Rubens für 93,000 Carolus-Gulden erworbenen Schlosses Steen bei Mecheln.

> Nach Alph. Wauters; siehe die biographischen Mittheilungen über Rubens im Antwerpener Kataloge. Es heisst daselbst, dass an dem genannten Tage „Rubens und seine Frau Eigenthümer des Schlosses Steen wurden, mittelst der 93,000 Gulden." Nach Max Rooses Geschied. der Antw. school. S. 372 hätte der Kauf am 12 Mai stattgefunden. Ist dies richtig, so wird Uebergabe und Zahlung am 12 November, 6 Monate nach Abschluss des Vertrages, stattgefunden haben. Rubens hätte dann noch 7000 Gulden hineingebaut. Die Urkunden befinden sich noch jetzt im Archiv zu Steen. Eine Ansicht des Schlosses findet sich bei Hasselt S. 107. Im Sommer 1636 wohnte Rubens schon dort (Gachet S. 272). Wegen des Verhältnisses der Herrschaft Steen in Bezug auf den Nachlass von Rubens s. das Antwerpsche Archievenblad. III. S. 111 ff.

1635/6. Prozess von Rubens vor dem Parlamente in Paris gegen mehrere Nachstecher seiner Werke, auf Grund seines Privilegiums vom Jahre 1619.

> Sainsbury. S. 264. — Antwerpsch Archievenblad IV. S. 465/6. — Gachet. 259. 267 und LXIV. — Vergl. auch H. Hymans, Hist. de la gravure etc. S. 199—208.

1636. 15 April. Der Erzherzog Ferdinand ernennt Rubens zu seinem Hofmaler mit demselben Gehalte, welches er als Hofmaler Albrecht's und Isabella's bezogen hatte.

Gachard, Histoire. S. 262.

13 Juni. Rubens leistet den Eid als Hofmaler des Erzherzogs Ferdinand.

Gachard, Histoire. S. 263. 344.

9 Dezember. Abschlagszahlung von 2500 Pfund auf die Summe von 10,000 Pfunden als dem Preise der Gemälde, die Rubens im Auftrage Philipp's IV für das Lusthaus des Pardo bei Madrid auszuführen hatte.

Pinchart. II. S. 173. — Welche Gemälde gemeint sind, lässt sich nicht bestimmt feststellen; wahrscheinlich handelt es sich um die Darstellungen aus den „Verwandlungen" des Ovid, die der König, wie bei de Piles (S. 24) berichtet wird, ihm für das Schloss Torre de la Parada aufgetragen hatte. Vergl. Cruzada Villaamil S. 320 ff. 351 ff. 362 und Carl Justi, Rubens und der Cardinal-Infant Ferdinand in d. Zeitschr. für bildende Künste 1880. S. 231.

1637. 1 März. Geburt eines Sohnes, Peter Paul.

Verachter, Généalogie. S. 16.

Juli. Auftrag Eberhard Jabach's zu dem Gemälde der „Kreuzigung Petri" in der Peterskirche zu Köln.

Brief an Geldorp v. 25 Juli 1637. (Gachet. S. 276.) Nach dem Briefe an denselben v. 2 April 1638 (Gachet S. 279) war das Bild zu dieser Zeit schon recht vorgerückt. Es war jedoch noch nicht abgeliefert, als Rubens starb und wurde aus dem Nachlasse für 1200 Gulden erworben. Die Aufstellung erfolgte 1642. Vergl. Mering und Reischert, Geschichte der Stadt Köln etc. III. S. 288 ff. — J. J. Merlo, Köln. Künstler. S. 373—382. — Annalen des hist. Vereins f. d. Niederrhein; Doppelh. IX u. X. S. 34 ff. — Guhl, Künstlerbriefe II. S. 198. oder 2. Aufl. II. S. 184.

1638. 12 März. Schlusszahlung für das Ende Februar nach Italien versandte „Allegorische Gemälde auf den dreissigjährigen Krieg;" im Palazzo Pitti zu Florenz (No. 86.). — Der Entwurf in der National-Gallerie zu London No. 279.).

> Brief an Justus Sustermans; Bottari-Ticozzi, Raccoltà etc. III. S. 525 ff.

— 24 März. König Karl I von England lässt Rubens eine goldene Kette übermitteln.

> Carpenter übers. von Hymans. S. 219. — Die Kette wurde, mit Ausschluss der goldenen an derselben hängenden Schaumünze, später bei Ordnung des Rubens'schen Nachlasses zu Gunsten der minderjährigen Kinder eingeschmolzen; sie ergab 3122 Gulden 15 Stüber. (Génard, Aanteek. S. 59.)

29 September. Desgleichen eine Denkmünze im Werthe von 300 Pfund englisch.

> Carpenter übers. von Hymans. S. 220.

9 Dezember. Der Weinhändler Chr. van Wesel erhält 84 Pfd. französ. Fuss) für ein Fass Wein. welches er im Auftrage der Stadt an Rubens geliefert hatte, als Gegengabe für den Entwurf eines „neuen Siegeswagens," zur Erinnerung an die Schlacht von Calloo. Der Entwurf befindet sich im Museum zu Antwerpen. No. 318.)

> Nach Siret's Mittheilungen in den Schriften der Brüsseler Akademie (Siehe oben S. 316.). Die Zeichnung ist in das Werk der „Pompa introitus" aufgenommen. Vergl. auch Siret's Aufsatz über die Schlacht von Calloo im Journ. d. beaux arts. 1868 S. 2 und 1870 S. 163.

1639. Februar. Fertigstellung eines für den König von Spanien gemalten Bildes „das Urtheil des Paris;" im Museum des Prado zu Madrid No. 1590).

> Carl Justi, Rubens etc. in d. Zeitschr. f. bild. Künste 1880. S. 263. — Cruzada Villamil. S. 356.

1639. Das „Martyrium des h. Thomas" und darüber der „h. Augustinus": zwei Bilder auf Einem Altare, in der Thomaskirche zu Prag.

> Mittheilungen der k. k. Central-Commission zur Erforsch. u. Erhalt. der Kunstdenkmäler 1876. (Neue Folge II.) S. 77—80. Beide Bilder wurden mit 945 Gulden bezahlt. Der Altar wurde bereits am dritten Sonntage nach Ostern 1639 geweiht.

1640. Rubens wird zum Ehrenmitglied ernannt (aggregato) der „Accademia di San Luca" in Rom.

> A. Bertolotti, Artisti belgi ed oland etc. S. 184.

27 Mai. Rubens macht sein letztes Testament, durch welches alle früheren widerrufen und vernichtet wurden.

> Génard, Aaantekeningen. S. 28 ff.

30 Mai. Rubens stirbt nach langem, wechselndem Leiden an der Gicht. Die Leiche wird Abends in der Fourment'schen Gruft in der Jakobskirche beigesetzt. Testamentseröffnung.

> Todtenbuch der Jakobskirche; Verachter, Le tombeau de Rubens. S. 2 ff. Liggeren. II. S. 113. — Génard, Aanteeken. S. 37. —

2 Juni. Feierliches Todtenamt in der Jakobskirche. Leichenschmaus im Sterbehause, auf dem Rathhause, in der Lukasgilde und bei den Romanisten.

> Die Leichenschmäuse waren durch Rubens selbst letztwillig angeordnet worden. (Génard, Aanteek. S. 31.) Die Erben gaben dafür nahe an 1000 Gulden aus. (Verachter, Tombeau. S. 25.)

8 Juni. Beginn der notariellen Aufnahme des Nachlasses. Die Kunstwerke werden durch Snyders, Wildens und Moermans abgeschätzt und soweit möglich aus freier Hand verkauft. Das Verzeichniss der im Nachlasse befindlichen 314 Gemälde, worunter 93 Arbeiten von Rubens selbst enthalten waren, ist sogleich und später wiederholt gedruckt worden.

1640.   Génard, Aantecken. S. 38 ff. — Das Verzeichniss findet sich abgedruckt bei Michel S. 273 ff., — Smith II. S. 30 ff. und IX. S. 355 ff., — Catalogue of the works of art in the possession of Sir P. P. Rubens etc. (Yarmouth 1839), — Grimbergen. S. 268 ff., — Sainsbury. S. 236 ff. und an andern Orten. Ein Exemplar des ursprünglichen Druckes, sechs Blätter in kl. 4°, besitzt die Bibliothek zu Paris (J. F. van Someren, Bibliographie de l'hist. spec. de la peinture etc. Amsterdam 1882. S. 154); nach Max Rooses, Geschiedenis etc. S. 393. Anmerk. 2 war der Druck von Jan van Meurs in Antwerpen hergestellt worden.

1641. 3 Februar. Geburt einer (nachgeborenen) Tochter, Konstanze Albertine.

      Verachter, Généalogie. S. 16.

  24 Juni. Zahlung von 4200 Gulden seitens des Königs von Spanien für vier von Rubens unvollendet hinterlassene, im Sommer 1639 „für den gewölbten Saal des Palastes" in Madrid bestellte Gemälde, vermuthlich einen „Herkules" und eine „Andromeda", die Jordaens fertig machte, einen „Frieden der Sabiner" und ein erst untermaltes Stück.

      Antwerpsch Archievenblad. II. S. 81 No. XX und S. 136. No. CXV., auch Génard, Aanteekn. S. 42. Vergl. Carl Justi, Rubens u. s. w. in d. Zeitschr. f. b. Kunst 1880. S. 263 ff. und Cruzada Villaamil. S. 354.

  21 November. Verabredungen mit der Verwaltung der Jakobskirche wegen des Baues einer Gruft und Kapelle daselbst.

      In Betreff der Angelegenheiten dieser Gruft und Kapelle siehe den Aufsatz über „die Grabschrift" hier S. 213 ff., insbesondere S. 230, sowie auch Verachter, Tombeau etc. S. 10 ff.

  16 Dezember. Bestätigung dieser Verabredungen seitens der städtischen Behörden.

      Siehe hier S. 230.

1642. 6 März. Bestätigung der Verabredungen vom 21 November 1641 seitens des Bischofs.

      Siehe hier S. 230.

1642. 14 März. Vertrag mit der St. Jakobskirche, wodurch diese sich verpflichtet, den Bau gegen Zahlung von 5000 Gulden auszuführen, während die Familie die Einrichtung der Kapelle übernimmt.

Siehe hier S. 230.

17 März und folgende Tage. Oeffentliche Versteigerung der nicht aus freier Hand verkauften Stücke des künstlerischen Nachlasses.

Génard, Aanteekeningen. S. 45 ff.

1643. November. Beisetzung der Leiche in der neuen Gruft der Rubenskapelle, auf deren Altar das von Rubens gemalte Bild „Madonna mit Heiligen" aufgestellt wird.

Verachter, Tombeau. S. 18.

1645 zwischen dem 11 Juli und 28 August. Die Wittwe Helena Fourment heirathet Jan Baptist van Broeckhoven, Herrn van Bercheyck, Altschöffen in Antwerpen.

Génard, Aanteekn. S. 85, 87. In der Urkunde v. 28 August 1645 wird Helena Fourment zuerst gemeinsam mit Broeckhoven „nun zur Zeit ihrem Manne u. s. w." aufgeführt, bis dahin und zuletzt am 11 Juli 1645 in den Urkunden immer als Frau Helena Fourment, einfach oder mit dem Beisatze Wittwe von weiland Peter Paul Rubens. Die Heirath muss also in der Zeit zwischen den genannten beiden Tagen erfolgt sein. Vergl. hier S. 233.

1646. 9 April. Vertheilung der vorhandenen Erbschaftsmasse an die Erben.

Génard, Aanteekeningen. S. 93 ff. Eine vollständige Uebersicht der Nachlassmasse, nach dem Stande vom November 1645, enthält das Anwerpsche Archievenblad, II. S. 69—179. Danach standen zur Vertheilung noch rein 244,426 Gulden 5⅛ St.

1660. 16 September. Verkauf des Rubens-Hauses auf dem Wapper zu Antwerpen.

Génard, Aanteekeningen. S. 106 ff.

1682. 13 Oktober. Verkauf des Schlosses Steen.

M. Rooses, Geschiedenis etc. S. 372 ff.

5. Der Meister und seine Kunst.

Das Leben von Rubens ist in eine Zeit gefallen, die fast
ununterbrochen von den furchtbarsten Kriegen und den tief-
gehendsten Bewegungen erfüllt war. Alba's Auftreten in den
Niederlanden vertrieb seine Eltern aus Antwerpen, wo sie
wohnten, und als ihnen am 28 Juni 1577 zu Siegen ein Sohn
geboren wurde, den sie nach den Namen der Heiligen des
folgenden Tages Peter Paul nannten, tobte in ihrer Heimath
noch der Krieg. Noch vor dem Ende des dreissigjährigen
Krieges am 3o Mai 1640 starb der Meister, und nur vorübergehend kam während seines Lebens Europa zur Ruhe. Und
dennoch, sein Leben selbst bietet das Bild einer ruhigen glänzenden Erscheinung: ein Gegensatz, der deutlich zeigt, wie
mitten durch schwere Wolken hindurch die Sonne des Glückes
seine Pfade beschienen hat. Doch dies Glück traf ihn nicht
zufällig und nicht unwürdig. Die Kunst des Rubens ist glänzend und prächtig, und man kann sich nicht vorstellen, wie
der Träger derselben in Dürftigkeit und unter dem Drucke
eines feindlichen Geschickes hätte leben können. Unter
Fürsten lebte er wie ein Fürst, wie ein König darf man sagen:
sein Reich war die Kunst, und wie ein König von Gottes
Gnaden herrschte er frei und von Jedermann anerkannt in
diesem weiten Reiche. Das sahen und wussten die Fürsten
und Könige dieser Erde, und darum erblickten sie eine Ehre
darin, wenn sie den Maler als einen der Ihrigen achteten.
Und der Streit der Könige, der damals die Welt erschütterte,
berührte ihn nur, um ihn mit neuem Glanze zu umgeben.
Gesandtschaftliche Geschäfte an den Höfen in Madrid und

London zeigen den Maler auf der Höhe äusseren Lebens und
lassen zugleich erkennen, auf welche seltene, ihn auszeichnende
Art er mit den Ereignissen seiner Zeit persönlich in Berührung
kam.

Beachtenswerth erscheint vorweg auch ein anderer Ge-
sichtspunkt allgemeiner Art. Man kennt eine Anzahl von
Beispielen in der Geschichte, wo, nach der siegreichen Been-
digung eines grossen Freiheitskampfes, ein Aufschwung auf
allen Gebieten der Kunst stattfand, und man findet es deshalb
begreiflich, dass in den nördlichen Provinzen der Niederlande,
die ihre Freiheit von Spanien erzwangen, die Malerei sich zu
hoher und eigenthümlicher Blüthe entfaltete. Aber das hatte
man noch nicht erfahren, dass nach der Unterdrückung eines
Befreiungskrieges, der aus den Tiefen des Volkes entsprungen
war, die Kunst sich in neuen leuchtenden Bahnen erhoben
hätte. Und doch scheint dies hier der Fall zu sein. Die südlichen Provinzen der Niederlande mussten trotz der helden-
müthigsten Kämpfe die Herrschaft Spanien's weiter tragen, sie
mussten dulden, dass Rom die ausschliessliche Herrschaft über
die Seelen neu gewann. Aber trotzdem blühte die alte
flandrisch-brabantische Malerei gerade jetzt zu einer neuen
Herrlichkeit in Rubens auf. Und Antwerpen, das mit Feuer
und Schwert heimgesuchte, halb entvölkerte Antwerpen war
der Schauplatz dieser Blüthe! Sollte das Gesetz geschichtlicher
Weltordnung, das wir seit Jahrtausenden beobachten, hier seine
Kraft verloren haben? Oder sollte uns unsere Beobachtung in
diesem Falle täuschen und wir jenes Schicksal der vlämischen
Provinzen falsch auffassen? Allerdings führt uns der äussere
Verlauf des Krieges die südlichen Niederländer als Besiegte
vor, aber der innere Verlauf lehrt, dass sie nicht auch die
Unterdrückten und Zertretenen waren, dass sie vielmehr mit
ungebrochener moralischer Kraft aus den Kämpfen hervorgegangen waren und ihre alten Freiheiten, um derentwillen sie
ursprünglich die Waffen erhoben, gerettet hatten Und als
dann nach der Gewaltherrschaft Philipp's II. die mildere Hand
Albrecht's und Isabella's über den Provinzen waltete, begannen
diese sich schnell zu erholen und zu heben. Dreiundzwanzig
Jahre, von 1598 bis 1621, regierte das königliche Paar gemein-

sam und dann weitere zwölf Jahre noch die Infantin allein
über das ihnen zu Lehn gegebene Land. Die Gemüther be-
ruhigten sich und versöhnten sich mit dem Geschick des Landes. Die Gewerbthätigkeit regte sich wieder und die innere
stattliche Ordnung wurde neu befestigt. Der glanzvolle Hof
in Brüssel zog die bedeutenderen Geister an sich und pflegte
mit Vorliebe die Kunst und deren Träger. Die spanischen
Niederlande boten damals das Bild einer wiedererstehenden
kräftigen Nation, und nur in diesem Sinne richtig aufgefasst,
wird man den neuen Aufschwung, den die Malerei nun nahm,
als mit den Gesetzen der Geschichte übereinstimmend verstehen
können.

Wie sehr aber innerlich seit beinahe zweihundert Jahren
ein solcher Aufschwung vorbereitet und angezeigt war, wie er
auch im engeren, rein kunstgeschichtlichen Betrachte als etwas
Nothwendiges in die Erscheinung trat, geht aus dem bis-
herigen Gange der niederländischen Malerei deutlich
hervor. Wir haben eine Darstellung des letzteren während des
sechszehnten Jahrhunderts in diesen Blättern (S. 1—51) selbst
versucht, und haben auch dort bereits hervorgehoben, dass in
den beiden Lehrern von Rubens sich der Zustand der vlämischen
Malerei am Schlusse des sechzehnten Jahrhunderts gleichsam
verkörpert zeigt, dass aber Rubens die Richtungen beider
Männer versöhnt und sich in einer neuen Richtung glanzvoll
und mächtig über sie erhebt.

Man darf die Frage aufwerfen, ob es möglich gewesen
wäre, dass Rubens einer der beiden Richtungen, die vor ihm
die vlämische Kunst beherrschten, sich hätte unmittelbar an-
schliessen können? Um ein Naturalist in der Art des Adam
van Noort und dessen italienischer Vorgänger zu werden,
war er zu fein und zu klassisch gebildet; um ein Akademiker
im Rahmen der Caracci'schen Vorschriften nach Art des
Otto van Veen zu werden, war sein Genius zu umfassend.
Auf beiden Bahnen hätte er nur ein Nachfolger sein können.
Seine eigene gross angelegte Natur drängte ihn auf andere
Ziele, auf Ziele, die höher lagen als jene beiden Richtungen,
die über jenen beiden Richtungen eine Versöhnung der beider-
seitigen Prinzipien vollzogen und einer neuen Richtung das

Dasein vorzeichneten. Auf diese Ziele hatten das Akademien-
thum und der Naturalismus schon hingewiesen, als sie zuerst in
Italien auftraten. Dass sie diese Ziele in Italien selbst nicht
erreichten, ist bekannt. Wir brauchen die Gründe hiervon
nicht zu untersuchen. Aber sie erreichten diese Ziele in den
Niederlanden, in Rubens. Und so ist Rubens eine Gestalt,
deren Erscheinen geschichtlich schon lange vorbereitet, deren
Auftreten ein nothwendiges war. Auch ist nicht zu übersehen, dass der grossartige Zug von lebensvollstem Realismus,
der Rubens eigen ist und der ihn charakterisirt, in der niederländischen Malerei seit den Eyck's schon vorgebildet war.
Allerdings ist die treueste Wiedergabe des Lebens mit allen
Zufälligkeiten und kleinen Besonderheiten der Wirklichkeit.
der Natur mit allen Fältchen, Pickeln und Runzeln, bei den
Eyck's und deren Schülern mit einem hohen Ernste und strenger
Kirchlichkeit gepaart, aber sie bezeugt doch eben den Sinn
für die Beachtung und Auffassung der gegebenen Wirklichkeit
in Leben und Natur, der dann sich mannigfach umbildete,
der wuchs und auch zurückgedrängt wurde, und der endlich
in Rubens zu einer vorher nie geahnten Höhe aufblühte.
Diese Vollendung des Realismus in Rubens ging Hand in
Hand mit der völligen Durchführung des malerischen
Prinzipes in der vlämischen Schule. Auch hier liegen die
Anfänge der Entwickelung bei den Eyck's, aber so bedeutend
sie sind, so sehen wir sie doch an den überkommenen zeichnerischen Vortrag gebunden. Erst in Rubens wurde diese
Ueberlieferung völlig abgestreift und eine im eigentlichen Sinne
malerische Behandlungsweise errungen. Diese aber, ihrem
ganzen Wesen nach, steht in innerer Wechselbeziehung mit
jener realistischen Gesammtrichtung. In diesen beiden Hinsichten also darf man kunstgeschichtlich Rubens als einen
echt national-vlämischen Künstler, als den Meister der vlämischen Malerei ansehen.

Die Jugendjahre von Rubens waren einfach und, soweit
wir sehen können, regelmässig dahin geflossen. Wohl noch vor
Ablauf seines ersten Lebensjahres verlegten seine Eltern ihren
Wohnsitz von Siegen nach Köln, wo er die erste Erziehung
erhielt. Im Anfange des Jahres 1589, nachdem der Vater in-

zwischen gestorben war, zog die Wittwe mit ihren Kindern nach dem alten Sitze der Familie, nach Antwerpen, zurück, das als letztes Bollwerk der niederländischen Freiheitskämpfer in Flandern und Brabant nicht lange zuvor gegen Alexander von Parma gefallen war. Hier besuchte Rubens zunächst weiter die Schule. Um sich in die Formen des feineren Lebens einzugewöhnen, diente er dann der damaligen Sitte gemäss eine Zeit lang der verwittweten Gräfin von Lelaing als Page. aber dies Verhältniss war nicht geeignet ihn zu befriedigen, vielmehr scheint es seinen künstlerischen Genius zum vollen Selbstbewusstsein geführt zu haben. Mit Zustimmung seiner Mutter genoss er zunächst der Anleitung des Landschaftsmalers Tobias Verhaegt und ging darauf zu Adam van Noort in die Lehre. Nachdem er hier einige Jahre zugebracht hatte, trat er bei Otto Venius in die Werkstatt, wo er vier Jahre blieb. Im Jahre 1598 wurde er als Meister in die Lukasgilde zu Antwerpen aufgenommen. und am 9 Mai des Jahres 1600, noch nicht ganz 23 Jahre alt, machte er sich auf, um nach Italien zu gehen. Hier entwickelte sich seine grossartige Persönlichkeit zu voller Selbständigkeit, und als er später dann zurückkehrte, war er ganz er selbst geworden, der grosse geschichtliche Peter Paul Rubens.

Der Aufenthalt in Italien wirkte nach zwei Hauptseiten bildend und abschliessend auf Rubens ein: nach der Seite des Stylistischen und des Koloristischen. Auf beide Einwirkungen war er genugsam innerlich und technisch vorbereitet und beide nahm er mit völliger ureigener Selbständigkeit auf. Dass in koloristischer Hinsicht die Venezianer, Tizian und Veronese an ihrer Spitze, der Gegenstand seiner Bewunderung und seiner Studien waren, versteht sich von selbst. Aber wie durchaus eigenartig er auch diesen grossen Vorbildern gegenüber blieb, lehren die Kopien, die er nach Gemälden Tizian's machte, und die sehr deutlich Hand und Charakter von Rubens erkennen lassen. Ganz ähnlich verhielt er sich den grossen Mustern des Styles gegenüber. Er studirte die klassischen Meister und kopirte nach ihnen, ohne sein eigenes Naturell zu verläugnen, wie das die merkwürdige Kopie einer Tafel aus Mantegna's Triumphzug des Cäsar ganz

besonders darthut. Denn das Original hängt in Hampton-
Court, die Kopie in der Nationalgallerie zu London: man
kann also fast unmittelbar vergleichen. Und da sieht man,
dass der Name „Kopie" für dies höchst ausgezeichnete Werk
eigentlich nicht richtig ist; es ist eine sehr starke Umarbeitung
von Mantegna's Darstellung ganz im Rubens'schen Sinne voll
Lebensfülle in saftigen, leuchtenden Farben. Dieselbe Thatsache kann auch die im Louvre befindliche Zeichnung des
uns nur durch Rubens erhaltenen Reitergefechtes von Leonardo,
welche Edelinck gestochen hat, die Zeichnung von Leonardo's
Abendmahl, die Soutmann gestochen hat, und Anderes darthun. Insbesondere beachtete Rubens auch die Antike. Er
zeichnete fleissig die alten Denkmäler und zwar in klarer,
höchst verständnissvoller Weise, wie man noch heute an den
Stichen sehen kann, die S. a Bolswert, Paul Pontius, L. Vors-
termann und Andere nach solchen Zeichnungen gemacht
haben.

Ganz bewunderungswürdig ist es aber auch, mit welcher
Begeisterung er überhaupt die Kunst der Alten verehrte, und
wie er sich diese Begeisterung Zeit seines Lebens frisch erhielt.
„Ich strebe — schrieb er noch wenige Jahre vor seinem Tode
mit Bezug auf die grossen Maler des Alterthums — jenen
grossen Geistern mit der höchsten Ehrfurcht nach, und ich
begnüge mich lieber, die Spuren ihrer Fusstapfen zu verehren,
als dass es mir, ich bekenne es offenherzig, je einfiele, dieselben
auch nur in der blossen Vorstellung erreichen zu können." [1]
In dieser Gesinnung betrachtete er auch die auf uns gekommenen Denkmäler des Alterthums, die grossen wie die kleinen.
In Bezug auf eine Sammlung von Gemmen schrieb er im

---

[1] Brief an Franciscus Junius vom 1 August 1637, dessen Werk
„De pictura veterum" vorgedruckt, I. Ausg. Amsterdam 1637,
II. Ausg. Rotterdam 1694. Die niederländische Ausgabe „Schilder-
konst der Antycken etc.", Middelburg 1675 enthält noch ein
„Getuygenis", welches jedoch nur die Uebertragung des lateinischen
Theiles jenes Briefes ist. Der Brief findet sich auch bei Weyer-
mann, Levens-Beschryvingen etc. I. S. 291/3 und a. a. O. Vergl.
Guhl, Künstlerbriefe. II. S. 201. und 2. Aufl. II. S. 186.

Jahre 1623: „Ich erinnere mich nicht, in meinem Leben irgend Etwas gesehen zu haben, was mir mehr Befriedigung gewährt hätte."[1]) Trotz dieser warmen Begeisterung aber bewahrte er als Künstler doch auch der Antike gegenüber seine volle Freiheit.

Kaum ist je von einem Maler etwas Lehrreicheres für Maler geschrieben worden, als jener Aufsatz, in welchem Rubens auseinandersetzt, was der Maler aus dem Studium der Antike, insbesondre der Marmorwerke lernen könne, wie er dies Studium betreiben müsse, und wie Malereien doch ganz anders zu behandeln seien als Bildsäulen. Mit Meisterschaft verbreitet er sich über den Unterschied in Bewegung und Zeichnung, in Schattengebung und Ton, und er weist hin auf die Vorzüge der Malerei in Behandlung der Haut und des Fleisches. „Wer nun — sagt er schliesslich — diese Unterschiede in gehöriger Schärfe erkannt hat, kann sich dem Studium der antiken Bildwerke nicht eifrig genug hingeben. Denn was vermögen wir Entartete in diesen Zeiten der Verkehrtheit? Wie gross ist der Abstand von dem kleinlichen Geiste, der uns Verkümmerte am Boden fesselt, zu jener erhabenen, dem Geiste als ursprüngliche Eigenschaft innewohnenden Einsicht bei den Alten!"[2])

So betrachtete Rubens die Antike und suchte den grossen und stillen Geist, der in ihr lebt, zu fassen. Aber er eignete sich ihn eben auch ganz auf seine eigene und selbständige Weise an. Und wenn wir das Studium der Antike in den Bildern des Meisters, besonders aus jener Zeit, unzweideutig erkennen, so müssen wir doch zugleich erstaunen, wie er diesen Geist in seine Natur und seine Kunst übertragen hat.[3]) Das ist eben auch eine der grossartigsten Seiten an Rubens, dass er, empfänglich für alles Hohe und Schöne, zugänglich für fördernde und belehrende Einflüsse aller Art, diese Ein-

---

[1]) An Peiresc. S. Gachet, Lettres inédites etc. S. 8.
[2]) De Piles, Cours de la peinture etc. Paris 1708. S. 143.
[3]) Als demnächst erscheinend wird ein Buch von Friedr. Freiherrn Goeler von Ravensburg, Rubens und die Antike. (Jena. 1882) angekündigt.

wirkungen alle mit einer Ureigenheit und Freiheit aufnahm,
wie wir sie nur bei sehr wenigen, ganz ausserordentlichen
Geistern wahrnehmen. Sein Charakter ist von Natur so umfassend und so sicher, dass er wohl entwickelt und gebildet
werden konnte, aber doch immer derselbe blieb, der seine
unverkennbaren Stempel auf jedes Gebilde von der Hand des
Meisters drückte.

Soll man es im Einzelnen bezeichnen, was Rubens in
Italien gewann, so fällt vielleicht zuerst die geläuterte Formengebung besonders in den Köpfen auf, die das Studium der
klassischen Vorbilder so klar erkennen lässt. Und daneben
macht sich die durchaus fertige und eigenthümlich vollendete
Behandlungsweise in allen technischen Stücken der Malerei
geltend. Aber auch hier ist er nirgends Nachahmer. Seine
Palette schon setzt Rubens auf seine Art zusammen, und seine
Malerei, in ihrem heiteren Glanze, in ihrem hellen Lichte,
ihrer feinen Stimmung von Ton und Farbe, vor allem aber
zugleich in ihrer wunderbaren Lebenswahrheit auf jeder
kleinsten Stelle wie im Ganzen, hatte vor ihm — und hat
nach ihm — ihres Gleichen nicht. Ein kundiges Auge wird
auch hier die Früchte des Studiums der grossen Koloristen
Italien's erkennen, wenn auch der Auftrag seiner Farben ganz
ungleich dünner ist als bei Tizian und die Anwendung seiner
Lasuren unvergleichlich ausgebildeter erscheint als bei diesem;
diese Behandlung findet sich, wie wir zur Vermeidung von
Irrungen bemerken, nicht gleichmässig dauernd bei allen
Bildern des Meisters, vielmehr zeigen die späteren in der Regel
einen stärkeren und derberen Auftrag der Farben, ohne dass
dadurch die wunderbare Leichtigkeit der Pinselführung, die
ihm eigen war, beeinträchtigt worden wäre.

Auch hinsichtlich der Komposition seiner Bilder, dem
Aufbau und der Anordnung derselben, sehen wir ihn hier
schon das Prinzip fest ergreifen, dem er stets treu blieb. Es
ist das Prinzip, welches bereits im fünfzehnten Jahrhundert
namentlich in Venedig sich ankündigte, dem hie und da schon
ein Rafael huldigte, welches zum Theil schon bei Tizian, bei
Michelangelo sehr wirksam ist, welches die Caracci, wenn auch
in ihrer lehrhaften Art, besonders begünstigt hatten, und das

sich so bedeutend entwickelt bei Paolo Veronese zeigt. Dies Prinzip gab die an eine gewisse Architektonik sich lehnende Anordnung des alten Kirchenstyles auf, und strebte, indem es gern eine gewisse seitliche Anordnung — im Gegensatz zu der symmetrischen, von vorn gesehenen — anwandte, nach möglichster Natürlichkeit. Die ganze Kunstanschauung der damaligen Zeit huldigte diesem Prinzipe, und Rubens musste um so mehr zu demselben sich hingezogen fühlen, als sein Geist auch in der Komposition nach entschiedener, womöglich dramatischer Lebendigkeit drängte. [1]

Endlich beschäftigte er sich in Italien, neben den selbstverständlichen Naturstudien verschiedener Art, auch eingehend mit den Hülfswissenschaften seiner Kunst, der Optik, Proportionslehre und Anatomie, wie mit dem Studium der Architektur. [2] In letzterer Hinsicht fesselten ihn namentlich die Paläste Genua's, die so mannigfaltig und meist so geistreich angelegt und entwickelt sind, so mächtig, dass er von vielen derselben Zeichnungen erwarb und sammelte, die er später unter dem Titel: „Palazzi di Genova" herausgab. Die Früchte dieser Beschäftigung sind in den Architekturen mancher seiner Bilder zu erkennen.

Bei diesem tiefen, dauernden und erfolgreichen Eingehen auf die Kunst Italien's und auf die Antike, welche dieser so wesentlich zu Grunde liegt, kann man sich nicht wundern, einseitigen Auffassungen zu begegnen; wie z. B. wenn Baglione in seiner Sammlung von „Lebensbeschreibungen," die 1642, also nur zwei Jahre nach dem Tode von Rubens erschien, sagt, der grosse Künstler hätte „in Rom guten Geschmack und die Darstellung in guter italienischer Art und Weise gelernt" — oder es sei „seit langer Zeit in Flandern kein Maler gewesen, der sich so glücklich wie er die gute italienische Art und

---

[1] Der Verfasser hat weitere Ausführungen über die malerische Komposition in seinem „Grundriss der bildenden Künste, im Sinne einer allgemeinen Kunstlehre und als Hülfsbuch beim Studium der Kunstgeschichte, bearbeitet etc." (3. Aufl. S. 102 ff.) gegeben.

[2] Vergl. De Piles, Vie de Rubens. S. 36.

Weise zu eigen gemacht habe." Danach könnte es scheinen,
als ob Rubens bloss ein vlämischer Akademiker gewesen sei,
wie hundert andere auch, nur dass er mittelst seiner grösseren
Begabungen auch grössere Erfolge erreicht habe. Aber diese
Auffassung ist doch allzu einseitig und schief. Denn Rubens
befreite gerade die vlämische Kunst von der zur Fessel gewordenen akademischen Gewohnheit, indem er sie ganz und
gar mit einer neuen, echt nationalen Lebenskraft erfüllte. Die
„gute italienische Art und Weise" hat für Rubens nur die
Bedeutung, ein Glied in der Kette von den Einflüssen und
Einwirkungen zu bezeichnen, welche die Ausbildung und
Entwickelung des grossen Meisters bestimmten. Aber freilich,
ohne dies Glied war die Kette nicht möglich, ohne Italien ist
Rubens nicht denkbar.

An dieser Stelle darf es wohl auch nicht unerwähnt bleiben, dass Rubens während seines Aufenthaltes in Italien sich
die italienische Sprache vollkommen aneignete. Er hatte
sie so lieb gewonnen, dass er Zeit seines Lebens nicht nur die
meisten seiner Briefe in derselben schrieb, sondern sich auch
unter Briefen in der vlämischen oder einer andern Sprache
„Pietro Pauolo Rubens" unterzeichnete. Allerdings ver-
schlechterte sich sein Italienisch später durch den häufigen
Verkehr mit Spaniern, und er nahm in dasselbe endlich auch
spanische Wörter und Wendungen auf. Dafür aber hatte
er wieder leidlich spanisch gelernt. Auch das Französische
scheint er ziemlich beherrscht zu haben und das Lateinische
blieb ihm fort und fort „sehr vertraut;" fast täglich liess er
sich, während er malte, aus einem der römischen Schriftsteller
oder Dichter vorlesen.[1] So bewährte er auch auf dem Gebiete der Sprachen seine hervorragende Begabung.

Als Rubens im Jahre 1608 zum dritten Male sich zu Rom
aufhielt, empfing er Ende Oktober die Nachricht von der
schweren Erkrankung seiner Mutter. Er brach ungesäumt
auf und reiste nach Antwerpen, wo er dieselbe jedoch nicht
mehr am Leben fand. Einmal wieder in der Heimath, hielten
ihn starke Bande daselbst zurück, und er gab den anfänglichen

---

[1] De Piles. Vie de Rubens. S. 32.

Entschluss, wieder nach Italien zu gehen. auf. Seine Persönlichkeit, sein Ruf und seine Leistungen hoben ihn von selbst über Alles, was damals malte, hoch empor und gewannen ihm auch in seinem Vaterlande leicht die ausgezeichnete äussere Stellung, der er dann fortan in immer steigendem Maasse genoss. Gleich sein erstes Werk, eine „heilige Familie," erregte die grösste Bewunderung bei Künstlern, Kunstfreunden und in weiteren Kreisen. Wie wenn ein angestammter König in sein Reich kommt, so naturgemäss nahm Rubens seinen Herrschersitz im Reiche der Malerei ein. Neben Ehrenbezeigungen und rühmlichen Auszeichnungen aller Art war die nächste Folge eine Ueberhäufung mit Aufträgen und ein Zudrang von Schülern, die von Jahr zu Jahr einen immer grösseren Umfang annahmen. Im Jahre 1611 versicherte Rubens „der Wahrheit gemäss und ohne alle Uebertreibung, dass er schon über hundert junge Leute habe abweisen müssen"[1]; — und im Jahre 1618 schrieb er, dass er „mit öffentlichen und Privataufträgen so überhäuft und schon für die Zukunft in Beschlag genommen sei. dass er auf einige Jahre hinaus gar nicht über seine Person verfügen könne".[2]

Als aber die Bestellungen sich fort und fort mehrten, als immer umfänglichere und zahlreichere Werke von ihm begehrt wurden, sah er sich veranlasst, in immer erheblicherem Maasse fremde Hülfe in Anspruch zu nehmen. Anfangs liess er nach seinen Entwürfen von Gehülfen die Untermalungen machen und überging dann das Bild durchweg eigenhändig. Ein solches von ihm „ganz mit eigener Hand übergangenes" Gemälde, meinte er, „könnte für ein Original gelten".[3] Dann aber machten Schüler und Gehülfen wohl auch die Ausführungen ganz, und er selbst besserte nur hie und da nach, wie das im grossen Maasstabe zuerst mit den 21 Kolossalbildern

---

[1] In einem Briefe an Jakob de Bie. Bei Pinchart, Archives des arts, sciences et lettres. Gent 1860/3. II. S. 166.

[2] An Dudley Carleton. W. H. Carpenter, Mémoires et documents inédits sur A. van Dyck. Rubens etc.; übersetzt von L. Hymans. Antwerpen 1845. S. 168.

[3] Ebenda S. 172.

der Medici-Gallerie zu Paris der Fall war. Athmen diese
Werke nun wohl noch im hohen Grade den eigenen Geist
des Meisters, so finden sich doch auch von nun an nicht wenige,
deren Ausführung, im Vergleich zu den Entwürfen, nur mittelmässig und fremdartig erscheint. Man mag aus diesen Thatsachen eine Anklage gegen Rubens erheben, doch wird derjenige,
der die Verhältnisse und Umstände sachlich und gerecht beurtheilt, derselben ein besonderes Gewicht nicht beilegen
können. Im Gegentheil wird er nur um so nachdrücklicher
die Forderung erheben, dass nur die eigenhändigen Entwürfe
und Gemälde von Rubens zu dessen künstlerischer Schätzung
und Würdigung herangezogen werden. Der Unterschied und
Abstand ist nicht selten sehr gross. Wem könnte es z. B.
entgehen, dass das Kolossalgemälde der „Kreuztragung" von
1634 im Museum zu Brüssel (No. 285.) starke Aeusserlichkeiten,
besonders auch im Christus selbst enthält, im Vergleich zu
der geistreichen und meisterhaft gemalten Skizze dieses Bildes
im Museum zu Amsterdam (No. 483)? Wer sähe nicht den
Abstand von dem Entwurfe des „jüngsten Gerichtes" in Dresden
zu der grossen Ausführung in München! Wer auch würde
nicht bemerken, dass bei der „Trauer um den Leichnam
Christi" in Brüssel, (No. 288) alle Kunst, alle Empfindung auf
dem todten Körper vereinigt zu sein scheint, dass die übrigen
Figuren aber hiergegen erheblich zurückstehen!

Bei einem solchen Durcheinander eigener und fremder,
und oft sehr verschiedenartig fremder Arbeit in zahlreichen
Gemälden ist natürlich die kritische Behandlung der unter
Rubens Namen gehenden Werke eine ungemein schwierige
Aufgabe, die nur immer annäherungsweise wird gelöst werden
können, weil der Angelpunkt des Urtheils hier nicht in
festen und klaren Grundsätzen sondern in der Feinheit des
Auges, also in einer persönlichen Eigenschaft liegt, über
welche immer Meinungsverschiedenheiten herrschen werden.

Diese umfängliche Zuhülfenahme fremder Kräfte ermög-
lichte denn auch ein sehr schnelles Arbeiten, und ich
zweifle nicht an der Ueberlieferung, dass die „Anbetung der
Könige" vom Jahre 1624, die jetzt im Museum zu Antwerpen
(No. 298) sich befindet und die 4,47 m hoch und 2,35 m breit

ist, in 13 Tagen fertig gestellt sei. Das macht also auf den Tag beinahe einen Quadratmeter! Freilich merkt man diese Herstellungsart dem Bilde auch an, denn es ist das äusserlichste, gemachteste und unerquicklichste von Rubens, das ich je gesehen habe. Und man begreift, dass von einem parteiischen Standpunkte aus wegen solchen Verfahrens Bitterkeiten ausgesprochen werden können, wie es Delaborde that, der „die Beschaffenheit jener fabrikmässigen Werkstatt in Antwerpen mit den Wundern der Dampfmaschine" verglich. [1]

Unter solchen Umständen ist die Zahl der Werke, die unter Rubens Namen gehen, eine wahrhaft riesige. Kaum eine öffentliche und Privatsammlung giebt es, wo nicht irgend ein Rubens wäre. Man wird diese Werke auf mehr als tausend Nummern anschlagen können.[2] In den öffentlichen Sammlungen Europa's befinden sich allein über 600 Gemälde. An der Spitze aller dieser Sammlungen steht München mit 89 Bildern, dann folgt Madrid mit 64, Petersburg mit 61, Paris mit 43, die Gallerie in Wien mit 41 und die übrigen Sammlungen daselbst ungefähr mit der gleichen Ziffer. Dresden mit 35, Antwerpen mit 21, Florenz mit 20, Berlin mit 19, Brüssel mit 12 u. s. w. Die Londoner Sammlungen mögen im Ganzen zwischen 70 und 80 Nummern umfassen. Einzelne hervorragende Meisterwerke befinden sich in Kirchen zu Antwerpen, Mecheln, Gent, Köln, Genua und an andern Orten. Eine genaue Ziffer zu ermitteln, wieviel Bilder überhaupt von Rubens ausgegangen seien, wird kaum möglich sein; doch lässt sie sich annähernd bezeichnen und durch die obige Angabe von etwa 1000 Stücken bestimmen. Denn wenn unter diesen

---

[1] La rénaissance des beaux arts en France. I. S. 329. S. auch Guhl, Künstlerbriefe II. S. 138 oder zweite Ausg. II. S. 118.

[2] Nach Smith, Catal. raisonné etc. müssten es über 1200 sein. — Man beabsichtigt in Antwerpen eine Sammlung photographischer Nachbildungen sämmtlicher Gemälde und Zeichnungen von Rubens anzulegen. Die mit den Vorarbeiten beauftragte Kommission hat 2235 Gemälde und 484 Zeichnungen als vorhanden ermittelt, doch ist es unzweifelhaft, dass sich darunter unechte Werke in sehr erheblicher Zahl befinden müssen. (Vergl. Vlaamsche school, 1870. S. 182 und Chronique des arts. 1880. S. 83.)

letzteren auch gewiss noch zahlreiche unechte Gemälde sich befinden, so wird dieser Umstand dadurch ausgeglichen, dass auch eine Menge echter Rubens'scher Werke untergegangen sind. Bei dem Brande der Jesuitenkirche in Antwerpen im Jahre 1718 gingen allein 36 grosse Altarbilder zu Grunde; in Madrid kann man den Verlust von 63 Gemälden nachweisen, die ehedem im Besitze des Königshauses sich befanden.[1]) Und ausserdem ist doch auch manches einzelne Werk umgekommen und verschollen. Bleibt man also bei der runden Zahl von 1000 Bildern stehen und berücksichtigt man, dass Rubens etwa 40 Jahre selbständig gearbeitet hat, so ersieht man, dass auf jedes Jahr 25 Bilder, auf jede 14 Tage ein Bild entfällt. Da nun aber Rubens selbst sagte, dass die blosse Wiederholung des Altarbildes für die Chiesa nuova in Rom, ihn, da er keine neuen Studien zu machen brauchte, „höchstens ein paar Monate" in Anspruch nehmen würde[2]), so ist einleuchtend, dass bei Herstellung jener 1000 Bilder eine Menge fremder Hände beschäftigt gewesen sein müssen. Diese Thatsache wird auch dadurch nicht wesentlich abgeschwächt, dass manche kleine Arbeit, die in obiger Ziffer mitzählt, namentlich mancher Entwurf nur in einem oder mehreren Tagen hergestellt sein mag, denn dagegen stehen eben grosse Arbeiten, die sehr viel Zeit erforderten.

Bei genauerer Betrachtung einer grösseren Zahl dieser Bilder wird einem Jeden wohl auch der Unterschied zwischen den Originalarbeiten von Rubens und den Werkstattsbildern ersichtlich werden. und er wird dann finden, dass Rubens in den eigenhändigen Arbeiten durchgehends der geistreiche und gewissenhafte Maler blieb, der er von Anfang her war. Dies gilt nicht nur von den Entwürfen und Studien, sondern auch von den grossen Gemälden, die er noch allein ausführte, wie das ganz schlagend die selbst aus den letzten Jahren seines Lebens stammenden Werke, die „Allegorie auf den dreissigjährigen Krieg" im Palast Pitti zu Florenz (No. 86) und die

---

[1]) Cruzada Villaamil, Rubens diplomatico español. S. 306 ff.
[2]) „. . in un par di mesi . . " Brief an Chieppio in Mantua. Gazette des beaux arts. 1868. XXIV. S. 484. Vergl. oben S. 279 ff.

„Kreuzigung Petri" in der Peterskirche zu Köln darthun. In Bezug auf das letztere Bild sagte Rubens mit Recht, es sei „eines der besten Stücke. die bisher aus seiner Hand hervorgegangen".[1]

Der Inhalt dieser grossen Menge von Gemälden erstreckt sich auf alle Gebiete des Darstellbaren: Gegenstände aus der Bibel und der Heiligenlegende, aus der Mythologie und Geschichte, aus dem Leben, thatsächlich oder allegorisch, im historischen Sinne oder gattungshaft behandelt, Bildnisse bestimmter Personen, einzeln oder in Gruppen, Jagden und Thiere, Landschaften und Stilleben. Alles Darstellbare ergriff er und stellte es dar. Und dabei konnte er sich immer, so zu sagen, in den jedesmaligen Gegenstand verwandeln und ihn, dem Wesen desselben gemäss. zur Anschauung bringen. So könnte man ihn z. B. seinen mythologisch-allegorischen Bildern gegenüber für einen ausschliesslichen Freund des Alterthums, seinen Kirchenbildern aus der neumodischen Legende gegenüber für einen Affiliirten der Jesuiten halten.

Eine solche Hingabe oder Anbequemung an die Natur und den Charakter des Gegenstandes lässt sich auch in seinen Briefen erkennen, und es macht einen sehr anziehenden Eindruck, wenn er in Briefen an seinen Freund Kaspar Gevaerts, den klassischen Gelehrten, so oft von den „Göttern" ja auch von der „Göttin der glücklichen Heimkehr" spricht. Man darf das Verhältniss von Rubens zu den von ihm dargestellten Gegenständen nur wie das des Dichters zu seinem Stoffe zu begreifen suchen, und man darf überzeugt sein, dass jede andere Art, welche den Künstler als innerlich dem Gegenstande nahe stehend voraussetzt, zu Irrungen verleitet. Ich halte dies für einen besonders wichtigen Punkt, weil man bei Betrachtung der bezüglichen Bilder allzu leicht verführt wird, ihn nicht zu beachten, und weil seine Nichtbeachtung zu einer falschen Beurtheilung von Rubens als Menschen veranlassen muss. Zweierlei Beziehungen machen sich in dieser Hinsicht besonders geltend.

Zunächst fällt eine Reihe von Kirchenbildern wegen

---

[1] An Geldorp. Gachet. S. 279.

ihrer den jesuitischen Vorstellungen angehörenden Gegenstände
auf. Da sehen wir z. B. in der Gallerie zu Wien (I. St.
Niederl. VII. No. 1 u. 3) fabelhafte Wunderthaten der Heiligen
Ignatius und Xaverius, da sehen wir im Museum zu Lyon
(No. 233), wie auch in dem zu Brüssel (No. 286) die wunder-
liche Allegorie, wie Christus, im Begriffe gegen die Welt die
tödtlichen Blitze zu schleudern, hiervon auf Bitten der Maria
absteht, da sehen wir im Museum zu Antwerpen (No. 305)
eine prunkvolle „Kommunion des heiligen Franz von Assisi"
und an andern Orten vieles andere Aehnliche mehr. Wie
Mancher hat aus diesen ihn tief abstossenden Stoffen, die so
glänzend und lebenswahr dargestellt ihm entgegen treten, einen
Schluss auf das Verhältniss des Künstlers als Menschen zu
diesen Gegenständen an sich, und damit zur Kirche und
Religion überhaupt gezogen. Ein solcher Schluss ist falsch.
Rubens war ein freier Geist und stand auch der Kirche, ja
selbst der christlichen Religion gegenüber in seltener Freiheit
da. Beweis hierfür ist unzweifelhaft, wie sich Rubens bei
Gelegenheit von Todesfällen ausgedrückt hat. Wer da weiss,
wie der Tod einer geliebten Person die Seele religiös zu
stimmen geeignet ist, wird es recht würdigen, wenn Rubens
in der Antwort auf ein Beileidsschreiben unmittelbar nach dem
Tode seiner ersten Frau im Sommer 1626 von der „Nothwendigkeit des Schicksals, diesem Ausdrucke der höchsten Macht
spricht, dem man dienen und gehorchen müsse", wenn er sich
gleichsam entschuldigt, dass er von der Zeit erwarte, „was
eigentlich die Vernunft thun sollte", und wenn er durchaus in
diesem Tone fortfährt.[1] Auch das ist bezeichnend, dass er
gleichsam als Strich unter die schmerzlichen Nachrichten von
der furchtbaren Erstürmung Mantua's, welches ihm doch persönlich besonders lieb und theuer war, im Jahre 1630 die Worte
setzt: „Sic erat in fatis."[2] Nicht minder deutlich ist ein Schreiben, das er an Gevaerts nach dem Tode von dessen Gattin
richtete. „Wenn von der Philosophie einiger Trost zu hoffen
ist, so hast du selbst überreichlich, was du bedarfst. . . . Ich füge

---

[1] An Dupuy. Gachet. S. 49.
[2] Sainsbury, Unplub. papers etc. S. 262.

nur dieses eine klägliche Trostmittel hinzu, dass wir in Zeiten leben, wo das Leben, gleich wie dem Schwimmer das Schwimmen, um so leichter ist, je weniger Gepäck man mit sich führt."[1]) Das heisst wahrlich nicht jesuitisch, nicht kirchlich, ja kaum religiös gesprochen.[*] Ich ziehe hier keine weiteren Schlussfolgerungen, als die, dass ein Künstler von dieser Denkungsart jene Gegenstände nur als poetischen und künstlerischen Stoff ansehen und behandeln konnte, und dass er sie, wie er es that, auffasste, um denselben und der Bestimmung der Gemälde als Altarbildern gleichermassen gerecht zu werden.

Aehnlich verhält es sich mit den Grässlichkeiten, die man in Rubens'schen Bildern nicht selten sieht. Auf einer Darstellung des „Martyriums vom heiligen Livinus" z. B., die sich im Museum zu Brüssel (No. 291) befindet, hält einer der Henker die blutige Zunge des Heiligen, die er eben herausgerissen hat, sogleich einem Hunde vor. Oder auf dem „Martyrium des Heiligen Justus", welches man im Museum zu Bordeaux (No. 385) sieht, ist der Kopf abgeschlagen, und der geköpfte Heilige hält ihn selbst mit seinen beiden Händen, wie ein Zeichen seines Martyriums; die Ansicht des durchschnittenen Halses ist aber überaus widrig. Das sind ein Paar Beispiele für derartige Züge. Man fragt sich, wie kann ein Künstler einen so scheusslich barbarischen Vorgang in dieser, bis zum Grauen wahren Weise malen? Muss er selbst nicht ein gutes Stück Härte besitzen? Man wird solche Darstellungen an sich ästhetisch nicht billigen wollen, doch muss man suchen, sie aus der Natur des Künstlers zu erklären, ohne dessen Charakter, der so unzweideutig als ein edler und bedeutender sich zu erkennen giebt, anzutasten. Und da möchte ich auf Shakespeare hinweisen. Wer wagt es, daraus, dass Glocester'n auf offener Bühne die Augen ausgerissen werden, einen Schluss auf den Charakter des Dichters zu ziehen? Gerade ebenso ist das Verhältniss bei Rubens, der im Geiste, in der Kunstrich-

---

[1]) Gachet. S. 239.
[*] Ueber Rubens religiösen Standpunkt vergl. K. L. Klose's Aufsatz über Rubens als Staatsmann in Raumer's hist. Taschenbuch v. 1856. S. 203 ff.

tung, in der Auffassung und Behandlung dem grossen Meister
der Bühnendichtung, der ja auch sein Zeitgenosse war, nahe
verwandt ist.

Rubens ist der Shakespeare der Malerei. Und dieser Vergleich kann als ein wesentliches Mittel dienen, um richtig in
das Verständniss des Malers einzudringen. Denn mit demselben treten wir mitten in den Kern der Rubens'schen
Kunstweise. Was ist deren Wesen? Wahrheit und wiederum
Wahrheit, selbst bis zur Härte, Leben und Bewegung bis zur
höchsten dramatischen Spannung, bis zur flüchtigsten Erscheinung des Augenblicks. Die Leidenschaften in Bewegung
und Ausdruck, die lebenden Organisationen in der flüchtigsten
Bewegung konnte Rubens mit unvergleichlich sichrem Auge,
mit einem einzigen Blick auffassen und das Gesehene in un-
nachahmlicher Richtigkeit und Wahrheit wiedergeben. Er
wusste die Natur wie auswendig und die Darstellung war
ihm wie ein Spiel. Ein erstaunliches Lebensgefühl hat er besessen, das in seinen Werken bald kräftig, überströmend und
selbst ausartend, bald jedoch auch gemässigt, feiner und selbst
zart zum Ausdruck gelangt. Ein besonders geeignetes Beispiel der Aeusserung solcher überquellenden Lebenskraft
dürfte wohl die wilde „Kirmess" in Paris (No. 462) sein, die
zugleich so schnell und geistreich gemalt ist. Beispiele für
den gemässigteren Ausdruck dieses Lebensgefühles findet man
fast in allen Sammlungen. Und dies Lebensgefühl besass
Rubens als Künstler, weil er es als Mensch hatte, auf diesem
Lebensgefühl, in der seltensten und wunderbarsten Unmittel-
barkeit, beruhte im letzten tiefsten Grunde das Wesen seiner
Kunst.

So ist denn dieser von dem reichsten Künstlergeiste, der
gestaltungsfähigsten Phantasie und der gewandtesten Technik
getragene Realismus das eigentliche Charakterzeichen der
Rubens'schen Kunst. Der Zeit und der Lebensstellung des
Künstlers entsprechend laufen da eine Menge Elemente, die
dem klassischen Kunstbegriffe widerstreiten, mit ein: voran
jene Grässlichkeiten und jene Jesuitenwunder; dann aber auch
die Neigung für die Allegorie und deren Vermischung mit
der Geschichte und dem Leben, die Kühnheit des Gedankens,

die bisweilen ins Barocke umschlägt, die Lust an Kraft und Masse und damit zusammenhängend die Ueberfülle der Gestalten an Fleisch und Form, die Gleichartigkeit der Typen in Gestalten und Köpfen und Aehnliches mehr. In allen diesen Stücken ist Rubens der Sohn seiner Zeit, die nicht mehr die Zeit der klassischen Kunst war, ist er der vlämische Niederländer, den nicht die, auch von ihm so hoch bewunderte Schönheit des alten Hellas umgab. Hiermit muss gerechnet werden, wenn man Rubens geschichtlich und folglich gerecht beurtheilen will. Dann wird man aber auch um so eher und um so höher seine Grösse schätzen, und die Meisterwerke seiner Hand als etwas anerkennen, das ebensowenig seines Gleichen hat, wie die Antike, wie Rafael, wie Dürer, wie Michelangelo, wie Tizian, wie Rembrandt, wie Cornelius. Diese Meisterwerke sind von der gleichen Genialität getragen und gesättigt, ob sie nun eine heilige Familie oder eine Amazonenschlacht, ein Bildniss oder eine Landschaft, oder was sonst immer darstellen. Immer fesseln sie fort und fort, und immer von Neuem setzen sie in Staunen. Denn die grösseste Sicherheit und Meisterschaft in allen Mitteln der Malerei sehen wir da, beseelt durch einen mächtigen Geist, der Alles durchdringt und Alles bis in den letzten und feinsten Pinselstrich hinein lebendig macht. Dieser belebende Geist verleiht selbst da einen unwiderstehlichen Reiz, wo der Gedanke barock oder vielleicht gar abgeschmackt ist, oder wo Formengebung und Zeichnung hinsichtlich der Auffassung der Natur gewöhnlich erscheinen. Diese leuchtende Farbe, dies blühende Leben, diese Fülle des Daseins sind so gross, dass man im Anschauen solcher Werke meinen möchte, jene Eigenschaften seien niemals wieder von irgend einem andern Maler erreicht worden, und dass man völlig den, dem Guido Reni zugeschriebenen Ausruf versteht: „Mischt dieser Maler Blut in seine Farben!"[1] Und dieselben sind so kraftvoll und eigenartig, dass man Rubens mit keinem andern Künstler zutreffend vergleichen kann, dass eben seine vollkommensten Werke in ihrer Art einzig sind und zugleich ebenbürtig neben den Meisterwerken

---

[1] A. van Hasselt, Histoire de P. P. Rubens. S. 183.

aller Zeiten stehen. Es ist der mächtige, Alles belebende
Genius, der in ihnen waltet und der denselben Ursprung hat,
wie der Genius aller grossen Meister!

Rubens lebte, wie bemerkt, mit Fürsten und Königen und
verkehrte viel an den Höfen der Grossen, aber er war kein
Hofmann. Mit Bezug auf Paris sagte er im Jahre 1625: „ich
bin dieses Hofes überdrüssig"[1]) und 1636 im Allgemeinen: „ich
hege einen Abscheu gegen die Höfe.[2]) Rubens war Diplomat
im Dienste seiner Fürsten, der Infantin Isabella und des Königs von Spanien[3]), aber er blieb Künstler, der die Ereignisse
immer von der menschlichen Seite ansah und der in seinen
gesandtschaftlichen Geschäften immer nur ein Ziel kannte und
verfolgte, die Herstellung des Friedens. Im Jahre 1626 schrieb
er: „Es wäre wahrlich besser, wenn jene Jünglinge, die heutzutage die Welt beherrschen, ein freundliches und gutes Ein-
vernehmen unter sich erhielten, als dass sie die ganze Christen-
heit ihrer Grillen wegen in Aufruhr bringen; aber man muss
glauben, dass es so vom Himmel bestimmt sei und sich bei
dem göttlichen Willen beruhigen."[4]) Tilly's grausames Verfahren tadelt er heftig und Wallenstein schilt er einen Bar-
baren. So menschlich theilnehmend begleitete er Jahr um
Jahr die Schicksale Europa's, und im innigen Mitgefühle für
dieselben stiftete er noch kurz vor seinem Tode dieser seiner
Gesinnung ein künstlerisches Denkmal, eines seiner herrlichsten
Gemälde. Er hat es selbst ausführlich beschrieben und erklärt.
Es ist der unersättliche Krieg in Gestalt des Mars, der, von
den Furien aufgereizt, zu immer neuen blutigen Thaten

---

[1]) An Valaves. Gachet. S. 13.

[2]) An Peiresc Gachet. S. 266.

[3]) Ueber Rubens in diplomatischer Beziehung schrieben:
K. L. Klose, Ueber Rubens als Staatsmann etc., in Raumer's histor.
Taschenbuch von 1856; — J. Pelletier, Rubens diplomate, Rede in
der Akademie zu Paris am 16 August 1865 gehalten, doch ist es
mir nicht gelungen, dieses Schriftchen zu erlangen; — Cruzada
Villaamil, Rubens diplomático español etc. Madrid. 1874. —
M. Gachard, Histoire politique et diplomatique de P. P. Rubens
etc. Brüssel. 1877.

[4]) An Valaves. Gachet S. 37 —

stürmt, während die Welt darüber zu Grunde geht. „Jene schmerzerfüllte Frau aber — sagt Rubens — im schwarzen Gewande, mit zerrissenem Schleier, aller Freude und alles Schmuckes beraubt, ist das unglückliche Europa, welches schon so viele Jahre lang Raub, Schmach und Elend erleidet."[1] Dieses grossartig gemalte, den Beschauer gewaltig ergreifende und packende Bild befindet sich im Palazzo Pitti zu Florenz (No. 86). So beurtheilte Rubens die Ereignisse seiner Zeit, immer menschlich, würdig und edel.

Am 30 Mai 1640 hauchte Rubens seine grosse Seele aus. Lange schon hatte ihn die Gicht heimgesucht und hatte ihn mehr als seine Jahre es sonst gethan hätten, gealtert. Fünf Wochen vor seinem Tode klagte er über diese Feinde, über „Alter und Gicht"; aber trotzdem erhielt er sich eine heitere Stimmung bis an sein Ende. In der Jakobskirche zu Antwerpen ist er bestattet und über seiner Gruft hängt eines seiner schönsten Werke, ein christlich-allegorisches Familienbild. Er zog wie Achilles ein kurzes Leben in Ehren jedem andern vor und sagte in diesem Sinne mit Bezug auf seinen eigenen Sohn, in dem schon erwähnten Briefe an Gevaerts: „Gott gebe ihm Leben um wohl zu leben, denn nicht wie lange, sondern wie gut gespielt wird, berichtet die Nachrede."[2] Nun er hat wahrlich gut gespielt! Alles, was wir von Rubens sehen und lesen, bestätigt uns das glänzende Urtheil, welches der ausgezeichnete und geistreiche Franzose Fabri de Peiresc in einem Briefe an Gevaerts über ihn niedergelegt hat: „Ich kann weder seine Ehrenhaftigkeit genug rühmen, noch würdig genug die Vorzüglichkeit seiner Tugend und seiner grossen Eigenschaften feiern, sowohl was die tiefe Gelehrsamkeit und wunderbare Kenntniss des klassischen Altherthums, als auch was die Geschicklichkeit und das seltene Benehmen betrifft, welche er in den Angelegenheiten der Welt bekundet; endlich auch die Unübertrefflichkeit seiner Hand und die grosse Anmuth seines Umganges."[3] In dieser rühmlichen und schönen

---

[1] An Sustermanns. Bottari-Ticozzi, Racc. III. S. 527. —
[2] Gachet. S. 239. —
[3] Ebenda S. 5.

Gestalt lebt der einzige Mann in der Nachwelt fort und fort:
und seine Werke vermitteln noch jeden Tag in immer neuer
lebendiger Weise den Verkehr zwischen ihm und uns.

Denn das Vorbild von Rubens wirkt noch immerfort
mit Macht auf Gemüth und Phantasie ein und regt strebsame
Künstler zur Nacheiferung an. Noch heute können wir seinen
unmittelbaren Einfluss in Werken unsrer Zeitgenossen nachweisen, und danach können wir ermessen, mit welcher über-
wältigenden Kraft dieser Einfluss die Zeitgenossen und besonders die Landsleute des grossen Meisters gebannt hat. Eine
ganze Schaar von Künstlern bildete im engeren oder weiteren
Sinne seine Schule unter den niederländischen Malern; aber
auch auf fast alle andern Nationen der damaligen Zeit hat er
anregend und bestimmend eingewirkt. Und so steht er denn
nicht nur als Künstler an und für sich, sondern auch in kunstgeschichtlicher Hinsicht als einer der ersten, bedeutendsten
und einflussreichsten Maler da, dem die dankbare Nachwelt
mit Recht die rühmlichsten Huldigungen darbringt. „Sein
Name wird, wie Joachim von Sandrart schon vor zweihundert
Jahren sagte, so lange die Welt lebt, immer grünen."[1])

---

[1]) Teutsche Akademie. Nürnberg 1675. II Theil S. 293.

Berlin, Druck von W. Büxenstein.

I. Band.

Berichtigungen und Druckfehler.

S. 24. Zeile 7 v. unten: statt „jüngere" zu setzen „ältere."

S. 25. Zeile 12 v. unten: statt „† spätestens 1579" zu setzen „† den 19. September 1581." F. Pourbus d. ä.) Vergl. Bd. II. S. 29/30.

S. 92. Zeile 8 v. unten: statt „1640" zu setzen „1646".

S. 105 ff. Zu der Literatur über die Schütter- und Regenten-stücke lässt sich nachtragen: Nederlandsche kunstbode. 1881. No. 42 und 47.

S. 125. In Betreff der Bilder im Rathhause zu Delft füge ich, zur Vermeidung von Irrthümern, hinzu, dass mir die von J. Soutendam 1865 herausgegebene „Korte beschrijving der schilderijen ten radhuize van Delft bewaard" bekannt ist, dass dieselbe aber allzu kurz gehalten und auch nicht mehr vollständig ist.

S. 205. Zeile 8 v. unten: statt „Emgont" zu setzen „Egmont."

S. 291. Zeile 11 v. unten fällt hinter „pour" der Punkt weg.